赵凤昌评传

李志茗／著

赵凤昌是中国近代史上一位较为重要的人物。虽未当过高官，但作为官绅之间的联系人，过问国事，影响政局。尤其辛亥革命期间，他在南北双方间穿针引线，调停周旋，为结束帝制、缔造民国做了大量工作，被称为「民国产婆」。但他为人低调，功成不居，甘为幕后。正因为此，其立身行事少为天下共见，长期以来受到忽略，甚至被视为负面人物。然而新世纪以降，他时来运转，受到高度赞誉，被冠以「民国诸葛」「精神领袖」「山中宰相」「幕后推盘手」等称号。这些称号是否恰如其分，能不能盖棺定论？他究竟是什么样的人，其一生经历如何，到底应该如何评价？有必要本着客观严肃的态度，对其展开整体通贯的研究，从而给予较为确切的历史定位。

上海古籍出版社

图书在版编目(CIP)数据

赵凤昌评传 / 李志茗著. —上海：上海古籍出版
社，2019.4
ISBN 978-7-5325-9169-5

Ⅰ.①赵… Ⅱ.①李… Ⅲ.①赵凤昌(1856-1938)
—评传 Ⅳ.①K827＝6

中国版本图书馆 CIP 数据核字(2019)第 054248 号

赵凤昌评传

李志茗　著

上海古籍出版社出版发行

(上海瑞金二路 272 号　邮政编码 200020)

(1) 网址：www.guji.com.cn

(2) E-mail：guji1@guji.com.cn

(3) 易文网网址：www.ewen.co

常熟市文化印刷有限公司印刷

开本 635×965　1/16　印张 20.25　插页 3　字数 282,000
2019 年 4 月第 1 版　2019 年 4 月第 1 次印刷
ISBN 978-7-5325-9169-5

K·2625　定价：78.00 元

如有质量问题，请与承印公司联系

目　录

引　论

　　赵凤昌是中国近代史上一位较为重要的人物,虽未当过高官,但作为官绅之间的联系人,他隐居幕后,过问国事,影响政局。尤其辛亥革命期间,他在南北双方间穿针引线,调停周旋,为结束帝制、缔造民国做了大量工作,被称为"民国产婆"。但他为人低调,功成不居,甘为幕后。正因为此,其立身行事少为天下共见,长期以来受到忽略,甚至被视为负面人物。然新世纪以降,他时来运转,受到高度赞誉,被冠以"民国诸葛""精神领袖""山中宰相""幕后推盘手"等称号。这些称号是否恰如其分,能不能盖棺定论? 他究竟是什么样的人,其一生经历如何,到底应该如何评价? 有必要本着客观严肃的态度,对其展开整体通贯的研究,从而给予较为确切的历史定位。

一、无名之豪士

　　1938 年 4 月 14 日,[1]赵凤昌在上海去世。当日,报纸上刊登了他事先拟就的遗嘱:"今与知交亲故长别矣,后事概从简约,嘱吾子不发讣,不受吊,不收一切赙仪礼物及赐挽文字,省诸公烦费。幸共

---

〔1〕　说明:本书民国元年以前,纪年采用阴历;民国以后采用阳历。因此偶尔上下文间会出现两种纪年,不强求统一。

鉴之。民国廿七年四月十四日。赵凤昌留启。"该遗嘱刊出后,并未引起什么反响,新闻舆论界也没有予以关注和跟进报导,曾经的名幕、东南要人、调人领袖就此悄然而逝,显得落寞冷清。时来往于香港、武汉间的黄炎培看到登有赵凤昌遗嘱的报纸后,特地剪下来,贴在 27 日的日记上,并记下其所撰挽联:"阅识布成妙算,一堂系天下安危,平生荦荦大端,溯庚子以迄辛亥;高龄雅具深心,百箧尽阳秋纪录,抵死惓惓忠爱,付佳儿遍告亲朋。"对赵凤昌的一生给予高度评价。〔1〕这副挽联于次日即寄给赵凤昌之子赵尊岳,尽管如此,赵尊岳仍欲遵从其父遗愿,丧事一切从简,谢绝赙吊。

对此,李锡纯、汤涤、江导岷、刘树森、沈恩孚、庄清华、徐国安、刘垣、冯诵青和许超认为不妥,决定于 5 月 15 日在上海南阳路 154 号太平寺举行公祭仪式。5 月 3 日起,他们连续三天在《申报》第二版刊登《追悼赵公竹君启事》:"武进赵公竹君齿德俱崇,颐养海澨,不幸于四月十四日归赴道山。令嗣叔雍先生恪遵遗命,恳辞赙吊,同人则以公邦国重望,天不慭遗,苟无桂椒之荐,曷申烹蒿之思,爰订期在太平寺举行追悼,凡与公生平有雅故者亦请于是日枉临行礼,共致哀敬。此启。"不过,公祭当天出席人数多少,有哪些人,不见报道,无从得知,只有一位参加者次日在报纸上发表了一篇文章,称往祭者都受赠一册影印的赵凤昌手抄《维摩诘经》。该文作者还称辛亥南北议和,赵氏"实综其枢纽,翊赞共和,厥功甚伟"。〔2〕此外,发起者之一的沈恩孚留下一篇公祭文和一首挽诗。挽诗云:"共和建国佐群贤,功在清廷逊位前。岂料沧桑经老眼,海滨未睹再兴年。"〔3〕然仅此而已,即便公祭,赵凤昌依然没有享受到应有的哀荣。应该说这与其民国元勋、共和功臣的地位很不相称,何以至此呢?

一方面,当然是特殊的时代背景所致。其时抗日战争烽火连天,上海已成为孤岛,大家更关注前方紧张激烈的战局、更在意举步维艰

〔1〕 中国社会科学院近代史研究所整理《黄炎培日记》第 5 卷,华文出版社 2008 年版,第 291 页。

〔2〕 西阶:《吊赵竹君归来》,《晶报》1938 年 5 月 16 日第 2 版。

〔3〕 沈恩孚著,薛冰整理《沈信卿先生文集》,凤凰出版社 2015 年版,第 141 页。

的经济生活,无心也无力去打探一个寿终正寝的耄耋老人的往事。另一方面,与赵凤昌的个人经历有关。首先,他高寿。生于咸丰六年(1856),卒于1938年,享年八十三岁,与他年龄相仿的故交朋辈多已凋零,知道其人其事的已很少了。其次,他已淡出政治舞台多年。自1919年调停南北和议失败,他以参禅学佛、修身养性为主,较少过问尘劳事,远离了观众的视线,因而不太被人关注。第三,他是个进入新时代的旧人物。自1924年1月中国国民党改组起,中国政治以政党为中心,进入了一个新的局面,"新人代起……旧势力亦均倾覆"。[1]作为与旧势力有关系的人,赵凤昌被新派人物忽视或遗忘,自在情理之中。

尽管身后冷清,但不能抹杀时人公认的他在辛亥时期闳识妙算、佐建共和的事功。实际上,这仅其荦荦大者。黄炎培曾对人言,清末民国四十年间,东南之局,有大事必与赵凤昌有关。[2]然而,"有关"的事实在哪里,黄炎培并未多说,亦不见完整的记载和论列,即便赵凤昌晚年写有"惜阴堂笔记",也没有过多吐露,所以能详言者甚少,更遑论专门的研究。但借助近年出版的一些重要档案史料,佐以家谱、文集、日记等相关资料,还是可以如拼图一般,勾勒出与其有关的东南大事,从而纠正坊间以讹传讹的一些不实说法,揭开长期披在他身上的神秘面纱,还原其庐山真面目。

赵凤昌(1856—1938),字荣庆,号竹君、惜阴等,谱名坦。江苏武进县人。他出身于耕读之家,本来家道殷实,因太平军兴而中落。结果读书不成,而又家计艰难,不得不早早出外谋生。年方弱冠,他前往湖北游幕,后入湖北按察使姚觐元幕府。光绪六年(1880)他随升任广东布政使的姚觐元赴粤。两年后,姚觐元被革职回籍,赵凤昌失去了藩署幕僚的职位,只得四处谋差,漂泊不定,生活非常窘迫。光绪十年(1884)六月,他进入两广总督张之洞幕府,担任文案处缮校委员,兼充文巡捕等职。凭借为人处事稳重慎密、细致周到,他逐渐获

---

〔1〕　周秋光编《熊希龄集》第6册,湖南人民出版社2008年版,第970页。
〔2〕　黄濬:《花随人圣庵摭忆》,中华书局2013年版,第428页。

得张之洞的赏识和信任,成为其亲信幕僚,并由此走出低谷,迎来人生转机。光绪十五年(1889)张之洞移任湖广总督,也奏调赵凤昌随其赴任。赵凤昌并未如坊间传言的那样升任总文案,除继续担任督署文巡捕外,他还兼办笔墨事件、军械采购等,更受张之洞器重和倚畀。其门如市,奔走者络绎不绝,因此而遭忌恨。光绪十九年(1893),徐致祥奏参张之洞时,连带赵凤昌,赵凤昌不幸"中箭"落马,受到革职回籍处罚。

晚清是个幕僚群体辈出的时代,由幕而官是当时最为风行的仕宦捷径,许多名臣大员都以幕僚起家。赵凤昌就职于张之洞幕府,又深得张之洞的信任,前景一片光明。他的亲朋好友都对他期盼甚殷,以为他指日飞腾在望,堪当大任。但突如其来的参革断送了他的官场梦,给他带来沉重的打击。塞翁失马焉知非福,历史又赋予他一个新的机遇,这就是甲午战争的爆发。这场战争对中华民族来说是奇耻大辱,但就赵凤昌而言,是个新的人生起点。这一年,他因养病来到上海定居。上海自开埠以后,经过半个世纪的发展,已成为一座闻名世界的工商业都市。当时积极备战的张之洞请赵凤昌利用上海的天时地利,为他搜集情报,购买枪械。赵凤昌精明干练,长袖善舞,趁此机会与汇聚上海的中外绅商接触交往,建立联系。当然,上海的中外绅商因为他是张之洞的亲信,为张之洞办洋务,也很愿意与他交结,以获取一些机会和利益。这样,赵凤昌很快就在上海打开局面,成为一个举足轻重的人物。尤其状元实业家张謇对他很尊重,两人关系笃厚,[1]更使他跻身东南精英行列,社会地位很高。

于是,赵凤昌一方面经商,并投资上海绅商兴办的实业,另一方面与他们时常来往,谈论天下事,趣味相投,关系融洽,各方面利益渐趋一致,有着共同的政治经济诉求。戊戌维新期间,上海绅商支持变法,但对政变后被囚禁的光绪除了私下的同情外,不敢有任何表示。仅过一年就不同了,由于清廷实施的政策损害了他们的利益,使他们

---

〔1〕 冯耿光:《荫昌督师南下与南北议和》,《辛亥革命回忆录》第6集,中华书局1963年版,第362页。

非常不满,政治参与意识迅速增强,所以光绪二十五年(1899)秋,当他们听说朝廷欲行废立,便造舆论企图阻止。十二月二十四日,清廷正式下诏立储,史称"己亥建储"。消息传到上海,"一时绅商士庶纷然哄动,皆谓名为立嗣实则废立"。上海电报局总办经元善乃领衔1 231名上海绅商联名电禀总理衙门,恳求奏请光绪抱病亲政,不要退位。〔1〕此举引起深宫震怒,欲查拿经元善。赵凤昌是经元善好友,赞赏其行为,帮助他出逃。奉命捉拿经元善的盛宣怀认为赵凤昌有袒护之嫌,威胁要弹劾他,赵凤昌毫无惧色地说:"予已无可参劾矣。"后他也拒绝了两江总督鹿传霖请他诱劝经元善回沪的要求。〔2〕这是赵凤昌第一次亲身涉入政治事件,既反映了他联系官绅的居间地位,也体现出他鲜明的政治操守和立场。

在随后的义和团运动中,赵凤昌参与发起东南互保,维护了东南地区的稳定,使中国免遭瓜分之祸;又在清末立宪运动中,积极宣传立宪,主张改革政体,实行宪政。这些都是关系国家危亡的大事,赵凤昌在其中所表现的胆量见识、深谋远虑和获取高层内幕消息的能力,令上海官绅刮目相看,无不钦佩。曾在上海担任商约大臣的吕海寰前往北京就工部尚书职后,致信赵凤昌说:"沪上两次深谈,极佩伟论。见闻之确、筹画之精,京师软红尘中无此见解,亟盼详书所见、所闻并所拟办法时常寄我。"〔3〕可见,赵凤昌的赞襄谋划之才不同凡响、有口皆碑。因此,他一跃而为东南精英社会的核心人物,凡有大事,一定找他商量。正因为此,从辛亥和谈起至1919年的南北议和,他都能够折冲樽俎,充当调人。尽管有成功,有失败,但其付出的努力有目共睹,众口交赞。除了上述黄炎培、沈恩孚等的盖棺论定外,熊希龄在其生前也曾作词赞曰:"共和初幕,有运筹帷幄,无名豪士。苦口调和诸领袖,独尽其心而已。视国如家,为而不有,高洁其如此。滔滔天下,算惟有使君耳。"〔4〕然而对这些,赵凤昌很少公开夸耀,

〔1〕 虞和平编《经元善集》,华中师范大学出版社 2011 年版,第 261 页。
〔2〕 赵凤昌:《经莲珊电请收回立大阿哥成命》,《人文》月刊 1931 年第 2 卷第 6 期。
〔3〕 国家图书馆善本部编《赵凤昌藏札》第 5 册,国家图书馆出版社 2009 年版,第 284 页。
〔4〕 国家图书馆善本部编《赵凤昌藏札》第 10 册,第 347—348 页。

可能有以下几个原因：第一，与张謇保持一致，张謇在辛亥革命中也发挥重要作用，但他在自编年谱中"没有详言其内容"，甚至"从未向其子孝若提及"。〔1〕第二是因为民初政局动荡混乱，令人大失所望，赵凤昌觉得自己所做事与愿违，不足为外人道。第三是他长期闭关却扫，行事低调，不想重提旧事，博取眼球，从而破坏其"无名豪士"形象。

其实赵凤昌本可以不做"无名豪士"的。被罢归后，其朋友为他鸣不平，提醒他"必以开复为第一义"，张之洞也劝他无论将来出山与否，为了面子也要"先将功名开复"，但他对功名利禄已失去兴趣，认为"反不如在沪经商糊口，较为得计"。〔2〕张之洞见劝告无效，转而积极为他创造开复机会。光绪二十二年（1896）十一月二十二日，张之洞致电督办铁路大臣盛宣怀，托其"就近委派一事"给赵凤昌，盛宣怀当日回电："必当设法位置。"光绪二十七年（1901）盛宣怀出任商约大臣，张之洞再次致电他，请务必为赵凤昌"委派一事，以为将来开复之地"，盛宣怀依然马上应允。〔3〕光绪三十二年十一月，京汉铁路开保案请奖，盛宣怀即将赵凤昌列入保案内，赵凤昌获悉后，予以婉拒，并于十一日密电张之洞代为推辞：

> 密。昨○谈及京汉路工即开保奖，并即交部。昌历年糜费薪水，藉以抱注，已深惭感，保奖则万不敢受。思年已五旬，病断未愈，无可希望，不如另奖有功，可资鼓励，切勿以有用之功名奖昌病废无用之人，务祈俯鉴真忱，并告○切勿以昌列奖，曷胜万祷万感。昌禀。真。〔4〕

电文中的○代指盛宣怀。张之洞接电后，觉得京汉路工关涉三省，列保必多，赵凤昌恐难得到优奖，便爽快答应其请求，致电盛宣怀

---

〔1〕 刘厚生：《张謇传记》，上海书店 1985 年版，第 175 页。

〔2〕 国家图书馆善本部编《赵凤昌藏札》第 5 册，第 233 页；第 2 册，第 576—577、575—576 页。

〔3〕 李志茗：《幕僚与世变——〈赵凤昌藏札〉整理研究初编》，上海人民出版社 2017 年版，第 388 页。

〔4〕 国家图书馆善本部编《赵凤昌藏札》第 4 册，第 109 页。

照办。同时因为赵凤昌前年已辞去商约随员之职，又电盛宣怀补发委任状，"先行咨部立案"。办妥这些事后，张之洞致电赵凤昌说，准备将他列入商约保案，因为"商约案内列奖最好"，"此事千万不必再辞，进退一切仍可自主，无碍阁下寓沪养疴、淡泊谦退之本怀也"。对于张之洞的关怀备至，赵凤昌心存感激，但仍坚辞不受：

> 密。真电谨悉。昌破甑不顾已十余年，绝意进取，久已内决，无论何案均不愿列保。〇处今日复往辞绝，务望宪台曲谅。昌禀。元。〔1〕

上述电文中的〇仍指盛宣怀。鉴于赵凤昌绝意进取的决心如此坚定，张之洞只得尊重其意见，没有再勉强。其他的清末民国政要则继续向他伸出橄榄枝。第一个是端方。光绪三十二年七月他被任命为两江总督，抵达南京接篆几天，他就函请赵凤昌出任其幕僚，未见赵凤昌复信，但显然他被婉拒了。第二个是赵尔巽。宣统三年（1911）三月他奉任东三省总督，赴任之前，他连上几个奏折谈东三省官制、财政等问题，其中附奏片请开复赵凤昌原官，调东三省供其委用。清廷四月初八日下谕允准，次日他即电告赵凤昌："久耳公名，亟思亲炙。东事需才，敬借尊衔用先荐剡，荷蒙俞允。原折叙明礼聘来东备谘要政，俟到任后再以蒲轮奉迓，尚希顾全大局，惠然肯来，感纫无极，谨先电闻。"〔2〕初十日，赵凤昌复电婉拒：

> 钧电谦挹，惶悚万分。凤昌本无学识，加以廿年病体，近益衰惫，每值寒暑，怯不出户，更何能远涉府庭，辱承下问。公，仁人也，必容方命之愆，俾获余生之赐。天日昭鉴，只字不欺，伏乞矜恕。凤昌叩。蒸。〔3〕

尽管赵尔巽礼聘赵凤昌未果，但帮他开复原官成功，办到了张之洞没能办到的事。五月初九日，赵尔巽所上奏片被刊在《时事新报》上，题为《赵凤昌开复原官》：

---

〔1〕国家图书馆善本部编《赵凤昌藏札》第4册，第108页。
〔2〕国家图书馆善本部编《赵凤昌藏札》第4册，第111页。
〔3〕国家图书馆善本部编《赵凤昌藏札》第4册，第114页。

东督赵制军日前附片奏请,开复革牧赵凤昌原官,略谓:已
革湖北候补直隶州知州赵凤昌,前随升任湖广督臣张之洞襄办
要政,精细干练,颇著能声。卒以任怨太多,遭时疑忌,经前浙江
学政徐致祥奏参革职,士论惜之。该员罢职后,即回江苏原籍,
闭门读书,不求闻达,而关心君国,讲求时务,数十年如一日。庚
子之变,长江上下,各国交涉,危机一发。刘坤一、张之洞创议保
全东南大局,悉赖该员赞助之力。开浚黄浦,载在和约,嗣幸收
回自办,稍换利权,亦出自该员擘画。臣前在奉天筹办善后,上
年边藏交涉,均经派员密询办法,该员所陈之策,和平正大,切中
事情,至今赖之。而成功不居,翛然物外,实当今奇杰之士。东
事孔亟,待商之政甚多,合无仰恳天恩,准将已革湖北候补直隶
州知州赵凤昌,开复原官,由臣礼聘到东,备谘要政。奉旨:着
照所请,吏部知道。〔1〕

据上,除了开复原官外,赵尔巽还为赵凤昌平反昭雪,恢复其十八
年前被奏参的名誉,并枚举其关心君国的种种表现,如在东南互保、黄
浦江修浚、边藏交涉等方面的擘画之功,盛赞他功成不居,翛然物外,是
当今奇杰之士。这些鲜为人知内幕的公开披露,提高了赵凤昌的知名
度,扩大了其影响力,因此赵特地将这部分内容裁剪下来,精心收藏。

入民国后,尽管已改朝换代,但赵凤昌依旧受到新政府高层的高
度重视和热心延揽。1912 年 2 月 9 日,临时大总统孙中山致函赵凤
昌,聘其为南京临时政府枢密顾问。函曰:

竹君先生执事:民国初基,余膻未洗,万方多故,正待经营。
文以薄质,谬承重任,思力未精,丛脞堪虞。非有硕彦相为扶持,
思负国人推选之意。素谂执事器识宏通,体用兼备,傤藉高远之
识,以为切磨之资,敢奉屈为枢密顾问。执事智珠在握,天下为
心,想当慨然惠顾,共济前途。临楮驰心,毋任伫眙,即颂兴居,
惟希照詧。孙文谨肃。〔2〕

---

〔1〕 国家图书馆善本部编《赵凤昌藏札》第 4 册,第 113 页。
〔2〕 国家图书馆善本部编《赵凤昌藏札》第 4 册,第 117—118 页。

该信写在总统府专用信笺上,信末还盖有"孙文之印"的私章,可见孙中山是诚心诚意邀请赵凤昌出山的,但遭赵凤昌婉辞:

> 昨奉手书,回环庄诵,具仰虚怀若谷,不弃刍荛。○等学殖荒落,识短才庸,谬承奖饰,益用汗颜。窃维我公数十年困苦艰难,为四万万同胞力图乐利,○等亦国民之一分子,即无责任,犹当殚竭智虑,以赞高深。惟是枢密为最高机关,必须学识宏通,德望优裕,方足以副咨询。○等何人,敢膺斯选?矧昌体弱多病,久在洞鉴之中,顾问一席,万不敢当。但此后遇有重大事件,苟有所知,无不据实直陈,以为泰山土壤之助。区区之愚,想荷原鉴。专此肃复,敬叩台安。○○○谨启。〔1〕

这封收在《赵凤昌藏札》中的复函没有抬头,○指待补的赵凤昌人名,显系草稿,非正式文本。4月9日,新当选的、接替孙中山的临时大总统袁世凯致也致电赵凤昌、汤寿潜,聘请他们为北洋政府顾问:

> 赵竹君、汤蛰仙两先生鉴:国基甫定,凯以棉薄,谬荷公推,夙夜兢兢,深惧始谋弗臧,无以范垂久远。倘非大雅宏达,匡其不逮,何以广集众思,裨补阙漏。兹敬屈先生为顾问,以资矜式而备咨询,庶几勉策进行,幸无陨越。伏望念国步之艰难,不以肥遁而忘天下,非凯一人之幸,海内同胞实共赖之。临风延伫,敬迓高车。袁世凯。青。〔2〕

---

〔1〕 国家图书馆善本部编《赵凤昌藏札》第4册,第119—120页。

〔2〕 国家图书馆善本部编《赵凤昌藏札》第4册,第121页。该电没有具体日期。骆宝善、刘路生《袁世凯全集》将时间定为1912年3月9日,并出注曰:"本电《赵凤昌藏札》编者厘定为二月九日,显然有误,二月九日袁世凯尚未当选临时大总统"(《袁世凯全集》第19卷,河南大学出版社2013年版,第625页)。其实《赵凤昌藏札》整理者并未厘定为2月9日,是《袁世凯全集》编纂者不知《赵凤昌藏札》目录体例所致,并且《袁世凯全集》编纂者厘定为3月9日,也"显然有误"。理由有如下几个:一是袁世凯3月10日才正式就任临时大总统,不可能尚未正式上任,就开始聘请政府顾问。二是《袁世凯全集》第19卷中编号为19-2029的"致章太炎等电"(第707页),内容与此电一模一样,发电时间为1912年4月9日,其中被"等"省略的分别是程德全、赵凤昌、汤寿潜三人。同样的电文给同样的人,不可能刚好隔一月又重发。这两电应该是同一电,只不过依此模板分别发送给不同的人而已。三是因为赵凤昌复电婉拒聘请,袁世凯有表示理解、并请赵继续支持的复电,该复电的日期为4月15日(国家图书馆善本部编《赵凤昌藏札》第4册,第123页)。京沪电文往来快捷便利,以此倒推,袁世凯聘请赵凤昌等任顾问的青电为4月9日,比较合理。

赵凤昌同样复电婉言谢绝：

> 袁大总统鉴：青电敬悉。辱加奖饰，甚为感悚。民国新立，五族一家，实大总统之苦心组织。昌得列公民，已属幸福，乃荷不遗葑菲，昌顾何人，感膺是席。且近年来衰庸多病，未离申沪，有违台召，愧歉良深，谨电恳辞，想蒙鉴纳。惟祝大总统励精图治，巩固共和，受赐多矣。凤昌叩。[1]

总之，自革职回籍后，有很多复出的机会摆在赵凤昌面前，但他均不为所动，一概拒绝，就此可知赵凤昌的确是塞门不仕，绝意进取。可他并非躲进小楼成一统，两耳不闻窗外事，而是以运甓惜阴为志，跌宕文史，关心世事。对此，张元济自叹不如，称自己变成罔利的贱大丈夫，而"公奔走国事，贯彻始终，实堪钦佩"。[2] 不在其位，却谋其政，因而赵凤昌能够充当无名豪士。这，就是他的人生。

二、研究回顾

赵凤昌虽然甘居幕后，不求闻达，但熟悉他的人都知道他是个运筹帷幄、有闳识妙算和"过人之远谟"的名流耆宿，[3] 当时的报刊也偶尔会披露他的活动和事迹，加上他很少在公共场合露脸，为人较为低调，所以在民国时期就引起一些人的兴趣和关注，后来陆陆续续有一些学术研究以及宣传报道，使他的形象逐渐浮出水面，为更多的人所了解和认识。大体说来，有关赵凤昌的介绍研究可以分为以下几个阶段：

一是20世纪30年代至70年代，以访谈和回忆为主，兼有资料整理。在30年代，黄濬根据赵凤昌发表的"惜阴堂笔记"，亲往拜访，进一步求证相关史实，写有赵凤昌"记东南互保""记经莲珊""记冯子材""记五大臣出洋考察""记同光间南北派系"等文，认为赵所论始末甚详，可信度很高，非常珍贵，可补相关记述之不足。这些文章先发

---

〔1〕国家图书馆善本部编《赵凤昌藏札》第4册，第122页。
〔2〕国家图书馆善本部编《赵凤昌藏札》第10册，第604页。
〔3〕沈恩孚著、薛冰整理《沈信卿先生文集》，第427页。

表于报刊上,后收入《花随人圣庵摭忆》出版。〔1〕50 年代,刘厚生撰有《张謇传记》一书,其中多处提及赵凤昌。〔2〕与此同时,赵凤昌之子赵尊岳写有《惜阴堂辛亥革命记》一文,回忆辛亥革命时期其家的政治集议情形。〔3〕这两者均为回忆性质,有史实错误,不是很可信。1975 年,姚崧龄在《大成》杂志发表《记赵凤昌》一文,即主要参考刘厚生及赵尊岳的著述。除上述文章外,赵凤昌留存的私人档案《赵凤昌藏札》,其中有关辛亥革命部分,经上海社会科学院历史研究所整理,收入《辛亥革命在上海史料选辑》一书,于 1966 年由上海人民出版社出版,这为后来赵凤昌与辛亥革命的研究奠定了坚实的基础。

　　二是 20 世纪 80 年代至 2005 年,以初步的学术研究为主。1985 年,陈时伟利用未刊《赵凤昌藏札》,撰有《赵凤昌述论》一文,收入《近代中国人物》第 3 辑。〔4〕全文立论公允,内容翔实,是第一篇较为全面系统的赵凤昌研究学术论文。该文后经缩写,以《赵凤昌》为名,刊于《中华民国资料丛稿·民国人物传》第 7 卷。〔5〕1996 年,唐振常通过阅读黄濬《花随人圣庵摭忆》所记赵凤昌与东南互保,写成《读史札记三则》一文,记述赵凤昌策划东南互保始末,称其做了一桩好事。〔6〕同年,钱听涛发表《赵凤昌赵尊岳父子二三事》一文,简述赵氏父子生平及其后人情况,有较高参考价值。〔7〕2001 年,辛亥革命九十周年之际,赵凤昌的外孙杨小佛撰写《世事沧桑惜阴堂》一文,概述赵凤昌生平以及辛亥时期的惜阴堂策划,其中最为价值的是他儿时对惜阴堂的印象与记忆。〔8〕同年,钱听涛发表《"民国的产

　　〔1〕《花随人圣庵摭忆》的出版情况见李吉奎整理、中华书局 2013 年出版的《花随人圣庵摭忆·整理说明》,第 2—3 页。
　　〔2〕龙门联合书局 1958 年出版,上海书店 1985 年影印出版。
　　〔3〕《常州文史资料》第 1 辑,1981 年印行,第 69 页。后又分别转载《近代史资料》总第 53 号(中国社会科学出版社 1983 年版)、总第 102 号(中国社会科学出版社 2002 年版)。
　　〔4〕夏良才、曾景忠主编《近代中国人物》第 3 辑,重庆出版社 1986 年版。
　　〔5〕朱信泉、宗志文主编《中华民国资料丛稿·民国人物传》第 7 卷,中华书局 1993 年版。
　　〔6〕《上海大学学报》1996 年第 6 期。
　　〔7〕《常州教育学院学报》1996 年第 1 期。
　　〔8〕《世纪》2001 年第 5 期。

婆":辛亥革命时期的幕后人物赵凤昌》一文,论述赵凤昌在辛亥革命时期所扮演的重要角色,其中也谈及赵凤昌后人,对前文未及之处作了补充。[1] 由该二文发端,有关赵凤昌与辛亥革命的文章逐渐多了起来,主要有马铭德《辛亥革命与赵凤昌》、沈妩《论辛亥革命前后的赵凤昌》、徐伟民《"惜阴堂"与辛亥革命》等。[2]

三是2006年至今,赵凤昌研究日益深化,进入一个新阶段。2006年,方平发表《惜阴堂:私宅与政治集议》一文,是上述赵凤昌与辛亥革命研究小高潮的延续。[3] 也就在这一年,为配合《赵凤昌藏札》(下简称《赵札》)的影印出版,相继刊发了系列文章,把赵凤昌研究推向深入。率先刊文的是杨小佛,其《惜阴堂赵凤昌藏札的来龙去脉》回忆了《赵札》从家藏到充公至上海市文物管理委员会的不寻常过程,[4]后来负责整理《赵札》的李小文撰写《〈赵凤昌藏札〉的来龙去脉暨整理说明》,接着说杨小佛所不知道的《赵札》入藏国图始末,并对《赵札》的价值及整理过程作了一番阐述。[5]而孔祥吉的《评一代奇人赵凤昌及其藏札》则在评骘赵凤昌其人的基础上,充分肯定《赵札》的价值,认为它可谓尺牍之精华、史料之瑰宝,是"美不胜收的晚清史料","其文献价值可能远远超出我们的想象"。

2009年,《赵札》由国家图书馆出版社出版问世,凡10册。原本束之高阁的赵凤昌私人档案遂化身千百,方便学者研究利用,引发新一轮赵凤昌研究热潮。2010年,吴欢《民国诸葛赵凤昌与常州英杰》一书出版。[6] 2011年,叶舟利用新发现的赵凤昌家谱等史料,写成《赵凤昌早年行历考》,对其早年身世作了一番梳理,指出刘厚生《张

〔1〕《纵横》2001年第10期。
〔2〕马铭德:《辛亥革命与赵凤昌》,《历史教学》2003年第7期;沈妩:《论辛亥革命前后的赵凤昌》,扬州大学2005年硕士学位论文;徐怀民:《"惜阴堂"与辛亥革命》,《安庆师范学院学报》2005年第6期。
〔3〕《历史教学问题》2006年第6期。
〔4〕《档案春秋》2006年第5期。
〔5〕《藏书家》第15辑,齐鲁书社2009年版。又载国家图书馆善本部编《赵凤昌藏札》第1册卷首。
〔6〕长江文艺出版社出版。

謇传记》所述的不实之处。〔1〕这一年刚好是辛亥革命一百周年,涌现出许多赵凤昌与辛亥革命的文章,不过多数为介绍和报道性质。2013 年,赵建民撰《赵凤昌的人际网络与活动(1856—1901)》硕士学位论文,探讨赵凤昌在清末的活动轨迹及其人际关系网络,选题很有新意。〔2〕2017 年,笔者发表《赵凤昌身世及其幕僚生涯》《赵凤昌何以名动东南》二文,利用新出版的张之洞档案等重要资料,就赵凤昌早年身世、幕僚生涯以及甲午战争时期赵凤昌的表现作番探讨和论述。〔3〕同年,笔者出版《幕僚与世变——〈赵凤昌藏札〉整理研究初编》一书,〔4〕在整理考订《赵札》所收中法战争史料的同时,对相关史事和人物展开专门研究。

三、写作构想

根据以上的学术史回顾来看,赵凤昌的介绍、研究已持续八十多年,从刚开始的访谈回忆,发展到后来的专门研究,经历了一个越来越深入的过程。其中影响最大的是刘厚生有关赵凤昌早年经历的记载以及赵尊岳《惜阴堂辛亥革命记》一文。他们不仅分别是赵凤昌的朋友和亲人,而且又是最早介绍赵凤昌身世及经历的人,因此他们的记述被视为信史,广泛征引,但实际他们所写有不少史实错误,不是很可靠。陈时伟《赵凤昌述论》是第一篇赵凤昌研究论文,该文用力甚深,立论公允,研究扎实,同样影响深远,但限于篇幅,并以论述赵凤昌清末民初活动为主。笔者的两篇论文及一本专著,在整理《赵凤昌藏札》的基础上,辅以档案、家谱、日记等重要资料,对赵凤昌的早期活动作了一些考察,但也只是部分和局部的研究。

总的说来,现有赵凤昌研究的不足之处主要有这么几点:一是

---

〔1〕 叶舟、朱炳国:《赵凤昌早年经历研究》,常州家谱网的博客 http://blog.sina.com.cn/s/blog_597df0930100sruj.html。

〔2〕 华中师范大学 2013 年硕士学位论文。

〔3〕 李志茗:《赵凤昌何以名动东南》,《史林》2017 年第 1 期;《赵凤昌身世及其幕僚生涯》,《复旦学报》2017 年第 2 期。该二文稍作补充改写,分别列为本书第三章第一节和第二章的内容。

〔4〕 上海人民出版社 2017 年版。

尽管关注和研究赵凤昌的时间较长,但成果有限,尤其新世纪之前,仅有寥寥数篇,且学术含量不足;二是研究不平衡,主要集中在赵凤昌与东南互保和辛亥革命部分,尤以辛亥革命为多,其他方面相对较少,或付诸阙如;三是因为研究不平衡,缺乏整体研究,不仅重复研究较多,创新性不足,而且对赵凤昌的评价也不尽客观,过于拔高,甚至视之为奇人,给他披上神秘的外衣。

由上述可见,赵凤昌研究非但不全面系统,也尚未达到一定的广度和深度,并且一些不实说法广为流传,居然变身众口一词的常识。凡此种种,均给读者造成诸多误导。可以说,赵凤昌是一个"熟悉的陌生人",大家对他多少有些了解,但往往不确切,因此有必要对赵凤昌展开全方位、多层次的研究。本书力图以长时段的理论来关照赵凤昌的一生,通过全面论述赵凤昌的生平及其事迹,还原生动、鲜活的清末民初的政情、社会及士人生活。全书除引论和附录的《赵凤昌年谱简编》外,共七章,分别探研赵凤昌的身世家庭、游幕生涯、人际网络、历史书写,以及他在清末民初四十年间的主要作为和表现等,希望藉此展示其多姿多彩的人生历程,呈现一个更加丰满、立体、真实的历史人物形象。

第一章　身世及家庭

　　光绪三十四年，张謇为赵凤昌新建成的住宅惜阴堂题写一副楹联，收在《张謇全集》里的版本是"有闲关却扫之风，脱略公卿，跌宕文史，以运甓惜阴为志，方轨前秀，垂范后昆"，而赵凤昌后人所说的版本却是"有闲关却扫之风，左顾孺人，右弄稚子；以运甓惜阴之志，门有通德，家藏赐书"。[1] 相形之下，显然后者更加真实一些，毕竟光绪三十四年之前的赵凤昌还没有什么特别的表现。谋生之余，闭关却扫，享受家庭之乐是其生活的常态。但后来他的作为和影响力称得上"方轨前秀，垂范后昆"，却因其功成不居，甘为幕后，而成为大家眼里的神秘人物和私议对象。于是，口口相传，以讹传讹，逐渐失真，离他的本来面目越来越远。因此，有必要沿波讨源，鉴别真伪，恢复其原貌。

一、早年身世之谜

　　有关赵凤昌早年身世的说法五花八门，详略不一，但材料基本来

---

〔1〕《张謇全集》第7册，上海辞书出版社2012年版，第442页；钱听涛：《"民国的产婆"：辛亥革命的幕后人物赵凤昌》，《纵横》2001年第10期。钱听涛是赵凤昌堂兄的后人，与赵凤昌孙女赵文漪有书信往来，此联或得自赵文漪。另赵凤昌外孙杨小佛也说的是此版本，见顾维华《催生民国的上海"惜阴堂"》，2011年6月17日，上海统一战线网，http://www.shtzb.org.cn/shtzw/shtzw2017/n3718/n3736/u1ai1874787.html。

自赵凤昌的后人和好友的记述。赵凤昌后人所言较简略,其儿子赵尊岳说:"先公号凤昌,字竹君,江苏武进人。生咸丰六年丙辰。初任粤藩姚觐元记室,旋入署粤督曾国荃幕府。张之洞督粤调鄂,均留任。"长孙女即赵尊岳女儿赵文漪则云:"先祖讳凤昌,字竹君,原籍江苏武进。幼失怙,因避洪杨乱,随先祖妣走粤垣。蚤岁游张香帅幕,深受器重。"〔1〕而赵凤昌好友则相对详细些,刘厚生在所著《张謇传记》中是这么描述的:

> 他幼年失学,在某钱庄做学徒,常常到一个姓朱的家里送银钱。那时他年纪不到二十岁,人极机警。因为家贫之故,私自挪用了钱庄之款,被经理停职。他就向那姓朱的诉苦。姓朱的很有钱,就向他说:"看你人很聪明,你最好还是读书,可望上进。"凤昌说:"我读不起书了,还是请你荐一件事情吧!你家店铺很多,我只想你荐我到铺子里当一个小伙计。"姓朱的说:"你不是当伙计的人,你既不愿读书,我索性多送你几个钱,你去捐一个小官,到省候补,一定可以出头。"于是这姓朱的不由分说,替他捐一个县丞,并送了他旅费,分发到广州。混了几年,后来张之洞做两广总督,就很赏识他,让他做总督衙门文案,参与一切机密。后又随之洞到湖广总督任内,格外亲信。〔2〕

上述赵尊岳说赵凤昌"初任粤藩姚觐元记室",不确,赵凤昌初次游幕地是武汉,并非广州,详见本书第二章。赵文漪言其祖父"幼失怙,因避洪杨乱,随先祖妣走粤垣"则完全错误,因为赵凤昌的父亲死于光绪十六年,母亲次年去世,当时赵凤昌已过而立之年,根本不是"幼失怙";"洪杨乱"在同治四年也就是赵凤昌十岁时已被扑灭,他走粤垣在光绪六年,并且不是跟着他夫人去的,而是随姚觐元到广州做

〔1〕 赵尊岳:《惜阴堂辛亥革命记》,《常州文史资料》第1辑,1981年印行,第69页;《赵尊岳集》(壹),凤凰出版社2016年版,第297页。《惜阴堂辛亥革命记》后又分别收入《近代史资料》总第53号(中国社会科学出版社1983年版)、总第102号(中国社会科学出版社2002年版)以及《赵尊岳集》(肆),流传很广。

〔2〕 刘厚生:《张謇传记》,上海书店1985年版,第93页。

其幕僚，其时他二十五岁。[1] 至于刘厚生所述声色并茂，有鼻子有眼，但只是一面之词，没有旁证，实际也不可信。不必说赵凤昌私挪钱庄之款，合不合乎职业道德和职业精神，也不必说朱财主是否会对行为不检点的赵凤昌大发善心，慷慨伸出援手，单是替赵凤昌"捐一个县丞，并送了他旅费，分发到广州"就很可疑。因为捐纳虽然是秕政，在晚清司空见惯，但毕竟它是国家的一种选官制度，有一套较为严密的规定和流程，并非随随便便，想捐就捐。即以刘厚生所言朱财主给无任何功名的赵凤昌捐县丞、分发广州来说，朱财主至少必须报捐三次，第一次是为赵凤昌报捐监生或贡生资格，赵凤昌取得捐生身份后，才能接着为他报捐县丞，而要分发广州还得报捐第三次。原因是捐纳者很多，为了尽快获得任职机会，须加捐花样。分发即为花样的一种，加捐分发至迟于乾隆二十二年就已开始，到道光年间又出现加捐"指省分发"的新花样，报捐者可藉此分发到他想去的省份。赵凤昌分发到广州，即使并非加捐"指省分发"，也要加捐分发才行。[2] 当然，每次报捐还需要一定的流程，花一些时间和精力去应付，所以朱财主替赵凤昌捐官不像刘厚生文中说得那么轻巧，是比较麻烦的一件事，他如此费心、费力、费钱为赵凤昌办此事值得怀疑。

就上而言，赵尊岳、赵文漪、刘厚生三人所记载的赵凤昌早年经历均不可靠。但由于前两者是赵凤昌的家人，第三者与赵凤昌系常州同乡，又是朋友、世交，因此，他们的记载广为采信，凡涉及赵凤昌早年生涯的，必引用他们的说法。尤其刘厚生所论很具体，很生动，更是备受青睐，转述者甚夥。著名的如曹聚仁，在1965年7月3日赵尊岳去世后几天，写了一篇报道文章，其中提及赵凤昌，就参考了刘厚生的说法："赵叔雍的老太爷赵凤昌，他们是江苏常州人。自幼

---

　　[1] 杨小佛在一篇回忆其外公赵凤昌惜阴堂的文章中，袭用其表姐赵文漪的说法，称"赵凤昌幼怙失，后随母赴粤"(《世事沧桑惜阴堂》，《世纪》2001年第5期)。"随母"是他把"先祖妣"即赵文漪已故祖母，其实是赵凤昌夫人，误会成赵凤昌的母亲了。
　　[2] 伍跃：《中国的捐纳制度与社会》，江苏人民出版社2013年版，第474、207—209页。

失学在钱庄做学徒,由于一位姓朱的帮忙,捐了一个县丞,分发到广州。那位两广总督张之洞很赏识他,让他做总督衙门文案,参预一切机密。"[1]而1975年,姚崧龄所撰可能是赵凤昌的第一篇传记文章《记赵凤昌》,文中谈赵凤昌的早年经历,便明言"据刘氏所记",却不是原文照引,而是有所发挥,还兼采赵尊岳的说法:

> 凤昌幼年失学,曾在某钱庄学生意,常往来于一朱姓家中。彼时年纪不到二十岁,人极聪明机警。由于家贫,无奈私下挪用钱庄款项,终被经理查出,停职。乃向朱姓诉苦,请求援手。朱姓富有,人复慷慨,因谓:"看你人很聪明,最好用功读书,可望上进。"凤昌说:"我读不起书,还是请你荐一件事罢! 你家店铺很多,我只望荐到铺里做一名小伙计足矣。"朱氏说:"你不是当伙计的材料,既然不愿读书,我索性多送你几个钱,你去捐一个小官,到省候补,必有出头之日。"朱氏不经其同意,即出赀为之报捐佐杂,并赠旅费,分发广东,禀到候差。先随粤藩姚觐元任书启,不久张之洞由晋抚超升两广总督,凤昌夤缘得充总督衙门之文巡捕。日久颇受之洞赏识,竟然做到总督衙门总文案,参预机密。[2]

由上可见,对于刘厚生现场感十足的描述,姚崧龄实际也不太相信,因而不尊重原作,断以己意,进行再加工。这开了一个先例,以后凡参考刘厚生所述赵凤昌早年身世的,基本都添油加醋,即兴发挥,结果以讹传讹,离真相越来越远。其实有关赵凤昌早年身世的资料并非完全没有,只是长期以来因缺少发现的眼睛和怀疑的精神,致使不实之词广为流传,反而遮蔽了其庐山真面目。

二、家乡家世

赵凤昌是常州府武进县人。常州乃千年古邑,文化名城,历来引

---

[1] 曹聚仁:《赵叔雍病逝南洋》,曹聚仁著、曹雷编《听涛室人物谭》,上海人民出版社1998年版,第372页。该文又被收入《赵尊岳集》(肆)中。
[2] 姚崧龄:《记赵凤昌》,《大成》第22期。

人注目,研究和论述较多,其中不乏名家名作,精心建构,当然也有兴之所至,随感而发的。赵凤昌大哥赵完所撰《常州考》、儿子赵尊岳所写《余之故乡》和《我的故乡》即属于后者,但他们是自己写家乡,更有情怀,感情真挚;他们又是赵凤昌的家人,血脉相通,心有灵犀,可藉此了解赵凤昌其人其乡。《常州考》是一篇叙述历史上常州地名演变的文章,尽管常州有延陵、毗陵、晋陵等古称,但赵完更喜欢常州这个名称,考证出"常州之名创于隋初","虽其间建置沿革不一,而常州之号相迄不泯","历久弗替"。[1]《余之故乡》,赵尊岳自称是一篇命题作文,因他爱好旅游,常在报纸发表游记,有读者来信说:"子述游事,行遍禹域,何以独无一言述及珂乡,俾人想望而游览之,敬恭桑梓,义不可废也。"他看后觉得言之有理,顿时"怀及故乡风土,生其遨翔之心",一改惯常的游记写法,分建置、疆域、山水、古迹、土产、庙祀、科第、人物、陵墓、僧道、异迹十一部分对常州历史作了全面系统介绍,最后他畅谈回乡探亲的观感,希望能为读者作导游推介,以使"时时舍去常州"的游客能蜡屐过此,"句留竟日",到他的家乡走走看看。[2]

　　赵尊岳是文采取这种体例,还有一个私心,就是试图开风气之先,引领新志书写作的潮流,"今述吾乡……作一有统系之纪载,俾采风者知之,世有闻风兴起之流,述其乡土之事,载诸杂志,则合天下之郡县,不其为一新一统志乎? 企以俟之,余任其筚路蓝缕之役矣"。[3] 与之不同的是,几乎同名的另一文章《我的故乡》没有登高一呼为天下倡的想法,文章就写得很有温度,也颇具个性,如他说"我的故乡,是个江南名的所在,而未必是胜的所在。什么叫'名'呢? 常州这个地方,虽然三里直径的一城一邑,然而因其人文之盛、学问之优、地点的适中、生活勤朴与安闲,遂致国内几于没有一个人不知道这个地方的。什么叫'胜'呢? 原本山水风景的优美,名之为'胜',我家乡既没有奇山异水,岩穴洞壑,平湖远山,所有前人歌咏的地方,不

────────────

〔1〕 赵完:《常州考》,《武进青山门赵氏支谱》第5卷,民国十七年崇礼堂刻本。
〔2〕《赵尊岳集》(贰),第708—724页。
〔3〕《赵尊岳集》(贰),第708页。

过是一村居的写影,说起来实在够不到'胜'"。尽管家乡有名无胜,
且他又生长在上海,但由于其父赵凤昌注重对他进行乡土教育,他对
家乡并不陌生,还维系着浓烈的感情纽带:"我是生长客边的,小时固
然常常听见父老的传说,常州是个好地方,长时看了若干乡先辈的著
作,惊奇各种门类,无一不精,越发的为之神往。所以颇以'常州人'
自傲。到第一次回乡的时候,离开了喧嚣聒杂的闹市,转度我寂寞清
闲的生活。离别了持筹握算的人们,去见我至亲至爱的父老,闲话桑
麻,特别感觉到无上的兴趣。"〔1〕其中,他通过闲话桑麻所了解到的
家史、家世,尤有价值:

> 我家在乾隆年间,曾经办过一个书院,后来历世久远,书院
> 的制度又经废却,因之现在这地方已有年久失修的样子,但是那
> 地方的风景,还是算村落中最好的部分,矮墙四绕,流水一湾,正
> 屋三间,老树成行。我回乡去的时候,也特别去看了一次,那陪
> 伴我去的族人,更郑重的指着墙口一个池子里的一墩土堆说:
> "常州名叫龙城,因为全城形势,像龙似的,这土墩按说起来,
> 就是龙珠,百十年来,无论旱潦,墩终不没,可以见得他的神
> 奇了。常州文风之盛,就因为龙形的原故,现在龙珠所在,是
> 我们家的书院,那我们就间接负了常州文风的责任。"我虽是
> 个不迷信的人,但是听了这番话后,对于这个土墩,也益发的
> 流连忘返了。〔2〕

赵尊岳所言不虚,根据他家族谱——《武进青山门赵氏支谱》,他
的高祖赵鉴的确在乾隆年间与人合办一个书院叫青山书院。有学者
认为"以赵鉴创办青山书院的能力而言,他应是本地著名的乡绅,而
最有可能的便是从商",〔3〕但此说仅是推测之词,没有切实依据,笔
者不敢苟同,说详下文。

不过,《武进青山门赵氏支谱》保存了一些与赵凤昌相关的重要

---

〔1〕《赵尊岳集》(贰),第725页。
〔2〕《赵尊岳集》(贰),第726页。
〔3〕 叶舟、朱炳国:《赵凤昌早年经历研究》,http://blog.sina.com.cn/s/blog_597df0930100sruj.html。

资料,从中可获知其真实的早年身世。据该谱记载,青山门赵氏为宋太祖赵匡胤次子魏王赵德昭之后。德昭十一世孙赵孟埴始迁居常州,是赵氏迁常占籍不祧之始祖。此后,支分派别,或乡或城,散处分居。清初,赵天石由殷薛张桥迁至郡城之北青山门殷家桥,建屋定居,开枝散叶,"是为青山门赵氏"。[1] 青山门赵氏与西盖赵氏、观庄赵氏等是同宗,均奉赵孟埴为始祖,惟后两者"贤哲挺生,项领相望,可谓盛矣"。[2] 西盖赵氏先后出现了赵翼、赵曾向、赵元任等科举、文学名家,观庄赵氏也不遑多让,赵申乔、赵熊诏、赵怀玉、赵烈文等人才辈出。与他们比较,青山门赵氏相形见绌,在赵凤昌之前没出过什么有名的人。

赵凤昌家族累世耕读,也并非寻常百姓家,在当地有一定名望和地位。因其高祖赵鉴曾与人合办青山书院乡塾,所以他曾祖赵涵希望其伯祖父赵槐"一意读书,以承先志",赵凤昌祖父赵楷遂"慨然以家政自任","备尝辛苦者二十年,家道乃康"。[3] 据此可知,赵凤昌家的发达是他祖父苦心经营的功劳。这可与赵凤昌收藏的《赵凤昌藏札》相验证。《藏札》中收有一封赵槐孙子赵新给赵凤昌的信,其中说:"先叔祖当初事业煌煌……既弃儒服贾,又不能安于其业,官场征逐,岂容易哉?"[4]显然,是赵凤昌的祖父从商,而不是其高祖。经20年努力,赵楷事业煌煌,家道兴旺。他年老之后,由其子赵焕接替他操持家事。赵焕即赵凤昌之父,字沛霖,号丽堂,他侍奉伯父如同己父一样,两人去世后,丧事也由他一人办理。妹妹出嫁也由赵焕张罗,"是时家道裕如","礼尤备至"。[5] 然而,太平军兴,赵焕的家庭事业受到冲击,开始衰落。咸丰十年三月,江南大营被太平军击溃,他就预先举家避难江北。次月,常州失陷,族人纷至沓来,饥

〔1〕《武进赵氏大宗源流考》,《武进青山门赵氏支谱》第1卷。
〔2〕赵烈文:《叙》,《常州观庄赵氏支谱》第1卷,民国十七年木活字本。
〔3〕赵完、赵凤昌等:《八世沛霖公哀启》,孔广谟:《赵太常锡曾家传》,《武进青山门赵氏支谱》第5卷。
〔4〕国家图书馆善本部编《赵凤昌藏札》第8册,国家图书馆出版社2009年版,第177—178页。
〔5〕赵完、赵凤昌等:《八世沛霖公哀启》,《武进青山门赵氏支谱》第5卷。

寒交迫,无以为生,乃"招之来,或给资觅馆,或假本负贩",甚至变卖家产,在靖江四墩子开设"钱货各肆,为若辈治生计"。〔1〕与此同时,他还与人共同出资建"难民局",收罗难民,施粥赈济,"凡四年而局罢,家遂中落"。〔2〕所谓祸不单行,同治三年常州克复,次年赵焕率一家老小归里,旋因不善经营,受人欺骗,资产"折阅殆尽,又负累焉,家四壁立,至衣食不充"。〔3〕这使赵家再次遭受打击,家徒四壁了。

尽管如此,赵焕还是很重视子女的教育,"百计支撑",延师课子。〔4〕据赵凤昌回忆,其父"延余伊臣姨丈为师,授余同怀五人读"。余伊臣是当时常州知名的塾师,但他仅教两年,便应曾任军机大臣的刘纶后人之聘,离开了赵家。其中,赵凤昌的大哥年稍长,从余伊臣授业时已二十岁,得到了较好的指导,但先后两次参加院试,均未考取秀才;二哥十六岁,随即出塾,"习会计,佐家事";三哥十四岁,"随余伊师至刘文定旧邸馆中,专攻举子业;而十二岁的赵凤昌"在家塾自课",十岁的弟弟出外就学。〔5〕由此可见,尽管家贫,但五兄弟的教育还是得到了保证,没有一个失学。刘厚生所说赵凤昌"幼年失学",恐非实情,并且赵凤昌能够"在家塾自课",也说明经名师指点两年,他已具备一定的学习能力,可以在家自学了。这为他后来的幕僚生涯奠定了基础。

三、同怀五人

赵凤昌父母共育五子二女,二女早殇,五子存活。晚年监修家谱时,赵凤昌撰《恭述先训并书族叔诸昆季事略稿》一文,对四个兄弟的生平分别作了一番介绍,足见其手足情深。根据该文,四兄弟的大致情形如下:

---

〔1〕 赵完:《先刻支谱稿序》,《武进青山门赵氏支谱》第1卷。
〔2〕 谢钟英:《沛霖公家传》,《武进青山门赵氏支谱》第5卷。
〔3〕 屠寄:《清故承德郎封奉政大夫晋朝议大夫赵君墓志铭》,《武进青山门赵氏支谱》第5卷。
〔4〕 赵完、赵凤昌等:《沛霖公哀启》,《武进青山门赵氏支谱》第5卷。
〔5〕 赵凤昌:《恭述先训并书族叔诸昆季事略稿》,《武进青山门赵氏支谱》第5卷。

　　长兄赵完(1846—1904),在太平军占据江南期间,曾两次随家人避难。太平天国被扑灭后,随姨丈余伊臣读书,与汪洵、何嗣焜等交往。参加两次府试不售,即放弃科考。不久,到时任青浦知县的黎庶昌幕府任书启幕友,并学幕,学的是幕学中最重要的刑名之学。光绪三年,赵完通过捐纳到河南任候补官,先后参与办赈、查匪等。光绪十三年他保升知县,并因办理郑工出险赈务有功,复保补缺,以直隶州用运同衔。旋代理西华县知县,历署阳武、唐县、确山等县知县,受到河南多任疆吏李鹤年、涂宗瀛、任道镕、锡良等的器重。任道镕、锡良都曾派他专门出外办事。在任确山知县时,铁路方兴,路政被洋人把持,案件频发,赵完极力办案,还设学堂,提高当地的文化教育水平。此外,整顿铁路运输腐败、派兵保护线路,力保铁路顺畅通行。赵完廉洁自律,宦况清介,曾致函赵凤昌说:"明明白白之钱,子孙尚难守用,何况造孽贪赃之资? 幸能自励一生,未能建树,所获清俸惟思将祠基购成,聊赎为子孙之愆耳。"他果然说到做到,临终前,汇两千元钱作为建赵氏宗祠的准备金,后来祠堂建成,就得益于这笔款项。

　　二哥赵凤章(1852—1916),同治四年避难还乡,年已十四岁。两年后出塾,习会计,佐家事。当时曾国藩奏请派遣幼童赴美留学,在上海设局招考,派常州人刘翰清主持。刘翰清想在家乡招生,赵凤章多次向父母表示愿意去,但那时风气未开,其父母闻之色变,坚决不同意。赵凤昌在两广总督张之洞幕府任幕僚时,兼营潮桥的食盐专卖,该兼职后即由赵凤章代往主持,事皆得理。光绪三十年,长兄赵完在确山知县任上病重,请赵凤章前往料理公私诸务。不幸赵完病死,他扶柩回乡安葬。他还为赵氏宗祠选址问题,[1]费心费力,功不可没。

　　三哥赵凤书(1854—1903),大赵凤昌两岁。十四岁时随余伊臣负笈游学,光绪元年考取秀才,入县学读书。因成绩优秀,被常州知

　　　〔1〕 据称今常州市东下塘原天宁区人民法院所在地 1949 年前就是赵氏宗祠,"赵氏宗祠"四字由郑孝胥题写,旁边建有一个赵氏义学性质的小学叫"惜阴小学"。见钱听涛《赵凤昌赵尊岳父子二三事》,《常州教育学院学报》1996 年第 1 期。

府谭钧培选调府学就读。他与刘可毅、刘树屏兄弟以及屠寄往来密切，交情很深。赵凤书乡试屡不第，乃到浙江瑞安陈二尹府中任教读。不久应聘到京师，教授同乡冯光勋、冯光逎、冯光元、陈梦陶诸先生之子侄。光绪十年，赵凤书改名赵宗海，以宛平县籍身份入顺天府学，于次年参加顺天乡试，挑取誊录。这次考试不理想，而他年已及壮，不得已跑到广东，找赵凤昌谋生计。光绪十四年，国史馆告成，经议叙，他分发两广盐运司经历，先被派修《两广盐法志》，随后任梧州龙母庙白庙东江埠缉私新海防捐输局差，兼署双恩场大使。上述差使交卸后，他通过捐纳，保直隶州用四品衔花翎。光绪二十六年，赵凤书入都引见，次年南还，宿恙时发，肝胃久伤，赵凤昌劝他回里休养，兼教子侄读书。但他不肯听，一定要回广东，亲缴部凭。抵粤不久，竟一病不起，卒于广东铸钱局差次。[1] 当时眷属不在身边，病时、卒后均由好友照料，灵枢也是同乡送回老家的。

　　五弟赵凤韶（1858—1898），小赵凤昌两岁。资质稍差，出外读书一年就辍学了。但能够在家自学，作家书，叙事清晰，很有条理。性情醇厚，诸兄奔走在外，赖其一人在家侍奉双亲。后赵凤昌迎养母亲到广州生活，其父亲不愿远游，留在家中，赵凤韶时涉重洋，往来省视，生活境况较为一般。但即使如此，他也能济人之急。有个来上海谋生的族人告诉赵凤昌，有一天他穷得揭不开锅，不得已去找其弟赵凤韶借钱，赵凤韶手头也不宽裕，乃脱下身上的皮袄给他，说："拿去当掉，暂解燃眉之急。"这个族人行辈晚赵凤韶，但年长十来岁，人甚敦厚笃实，赵凤韶一定是重其人而怜之，可谓啬于境而丰于德矣。

　　由上可见，赵凤昌善于记叙人物，能抓住其四兄弟不同的侧面和特点进行描写，非常形象生动，如见其人。五兄弟中除他自己外，大哥和三哥较有出息，尤其三哥还考中了功名。不过，根据《武进青山门赵氏支谱》，其他未考中功名的兄弟都通过捐纳，成为国子监生，有

---

〔1〕　赵凤书是光绪二十九年去世的（《武进青山门赵氏支谱世系》"赵垓"简历，《武进青山门赵氏支谱》第4卷），在他引见南还、回广东缴部凭的两年之后。赵凤昌所言抵粤不久，一病不起，可能是记忆有误。

三兄弟还获得了朝廷的封职：赵完诰授通议大夫，赵凤章封奉直大夫，赵凤书诰授中宪大夫，而赵凤韶虽从未进入官场，也拥有六品衔候选巡检职衔，这一定是捐纳所得。[1] 从赵凤昌四兄弟的经历来看，晚清卖官鬻爵之泛滥亦可见一斑。

四、婚姻家庭

赵凤昌娶有一妻一妾，但他分别称为原配夫人和继配夫人。原配夫人洪元珍，是同乡洪亮吉曾孙、贵州仁怀县知县洪用懃的女儿，生于咸丰十一年十二月二十一日。光绪十年前她已与赵凤昌成亲，因为该年冬，她同婆婆等在赵凤章的护送下，到广州与赵凤昌一起生活。赵凤昌堂兄赵新得知后，致信赵凤昌表示高兴和赞赏："弟夫人婉淑端庄，不愧名门闺媛，得斯内助，孝养咸臻，潘令安舆洵堪媲美矣。"[2]洪元珍生有一女，为赵凤昌的长女，名汝欢，又名志仁，嫁给清朝大学士潘世恩的后人、民国少将潘志岐。洪元珍卒于1924年3月21日，享年六十四岁，葬于上海县二十八保十八图土山湾赵氏坟园。赵凤昌称她"幼娴礼则，归秉姑训，岁时祭享，毕生诚敬"。[3]

继配夫人周南，是江西南昌商人周汉卿次女，同治七年三月初八出生于武昌，后随亲戚到广东生活。[4]赵凤昌说她"逾笄即来嫔"。周南及笄之年是光绪九年，而光绪十年末赵新写给赵凤昌的信中，很关心他的姻事，提醒他"姻事更不宜迟"，经常问及"喜期涓吉定在何时？""燕尔新婚择于何日？"次年三月初三的信中，则有"弟姻事亦将续办，喜不自胜"之语。前已言及，赵凤昌将其

---

〔1〕《武进青山门赵氏支谱世系》"赵城""赵墀""赵垓""赵增"简历，《武进青山门赵氏支谱》第4卷。赵城即赵完，他是青山门赵氏的土字辈，照理应以"赵城"为名，但他似乎不喜欢这个名字，基本不用，而始终用"赵完"之名。

〔2〕国家图书馆善本部编《赵凤昌藏札》第9册，第178页。

〔3〕赵凤昌：《原配洪夫人墓碑》，《武进青山门赵氏支谱》第3卷。

〔4〕赵凤昌：《继配周夫人墓碑》，《周南遗爱》，国家图书馆藏稿本。《周南遗爱》是赵凤昌在周南去世后为她编的小册子，没有标页码，不能提供具体出处，特此说明。周南之父的名字，《武进青山门赵氏支谱》作周汉臣（《武进青山门赵氏支谱世系》"赵坦"简历，《武进青山门赵氏支谱》第4卷），与赵凤昌《继配周夫人墓碑》不一致，考虑到后者为赵凤昌亲笔所写，又在《武进青山门赵氏支谱》印行之后，因此取后者说法。

母迎养至粤,其原配夫人也随同前来,可见这个时间赵凤昌的姻事应是纳周南为妾。[1]周南生一女一男,女儿名汝和,又名志道,儿子名汝乐,又名尊岳。光绪三十三年,赵凤昌建成私宅惜阴堂后,[2]大概为避免周南与洪夫人同处一个屋檐下发生矛盾,又在"距惜阴堂仅电车一站路"的爱文义路(今北京西路)108号为她购买了一套花园洋房,起名百八居,供其单独居住。洪夫人去世后,她才搬回惜阴堂。[3]周南死于1931年3月1日,享年六十四岁。

周南去世时,赵凤昌已经七十六岁了,年老丧妻,对他的打击很大。周南刚死不久,有一天早上起来,赵凤昌见到家中牡丹刚刚开放,便习惯性地叫她一同来欣赏,回头看到素幛,猛然想起夫人已经不在了,悲痛欲绝,乃口占一绝志恸:"忽看牡丹开,欲唤来同赏。回头见素帏,泪迸不能仰。衰年嗟失伴,致使神悄恍。岂真有数定,天胡不予相?"此外,他还写了副挽联:"必有自来宿根故具慈悲性,卒然而逝此去应还忉利天",并在家中遍书"撒手西归"四字。3月7日,赵凤昌通过扶乩,询问周南一些问题:1. 他默祷周南去世是寿限已到,若是,书"寿"字。两问,两答"寿"字。2. 问拟葬土山湾坟园还是江湾,请书"山"字在坟园,书"江"字在江湾。两问均书"山"字,即决定安葬在土山湾坟园。3. 又问今请僧念《金刚经》,有用否,有用写"有"字,即书"有"字。4. 又问所生子女心地不坏,如对,写"好"字,即书"好"字。5. 又问现在景状如何,好,写"佳"字,即写"佳"字。6. 又问

---

〔1〕 赵凤昌:《继配周夫人墓碑》,《周南遗爱》,国家图书馆藏稿本;国家图书馆善本部编《赵凤昌藏札》第9册,第151、164、167、154页。笔者在写作《赵凤昌身世及其幕僚生涯》(《复旦学报》2017年第2期)一文时,因不知道赵凤昌写有《继配周夫人墓碑》,故而认为赵凤昌此时的姻事是与洪元珍完婚。现在据赵凤昌自称周南"逾笄即来嫔",又结合他时至而立之年,初婚不可能这么晚,以及赵新信中称洪元珍为赵凤昌夫人等因素,所以改正之前的看法,认为赵凤昌光绪十一年的婚事应是纳周南为妾。

〔2〕 劳祖德整理《郑孝胥日记》第2册,中华书局1993年版,第1109页。光绪三十三年八月二十二日,郑孝胥在日记里写道:"至南洋路观所购地址,拟建洋式楼屋;赵竹君于门造屋,已将竣工。"可见,赵凤昌私宅惜阴堂应于当年建成。赵凤昌孙女赵文漪回忆说,惜阴堂建于1908年即光绪三十四年(钱听涛:《"民国的产婆":辛亥革命的幕后人物赵凤昌》,《纵横》2001年第10期),不确。

〔3〕 杨小佛:《世事沧桑惜阴堂》,《世纪》2001年第5期;周南致赵凤昌便条,《周南遗爱》,国家图书馆藏稿本。

能到西方否,能到写"西"字,两问,两写"西"字,赵凤昌为之宽慰。7. 又问所问所答是真,写"真"字,即写"真"字。5 月 19 日,赵凤昌再次与儿子赵尊岳扶乩,向周南了解一些问题:1. 默祷 4 月 21 日夜焚化一纸,见否,见写"见"字,即写"见"。2. 又默祷纸上办法,须加斟酌,因情况变化,与遗嘱不一致了,是否可由他妥酌,如可,写"托"字,即写"托"字。3. 赵凤昌祷问自己的末日在哪一天,乩写"明何"二字。4. 赵尊岳默祷其母在阴界不受拘索否,平安否,如好,即写"好"字,果写"好"字。同时,赵凤昌也一样默祷,均感到欣慰。[1] 扶乩虽是迷信活动,但赵凤昌两次扶乩与已去世的周南对话,了解他所关心的问题以及周南的情况,说明与她感情很深,也因此称她为继配夫人。继配指原配死后续娶的妻,实际周南并非如此,可见赵凤昌这么称呼是有意提高她的地位。

6 月 1 日,赵凤昌撰《继配周夫人墓碑》,其中提到周南"自幼缄默,稍长娴书史,习画山水颇有致"。又称她性最慈惠,见《申报》四川泸州大灾募振(赈),即脱金钏寄恤之,一生不再戴金钏。他俩相偕从广东、湖北,再来上海,"凡孤儿院、贫儿院、红十字会、联益善会,历年捐助不懈"。确实,根据现存的周南捐款收据统计,她生前捐给中国红十字会时疫医院 5 次,共洋 250 元;中国红十字会总会办事处 7 次,洋 400 元左右;北平贫民救济会 2 次,洋 100 元;上海联益施材会、佛教慈幼院筹备会、上海华洋义振会、中华佛教粤鲁赈灾协会各 1 次,共洋 360 元。周南去世后,赵凤昌发现其遗嘱,表达了"以其余资,悉充善举"的愿望。于是赵凤昌与其儿子赵尊岳遵从其遗愿,为她捐款如下:中国红十字会时疫医院,洋 200 元;上海筹募陕灾临时急赈会,洋 1 000 元;南京佛教慈幼院基金,洋 1 000 元;哈尔滨宣讲堂,洋 1 000 元;国民政府救济水灾委员会,洋 11 100 元;东北义勇军,洋 1 000 元、棉衣 300 套;鄞东宝林医院,洋 393 元 5 角;天津南开大学特种奖学金,洋 1 400 元;北平怀幼会,洋 1 000 元;长沙明德学堂,洋 1 000 元;上海佛学书局,洋 200 元。以上

---

〔1〕 以上均见《周南遗爱》,国家图书馆藏稿本。

27

合计捐款 20 710 元，〔1〕赵凤昌将这些收据装订在一起，并批注说："此前历年捐据甚多，未曾查得，此册亦尚不全。"可见这些也仅是部分而已。由此说明，周南有悲天悯人之心，乐善好施，做了很多公益，其中大多与赈灾有关。但她自己比较节俭，赵凤昌在《继配周夫人墓碑》后补记说："夫人五旬后即自做布素寿衣五袭，值仅数金，殓时即用此。助殓之人一见讶然，生平捐助颇巨，乃克己如此。余忘未入记，殊歉疏漏。今缀数语以志吾过，而备立家传时补入也。惜阴注。"〔2〕

为了表达爱和思念，1932 年，周南去世一周年后，赵凤昌还为她编了一本纪念册，名为《周南遗爱》，请好友熊希龄题签，时间为"壬申六月"。这本纪念册用经折装，前后粘贴木板，与众所周知的《赵凤昌藏札》的装帧形式一模一样，应该是《赵凤昌藏札》的组成部分之一，只是1945 年后由赵志道保存，与其他部分分开了。〔3〕里面第一页就是周南自己题识的全身像，右边写"壬戌二月摄于汇芳，时年五十有五"，左边写"周南识于百八居"，〔4〕下钤两方印章，分别是朱文"赵周南印"和白文"百八居"。此外，纪念册主要由以下几部分组成：1. 周南所临《九成宫醴泉铭》帖部分，共 27 页；2. 周南手抄《太上老君清静经》1.5 页；3. 周南写给赵凤昌的便条 1 张，交代与女儿赵志道一家三口去杭州旅

---

〔1〕 据介绍，1930 年代，上海社会各阶层的月薪大致如下：大学教授 400—600 元，报社主笔 200—400 元，中学教师约 50—140 元，小学教师 30—90 元，商店职员 10—30 元（忻平：《从上海发现历史——现代化进程中的上海人及其社会生活(1927—1937)》，上海人民出版社 1996 年版，第 320 页），如果取这些阶层月薪的平均数，则周南上述捐款额差不多是大学教授近 3.5 年、报社主笔 6 年、中学教师 18 年多、小学教师 28 年多、职员 86 年多的工资，可见其捐款数额之大。而周南本身是家庭妇女，并无工资收入，其钱应该来自赵凤昌，即使并非全部源于赵凤昌，那也属于他们夫妻共同财产，尤其在周南死后能将那么一大笔钱捐出去，不仅表明赵凤昌也同样热心慈善，而且更显示他家底殷实，财力雄厚。

〔2〕《周南遗爱》，国家图书馆藏稿本。

〔3〕 杨小佛口述、朱玖琳撰稿《杨小佛口述历史》，上海书店出版社 2015 年版，第 41 页。2006 年 3 月 20 日，赵志道儿子杨小佛将《周南遗爱》赠给国家图书馆，在经历一个甲子后又与《赵凤昌藏札》的其他部分汇合了。笔者为写作本节，急需查阅《周南遗爱》，在沈祖炜先生的介绍下，从《杨小佛口述历史》的撰稿者朱玖琳女士处获得了《周南遗爱》的电子版，在此对两位的热心帮忙表示衷心感谢！

〔4〕 周南的外孙杨小佛在其口述史中，说"外祖母五十五岁时，壬戌二月在家中请上海汇芳照相馆拍摄的全身像"，讲述有误，因为他将"周南识于百八居"看成"周南摄于百八居"。见杨小佛口述、朱玖琳撰稿《杨小佛口述历史》，第 40—41 页。其实周南题识很清楚，"摄于汇芳"，"识于百八居"，可见是去照相馆拍照，在家中题识的。

游,她所住百八居的安排问题;4. 赵凤昌两次扶乩记录;5. 周南捐款的31 张收据、1 张证书及相关书信 5 封;[1]6. 赵凤昌所写《继配周夫人墓碑》底稿;7. 赵凤昌抄录的自己及他人所写挽联 26 份,其中不乏施肇曾、刘书蕃、黄炎培、孟森、叶恭绰、程颂万、王揖唐、黄濬、张彬、许同莘、曹经沅等近代名人;8. 赵凤昌所作悼亡诗两首,一首作于周南去世不久,前文已引用;另一首作于周南去世一周年,名为"壬申三月中旬看花感悼":"去年看牡丹,犹疑汝尚在。今年牡丹开,别已逾一载。花别今仍开,如别何不回。茫茫长此过,何日能相随。"该诗用语朴实自然,表达了他真挚、深沉的思妻之情。

由上可见,赵凤昌对周南之爱超过了其原配洪元珍,这除了其克己谦让、有好施之心等个人特质外,还有一个很重要的因素是为他生了一对宝贝儿女。女儿赵志道长相清秀,在民国时期是一位不同寻常的女性。她大概生于光绪十三年,[2]为赵凤昌次女,从小"娇生惯养,养成了我行我素、敢作敢为的性格"。宣统三年,武昌起义的消息传到上海,正在中西女塾念书的赵志道就与几个朋友偷偷商量一起到武汉投奔革命。其父赵凤昌知道后,跑到她乘坐的上海至武汉的江轮上送钱送物,但她以为父亲是来抓她回去的,躲在船舱里死活不肯出来。经多方解释劝说,才勉强与父亲见面,没想到是"鼓励她奔赴前线"的。赵志道到武汉后,主要从事医疗救护。等返回上海,却因"擅离学校,无故旷课"被学校开除,她便请求赵凤昌送她去美国留学。赵凤昌本来对其二哥失去幼童留美机会感到可惜,因此很支持女儿的留学想法。赵志道如愿以偿,远赴美国,先后就读威尔斯利女子学院、孟河女子学院等私立大学,并与同在美留学、后来成为民主斗士的杨杏佛相识。在后者的热烈追求下,两人相恋结婚,生儿育女。但因性格不合,1931 年双方协议离婚。两年后,杨杏佛遇刺牺牲,赵志道撰有挽联:"当群狙而立,击扑竟(按:疑应为"竟"字)以丧君,一暝有余愁,乱沮何时,国亡无日;顾二

---

〔1〕 31 张中有 30 张是正式收据,1 张为收条。这张收条是长沙明德学校出具的,因为该校正式收据未印记,声明凭该收条可"换奉"正式收据,所以也算正式收据。

〔2〕 赵志道的生年未见记载,据其儿子杨小佛说,她 1976 年 7 月在上海病逝,享年87 岁(杨小佛口述、朱玖琳撰稿:《杨小佛口述历史》,第 166 页),据此推算,她应生于光绪十三年(1888)。

雏在前,鞠养犹须责我,千回思往事,生离饮恨,死别吞声。"此联"既讽国事,又涉私情,对仗工整,情真意切,见者莫不称道"。[1] 后来,她果然靠炒公债养育自己的子女长大成人,兑现了自己的承诺。

周南儿子赵尊岳生于光绪二十四年,是家中末子。其时赵凤昌年过不惑,喜得贵子,宠爱有加。他很重视赵尊岳的教育,早早将之置于家塾中开蒙,于是"垂髫薤发"的赵尊岳,"从两姊氏相羊家塾间"。[2] 光绪三十二年,在赵尊岳到读小学年龄的前一年,赵凤昌好友屠寄写信给他,谈到赵尊岳的读书问题,认为"不宜常在家塾","明年就近有学堂似可送入"。[3] 但赵凤昌并不以为然。次年,他致函另一好友梁敦彦讨论幼儿上学堂的利弊问题,梁认为"学堂不如家塾有益",他深表赞同,指出"此论于小学生尤要",因为"学堂一班二三十人,听讲断不能透彻",毫不犹豫地做出"小儿明年仍拟在家读书"的决定。但因为没有找到好老师,他把赵尊岳送到"友人家塾"读书。[4] 后来赵尊岳回忆这个学习过程说"迫十一岁就外傅,塾师又教以《雅》《颂》,而陈义不高"。[5] 读毕私塾,赵尊岳进入南洋公学学习。这时的南洋公学已变成高等实业学堂,校名也几经更换,但时人仍习惯称南洋公学。未考他是何年入学,读的什么专业,但至迟1911年已就学。若干年后,在《人往风微录》之《庄蕴宽》一文中,他写道:宣统三年,庄蕴宽任商船学校校长,"其时校基初创,即在徐家汇南洋公学之次,丝厂旧址。余方从学南洋,时时望见,辄往返校舍,督课监操"。然他未能从该校顺利毕业,1914年因得罪老师,他被退学回家。此事在郑孝胥11月2日日记中有记载:"过赵竹君,其子志学被南洋公学斥退,以忤教习故;所为文颇有才气。"[6] 其时南洋公学校长唐文治系赵凤昌好友,但仍不能摆平,说明赵尊岳"忤教习"的性质很严重,有人说是他动手打了上法文课的

---

〔1〕 杨小佛口述、朱玖琳撰稿:《杨小佛口述历史》,第7、8、35页。

〔2〕 《赵尊岳集》(壹),第5页。

〔3〕 国家图书馆善本部编《赵凤昌藏札》第4册,第578页。

〔4〕 虞和平主编《近代史所藏清代名人稿本抄本》第1辑第131册,大象出版社2011年版,第553页。

〔5〕 《赵尊岳集》(壹),第5页。

〔6〕 《赵尊岳集》(叁),第793页;劳祖德整理《郑孝胥日记》第3册,第1537页。

黎老师,"黎老师非把他革退不再授课,唐校长只得亲自陪送叔雍同(按:疑为"回"字)去,从此便退学了"。[1]退学后的赵尊岳决定在家自学,不再进学校。赵凤昌曾致函张謇说起这件事,张謇回信表示支持,并安慰他说:"令子不出就校,诚是诚是。世界知识所得较少,世界流毒所得亦当较少。"[2]

1917年1月12日,赵尊岳迎娶曾署苏松常镇太粮储道王仁东的女儿王季淑。[3]王季淑出身名门,曾祖是工部尚书王庆云,伯父王仁堪是光绪三年状元,父亲系举人出身,因此幼习诗书,多才多艺。她带来的嫁妆很有特色,"压奁多旧椠佳本,诗集尤夥"。于是,本已"改治实学"的赵尊岳又开始沉潜于诗词的世界中。他自言十九岁之前尚不知词,结婚后与夫人一起读《花间集》,又"进取两宋名家之作",才逐渐登堂入室,并尝试创作。当他将几个月所写的十余首习作呈给父亲赵凤昌看时,其父建议他登门向词学大家朱祖谋请教。不过,朱祖谋以自己"不工启迪之道"为由,转荐另一词坛巨匠况周颐,并保证"师蕙风必传其学"。[4]1920年3月23日,朱祖谋将赵尊岳引荐给况周颐,自此开始,赵尊岳追随况周颐学词,但整整一年后,才正式拜师。据赵尊岳回忆,在学词期间,他和其师"月必数见,

〔1〕 高拜石:《记尊重阁主赵尊岳》,《赵尊岳集》(肆),第1682页。赵尊岳长女赵文漪曾介绍其父简历曰:"先父讳尊岳,字叔雍,毕业于沪南洋公学。后因堂上不忍其随姊氏赴美留学,遂从临桂况蕙风先生学填词"[《赵尊岳集》(壹),第298页],不确切。因为赵尊岳是被斥退的,未能从南洋公学毕业;至于他是否有赴美留学打算,未见记载,不得而知。钱听涛从赵文漪处了解这些后,又加以发挥,在《赵凤昌赵尊岳父子二三事》(《常州教育学院学报》1996年第1期)、《民国的产婆":辛亥革命的幕后人物赵凤昌》(《纵横》2001年第10期)二文中,均说赵尊岳从南洋公学毕业后,拟随其姐赴美留学,其母念其年幼不同意云云,更是无中生有。但这些不实说法广为流传,如陈水云、黎晓莲也予以采信,写在他们整理的《赵尊岳集》前言中。

〔2〕 国家图书馆善本部编《赵凤昌藏札》第3册,第252页。

〔3〕 劳祖德整理《郑孝胥日记》第3册,第1641页。赵文漪曾介绍其母简历曰:"先母讳季淑,字静宜,乃清末清流闽侯王仁湛先生之第五女"[《赵尊岳集》(壹),第298页],有误。王季淑是王仁东的女儿,小名"五妞",并非第五女。王仁湛为王仁堪之误,系王季淑伯父。由此可见,对于名人后人对其家史的书写应该慎重,不可盲目相信。

〔4〕《赵尊岳集》(壹),第5页;《赵尊岳集》(叁),第925页。钱听涛在《赵凤昌赵尊岳父子二三事》(《常州教育学院学报》1996年第1期)、《民国的产婆":辛亥革命的幕后人物赵凤昌》(《纵横》2001年第10期)二文中,均说赵尊岳先跟况周颐学词,然后与王季淑结婚,夫妇两人以赵明诚、李清照自况,相互唱和,其乐融融,不确切。因为赵尊岳自言结婚前不知词,诗的水平也有限,如何能以赵明诚自况。

见必诏以源流正变之道,风会升降之殊,于宗派家数定一尊,于体格声调求其是,耳提面命,朝斯夕斯,未尝薄其弩庸而启发为之不复也"。〔1〕在况周颐的精心调教下,赵尊岳的词学造诣颇深,不仅有《和小山词》《近知词》等词作,而且著有《蕙风词史》《珍重阁词话》等研究著作,还收集整理明词,辑有《明词汇刊》等。不过,况周颐大女婿陈巨来似对赵尊岳有成见,写有一篇《记赵叔雍》的回忆文章,主要揭其短。其中谈到赵尊岳学词的情形,说其岳父况周颐告诉他,收赵尊岳为徒是看在钱的份上,只把赵尊岳看成袁大头而已,还指出赵尊岳词学水平并不高,词作十有八九经其岳父大改大润饰,并说自己在1925年冬成为况的女婿后,此事更是"屡见不鲜"。〔2〕但况周颐1926年8月即去世,即使陈巨来与其岳父寸步不离也仅八个月时间,不知他是如何屡见不鲜的,更何况他岳父自己评论"叔雍词尚清远,盛年驰誉,于倚声之学,尤能覃精覃思,发前人所未发也"。此外,叶恭绰、夏敬观等词学名家都不约而同地评价唯赵尊岳能传其师衣钵。〔3〕可见陈巨来所言欠客观,不足信。

除了词,赵尊岳在诗文、戏剧等方面也颇有成就,这些都有目共睹,不容置疑,难怪一向目空一切的郑孝胥也说赵尊岳有才气。可惜的是,这么一个有才气的人却"落水"当了汉奸。据赵尊岳外甥杨小佛回忆,他舅舅"一开始是主张抗日救国的,在1931(应为1932)年'一·二八'淞沪抗战期间,还参加了上海国难救济会。抗战全面爆发后,舅舅曾跑到北京,在冀察政委会工作,进出有保镖,派头一下子大了起来。但是,外祖父发现舅舅供职的机构有日本人的背景,便立刻写信叫舅舅回来"。可1938年他外祖父赵凤昌去世后,"家中不再有人能够左右舅舅的行动","舅舅在汪精卫的诱惑之下加入了汪伪

〔1〕郑炜明:《况周颐年谱》,上海古籍出版社2009年版,第299、310页。《赵尊岳集》(叁),第937页。

〔2〕陈巨来:《安持人物琐议》,上海书画出版社2011年版,第117—118页。另外需要指出的是,在《记赵叔雍》一文中,陈巨来对赵凤昌早年经历的叙述都来自传闻,不符史实处甚多。

〔3〕《赵尊岳集》(肆),第1705、1704页。

政府"。[1] 这个说法是有根据的,赵尊岳曾自言其"落水"过程,称他"对于抗战素极拥护,'一·二八'曾参加上海国难救济会"。全面抗战爆发后,他"曾二次赴香港,筹备《申报》出版事务,后因先君生病返沪,汪精卫约我到愚园路一三六弄谈话,受其诱惑,遂参加伪组织"。[2]

赵尊岳加入汪伪政府后,历任伪中政会委员、伪铁道部政务次长、伪行政院政务委员、伪上海市政府秘书长、伪中政会副秘书长、伪宣传部长等职,直至抗战胜利为止。据说他出任伪宣传部长,还有个故事。1944 年底,抗战胜利的前夜,汪精卫病死,陈公博继任伪政府主席,赵尊岳被任命为宣传部长,他欣然接受。"有人偷偷向他说:'天快亮了,曲终人散,你何苦在这时来滥竽一席?'他苦笑着说:'这比喻得不切当,我是一同坐在赌桌边观战的,此时八圈已毕,有人兴犹未阑,还要扳庄搬位,又有人神倦欲去,三缺一,有伤阴骘,未便败人之兴,他们要我入局,就索性入局,以待终场。再说,瘌了一身屎,加不加这泡尿,都一样是臭了啊!'"[3] 的确如此,赵尊岳追腥逐臭,甘于堕落,自然遗臭万年。抗战胜利后,他在上海被军统逮捕,"送高检处侦讯起诉"。1946 年 6 月 14 日,上海高院对他首次提审,11 月 1 日续审,次年 1 月 17 日审结,24 日他被判"通谋敌国,图谋反抗本国,处无期徒刑,褫夺公权终身,财产除酌留家属必需生活费外没收"。据《申报》报道,宣判那天,赵尊岳"闻判毫无表示,于接见家属时,时露笑容"。[4]

1949 年 2 月 6 日,《申报》报道赵尊岳被释放出狱消息:"上海监狱自即日起,开始疏散判处有期徒刑五年以上、十年以下之囚犯。高检处骆守昌检察官驻于监狱中,与监狱当局会同审查,凡合乎疏散条例者,先行释放,然后汇报。昨已释放军事犯周杰等九十余名。……

---

〔1〕 杨小佛口述、朱玖琳撰稿:《杨小佛口述历史》,第 126、127 页。
〔2〕《赵尊岳昨日续审　辩论终结廿四审判》,《申报》1947 年 1 月 18 日第 2 张第 6 版。
〔3〕 高拜石:《记尊重阁主赵尊岳》,《赵尊岳集》(肆),第 1686 页。
〔4〕《赵尊岳监禁终身》,《申报》1947 年 1 月 25 日第 2 张第 5 版。

高院看守所中之汉奸犯,伪宣传部长赵尊岳,白相人张椿宝,伪特工沈凤岗,静安寺僧德悟、密迦,均已先后释出。"[1]由此可见,赵尊岳至迟在2月5日即已释放。1950年,赵尊岳移家香港。[2] 1958年,他应新加坡大学之聘,主讲国学。1965年7月3日,因饮酒过量,病死于新加坡。

综上,赵凤昌自己事业有成,又有爱妾娇儿陪伴左右,可谓家庭生活幸福,但他在教育子女方面似有问题,比较骄纵溺爱,留下了后患。尤其其子赵尊岳立身不慎,当了汉奸,不仅毁掉自己的前程,而且导致他辛苦打拼的家业也化为乌有,曾经宾客云集的惜阴堂被没收充公后,文采风流尽矣不说,连自身也遭拆毁,化为历史的烟尘,不能不令人感到悲哀和遗憾。

---

〔1〕《上海监疏散囚犯 赵尊岳等均出狱》,《申报》1949年2月6日第1张第4版。

〔2〕《赵尊岳集》(壹),第298页。对于赵尊岳何时赴港,钱听涛在《赵凤昌赵尊岳父子二三事》(《常州教育学院学报》1996年第1期)一文中是这么写的:"1950年(一说1948年)赵叔雍到香港定居",可见他倾向于1950年,尚游移不决,而在《"民国的产婆":辛亥革命的幕后人物赵凤昌》(《纵横》2001年第10期)一文中,他毫不犹豫地说赵尊岳"1948年移家香港",却未注明出处,不知他这个说法从何而来。实际这个说法是错误的,陈水云、黎晓莲在他们整理的《赵尊岳集》前言中,也沿用了这个说法。

第二章　游幕生涯

赵凤昌生活的时代正值晚清，中国进入多事之秋，内忧外患接踵而来，中西冲突、新旧矛盾非常尖锐，令当政者茫然不知所措。这个时候，自清初就已盛行的幕府制度在危难逼来、变局降临的时势下，显示出其灵活机动、富有弹性的一面：扩大规模，增强职能，插手军国要务，一方面汇聚人才、锻炼人才，另一方面奖叙人才、输送人才。使晚清幕府在完成制度创新的同时，也造成了"名臣起家幕僚"的现象，以致彼时一则日记说："由幕而官，起家军营，人极时道也。"[1]做幕僚、入军营立功容易，进身迅速，是当时的仕宦捷径，因此成为人人称道、最为风行的入仕首选。赵凤昌生活在这样的时代里，选择的便是"由幕而官"之道，并以幕僚身份闻名于世。

一、幕僚的时代

清代幕府十分兴盛，有明清幕府、晚清幕府两种幕府形态，后者由前者分化而来，是在近代中国面临"千古未有之变局"、清朝中央政府应对失灵的情况下，从地方大员幕府中应运而生的一种幕府制度创新。为什么晚清幕府脱胎于明清幕府，却能摆脱母体，自成一系

---

〔1〕　袁英光、胡逢祥整理《王文韶日记》上册，中华书局 1989 年版，第 378 页。

呢？原因就在于起自嘉道年间的时代变局。这个变局由清朝的衰败及随之而来的内忧外患引起。为应对变局，清廷广开言路，放松思想控制，并起用廉吏和新人尤其是汉族官员实施改革，使嘉道政局出现了一些新动向。第一，学术风气有所转变。嘉庆朝部分士人开始关注现实，究心世务，"学者著书，稍稍谈经济，究韬略，明习国家掌故"，"若赵翼之《皇朝武功纪盛》，严如煜之《苗防备览》《三省边防备览》，皆有涉世务之作"。"至道光时则时事之接触，切身之患，不得不言有三端：曰盐，曰河，曰漕。议论蜂起"。〔1〕嘉道朝学风的转向不仅唤起晚清士人的济时意识和抱负，使沉寂已久的经世之学重新活跃起来，而且开启晚清学术界立足当下议政言事、提供决策咨询的新风气，为晚清幕府的崛起提供了人才保证。第二，汉人逐渐受到重用。清朝出于巩固自身统治的需要，重用亲贵和旗人来垄断政治权力，不仅中央如此，地方也这样，"康雍两朝，西北督抚，权定满缺，领队、办事大臣，专任满员，累朝膺阃外重寄者，满臣为多"，结果吏治不饬，百弊丛生。嘉庆皇帝亲政后，立即做出调整，起用一批汉族官僚，满汉比例自此发生变化，尤其汉人督抚逐渐占据优势。《清史稿》就此评论说："大抵中叶以前，开疆拓宇，功多成于满人。中叶以后，拨剧整乱，功多成于汉人。"〔2〕第三，中央统筹决策能力日益减弱。清朝康雍乾三朝皇帝都英明有为，深具文韬武略，加上当时人才称盛，辅弼得力，因此能够总揽大权，钦宸独断，令出惟行，"大小省督抚、开府持节之吏，畏惧凛凛，殿陛若咫尺"。这好的一面是中央有权威，事权归一，操控自如，不好的一面是地方大员沦为奉行文书的工具，"于是相率为乡愿"，"不求有功，第求无过"。〔3〕遗憾的是，好局面不能持久，坏效应却愈演愈烈。自乾隆中后期起，雄主倦勤失政，吏治民生军务不可问矣。而接手这个"不良资产"的嘉庆、道光两帝均为稍逊风骚的守成之主，能力有限，环列左右的耳目股肱又老成持重，辅政

〔1〕 王定安：《湘军记》，岳麓书社 1983 年版，第 1 页；孟森：《明清史讲义》，中华书局 1981 年版，第 614 页。

〔2〕《清史稿》卷一一四，中华书局 1977 年版，第 3264 页。

〔3〕 梅曾亮：《柏枧山房诗文集》，上海古籍出版社 2005 年版，第 19 页；《清史列传》，中华书局 1987 年版，第 5013 页。

乏术,因此他们不得不屡屡下诏敦劝大小督抚和持节之吏力图振奋,
绥靖地方。这意味着中央已经无力做出应对困局的全盘决策,只能
让渡一些权力,希望地方自行整治,补偏救弊。而当地方大员听之藐
藐、碌碌无为时,皇帝也惟有哀叹"虽再三告诫,舌敝唇焦,奈诸臣未
能领会,悠忽为政"而已。[1]

可见,自嘉道年间起,清朝中央不仅处置危局能力下降,而且令
出不行,权威失坠,这就给地方上具有经世意识、意欲有所作为的大
员创造了条件。道光时,"盐、漕、河三事,能文绩学之士皆有论述,而
当事之臣采用之,朝廷听纳之,颇有改革"。[2] 这个当事之臣即是
两江总督陶澍,他的幕府汇聚了当时的能文绩学之士,为他出谋划
策,使其对盐、漕、河三大政的改革既得到朝廷的支持,又取得很大的
成功。陶澍幕府施行改革,兴利除弊,其职能与专为幕主处理琐碎政
务的明清幕府完全不同,创开了晚清幕府的先声。咸丰初年,太平天
国运动爆发,清廷竭尽所能,无力镇压,再次求助地方。于是陶澍幕
府的示范效应、传染效应得以发挥,以曾国藩为首的一批地方大员挺
身而出,效仿陶澍辟设幕府,网罗人才,自募勇丁,自筹粮饷,自办军
械,慨然以殄灭太平天国为己任。幕府本来产生于军营中,唐人颜师
古说:"莫府者,以军幕为义。"[3] 当出为将帅的地方大员接连兼任
督抚后,"既有其土地,又有其人民,又有其甲兵,又有其财赋",[4]
孳衍出来的权力越来越多,越来越大。这些"因军务而集中起来的政
府权力屯聚于幕府",不仅使幕府事权蓬勃扩张,而且"比表象更深刻
的则是幕府权力在这个过程里的制度化"。[5] 战争延续十多年,各
大员幕府的规模效应、学习效应、合作效应和适应性预期不断得到强
化,终于使晚清幕府成功脱离明清幕府母体,完成了自己的蜕变。

首先,与明清幕府专门处理地方上的行政事务不同,晚清幕府除
了地方行政事务外,还致力于全国性的事务。如最初改革漕、河、盐

---

〔1〕《清实录·仁宗实录(四)》,中华书局1987年版,第723页。
〔2〕孟森:《明清史讲义》,第615页。
〔3〕班固:《汉书》卷五四《李广传》,中华书局1962年版,第2442页。
〔4〕赵翼:《廿二史札记》,中国书店1990年版,第266页。
〔5〕杨国强:《百年嬗蜕》,上海三联书店1997年版,第95、97页。

三大政及禁鸦片都事关国家大局,后来镇压太平天国,由参赞戎务进而办理洋务,举凡练兵筹饷、制船造炮、开矿设厂、兴学育才、对外交涉、筹建海防等无不涉猎,亦皆为国事。诚如左宗棠所言晚清幕府"所办皆公家之事,所言皆公家之言"。[1] 其次,晚清幕府承担军国要务,事繁责重,幕中普遍设立以局所为名的机构。"自咸丰军兴以后,筹捐筹饷事属创行,于是厘金、军需、善后、支应、报销等类,皆另行设局,派员管理。迨举办新政,名目益繁,始但取便一时,积久遂成为故事","种种名目,更仆难数"。[2] 第三,晚清幕府的佐幕人员除幕友外,还有学堂学生、留学生及洋人等,但更多的是奏调和留用在职官员。生活于同光年间的平步青曾揭示这种有别于明清幕府的现象云:"咸丰初,军事兴,统兵大帅及各督抚,始有奏调京朝及外官差遣者,洊保通显,几如东汉故事,又檄委需次官入署,若唐时记室者。今尚有之。"[3] 官员入幕使得晚清幕府人物逐渐职官化。第四,晚清幕府"另行设局,派员管理",而所派之员又是职官,使得幕府政府化,主官居上差委,佐幕人员奉命办事,形同属吏,[4] 被称为幕僚。于是主幕关系与明清幕府中幕友居宾师之位刚好相反,在这里,幕僚"甘为门下士",[5] 反过来奉主官为师。这反映了清朝幕府制度在晚清时期的另一种变迁。第五,晚清幕府幕僚的薪水由公费支出,主幕经济关系实现分离。咸同军兴以后,由于国库空虚,财政困难,各将帅和疆吏便各自为计,就地筹饷。他们主要通过办捐输、卖饷盐、收厘金等办法筹饷,以解决军需用款问题,其中也包括幕僚的薪水。曾国藩幕僚的薪水一开始就由粮台发放。咸丰四年正月,在建旗东征之前,他致函友人说其幕府"公定薪水章程",奏章、书记"二席者皆

〔1〕《左宗棠全集·书信一》,岳麓书社 1996 年版,第 381 页。

〔2〕《度支部奏各省财政统归藩司综核折》,《政治官报》宣统元年四月初八日第五六五号;黄元善:《请饬力筹节用永停捐输疏》,盛康辑《皇朝经世文编续编》,文海出版社 1972 年版,第 3254 页。

〔3〕平步青:《霞外捃屑》(上),中华书局 1959 年版,第 146 页。

〔4〕事实上,他们也以属吏自居,如长期佐张之洞幕府的辜鸿铭就自言:"余为张文襄属吏,粤鄂相随二十余年,虽未敢云以国士相待,然始终礼遇不少衰。"见黄兴涛等译《辜鸿铭文集》上册,海南出版社 1996 年版,第 411 页。

〔5〕欧阳兆熊、金安清:《水窗春呓》,中华书局 1984 年版,第 62 页。

每月五十金,巨细条款悉以入奏,刊发粮台。明此乃天家之公糈,非主戎者所得而私也"。[1] 从曾国藩幕府发端,幕僚薪水出自公糈、由局所承担便成为晚清幕府的通例。主幕经济关系分离,是晚清幕府政府化的又一表现,给晚清地方行政带来新变化,推动了后来的地方官制改革。第六,幕僚可经主官保荐,叙功得保举,具有较好的出路。清代大保案有五项:一曰军功,二曰河工,三曰襄办大典礼,四曰方略馆,五曰万年吉地工程。咸同军兴,晚清幕府主官"所恃以鼓励人才者,惟军功保举",于是"奖叙之案,层出不穷","以书生而致彻侯,以走卒而膺专阃"者不可胜数。[2] 军务过后,晚清幕府循例大开保案,"各项保举,又袭军营名目以纷至沓来",吸引"有为之士,不北走北洋,即南归武汉",[3]这南北两地成为天下人才流趋的中心。

晚清幕府因应变局而产生的上述制度创新,使之超越了明清幕府,自成一种幕府形态。尤其是它在演进过程中所形成的设立局所、自办财政、迭开保案等制度设计,宛如地方大员为自己搭建了一个行省衙署;[4]内有局所等专业行政机构,又有厘金等可靠的财政来源,还能为充当各机构科层人员的幕僚提供畅通的晋升渠道,因此能够维持一个庞大的规模,不断扩张事权,吸引着大量有为之士的投效。同治二年,刚入曾国藩幕府的容闳亲睹曾幕盛况,印象十分深刻。他后来追忆说:"当时各处军官(按:应为"官员",容氏原文为 officials),聚于曾文正之大营中者,不下二百人,大半皆怀其目的而来。总督幕府中亦有百人左右。幕府外更有候补之官员、怀才之士子,凡法律、算学、天文、机器等等专门家,无不毕集,几于举全国人才之精华,汇集于此。"[5]以此反观一向为"人功精英"荟萃之

〔1〕《曾国藩全集·书信一》,岳麓出版社 1994 年版,第 474 页。

〔2〕崇彝:《道咸以来朝野杂记》,北京古籍出版社 1983 年版,第 37 页;《清史稿》,第 3219 页;朱寿朋编《光绪朝东华录》,中华书局 1984 年版,总第 5471 页。

〔3〕《清史稿》,第 3215 页;刘禺生:《世载堂杂忆》,中华书局 1960 年版,第 82 页。

〔4〕缪全吉先生说清代的督抚衙门,其实总督或巡抚一人之"独"任制机关,但自晚清督抚权力扩张后,各直省犹如一个个小国,督抚大员为皇帝任命的小国"内阁总理",幕府则为其"阁僚"。见缪全吉《曾国藩幕府盛况与晚清地方权力之变化》,《中国近代现代史论集》第 5 编,台湾商务印书馆 1985 年版,第 191 页。

〔5〕容闳:《西学东渐记》,湖南人民出版社 1981 年,第 74 页;Yung Wing, *My life in China and America*, New York: Arno Press Inc., 1978, p.148.

地的京师,只有"丑类窳楛,诈伪不材"充斥其中,致使"豪杰轻量京师",根本不应朝廷之召。同治六年三月十九日,奕䜣等奏称"自道光二十年以来,因海疆多事,曾经奉有谕旨,广招奇才异能之士,迄无成效"。[1] 由此可见京师今非昔比,不复当年气象,豪杰宁愿"府于野",即地方大员幕府,也不愿"府于京师"。究其原因,大致有以下几方面:

一是晚清幕府主官对人才有明确的认知和定位。与枢廷"除私党而外不知人材为何物"不同,[2]晚清幕府主官均十分重视人才,将之视为关系国家兴衰、事业成败的首要问题。他们总结历史,指出"匡扶社稷,在人才不在形势",主张"为国首以人才为重","国家之强,以得人为强","今日所当讲求者,惟在用人一端耳"。[3] 那人才在哪儿呢?他们认为"人才因磨练而成",随时而生,无处不在,问题出在"人之不求耳"。"夫人才因求才者之志识而生,亦由用才者之分量而出",[4]只要愿意求才、用才,则必有天下之才应之。至于什么是人才,最理想的当然是德才兼备、品学兼优,但这样的人少之又少,可遇而不可求。因此,他们强调人无完人,不应求全责备,以资历、出身、相貌等取人。曾国藩在给弟弟的家书中就说:"办大事者,以多选替手为第一义。满意之选不可得,姑节取其次。""凡有一长一技者,兄断不敢轻视。"[5]

二是晚清幕府主官求贤若渴,广为延揽。他们批评枢廷"自尸于高明之地",辄曰"天下无才"的做派,指出既然人才出于求,那就不能高高在上,守株待兔,必须放低身段,主动出击。"求才之道,须如白圭之治生,如鹰隼之击物,不得不休。又如蚨之有母,雉之有媒,以类相求,以气相引,庶几得一而可及其余"。为了能多得人才,他们广为

〔1〕《龚自珍全集》,上海人民出版社 1975 年,第 87 页;中国史学会主编《洋务运动》(二),上海人民出版社、上海书店出版社 2000 年版,第 36 页。
〔2〕《魏源集》,中华书局 1976 年版,第 65 页。
〔3〕《胡林翼集》第 2 册,岳麓书社 1999 年版,第 731 页;杨国桢编《林则徐书简》,福建人民出版社 1985 年版,第 299 页;《曾国藩全集·书信一》,第 704 页;《曾国藩全集·奏稿一》,第 6 页。
〔4〕《胡林翼集》第 2 册,第 271、292 页。
〔5〕《曾国藩全集·家书二》,第 825 页;《曾国藩全集·家书一》,第 560 页。

寻访，"梦想以求之，焚香以祷之，盖无须臾或忘诸怀"。[1] 如曾国藩不仅发布告示征求人才，还关照幕僚李瀚章说："如有来者，祈阁下优加礼貌"，"先给薪水，徐察其才之大小而位置之"。而胡林翼也在给僚属的信中，称自己为求才劳心焦思，请其"随事留意，苟有一节之可取，一行之足称者，乞手函示我"，甚至"编列条目，征求事实，饬司道府各举所知"，"均以公牍举荐"。[2] 晚清幕府主官如此礼贤下士，唯恐失之交臂，自然人乐为之用。

三是晚清幕府主官网罗人才，也培养人才。与朝廷只以八股取士而不教授真才实学不同，晚清幕府主官不仅搜求人才，储备人才，而且培养人才。他们认为"天下无现成之人才，亦无生知之卓识，大抵皆由勉强磨炼而出"，因此要加以陶熔、造就。咸丰十年，曾国藩致函胡林翼说："默观天下大局，万难挽回。侍与公之力所能勉者，引用一班正人，培养几个好官以为种子。""若能引出一班正人，倡成一时风气，则侍与公所藉以报国者也。"正是基于这样的认识，曾国藩将自己的幕府变成育人的场所。他将天下事概括为军事、吏事、饷事、文事四类，要求幕府人员每人至少必须学习并掌握一类："习军事，则讲究战攻防守、地势贼情等件。习吏事，则讲究抚字催科、听讼劝农等件。习饷事，则讲究丁漕厘捐、开源节流等件。习文事，则讲究奏疏条教、公牍书函等件。"[3] 曾国藩善教，也勤教，"有师弟督课之风，有父兄期望之意"，[4] 能够宏奖人才，诱人日进，因而豪彦从风，幕府盛况空前。

四是晚清幕府主官知人善任，量材器使。鲁迅曾批评科举时代的选官，士人一旦登第，"可以修史，可以衡文，可以临民，可以治河"，看似无所不能，实则毫无成绩。[5] 晚清幕府主官也深知这一弊端，

<hr>

〔1〕《曾国藩全集·诗文》，第182页；《曾国藩全集·书信二》，第1506页；《曾国藩全集·书信一》，第224页。

〔2〕《曾国藩全集·书信二》，第1486页；《胡林翼集》第2册，第226、202页。

〔3〕《曾国藩全集·诗文》，第441页；《曾国藩全集·书信二》，第1538、1546页；《曾国藩全集·诗文》，第439页。

〔4〕丁凤麟、王欣之编《薛福成选集》，上海人民出版社1987年版，第53页。

〔5〕《鲁迅全集》第6卷，人民文学出版社2005年版，第375页。

但他们无能为力。正如曾国藩对胡林翼所言，"吾辈所慎之又慎者，只在'用人'二字上，此外竟无可着力之处"，但用人极难，全靠"见多识广，熟思审处，方寸中有一定权衡"。[1] 为此，要坚持几条原则：其一是知人。曾国藩说："办事不外用人，用人必先知人。"要知人，必须学会观察人，"观人之法，以有操守而无官气，多条理而少大言为主"。曾国藩不仅总结了一套识人的办法，而且在平时也留心观察，勤加甄录，"公余无客不见，见必博访周谘，殷勤训励，于僚属之贤否、事理之原委，无不默识于心"，所以史称他"尤知人，善任使"。[2] 其二是不拘一格用人。曾国藩说："要以衡才不拘一格，论事不求苛细。""不可因微瑕而弃有用之材。"而胡林翼更提倡破格用人。他亦说："办事全在用人，用人全在破格。""林翼愿破格而以一人执其咎也。"[3] 其三是量才使用。陶澍说："人材优绌不齐，必须因材任使。"曾国藩也作如是观，他说："虽有良药，苟不当于病，不逮下品；虽有贤才，苟不适于用，不逮庸流。……故世不患无才，患用者不能器使而适宜也。"因此，他尽可能用人所长，"凡于兵事、饷事、吏事、文事，有一长者，无不优加奖借，量材录用"，[4] 以做到人尽其才，才尽其用。其实不仅仅曾国藩，其他晚清幕府主官也都以知人善任著称，所以晚清幕府才能吸引士人，归之者如流水。

五是晚清幕府主官注重以名利诱掖人才。"天下熙熙，皆为利来；天下攘攘，皆为利往"。晚清幕府主官深知求利是人之常情，"金多则奋勇蚁附，利尽则冷落兽散"。[5] 只有给予实际的好处，才能激励人才，换来回报，所以都善用名利作为牢笼人心的手段。具体说来，除了薪水，就是名位。名位通过上文提及的保举而得。保举自清初即有，可以说是清朝固有的一种制度。晚清幕府主官从开军功保

---

〔1〕《曾国藩全集·书信二》，第 1127 页；《曾国藩全集·家书二》，第 1079 页。

〔2〕《曾国藩全集·书信六》，第 4385 页；《曾国藩全集·家书一》，第 559 页；《清史列传》，第 3558 页；《清史稿》，第 11917 页。

〔3〕《曾国藩全集·书信二》，第 1021 页；《曾国藩全集·书信六》，第 4259 页；《胡林翼集》第 2 册，第 338，337 页。

〔4〕《陶澍集》（上），岳麓书社 1998 年版，第 42 页；《曾国藩全集·诗文》，第 392—393 页；丁凤麟、王欣之编《薛福成选集》，第 53 页。

〔5〕《曾国藩全集·书信一》，第 275—276 页。

案尝到甜头后，就一发不可收，充分利用这种制度，凡办一事必请保举，"已而洋务大兴……海防有保，劝捐有保，招垦有保，筹办电报、铁路有保，救护商船有保，督销缉私有保，厘金溢额有保"，"机器局、船政局、洋务局、水师学堂、武备学堂莫不有保"，"一岁保数十案，一案保数十百员"，"各援其子弟幕宾得官"。于是晚清幕府内不仅奏调、留用官员"往往不次骤迁"，就连那些无官无职的士人也能藉此入仕，如左宗棠、刘蓉等。与此同时官场中的多数人却被文法拘牵，"循资按格，辛苦有年"，"无得缺之日"。[1] 两相比较，无疑进入幕府更有吸引力。晚清幕府既成为仕宦的捷径，求为幕僚者遂纷至沓来，自然聚拢了天下英才。此盛彼衰，京师往日人文渊薮的地位乃一落千丈。

道光二十九年，林则徐对友人说今日之人才"诚得虚公好善之人求之，则以汇聚，以汇征，因其所长而分任之，虽艰巨纷投，未有不立办者"。[2] 诚哉斯言，晚清幕府主官多为虚公好善之人，所以能汇聚人才，取得突出事功。而这些人才在为主官建功立业的同时，自己也得到了全面锻炼，增长了实际才干，他们中的不少人经保举"出而膺兵事、饷事、吏事之责也，罔不起为时栋，声绩隆然"。[3] 据统计，曾国藩幕僚出幕后官至督抚以上官职者至少有 51 人，其中任内阁学士及侍郎以上者 13 人次，总督者（含署理、护理）47 人次，巡抚者（含署理、护理）87 人次。[4] 曾国藩幕府人才之盛造就了晚清"名臣起家幕僚"的现象，李鸿章、左宗棠等出身曾国藩幕府，后来又都各自宏开幕府，委用大量幕僚，使"名臣起家幕僚"的现象得以延续，经久不衰，这些无不说明晚清是个幕僚的时代。幕僚纵横捭阖，在各个领域发挥巨大的作用，对晚清政局乃至民国政治社会都产生广泛而深远的影响。

二、走上游幕之路

清代以科举为抡才大典，"二百余年，虽有以他途进者，终不得与

〔1〕 胡思敬：《国闻备乘》，上海书店出版社 1997 年版，第 45—46 页；《清史列传》，第 4265 页。

〔2〕 杨国桢编《林则徐书简》（增订本），福建人民出版社 1985 年版，第 299 页。

〔3〕 丁凤麟、王欣之编《薛福成选集》，第 215—216 页。

〔4〕 凌林煌：《曾国藩幕府成员之量化分析》，《思与言》第 33 卷第 4 期。

科第出身者相比"。[1] 因此,人们争先奔赴科举考场,以期一朝中式,名扬天下,光宗耀祖。但官缺是固定的,各级科举中式名额也是有限的,获隽者少之又少。即以取得科举考试资格的童试为例,士子只有通过童试,以生员身份进入府州县学学习,才有资格参加以后的各级科举考试。而府州县学的录取人数称学额,是按分区定额的原则来配置的,根据府州县的不同情况,分为大、中、小三等,全国统一。一般来说,府学为大学,大州县学为中学,小州县为小学。清初规定大学学额 40 名,中学 30 名,小学 20 名,后几经调整,至雍正朝时基本固定下来,府学及大州县学 20 名,其余州县学又分为大、中、小三等,分别为 15 名、12 名、7 或 8 名。[2] 清代对府州县学学额的规定就全国而言有其公平性、合理性,但对不同的地区来说则难言平等,因为中国疆域辽阔,各地发展不平衡,差距很大,按照统一的标准,势必造成"人少额宽""人多额少"的现象,[3] 致使有的地方降低入学门槛,徒滋冒滥,有的地方无形中入学标准抬高,望学兴叹。

江苏是人文荟萃之地,文风兴盛,士子云集,人才辈出。尽管清廷也注意及此,增加其府州县学学额,小学 12 名,中学 16 名,大学 20 名,府学 25 名,[4] 比全国统一标准要高一些,但江苏在太平天国前的文生员总学额数只有 1 402 名,排在全国第 6 名,太平天国后因捐输军饷增广学额至 1 768 名,仍仅排名第 7。[5] 可见江苏学额与其人文繁盛程度不相匹配,入学难度非常大,很多人屡试不售,无法经由童试获得进身之阶。晚清外交官薛福成在其《庸庵笔记》中举无锡、金匮两县"童生应学院试者一千数百人,而学额仅三十人"为例,感慨地说:"世俗之视秀才也颇重,而得之者亦颇难。往往有文学均优,写作俱佳,而倏得倏失,年至斑白犹溷迹于童子军中者。"[6] 正

〔1〕《清史稿》,第 3099 页。

〔2〕索尔纳等纂修,霍有朋、郭海文校注《钦定学政全书校注》,武汉大学出版社 2009 年版,第 154 页。

〔3〕索尔纳等纂修,霍有朋、郭海文校注《钦定学政全书校注》,第 216 页。

〔4〕索尔纳等纂修,霍有朋、郭海文校注《钦定学政全书校注》,第 167 页。

〔5〕张仲礼著、李荣昌译《中国绅士——关于其在 19 世纪中国社会中作用的研究》,上海社会科学院出版社 1991 年版,第 86 页。

〔6〕薛福成:《庸庵笔记》,江苏古籍出版社 2000 年版,第 163 页。

因为得秀才颇难,赵凤昌五兄弟只有大哥赵完、三哥赵凤书去应童试。他们二人仅赵凤书"考取入庠",赵完院试"两次不售,即弃举子业",可谓知难而退。后来他和另三位弟弟都通过捐纳,成为国子监生,而他们的父亲赵焕也曾"入粟以布政司理问厅候选"。[1] 据此可知,赵凤昌父兄五人都有捐纳的经历,对他们家来说,这是件很平常、很普通的事,因此赵凤昌是否如刘厚生所言由朱老板代庖报捐颇有疑问,至于直接替他捐个县丞,更是信口开河,上文业已论及。

既然读书不成,而家计又难,赵氏兄弟"不得不各谋所生,为仰事俯育计"。[2] 周作人在晚年回忆录中说:"前清时代士人所走的道路,除了科举是正路之外,还有几路叉路可以走得。其一是做塾师,其二是做医师,可以号称儒医,比普通的医生要阔气些。其三是学幕,即做幕友,给地方官'佐治',称作'师爷'……其四则是学生意,但也就是钱业和典当两种职业,此外便不是穿长衫的人所当做的了。"[3] 诚然如此,赵凤昌大哥最早走的是作幕之路,"就青浦令黎莼斋庶昌之记室,兼习刑名之学";二哥前已言及是习会计;三哥则走科举正路,但未中举。赵凤昌在二十岁后与他大哥一样走的是作幕之路,如果他也跟他二哥一样十六岁时出外谋生,那么十六岁至二十岁的四年间,他是里居数年,还是走上述哪条叉路呢,根据现有资料已不可考。刘厚生说赵凤昌入钱庄,只是一家之言,尚难采信。

赵凤昌在所撰《恭述先训并书族叔诸昆季事略稿》中称"余先于乙亥游鄂",后撰"惜阴堂笔记"又言"予年二十游鄂"。[4] 乙亥是光绪元年,赵凤昌正好虚龄二十,两个说法吻合。由此可见,赵凤昌最早的游幕之地是湖北,并非刘厚生所说的广州。那他为什么会选择

---

〔1〕 赵凤昌:《恭述先训并书族叔诸昆季事略稿》,《武进青山门赵氏支谱》第5卷;《武进青山门赵氏支谱世系》,《武进青山门赵氏支谱》第4卷;屠寄:《清故承德郎封奉政大夫晋朝议大夫赵君墓志铭》,《武进青山门赵氏支谱》第5卷。

〔2〕 赵完、赵凤昌等:《沛霖公哀启》,《武进青山门赵氏支谱》第5卷。

〔3〕《周作人回忆录》,湖南人民出版社1982年版,第49页。

〔4〕 赵凤昌:《恭述先训并书族叔诸昆季事略稿》,《武进青山门赵氏支谱》第5卷;赵凤昌:《书王小苹观察事》,《人文》月刊1932年第3卷第3期。赵尊岳在所撰《人往风微录(六)屠寄》中称"方先公十九岁,离家去鄂"(载《古今》1943年第29期),与赵凤昌自言差一岁,应该是年龄算法不同的缘故,并不矛盾。

走游幕之路呢,原因如下:一是读书不成。前文已述,因家道中落,赵凤昌早早放弃了举子业,仅上两年家塾,就在家自学了。既然不走正路,为了生计就必须走叉路。对于读书人而言,教书和作幕是两条最主要、最合适的叉路。两相比较,又以作幕更优越。郭润涛概括为三方面的体现:首先幕业收入比教书业高,其次幕业就业前景比教书业广阔,再次幕业与官场的联系比教书业密切,所以读书不成转而从事幕业者多。〔1〕赵凤昌家计重,自然以佐幕为首选。

二是常州士风转移所致。嘉庆四年(1799),洪亮吉因上书军机王大臣言事获罪,遭流放伊犁处罚,尽管很快被赦免回乡,但已引起士林震动,罕有人敢再妄议时政。尤其常州人更是噤若寒蝉,引以为戒,后有乡人悲愤地指出:"洪之被罪,是二百年来吾乡士大夫风气转移之一大枢机。……不得志于事功,乃转而治学,转而由官为幕,此道咸中一种深潜之变化而莫或察之。"〔2〕由官而幕,嘉道后常州此风甚盛,很多俊杰先后相继出入大僚幕府。他们的示范作用使佐幕成为常州士人风尚,赵凤昌身处其中,受此熏染,也走上以幕为业的道路。

三是家族影响。赵凤昌家族,除了他大哥赵完作幕外,此前尚有他同高祖的堂叔赵燮和同曾祖的堂兄赵新作幕。前者文采斐然,以考经古入学后,屡次参加乡试不得志,"游幕洛阳"。后者因咸丰十年太平军攻陷常州,流离失学,但犹能发奋自学,"文理日优,兼习医学",同治四年返乡不久便去苏州,先后在按察使杜文澜、知府金苕人、县令金吴澜幕府任职十余年。如果再往前追溯的话,他们同宗的赵翼、赵烈文等也都有佐幕经历,赵烈文在曾国藩幕府筹谋划策,尤以名幕著称。家乡有业幕风气,家里又多有作幕之人,无形中为赵凤昌的职业生涯指明了方向。

四是幕僚时代的效应。前文已揭示晚清面临"千古未有之变局",当各种新问题、新现象接踵而来之时,官场却万马齐暗,乏才可

〔1〕 郭润涛:《官府、幕友与书生——"绍兴师爷"研究》,中国社会科学出版社1996年版,第63—64页。

〔2〕 程沧波:《沧波文存》,传记文学出版社1983年版,第259页。

用,于是"高官的幕下需要吸收更多本无定所的行政干才,以应对军事和外交上的重重危机"。[1] 这些幕僚通过干中学、学中干,得到历练,迅速成才,被叙功得保举,"往往出幕府而握兵柄持宪节,功名彪炳于天下",[2] 一时造成"名臣起家幕僚"的现象。道咸以降,可谓幕僚的时代,"倜傥非常之人,往往出于幕府,其显者至入相封侯"。[3] 在这样的时代效应下,幕府成为众流之汇,吸引着大量士人的投效,赵凤昌机警聪明,当然看准形势,也加入幕僚大军中。

赵凤昌是光绪元年游幕湖北的,至于他进什么衙门,从事何种幕席则不可考。不过,据其自述,曾提了一件他在湖北游幕期间的往事:"余于己卯五月偕瞿赓甫观察转饷入都。""光绪庚辰人日,余偕瞿赓甫观察自京由东道南旋。"[4] 瞿赓甫即瞿廷韶,与赵凤昌为常州同乡,时在湖北任道员。他们于光绪五年五月护送饷项进京,至次年正月初七日,才自京南旋,这次公干长达七八月之久。而据学者研究,因姻亲关系,赵凤昌于光绪五年就跟刚奉命署理湖北布政使的姚觐元攀上关系。十二月,姚觐元升任广东布政使,赵凤昌作为记室随赴广州。[5] 因此,在去广东前,赵凤昌有可能已在姚觐元的布政使衙门任幕僚,与瞿廷韶转饷入都不排除是姚觐元所派的差使。

三、作幕广东

赵尊岳曾在《惜阴堂辛亥革命记》一文中讲述其父赵凤昌在广东的作幕经历云:"初任粤藩姚觐元记室,旋入署粤督曾国荃幕府,张之洞督粤调鄂,均留任。"[6] 实际上,赵凤昌的广东游幕生活并非如此一帆风顺,而是经历了一番波折,是否入过曾国荃幕府也存疑。根据

---

〔1〕孔飞力著,陈兼、陈之宏译《中国现代国家的起源》,生活·读书·新知三联书店 2013 年版,第 19 页。

〔2〕张文虎:《舒艺室杂著》,文海出版社 1973 年版,第 184 页。

〔3〕毛凤枝:《赠文》,方玉润《鸿濛室文钞》卷首,《清代诗文集汇编》第 644 册,上海古籍出版社 2010 年版,第 521 页。

〔4〕赵凤昌:《恭述先训并书族叔诸昆季事略稿》,《武进青山门赵氏支谱》第 5 卷;赵凤昌:《联话》,《人文》月刊 1932 年第 3 卷第 1 期。

〔5〕叶舟、朱炳国:《赵凤昌早年经历研究》,http://blog.sina.com.cn/s/blog_597df0930100sruj.html。

〔6〕赵尊岳:《惜阴堂辛亥革命记》,《常州文史资料》第 1 辑,1981 年印行,第 59 页。

他自己的说法,光绪六年,他"以县丞赴粤需次""姚彦侍方伯藩署"。[1]中国传统社会讲究身份地位,游鄂时,赵凤昌没说自己的身份,但赴粤需次时提了,说明县丞是他在湖北时捐的,未必如刘厚生所称系朱老板代办。如前所述,赵凤昌本与姚觐元有亲戚关系,加上他的机警灵活,自然深受姚觐元信任,在其幕府游刃有余,左右逢源。但具体如何,因史料缺乏,很难完全搞清,只能据现存有限资料,约略了解一鳞半爪。

赵凤昌在"惜阴堂笔记"中曾记述光宣年间之事,有一则云:"光绪五六年间,与俄议约,势将开衅,廷旨饬沿江海各省赶办防务。粤东库空如洗,由在籍李若农学士办团防局,募绅富捐,按绅富资产,开列名折,分等出赀,汇存粤省山西票号,由票号出现票存藩库,需动用时,即照票提款。至六年底,防务事解,募款未用,即将存库票据及名折,退还绅富收回。其时藩司姚彦侍方伯,遣予带票折交若农学士,给还各户。"[2]文中李若农即清代广东籍名臣李文田,讲的是光绪五、六年间中国为收复伊犁同俄国议约谈判,结果关系闹僵,战争一触即发,为了备战,广东地方政府请李文田出面召集富商捐款,将票据交到姚觐元主管的藩库备用。后防务解除,赵凤昌奉姚觐元之命把票据交给李文田退还各商。通过办理此事,赵凤昌无意中发现广州富商很多,资产白银 30 万两以上的才可称富,而达到 600 万两的竟有 500 户左右。掌握这一信息使他后来当张之洞幕僚时,一方面能为张之洞办洋务筹钱出主意,另一方面也方便他借机中饱私囊。[3]当然,他也为此付出代价,在光绪十九年张之洞被参案中,他被指涉嫌收受商行礼金,成为他遭

〔1〕赵完、赵凤昌等:《沛霖公哀启》,赵凤昌:《恭述先训并书族叔诸昆季事略稿》,《武进青山门赵氏支谱》第 5 卷。

〔2〕赵凤昌:《光宣纪述之一》,《人文》月刊 1932 年第 3 卷第 9 期。

〔3〕光绪十九年,军机处寄谕两广总督李瀚章调查张之洞被参案,中有张之洞"探访本地富家,借端罚捐,数至巨万"、赵凤昌"声名甚秽,该督俱加信任"等语。李瀚章在查覆折中,尽管极力弥缝掩饰,为他们开脱,但也透露张之洞"罚款之银,不下七八十万""赵凤昌曾将洋行例送茶金,呈缴充公"等情(引自孔祥吉《评一代奇人赵凤昌及其藏札》,《学术研究》2007 年第 7 期)。可见上述对张之洞、赵凤昌的指控并非空穴来风,而这一切都与赵凤昌当年做姚觐元幕僚时所掌握的信息有关。

革职处分的原因之一。

此外，据研究，在佐幕之余，他还经常与姚觐元之子姚慰祖一起出入于各种交际场合，公私兼顾，主幕关系非同寻常。[1] 这使得他能够为亲戚谋求生计，他堂兄赵新原在江苏为幕，经他介绍也来游广州，"为姚蕉石转运聘为教读"。[2] 姚蕉石即姚晋蕃，时任广东盐务分司运同，负责广东盐场的产销事宜，是姚觐元的下属。赵新能够被姚晋蕃聘用，不仅与赵凤昌有关，更与姚觐元分不开。然而，好景不长，光绪八年正月，姚觐元遭人参奏不整顿厘捐积弊、倚任姚晋蕃等人以及派专员到户部打点报销等事受到朝廷调查。虽然调查结论是"事出有因，或并无实据"，他"免其置议"，未受处分，但姚晋蕃被降职调离，且朝廷已对他不信任，命广东巡抚裕宽随时察看，"如果始勤终怠，即行据实参奏"。祸不单行，到了十一月，户部尚书阎敬铭又奏参他之前任户部司员时声名贪劣，结果他被革职，"即行回籍"。[3] 应该说这一年对姚觐元来说是非常煎熬的一年，而作为姚觐元的幕僚，赵凤昌也风光不再，颇受影响。最显见的是他失去了藩署幕僚的职位，一时找不到差事，以致当年"年关拮据"。[4] 从这年开始，有两年时间，他的生活都很不稳定，处境艰难，直至光绪十年六月，他进入张之洞幕府，才逐渐得到改观。

根据《赵凤昌藏札》所收赵新来信，赵凤昌那两年的人生轨迹大致如下：他从姚觐元那里失去幕僚工作后，在总督衙门谋到了一份差使。其时两广总督为曾国荃，这大概就是赵尊岳所谓的"旋入署粤督曾国荃幕府"。但赵凤昌"督辕差竣，赋闲有时"，使得赵新不禁感慨，"省会情形偏枯不等"，[5] 说明他并未进入曾国荃幕府，只是在曾国荃督署获得短差而已。销差后，不得不继续谋取差事，尽管"姓名入方伯夹袋中"，可一直在苦苦等待，导致"近况掣肘"，"卯俸寅

〔1〕 叶舟、朱炳国：《赵凤昌早年经历研究》，http：//blog. sina. com. cn／s／blog_597df0930100sruj. html。

〔2〕 赵凤昌：《恭述先训并书族叔诸昆季事略稿》，《武进青山门赵氏支谱》第5卷。

〔3〕《清实录·德宗实录（三）》，第11、52、184页。

〔4〕 国家图书馆善本部编《赵凤昌藏札》第8册，第171页。

〔5〕 国家图书馆善本部编《赵凤昌藏札》第8册，第168页。

支"。赵新对他的"缺事、差事如何"很是关心，得知他"得缺消息尚复迟迟，不禁盼望之甚"，而听说他"可为署券"则"老怀甚慰"。[1] 光绪九年十月，赵凤昌在淮军中军唐子文幕府主文牍的老友陆莼青去世，赵凤昌一度受邀入中军署，"承陆事"，做文案工作。后又"迁入南海衙门"，"代襄试事"。[2] 但监场辛苦，责任又重，且是暂时的，赵凤昌还得为生计忧愁奔波。赵新安慰他说："差事早迟有定。""储府开名，其中必有线索，愿早得好事。""且喜颖士公青眼关垂，必不负频年之几番磨励（砺）也。"[3] 应该说赵凤昌这两年境遇起伏不定，的确是历经磨砺，有"捧檄厘务"的幸运，也有"闲居半载"的失落，还有不知"以何饯岁"的困窘，但他"艰忍宦途"，"不屑与泾渭溷淆"，始终走上层路线，在督抚衙门寻找机会。其努力没有白费，"当道不乏青眼"，有"借重指臂者"，[4] 为他最终进入张之洞幕府创造了条件。

张之洞于光绪十年四月奉命署理两广总督，闰五月二十日接篆视事。六月初八日，他设立督署文案处，委派总办、分办、委员等。二十四日，下札为文案处派委缮校委员。其文曰：

照得本署部堂衙门兼综洋务、防务，庶政殷繁。现值海疆多事，军书旁午，昨经派委朱寿镛等暨同、通州县各员，分别充当总办、分办在案。惟一切电信、照会、密咨、密札、密函缮写校对，查案记档，在在需人，历经前部堂派员管理校对收发事件。查前派各员现在多已销差，亟应另行选派委员，以便分手经理。查有补用县主簿邵芝、试用县丞王庆勋、候补从九品姚近诏、试用巡检刘思翘、候补县丞赵凤昌、候补盐大使卓景瀛、候补从九品吴元彬堪以派委。内除邵芝、王庆勋二员，兼充巡捕，不支薪水外，其余各按官阶照章支给。……在文案

---

〔1〕 国家图书馆善本部编《赵凤昌藏札》第 8 册，第 174—175、182—183 页。

〔2〕 赵凤昌：《书程学启诱降苏寇及攻嘉兴事》，《人文》月刊 1931 年第 2 卷第 1 期；国家图书馆善本部编《赵凤昌藏札》第 8 册，第 195、204 页。

〔3〕 国家图书馆善本部编《赵凤昌藏札》第 8 册，第 220、216 页。

〔4〕 国家图书馆善本部编《赵凤昌藏札》第 8 册，第 213、206、199、196 页。

处充当缮校委员，遇有派办事件，妥办经理，常川在院住宿，务须勤敏慎密。[1]

由此可见，赵凤昌初入张之洞幕府担任的是文案处缮校委员，并非刘厚生所称"做总督衙门文案，参与一切机密"，也不是孔祥吉通过查清代档案纠正刘说的"巡捕"。[2]不过，据上引札文，巡捕由缮校委员兼充，则赵凤昌后来当兼任巡捕一职。

对于赵凤昌的这次得差，赵新第一时间就知道了，立即致函祝贺。他说六月中旬，他陪幕主——署高廉道崇紫岩出巡化州等地，"适遇梅菉大□，得阅省钞，喜吾弟见赏燕公，拔充从事"，不禁佩服"制军用人得当"。他认为"此任最重，即唐宋节度巡官之流"，"不妨藉此救贫"。[3]喜弟得差，藉此救贫，赵新的话从一个侧面反映了赵凤昌此前谋事不易、生活窘迫的情形。因此，他希望赵凤昌好好珍惜眼前的差事，把握机会，大展宏图。八月十七日，他再次去信，殷殷谆嘱："弟从事节院，当此军书络绎，务宜小心恭谨，以博令名，无益周旋大可省却，盼佳音之频惠，开愚蠢之胸襟。"[4]而赵凤昌确实是个善于发挥所长，把握机遇的人，不负赵新所望，很快就有佳音传来。他的字写得好，酷似草圣张旭，在诸缮校委员中脱颖而出，名声在外。赵新听说后，大为兴奋，不吝赞美之词："迩闻开笔入□，有一台二妙之誉，足征精神贯注，聪慧夙成。老兄才拙性高，不觉失声钦佩，又况加以谨慎周密、庄重老成、千里名驹，未易量也。"[5]

赵新所言洵非过誉。张之洞"目营四表，而事事考核精详"，其幕

[1]《张之洞督广咨札》第1册，中国社会科学院近代史研究所图书馆藏档案，档号：甲182—196。转引自王勇《张之洞督抚幕府及地方新官僚体系研究》，清华大学2006年博士学位论文，第54页。

[2]孔祥吉：《评一代奇人赵凤昌及其藏札》，《学术研究》2007年第7期。孔祥吉既指出赵凤昌的职务是张之洞督署衙门巡捕，但接着又说"赵凤昌很可能是处理张之洞文案事宜，但又不限于此，他甚至还替张之洞管理一些重要的家政"。这显然受刘厚生影响，又作了没有依据的推测，似为蛇足。

[3]国家图书馆善本部编《赵凤昌藏札》第8册，第226页。

[4]国家图书馆善本部编《赵凤昌藏札》第8册，第225页。

[5]国家图书馆善本部编《赵凤昌藏札》第9册，第154、135—136页。

僚许同莘后来回忆说,正因为张之洞要求严格,故其"掾吏兢兢,无或敢一字苟者"。[1] 赵凤昌光绪二年从湖北回家省亲时,得到其堂兄篆刻家赵穆赠予的石印,上刻篆体"勤""慎"二字,边款则是"惟勤惟慎,乃可立身"两语。他自言本以勤慎立身,与堂兄石印所刻不谋而合,"颇异之",遂更加自警自励。[2] 因此,进入张之洞幕府后,他兢兢业业,勤勤恳恳,做事认真,有条不紊,达到张之洞所要求的"勤敏慎密",逐渐获得其赏识和信任。不久,他列名剡荐,受到保奖。赵新为之抃庆不已:"闻得保奖业已获准。难逢机遇,竟获孙阳,皆平日孝悌忠诚,笃于天性,行见弦歌作宰,誉擅神明。"[3] 人生得意须尽欢。赵凤昌在生活稳定、工作有起色后,于光绪十年冬将其母亲迎养至粤,其妻子"暨诸女侄随侍来羊"。赵新对他能够"天伦乐聚",深表高兴,"抃舞攸加"。[4] 次年,他续办姻事,纳周南为妾,可谓喜事连连,"百凡遂意"。[5]

张之洞是晚清一个特立独行、极具个性的督抚。他爱才如命,凡为他所欣赏和信任的幕僚则加倍关照、提携,"所喜者一人而兼十数差",往往能者多劳。最典型的就是蔡锡勇,凡与洋务有关的事都交给他去办,张之洞曾奏称其"在两广总督任内办理交涉事务,开设银元局、枪弹厂、水陆师学堂、鱼雷局,及创造兵轮等事,悉以谘之"。[6] 赵凤昌勤敏慎密、庄重老成,兼差也不少,除了本职的缮校委员,还兼巡捕以及潮桥盐榷等。其二哥赵凤章来粤之后,潮桥盐榷便"邀兄代往主之"。赵新曾因"刻下机遇颇难",担心赵凤章没有谋食之地,当得知"承卿二弟兹已得馆潮阳",不禁为他们的兄弟友爱之情而感动,因为其时赵凤昌尚有欠债在身。得差、迎养、完婚无论办哪件都"谭

〔1〕国家图书馆善本部编《赵凤昌藏札》第6册,第319页;许同莘:《公牍学史·自序一》,商务印书馆1947年版。

〔2〕赵凤昌:《恭述先训并书族叔诸昆季事略稿》,《武进青山门赵氏支谱》第5卷。

〔3〕国家图书馆善本部编《赵凤昌藏札》第9册,第162、157页。

〔4〕国家图书馆善本部编《赵凤昌藏札》第9册,第177页。

〔5〕国家图书馆善本部编《赵凤昌藏札》第9册,第154、184页。

〔6〕中国第一历史档案馆《光绪朝上谕档》第19册,广西师范大学出版社1996年版,第19页;赵德馨主编《张之洞全集》第3册,武汉出版社2008年版,第207页。

何容易"，[1]但赵凤昌不仅一举完成，还为哥哥解决了衣食之忧。这一方面说明入张之洞幕给他带来了比较丰厚的回报，让他摆脱困境，有个崭新的开始；另一方面也显示他对自己的未来充满信心，有很好的把控和预期。事实证明，赵凤昌的确颇具胆略和见识，他抓住人生重大转折点，奠定了自己后来的生命轨迹。

四、湖北罢归

清代名幕汪辉祖曾论主幕关系云："宾利主之修，主利宾之才，其初本利交，第主宾相得，未有不以道义亲者。"[2]张之洞与赵凤昌的遇合类似于此，他们在认识之前并无交集，尤其张之洞对赵凤昌未必了解，不可能像刘厚生所说那样，一见面就很赏识他。上文业已指出赵凤昌被张之洞派任缮校委员是藉此救贫，双方之间为经济互利关系，即"其初本利交"。赵凤昌很珍惜这个得差机会，而这个差使恰好在他能力范围之内，适合他来从事，他所表现出的勤勉敬业、严谨周密等特性深为张之洞激赏，诚如赵新所言"弟为当辖器重，咸称为少年老成"。[3] 由此，主幕相得，关系融洽，双方以道义亲。

张之洞对赵凤昌的信任和器重不仅仅是让他兼差，还表现在能听取其建议。比如据赵凤昌自称辜鸿铭和王孝祺二人都是他推荐给张之洞的，前者为张之洞幕僚，"任邦交诸务"；后者率兵援越，取得谅山之捷。[4] 当然，更重要的是，张之洞通过多次保举，使赵凤昌由捐纳县丞升为候补知县。光绪十二年，张之洞即将赵凤昌列入创办两广电报出力人员保案内，奏保以知县留省补用。三年后，在《候补知县赵凤昌甄别片》中，张之洞称"前准吏部咨，凡劳绩保举应须甄别人员，均令该督抚详加试看。在省人员，以保案奉文之日起，扣满一年，分别奏知甄别后，方准按班补用"，遵此办理，则"候补知县赵凤

---

〔1〕赵凤昌：《恭述先训并书族叔诸昆季事略稿》，《武进青山门赵氏支谱》第5卷；国家图书馆善本部编《赵凤昌藏札》第9册，第179、197页。

〔2〕汪辉祖：《佐治药言》，《官箴书集成》第5册，第324页。

〔3〕国家图书馆善本部编《赵凤昌藏札》第9册，第179页。

〔4〕赵凤昌：《国学辜汤生传》，《人文》月刊1931年第2卷第4期；《纪甲申中法战事冯王关前谅山之捷》，《人文》月刊1931年第2卷第9期。

昌,年壮才优,办事稳细,业经详加考察,照章考试,堪以本班候补"。[1] 由此可知,赵凤昌能以本班候补知县一职又与光绪十四年张之洞的保举有关。张之洞对他的评价是才能优异,办事稳细,与上述赵新谨慎周密、庄重老成等说法不谋而合。据此,大致可勾勒赵凤昌的个性特点:细心踏实、精明能干、稳重可靠,而这些有的能弥补张之洞个性之不足,有的为他日常生活、行政所必需,[2]因此赵凤昌成为张之洞身边必不可缺之人。

光绪十五年七月十二日,张之洞奉命调补湖广总督。十月二十二日,他交卸两广督篆前往湖北时,还奏调了六个在广东发现和培养的得力干将随他赴任。六人分别是蔡锡勇、陈占鳌、沈嵩龄、凌兆熊、赵凤昌和薛培榕。在奏片中,张之洞分别对他们的优点和特长都作了简要的介绍,其中赵凤昌部分是这样的:"广东候补知县赵凤昌,志洁才敏,办事诚实,心精力果,通达时务,于电线事宜及外洋军火,最为考究精细。"[3]这里,张之洞对赵凤昌的评价除了重申之前的"年壮才优,办事稳细"外,又加上"通达时务"一项,并透露赵凤昌的幕府兼差还有架电线、购军火,这两者涉及工程建设和政府采购,都是肥缺,难免门庭若市,引人侧目。上述六人除陈占鳌直接去山西查勘铁矿外,其余五人都随张之洞赴任。赵凤昌晚年在一篇回忆辜鸿铭的文章曾道及此事:"岁己丑(1889),南皮自粤移节两湖,调粤属员五人自随,鸿铭其一,余蔡毅若、凌仲桓、梁崧生与余。抵汉之夕,在江宽舟中,南皮慨然谓吾辈靰掌为常,转藉道路为休假,明日又将治官事,愿无忝六君子之称。当时府主意气相许如此。"[4]这里,赵凤昌提

[1] 虞和平主编《近代史所藏清代名人稿本抄本》第1辑第135册,第438页;赵德馨主编《张之洞全集》第2册,第218页。
[2] 张之洞在晚清以起居无节、号令不时为人所诟病,僚属也深以为苦,但赵凤昌却能接受他这样的生活和工作习性。刘厚生说赵凤昌之所以得到张之洞亲信,是"因为他记忆力极佳,之洞办事没有一定时间,有时正在办公事文书的时候忽然睡着了,又忽然想到要检查书籍;有时正在看书,忽然又想检查档案。只有赵凤昌有此记忆力,替他随时检查。又他对日行公事之来往文件卷宗,往往随手抛弃,事过辄忘不易搜寻。只有赵凤昌能替他整理安排,井井有条,一索即得"。见刘厚生《张謇传记》,第93页。
[3] 赵德馨主编《张之洞全集》第2册,第306页。
[4] 赵凤昌:《国学辜汤生传》,《人文》月刊1931年第2卷第4期。

及的五人与张之洞"随带赴鄂"的五人不一致,赵凤昌以辜鸿铭、梁敦彦取代沈嵩龄、薛培榕,但他既言张之洞"调粤属员五人自随",而张之洞的《调蔡锡勇等赴鄂差委片》又昭昭在目,则应是赵凤昌记忆有误,[1]辜鸿铭和梁敦彦当时未能名列五属员之中。

天有不测风云。正当"六君子"意气风发,大治官事时,光绪十九年正月二十四日,为首的张之洞连同赵凤昌等却遭到弹劾,距他们到湖北仅三年多。刘禺生称之为"大参案",认为是张之洞的门生周锡恩亲拟参稿,请徐致祥出面上奏弹劾;奏折中最严重的是说张之洞"任意妄为,废弛纲纪,起居无节,号令不时","宠任宵小赵凤昌,秘参政事,致使道路风传不堪之言";针对赵凤昌的"保举直隶州知州赵凤昌,细人也。小有才,奔走伺候,能得其欢心。该督倚为心腹,终日不离左右。官场中多有谄媚赵凤昌,以钻营差缺者,声名甚秽。该督方自以为能,使贪使诈而不惜,甘受其患,且深讳其失"。[2]奏入,清廷即命两江总督刘坤一、两广总督李瀚章分别就弹章所指控张之洞湖广及两广任上问题查明奏复。

由于光绪七年张之洞曾参与弹劾刚就任两江总督不久的刘坤一,说他"嗜好素深,又耽逸乐,年来精神疲弱,于公事不能整顿",致使刘坤一被"着即开缺",[3]家居十年之久。巧的是,刘坤一才起复重任两江总督两年,就轮到他来确查张之洞的被参案。张之洞很担心刘坤一借机报复,让他也来尝尝开缺家居的滋味,所以立即托人打招呼或探听虚实,没想到刘坤一非常大度,不仅没有公报私仇,而且

---

〔1〕 这里还可提供一个旁证。中国人民大学信息资源管理学院收藏有《顺德梁崧生尚书生平事迹草稿》,系未完成手稿,大概为梁敦彦后人或生前好友撰拟。据《草稿》记载,梁敦彦在中法战争时期入张之洞两广幕,当时军事旁午,电务纷繁,张之洞只让他做些翻译电报之事,对其才识、能力尚不了解。直至任湖广总督后,张之洞才知道梁敦彦是个能办大事的人,开始委以重任(见裴燕生《从〈顺德梁崧生尚书生平事迹草稿〉(手抄本)看清外务部尚书梁敦彦早年事迹》,《档案学通讯》2007年第1期)。可见,在广东时,梁敦彦还算不上张之洞的主要属员。

〔2〕 刘禺生:《世载堂杂忆》,第64页;许同莘:《张文襄公年谱》第4卷,武汉特别市政府财政局印刷所1939年印行,第7页。按:刘禺生所引非照抄徐致祥参折原文,而是根据自己理解述其大意。接下来他说"廷旨交李瀚章查明奏复"不确切,漏了刘坤一,下文将详述。

〔3〕 朱寿朋编《光绪朝东华录》,总第1117、1183页。

极力为张之洞辩护。他对来人说覆疏已发，"香帅勇于任事，力为其难，若再从而苛求，实足寒任事者之心，以后国家事谁可耽承"，"我此次覆奏，只就大处落墨"，"决不令香帅有为难处"。事实也是如此，刘坤一在查覆折中处处为张之洞开脱，唯对赵凤昌不客气，说"其人工于心计，张之洞颇信用之。该员虽无为人营谋差缺实据，而与在省寅僚广为结纳，其门如市，迹近招摇，以致物议沸腾，声名狼藉"。最后，给出的结论和处理意见是"保举候补直隶州知州赵凤昌，不恤人言，罔知自爱，似应请旨即予革职，并勒令回籍，以肃官方"。〔1〕

与刘坤一不同，张之洞和李瀚章之间并无过节，而且他们是前后任关系。张之洞刚任两广总督时，藩库存款不到 50 万两银子，至他离任时，除藩库所储外，另存汇丰银行 250 多万两，这些都移交给李瀚章。当时中外传言广东滥用钱财，亏空严重，李瀚章本以为接手的是个烂摊子，"至是愕然，大惊服，肃然起立，长揖以谢"。〔2〕有这样的渊源在，无须张之洞疏通，李瀚章都知道该怎么做。果然，李瀚章的查覆折开门见山，第一句话就是"奏为查明湖广督臣张之洞被参在粤各款均系传闻失实"，完全否定了弹章中广东部分的所有指控。不仅如此，李瀚章对赵凤昌也网开一面，说"赵凤昌派充巡捕，仅供奔走、备传呼而已。而官场陋习，在大吏左右者辄目之为要人，趋附谣诼皆由是起。其实用舍予夺，司道不得专，督抚不得私，巡捕微员，何能干预。臣见旧册案中，赵凤昌曾将洋行例送茶金，呈缴充公，似张之洞约束尚严，不致受其朦蔽"。〔3〕只是"赵凤昌曾将洋行例送茶金，呈缴充公"一句，在贪污成风、贿赂公行的晚清不能不让人浮想联翩。

据查证，刘坤一的查覆折于三月十六日到达御前，光绪帝未批，

〔1〕《张文襄公文件·关于工程练兵第四》，《张之洞公文函电稿》，中国社会科学院中国近代史所图书馆藏档案，档号：甲 182—216；《军机处录副》，03—9379—051，缩微号：671—1906，中国第一历史档案馆藏。均转引自茅海建《戊戌前后诸政事（上）》，《中华文史论丛》2011 年第 4 期。

〔2〕赵德馨主编《张之洞全集》第 12 册，第 508 页。

〔3〕李经畬等编《合肥李勤恪公（瀚章）政书》，文海出版社 1967 年版，第 885、889 页。另可参看孔祥吉《评一代奇人赵凤昌及其藏札》（《学术研究》2007 年第 7 期）一文。该文照录中国第一历史档案馆《录副奏折补遗档》李瀚章原折。

暂时封存。过了整整一个月，就在四月十六日，李瀚章的查覆折到达御前，光绪帝当日即下旨张之洞"着毋庸置议"，赵凤昌"不恤人言，罔知自爱，着即革职，勒令回籍，以肃官方"。[1] 可见，光绪帝实际在收到刘坤一的查覆折后已采纳其意见，做出了处理决定，只等李瀚章查覆折一到，马上颁谕。其时赵凤昌正患病，"体次尚不十分强健"，[2] 接到此谕旨，雪上加霜，身心俱受打击。此前，他的亲朋好友都对他期许很高，认为他"办事勤能，制行廉洁"，受"上游倚重，指日飞腾"在望，更有甚者说："阁下以练达之资兼习勤苦，风尘佐吏中百不得一，本朝以县令起家位至封疆者比比皆是，敢为我哥期之。"[3] 然他仅以候补州县官身份罢归，则意味着再度出仕希望渺茫，更遑论跻身封疆大吏。他曾经苦心经营的"由幕而官"之路就此戛然而止。

五、是替罪羊还是罪有应得

当赵凤昌被革职回籍的消息传出后，他的朋友纷纷来信安慰，称"宦海风波，古来如是"，"阁下忽遭无妄之灾，深为不平"。[4] 如果说他们还只是出于义气私下为赵凤昌抱不平的话，那么刘禺生则详叙其始末，公之于众，为赵凤昌鸣冤叫屈："一场大风波，归罪于赵凤昌一人矣。"[5] 此论一出，赵凤昌"替罪羊"说遂广为接受。近来孔祥吉对此持有异议，他认为刘坤一调查张之洞参案态度认真，所指出的赵凤昌"劣迹"确实存在，因此赵凤昌罪有应得，没有蒙受不白之冤。[6] 应该说孔祥吉的质疑有一定道理，但他的说法不太严谨，尤其关于赵凤昌罢官原因的考察不能令人信服，非但没有反驳"替罪羊"说，而且也没能提供他所谓赵凤昌"劣迹"的确切证据。

其实就徐致祥参奏折来说，他共弹劾三个人，分别是张之洞、王

〔1〕 茅海建：《戊戌前后诸政事（上）》，《中华文史论丛》2011年第4期。
〔2〕 国家图书馆善本部编《赵凤昌藏札》第1册，第292页。
〔3〕 国家图书馆善本部编《赵凤昌藏札》第4册，第131页；第1册，第287页。
〔4〕 国家图书馆善本部编《赵凤昌藏札》第4册，第274、131页。
〔5〕 刘禺生：《世载堂杂忆》，第65页。
〔6〕 孔祥吉：《评一代奇人赵凤昌及其藏札》，《学术研究》2007年第7期。

之春和赵凤昌。因王之春与本文无关,前面未提及。三人各有被纠弹的问题,但以张之洞为主,其他两人系张之洞下属,他们出状况也是张之洞的罪名之一,即驭下不力或所用非人。所以,刘坤一、李瀚章的查覆折中,也是将他们三人分开,分别就他们三人被参各节确查具奏。最终张之洞、王之春没事,赵凤昌被革职,但并不表明此案归罪赵凤昌一人,由他充当替罪羊,承担所有责任。原因如下:

首先,前已述及,此案主要针对张之洞,王之春、赵凤昌被顺带牵涉其中。茅海建将参奏折中张之洞的罪名精确地归纳为四方面:"一,怠慢政务,经常不接见下属,以个人好恶而乱派差使;二,重用恶吏,特别点名湖北布政史王之春、候补直隶州知州赵凤昌;三,滥耗钱财,以办理铁路、铁厂、开矿等项,到处勒捐,并奏留巨款;四,架设湖南电报线引起民愤致使电线杆被烧、总督衙门被毁不报、州县官补缺时勒捐等多件细故。"〔1〕可见张之洞这些罪名与赵凤昌都无关,即使重用赵凤昌那也是张之洞的问题,所以不能说张之洞没事,是赵凤昌替他顶罪。

其次,张之洞、王之春"毋庸置议",那是因为奉命确查的刘坤一、李瀚章都胪举事实为他们洗刷开脱。既然查无实据,朝廷便顺水推舟,不予处理。毕竟张、王二人都是封疆大吏,需要他们来做事,如果一意苛求,谁还肯为朝廷卖命。当然其中不免有官官相护、敷衍塞责的问题在,可这就是清代的官场生态。查与被查的都是同僚,级别差不多,相互之间有千丝万缕的关系,所以大家心照不宣,互不得罪。而这种走过场的"确查",在当时的公论中被称为"识大体"。〔2〕

第三,与赵凤昌"保举候补直隶州知州"身份有关。保举泛滥、候补官充斥是咸同军兴引发的弊端,至光绪年间已愈演愈烈,积重难返,成为言路论议讥评的焦点,屡见奏章。朝廷为剔除积弊,澄清吏

---

〔1〕 茅海建:《戊戌前后诸政事(上)》,《中华文史论丛》2011年第4期。
〔2〕 如彭玉麟在晚清素以执法如山、铁面无私著称。但他奉命确查左宗棠、刘坤一、涂宗瀛、张树声等封疆大吏,总是尽量避重就轻,为涉案大臣开脱,以保全其颜面和声名。《清史稿》赞曰:"玉麟刚介绝俗,素厌文法,治事辄间法外意。……历奉命按重臣疆吏被劾者,于左宗棠、刘坤一、涂宗瀛、张树声等,皆主持公道,务存大体,亦不为黠刻。"见李志茗《彭玉麟:兵事之外的才识操守》,《史林》2014年第1期。

治,不仅三令五申加以约束规范,而且也采取了限保举、停捐纳等措施进行治理整顿,无奈成效并不明显,植私滥举依旧,候补官多如鲫,"流弊所极,名分混淆,公私骚扰"[1]。于是朝廷不得不加强惩处,凡有奏报地方长官属员贪赃枉法、夤缘奔竞、营私牟利的,必严议处分。以光绪八年为例,仅八月就有七起,被劾的属僚都遭到革职、降职等处分,有的甚至连长官也一并受罚。其中云南奏销案牵连甚广,受罚的官员很多,甚至包括军机大臣王文韶等,前述姚觐元也因此案被追究革职。[2]赵凤昌被劾招权营私、声名甚秽,与上述案子性质相似,是朝廷痛恨和严打对象,而且已经手不少,很有处置经验,所以赵凤昌难逃此劫,不可避免要被惩办。

第四,再就赵凤昌本身而言,他确实有刘坤一所言"其门如市,迹近招摇"的事实。还在他刚入张之洞幕府不久,其堂兄赵新就告诫他:"弟宜每事审量,先顾甘旨,次及切己,幸毋徒效仗义也。"但赵凤昌听之藐藐,除了为其二哥安排馆务外,又收留他人并为之谋差。赵新听说后,再次婉言相劝:"闻老弟广厦宏开,咸叨芘荫。然知感者无几,厚颜者滋多,弟抱热血一腔,片席经营,忝费许多情面耳。"[3]可赵凤昌讲义气,还是我行我素,凡托他办事的,总尽量让人满意。因此,声名远扬,连在浙江的其前幕主姚觐元也函托他为人谋职:"兹恳者:旧仆张怡人极妥当,并能小楷……仍回广东,亟须谋一枝栖。弟现在熟人甚少,无可相商,特此专函奉托,务希推爱,即为转荐一处,是所至祷。"[4]信中,姚觐元自称为弟、在广东熟人少,对赵凤昌期盼甚殷,说明在他眼里,赵凤昌左右逢源,能量很大,没有办不成的事。事实也是如此,因"心赏之甚",张之洞给予赵凤昌"逾常优待,不同泛泛也",使得赵凤昌成为两广督署要人,长袖善舞,无往而不利。为此,其朋友提醒他说:"吾弟处此地位,务须随时随事刻刻提防,滔滔者因忌生嫉,势有必然,蜂虿犹毒,可不慎欤!"[5]

---

〔1〕 朱寿朋编《光绪朝东华录》,总第1473页。
〔2〕 朱寿朋编《光绪朝东华录》,总第1392—1404页。
〔3〕 国家图书馆善本部编《赵凤昌藏札》第9册,第172、198页。
〔4〕 国家图书馆善本部编《赵凤昌藏札》第3册,第377—378页。
〔5〕 国家图书馆善本部编《赵凤昌藏札》第4册,第51页。

　　而赵凤昌的确也担心旁人眼红,因忌生嫉,刻意保持低调,曾主动辞厘差、却馈遗。[1]但他的仕运愈佳,随张之洞赴任湖北后,他虽并未如后人所言升任总文案,除了仍任文巡捕外,还兼"办理督署笔墨事件"等,[2]但更受器重和倚任,俨然成为张之洞的代理人,大家有事都先找他。如杨楷兄弟应招入张之洞鄂幕,其行程则致电赵凤昌转告;金珍奉委运送电线材料,将其行止电告赵凤昌,请他"见督宪时,祈代珍回明";比利时矿师白乃富向总理衙门索取宝星,盛宣怀急电赵凤昌,"乞查白乃富现在铁政是否得力,续订合同几年,速赐电示,以便禀复"。[3]此外,赵凤昌到湖北后,仍然负责他在广东已"考究精细"的电线事宜及外洋军火。前述张之洞罪名之一的"架设湖南电报线引起民愤致使电线杆被烧"事件发生于光绪十七年五月初,电杆被烧去四十余根。事后,赵凤昌、盛宣怀为防止类似事件重演,商量派兵前往保护。盛宣怀在给湖广督署的电报中透露了此事:"恐工到澧界,再有此事,必得地方官亲自到工照料,并望电达督帅,咨请湘抚迅饬防营勇一百名到工弹压保护,查照向章给发薪赏,以免痞徒生事。已电商赵竹君,希再电请为祷。"[4]初九日,张之洞收到电报,次日即回电盛宣怀:"澧州电工滋事,已札饬严惩,并令地方官到工照料,及派防勇百名随工弹压矣",[5]完全是按赵凤昌、盛宣怀事先商量好的方案办。

---

　　[1] 国家图书馆善本部编《赵凤昌藏札》第4册,第50页。

　　[2] 中国科学院历史研究所第三所主编《刘坤一遗集》第2册,中华书局1959年版,第767页。赵凤昌如任湖广督署总文案,刘坤一在查覆折中应如实反映,就像李瀚章查覆折说赵凤昌在两广督署"派充巡捕"一样,但仅言"办理督署笔墨事件",说明他并非总文案。其实刘厚生也只说他"做总督衙门文案",不知为何后来的研究者如陈时伟、黎仁凯等会给他加上"总文案"头衔。

　　[3] 虞和平主编《近代史所藏清代名人稿本抄本》第二辑《张之洞档》第68册,大象出版社2014年版,第364、398、430页。

　　[4] 虞和平主编《近代史所藏清代名人稿本抄本》第二辑《张之洞档》第67册,第106、108—109页。在该电文上,"电商赵竹君"几字又被圈改成"电商部转禀",似为张之洞手笔。为什么要圈改呢?原来当时湖北发生宜昌教案,影响很大,湖南乡绅乘机"布散歌谣图画,攻逐洋教",并"谓电线即洋人所设,晓谕不听"(赵德馨主编《张之洞全集》第8册,第90页)。张之洞大概担心朝廷调查,赵凤昌名不正言不顺,会引起麻烦,所以对电文作了必要修改。

　　[5] 赵德馨主编《张之洞全集》第8册,第89页。

由上可见,赵凤昌很有权势,凡找他办事的,他总愿意帮忙,并尽可能餍其欲而去。如此一来,找上门的就多了,有趋附的,有谄媚的,有求办事的,有谋职要差的,所以他交游甚广,其门如市。凡此种种,都基于张之洞对他的信任超乎寻常。据说"张之洞在鄂,要事皆秘商竹君",结果"忌之者乃为'两湖总督张之洞,一品夫人赵凤昌'语,书之墙壁,刊之报章,童谣里谈,传遍朝野"。更有甚者,露骨地说:"常州赵凤昌年少美姿容,鄂督张之洞嬖之,用为内巡捕,所言无不听,群呼为一品夫人赵氏。"[1]这样的风言风语传遍朝野,很不成体统,赵凤昌的罢归是迟早的事。

综上所述,赵凤昌在张之洞大参案中的遭遇既不是替罪羊,也非罪有应得,而是多种原因造成的,其中有张之洞的信任,也有朝廷的整饬,还有赵凤昌的个性使然。

六、幕僚生涯得失

赵凤昌生于 1856 年,卒于 1938 年,享年八十三岁,在当时可谓长寿,并且晚年还撰有"惜阴堂笔记",但对于他的早年身世及幕僚生涯甚少提及,以致连他儿子及身边好友也不甚了了,要么一笔带过,要么编排故事,从而造成以讹传讹的局面。其实,赵凤昌出生于累世耕读之家,其祖上一度弃儒从商,家道殷实。但太平天国入主江南后,因兵燹之灾,他家开始衰落。尽管如此,他还是受过两年家塾教育,具有一定的知识水平。后迫于家累,他不得不早谋生计,锻炼了他的为人处世和生活应变能力。光绪元年,他二十岁时,游幕湖北,并结识了湖北按察使姚觐元。在此期间,他纳资捐县丞,并于光绪六年随已升任广东布政使的姚觐元赴任,当其幕僚。在姚幕,赵凤昌即初显其体贴细心、服务周到的本领,公私兼顾,与主官过从亲密,违背了"宾主不可忘形"的幕业规范。[2]结果他因此受到了伤害,这从

---

〔1〕 刘禺生:《世载堂杂忆》,第 64 页;胡思敬:《国闻备乘》,上海书店出版社 1997 年版,第 98 页。

〔2〕 汪辉祖:《续佐治药言》,《官箴书集成》第 5 册,第 330 页。清代名幕万维翰、汪辉祖都曾指出幕僚要与主官保持适当距离,以免瓜田李下,受人指摘。

赵新写给他的一封家书可看出端倪,信中有"弟宜揆时度势,前既为老姚所误,徒担从事之名"之句。〔1〕光绪八年至十年,赵凤昌有两年时间陷入无缺可补,谋差不易的窘境,即"为老姚所误"的后遗症。

然而,赵凤昌并未吸取教训,或者说压根没意识到自己的问题所在。入张之洞幕后,他先是以工作认真负责,获得张之洞的赏识。被派充文巡捕后,他又故伎重演,在张之洞左右奔走伺候,周到体贴,无微不至,有人曾亲眼目睹其情形,非常羡慕张之洞。据云:一次,吴郁生有公事到湖北督署相谈,张之洞"以老友也,故不拘常礼,一面剃发,一面畅谈,不料尚未及谈正经公事,而张已昏昏睡着了",这时侍列外厢的赵凤昌见状,"即走过去以双手托住其头,一动都不敢动,约一小时之久,香涛醒了,赵巡捕老爷方才退出去"。为此,吴郁生非常感慨,对人言:"吾一世做的京官,没有机会尝尝做督抚的滋味。做督抚,可以用文武巡捕侍奉在侧,像赵凤昌之服侍张香涛,吾真正羡慕呀。"〔2〕张之洞在晚清以起居无节、号令不时出名,其幕僚陈衍曾撰《书张广雅相国逸事》,说他一天分两天用,凌晨起来批阅文书,通常上午见客,午饭后即睡;至晚上十时左右起来,仍批阅文书、见客,到半夜子时而罢,然后吃饭、睡觉,"悉如日中"。〔3〕像他这样,身边须臾离不开人,而赵凤昌能"侍之终日,虽深宵不离",〔4〕且又那么的细致周全,服务到位,自然得其欢心,倚为左右手。

一般来说,如他们这般主幕投缘,交至忘形,实可遇而不可求,非常难得。但清代的幕业规范是即使主幕水乳交融,关系亲密,作为宾师的幕僚也不能忘乎所以,更要自律自控,避嫌远疑,一方面提醒自己主幕身份有别,不可跨越界线,乱了规矩;另一方面必须不露痕迹,谨慎自处。赵凤昌仅做到前者,对后者则认识不足。《清稗类钞》里有条材料称:"武阳人之以官为市,甚于他省,呼朋引类,声应气求。"〔5〕赵凤昌确实是名典型的武进人,诚如刘坤一调查的那样,他

〔1〕 国家图书馆善本部编《赵凤昌藏札》第8册,第169页。
〔2〕 陈巨来:《安持人物琐议》,第119—120页。
〔3〕 陈衍:《陈石遗集》(上),福建人民出版社2001年版,第462页。
〔4〕 陈巨来:《安持人物琐议》,第117页。
〔5〕 徐珂:《清稗类钞》第3册,中华书局1984年版,第1360页。

利用权势"与在省寅僚广为结纳",引用乡党戚里很多,以致物议沸腾,道路风传不堪之言,从而被朝廷惩处,黯然罢归。不过,仕宦之门关上后,幕府时期所积攒的人脉和编织的关系网,又为他打开了一扇窗,那就是继续为张之洞办事的同时,广泛结交各色人等,从而能够纵横捭阖,腾骧政路,隐身幕后影响东南大局。

相比于台前的成功出彩,赵凤昌这种幕后的卓尔不凡更易博得人们的钦佩和尊重。他也因此不断引发后人关注,名垂青史,收获想象不到的温情和敬意。

第三章　影响东南大局

黄炎培曾说,清末以降四十年间,东南有大事,必与赵凤昌有关。诚然如此,被劾去职后,赵凤昌定居上海。上海是近代中国最大的工商业都市,中西文化交汇融合的前沿基地,经济发达,商业繁荣,信息灵通,中外交流方便,因此张之洞请赵凤昌继续为他做事,提供中外舆情、办理采购军火等事务。赵凤昌遂藉此之便与江浙名流政客、洋商富绅等广泛建立联系,周旋于各个阶层、各种圈子间,从而成为东南社会众所周知的人物,不仅参与诸多重大事件,而且往往扮演关键角色。

一、在甲午战争中

刘厚生说赵凤昌被革职罢归后,张之洞过意不去,"向盛宣怀讨了一个武昌电报局挂名差使给予凤昌作为生活之费,而派他住在上海,办理通讯运输诸务"。[1] 这个说法不太可信。首先武昌电报局是湖广督署下属局所,在张之洞的管辖范围内,根本不需要向盛宣怀讨;再则赵凤昌随张之洞赴鄂后,曾暂住在武昌电报局中,即便未兼其差,也与电局上下熟识,弄个挂名差使应该不难。当时赵凤昌身体

---

〔1〕 刘厚生:《张謇传记》,第94页。

欠佳,无法入督署办事,张之洞不得不给他去信,有时收信地址便写"电局赵竹君"。张之洞甚至认为电局风水不好,赵凤昌"自住电局,事多不顺",建议他尽快搬离。[1] 但实际这段电局居住经历对赵凤昌来说帮助很大,至少他掌握了发电报技术,使得他以后能独立为张之洞发去大量密电。

赵凤昌光绪十九年被革职回籍,次年"因养疴移至沪",[2] 遂在此定居,刘厚生所言张之洞派他住在上海也不确切。这年是甲午年,爆发了中日战争。对于民族战争,张之洞总是主张积极抵抗。早在十年前的中法战争时期,他就表达了与众不同的战争观:"中外兵事,鄙意与尊意及京朝诸言事者迥然不同。诸公意谓法不足畏,我易胜法,故纷纷主战。鄙人则明知法强华弱,初战不能不败,特非战不能练海防,非败不能练战。只要志定气壮,数败之后,自然渐知制胜之方。"[3]他认为战争是打出来的,即使吃了败战,也能达到练战的目的,吃一堑长一智。所以在中日战争未正式爆发前,他就加紧布防,积极备战。待两国宣战后,虽然两湖离战场较远,局势没那么紧张,他还是立即行动起来,率先着手筹措枪械。他说"军械必须多备,此事为今日第一要务",除了截留、借用别省军火外,还向国外购买。光绪二十年七月初三日,他电"致上海赵竹君":"速商信义购十五生台炮五六尊连弹药,系炮台所用,稍旧者亦可,以速为妙。毛瑟枪五千枝,每枝弹三百,旧者亦可,速复。沪上及北洋、台湾情形,随时电禀及函禀。冬午电悉。"[4]"冬午电悉"是张之洞顺带告诉赵凤昌已收到他七月初二日所发电报,说明至迟在光绪二十年七月初二日赵凤昌已移居上海。他在上海仍为张之洞所用,但并非如刘厚生说的那样,"办理通讯运输诸务",而是为张之洞购买洋军火,并提供各方动

---

〔1〕国家图书馆善本部编《赵凤昌藏札》第9册,第299、296页。

〔2〕赵凤昌:《土山湾坟园记》,《东方杂志》第15卷第12号。

〔3〕赵德馨主编《张之洞全集》第12册,第28页。

〔4〕虞和平主编《近代史所藏清代名人稿本抄本》第二辑《张之洞档》第9册,大象出版社2014年版,第516页。此电也收入赵德馨主编《张之洞全集》第8册第153页,惟"每枝弹三百"在《张之洞全集》中为"每枝弹二百","冬午电悉"为"江"字。前者可能是手民误植,后者当是许同莘编辑张之洞电稿时所改。

态、信息等。张之洞曾奏报朝廷,说赵凤昌"于电线事宜及外洋军火,最为考究精细",因此请他代购外国军火正是发挥其所长。至于随时禀告上海、北洋等地情形,则是追加的任务。本来张之洞已派人在上海为他搜集情报,但赵凤昌到上海后,张之洞更为信任,逐渐把这一使命交给他。[1]

赵凤昌是否回复张之洞上述江电,暂不可考。现存中国社会科学院近代史所藏张之洞档案中,他发往湖广督署的第一份电报在八月初四日,与购买军火有关:"请赐交蔡。讲电悉。车炮设法电商觅购,毛瑟二万,每八两五;弹一千万,每千十四两,请予准购宾信,俟电商外洋,有货即定。"电报之末,赵凤昌附言:"此时非禀宪,虽用密马。昌禀。豪。"[2]电文中的蔡应为张之洞的洋务总管蔡锡勇,宪即指张之洞。"赐交蔡""非禀宪"说明这份电报并非发给张之洞,而是发给蔡锡勇的。据附言,赵凤昌可用专门密码,与张之洞直接联系,诚如刘厚生所言,"凤昌与武昌总督衙门可直接发出不费一钱的一等密电"。[3]这至少反映了以下信息:一是尽管赵凤昌离开张之洞幕府,但两人以往的主幕关系未变,仍然保持密切的联系。二是张之洞信任赵凤昌,赵凤昌也不辜负其信任,乐于办理他交代的各项事务。三是表明赵凤昌武昌电局居住经历可谓塞翁失马,虽有不顺,可也带来好处,他学会发电报,此时派上大用场。

两个月过后的十月初五日,"清廷以之洞在广东时与法军开战,主持军务,应付裕如,特调之洞署两江总督",主持甲午战争期间的南洋军务。[4]张之洞十一日抵达南京,十六日接篆视事。他听说有运往中国的军火船在香港被扣留,很是着急,在接篆前一天晚上及当

〔1〕据虞和平主编《近代史所藏清代名人稿本抄本》第二辑《张之洞档》第69册,赵凤昌八月初四日才开始给张之洞发电报,所发电报标题是"赵令来电"。而此前的六月二十八日,有两封"上海来电"报告丰岛海战情况,且均未署名。这样的"上海来电"共8封,其中最后一封是九月初四或初五日的,注明"惜阴代发"。以此过渡,自九月初七日起凡"上海来电"大多为赵凤昌所发。可见赵凤昌定居上海前,已有人为张之洞在上海搜集并提供情报;赵凤昌定居上海后,刚开始与他人一起分别给张之洞发电报,后主要由他一人发。

〔2〕虞和平主编《近代史所藏清代名人稿本抄本》第二辑《张之洞档》第69册,第427、428页。

〔3〕刘厚生:《张謇传记》,第97页。

〔4〕张达骧:《张之洞生平述闻》,《武汉文史资料》1986年第1期。

天就给赵凤昌连发三电,询问有无此事。赵凤昌马上找信义洋行的洋商李德了解情况,即回电称:"昨夜、今日奉咸三谕,确询李德,初次北船将到,已派人赴粤洋面等候,照料来沪,并不泊港。此外他行亦无在港扣留之事。"不过,赵凤昌也指出张之洞所听到的传闻也不是捕风捉影,原来确有装运天津军购的德国船曾在新加坡被日本驻新加坡领事下令扣留。因此,他提醒张之洞现在"倭奸四布,如遇议购、运枪炮等事务祈秘密"。[1] 由于张之洞在南京,赵凤昌在上海,相距较近,联系方便,所以从十月十六日这天起至次年五月台湾被日本占领止,他们电报往来频繁。单从赵凤昌这边看,有时一天发电一次,有时甚至一天数次,频次极高,数量很多。分析其内容,主要有这么几方面:

一是居间联系,代为购买外国军械。前已提及张之洞在湖北时就购买军械,积极备战,调往南京任两江总督,离前敌更近,他更有一种紧迫感,诚如其幕僚许同莘所言,"公自抵两江后,以船械为筹防要务,分电上海及驻外各使设法购求"。[2] 其中上海方面主要电致赵凤昌。为了方便联络和确保机密,赵凤昌特地电告张之洞具体的发电办法:"来电谕,发与'上海经道'四字,用明马电语,及转交之处,亦用密马,即可收到,不发惜阴堂更秘。"[3] 经道即经元善,时任上海电报局总办,电报通过他转交。由于西方国家对中日战争持"中立"态度,禁止向中国出口军火,欲购买枪械只能通过第三方洋行作为中介,向外国军工厂进货。而洋行主要集中在上海和天津两地,当时各省都托这两地洋行购买,所以洋行趁机抬高价格,以次充好,从中谋利。赵凤昌的对付办法是向多家洋行咨询议购。他经常接触、联系的洋行有信义、怡和、瑞记、礼和、地亚士等,货比三家,"决不任居奇"。有一次,他从怡和洋行处得知有一批炮,经过认真核算,"比地亚士便宜甚多",确实价廉物美,便建议

---

〔1〕 虞和平主编《近代史所藏清代名人稿本抄本》第二辑《张之洞档》第 70 册,第 120—121 页。

〔2〕 赵德馨主编《张之洞全集》第 8 册,第 173 页。

〔3〕 虞和平主编《近代史所藏清代名人稿本抄本》第二辑《张之洞档》第 70 册,第 628 页。

张之洞定购："鄙见既确知此炮之精良，价又比他处便宜，极应速定，如宪意为然，祈尽明日电谕准定。"洋人见赵凤昌精明，知道张之洞从他那里也了解到许多行情，不好蒙骗，有时也会主动向张之洞推销性价比高的军品，如信义洋行的行主李德曾致电说："此次敝行承办各件，实比北洋、广东便宜……乞宪台速付现银，至合同即来宁面订，断无弊窦。"[1]可见，在赵凤昌的帮助下，张之洞的军购价格合理，质量也有保证，比较顺利成功，没有出现李鸿章所说的"转托洋商""徒糜巨款"的情况。[2]

二是密探各地情形。张之洞要求赵凤昌在为他代购军械的同时，也随时报告北洋及上海等地情形。赵凤昌确实照办，有的是根据张之洞指示去做，有的是自己主动提供。前者如光绪二十年十月十九日，张之洞要他了解北洋是否已议定购买四艘智利快船，如果没有，南洋拟借洋款购买。赵凤昌做事效率奇高，次日即予以回复。他说四艘船甚坚快，有最大一艘，比日本最大的还更大、更快。北洋先是托怡和洋行的克锡代购，但因此事泄露，怕引起国际影响，不敢办。又由信义洋行的满德居间，托瑞生洋行的布海斯密办，可望有成。这件事很机密，北洋只与满、布两人密商，连该洋行的中国买办都不知道。那赵凤昌怎么了解到的呢？他告诉张之洞"此系李德约于密室中相告"，请张之洞切不要向任何人提起，官场尤其不能提。基于此，赵凤昌说如果此时南洋再向洋行访购此船，必定泄露秘密，北洋亦难办成。现值中日交战之际，他建议张之洞，南洋暂不要着急购船，等到北洋办成，再设法，"方不至两无着落"。[3]这里，赵凤昌不仅展示他深厚的人脉和良好的交际能力，而且也体现出他的理性和全局意识。后者主要是有关上海本地的情况。如他注意到担任上海海防任务的飞霆、策电两艘战船"擅离多日"，以及日本人"新来沪

〔1〕 虞和平主编《近代史所藏清代名人稿本抄本》第二辑《张之洞档》第70册，第195页，第72册，第287—289页；第71册，第63—64页。

〔2〕 顾廷龙、戴逸主编《李鸿章全集》第6册，第163页。

〔3〕 赵德馨主编《张之洞全集》第8册，第177页；虞和平主编《近代史所藏清代名人稿本抄本》第二辑《张之洞档》第70册，第187—188页。

者甚多,街市常见",[1]马上向张之洞汇报,引起后者重视,立刻下令处理。还有光绪二十年十一月底,清廷派张荫桓和邵友濂从上海出发赴日本议和。次月十八日张荫桓从北京抵达上海,其日记云:"商局总办郑陶斋、沈子梅来迎,遂搭子梅车,至同文书局。"仅简简单单一句话,看不出有什么特别之处,但其实当时民意汹汹,反应强烈。二十日,赵凤昌致电张之洞说:"前日倭国来电,我使往,只准搭商轮去,无非辱我国体,可恨!"此外,他还报告张荫桓在上海的情况,"张使令到沪住同文书局,因在沪粤人有揭帖,不准住广肇公所、潮州会馆,且不认同乡,义愤可嘉"。[2] 张荫桓是广东人,本应住在广东会馆,为什么没住,他日记不写,但从赵凤昌的报告中可知他是因接受屈辱使命而遭在沪广东人的拒斥。赵凤昌很欣赏广东人的这种行为,也对日本人辱我国体表示愤恨,说明他具有民族气节和爱国心。

三是关注战争进程,提供相关动态。上海四方辐辏,信息来源广泛,赵凤昌利用这个便利条件,广泛网罗国内外各种消息,向张之洞提供前线的战况及各方反应。如光绪二十年十月二十日,他电告张之洞,从怡和洋行的洋人那里听说"凤城已克,旅顺亦可保守住";又引京电说光绪帝"主战甚坚,有甘效社稷之语"。二十五日,则言据烟台商号来信,前天镇远、济远、广丙等舰护送图南轮,从天津运兵至牛庄,"卸兵后,回途遇倭舰战败"。次日,他说从经元善处得知"烟台洋大人来电,旅顺廿二大战,廿四已失守"。但十一月初一日,他看到津电,纠正云"旅顺未尽失"。与此同时,他说还听到一个秘闻,"谓旅顺系卖去,船坞、炮台未毁"。对此,赵凤昌很吃惊,评论说如果这样,那李鸿章真是罪恶滔天,表示"不敢全信"。[3] 十二月初,日军开始向

---

〔1〕 虞和平主编《近代史所藏清代名人稿本抄本》第二辑《张之洞档》第71册,第401页;第72册,第399页。

〔2〕 任青、马忠文整理《张荫桓日记》,上海书店出版社2004年版,第501页;虞和平主编《近代史所藏清代名人稿本抄本》第二辑《张之洞档》第71册,第663页。

〔3〕 虞和平主编《近代史所藏清代名人稿本抄本》第二辑《张之洞档》第70册,第188—189、190、255、286、348—349页。光绪帝"有甘效社稷之语"疑为赵凤昌从好友经元善处得来。经元善在甲午年致谢家福的一封信中说,其同事接到京师亲戚来函,中引光绪面谕翁同龢、李鸿藻,有"倘果都畿有变,朕惟有守国君死社稷之义"等语。见虞和平编《经元善集》,华中师范大学出版社2011年版,第128页。

威海卫展开进攻。二十日,赵凤昌向张之洞报告说,刚到上海的"商轮路过威海",见日本舰船在那里游弋,结果被我威海卫炮台打中一炮。光绪二十一年正月初四日,他从西人报纸中看到这样的报道:"倭攻威海,我陆军监守,不得逞。又拟扰烟台,为各国兵船扯旗阻止,即他去,又有云往山海关。"即电告张之洞。次日,他请人翻译当天路透社包括威海卫战役在内的中日战事的电文,呈送张之洞:"上海访事电云,中国海军在威海将倭船逐去,倭由宁海陆路进攻亦为所败。中国议和两使已到神户。日本来电云,在满洲之华军力战,倭兵不能进云。"[1]

由上不难看出,赵凤昌采集信息竭尽所能,不拘一格,既有北京、天津来电,也有洋人电文、报纸,还有商轮所见、商号来信等,可谓渠道多元,中西兼收,官方和民间并采。其优点是信息量大,内容丰富,缺点则是鱼龙混杂,泥沙俱下,难免自相矛盾,甚至多有虚词诡说。以光绪二十一年二月十八日李鸿章赴日本议和为例。二十九日,赵凤昌致电张之洞:"合肥今早被倭奸枪伤。顷电,弹未取出,甚危。"其实李鸿章是二十八日下午被日本刺客持枪击中左颊骨的,未到危及生命的程度。三月初一日,他报告说:"闻合肥已故。"初六日,发电称"顷闻合肥已与倭议定停战三礼拜",则李鸿章并未死。二十一日,"闻和议今日签字,辽东、牛庄归倭,偿费二百兆,全台作质云"。次日,更正赔偿费,"顷传单偿费系一百兆两"。[2] 实际上《马关条约》是二十三日签订的,比赵凤昌听说的晚两天,内容也不止那些。很快,他得到了一个六款的版本:"闻和款六:一、高丽自主,二、倭所得地均为倭所有,三、辽河以东地割归倭,四、台湾亦永远割归倭,五、银一百兆两(亦恐不确,须凭盛电),六、中倭联合以备战守。又顷闻西人言,合肥签字后,昨晚自尽云(此不确,廿三方签字)。"这个和款,张之洞不相信,括号中他所做旁注即为明证。不久,赵凤昌又

---

〔1〕虞和平主编《近代史所藏清代名人稿本抄本》第二辑《张之洞档》第71册,第666页;第72册,第309页。

〔2〕虞和平主编《近代史所藏清代名人稿本抄本》第二辑《张之洞档》第73册,第284、289、401、608、634页。

提供一个洋人的版本："今洋电和款无'倭所得地为倭有'一条，而辽东以鸭绿江、九连城直画至西在四十度以南归倭。又开通商口岸五处，京城为一处，又准倭在华设织布厂，此外尚有条款。"[1]洋人版本相对接近真正的《马关条约》，但仍有较大出入。就此可见，甲午战争期间，风传各种消息，赵凤昌尽量搜集，原原本本提交给张之洞，供他判断形势做出决策之用，虽然其中有不实虚假的内容，但保存了真实的历史记录，有助于了解当时的舆情动态。

　　四是出主意，提建议。在为张之洞购买军械，探听消息的过程中，赵凤昌四处联系，广泛接触，学到很多东西，也看到了一些问题，因此他会主动向张之洞建言，阐明观点，提出办法，其中不少为张之洞所接受。如光绪二十年十月二十日，有鉴于道路风传的前线战事不可靠，他电致张之洞："鄙见南洋宜派诚干委员驻烟、驻津、驻北路前敌，或就地派员侦探实在军情、战守实绩，由电时密禀宪台。可饬盛道准委员专发密电与宪处，如发他处，仍不准用密马，消息方能秘达。"张之洞采纳其议，拟出方案，二十六日即致电山东巡抚李秉衡："敝处拟派员赴威海坐探，仓卒无人，祈尊处代选一人兼充江南坐探委员，常驻威海，务探确情，随时发电。代定薪水，江南汇寄。"三天后，李秉衡回电遵办："承谕代委侦探一节。查山东驻烟侦探委员候选知州谢庭芝人极妥慎，已檄令遇有军报，另录一份电呈宪鉴。"后来，谢委员果然不时向张之洞禀报"各路军情"。[2]十一月初十日，赵凤昌电告张之洞，长江白茅沙、任家港、浒浦一带有暗沙，"洋人深以此处不备为失险"，认为可在两岸筑土炮台、埋设地雷，"为江防多一阻"。张之洞深以为然，次日即电令负责长江沿岸炮台建设的沈敦和来南京"面询筹办"。十三日，赵凤昌从经元善处获悉洋人言日军将在两三星期内"一面攻吴淞炮台，一面从川沙进兵攻制造局"，马上向张之洞报告，并提出两点建议：第一，"所有已设各处水雷兵轮，看

---

〔1〕　虞和平主编《近代史所藏清代名人稿本抄本》第二辑《张之洞档》第74册，第1、16页。

〔2〕　虞和平主编《近代史所藏清代名人稿本抄本》第二辑《张之洞档》第70册，第189页；赵德馨主编《张之洞全集》第8册，第182、331、356页。

守不可信，须详查"；第二，"沪口四十里外，须筑高台，派人日夜瞭探"。张之洞获报后，十分重视，立即电请江苏巡抚奎俊"随地设法择要阻遏，设伏截击，或可令彼不能深入"，又命令上海道台刘麒祥、总兵朱洪章募勇、设地雷，严加防范。〔1〕除上述外，赵凤昌还建议张之洞架设吴淞炮台到上海道署、江南制造局的电线，修建专为军务用的报房，以速赏激励军心等，〔2〕这些有的也为张之洞所迅速采纳，并付诸实施。

五是推荐人才。张之洞曾说"凡百政事皆须得人而理"，因此他非常重视人才，所到之处都如曾国藩赞誉的那样，"宏奖士类，津津乐道"。〔3〕作为亲信幕僚，赵凤昌当然深知张之洞的喜好和需求，在完成其交办任务的同时，也为他物色人才。赵凤昌推荐的第一个人是沈敦和。沈敦和系两江总督刘坤一下属，张之洞调署两江总督后，刘坤一奉召入京主持前敌军务，他将随刘坤一北去。赵凤昌告诉张之洞南洋各口水雷都是沈敦和一手安设，他既经手这样的要事，并听说为人也好，是"洋务中用心而正派者"，建议"留宁以备用"，得到张之洞的同意。第二人是唐绍仪。光绪二十年十一月初八日，赵凤昌致电张之洞，先介绍唐绍仪其人，说他"系美国学生，英文语言均好，于洋务明通，气质亦佳"，曾任驻韩领事，于驻朝鲜大臣袁世凯回天津后，代办使事。甲午中日战起，在英国使臣的帮助下回国，对"倭事缘起及我军在韩情形了然"。接着赵凤昌评价唐绍仪"实洋务不易得之材"，"现来上海，如宪台俯加延揽，祈谕示，即嘱其诣谒"。最后赵凤昌解释他荐人的动机是"为才难，故禀闻，非敢援引，幸垂察"。结果唐绍仪也得到张之洞的任用，为他办理向洋行借款等事。〔4〕唐绍

〔1〕赵德馨主编《张之洞全集》第8册，第186页；虞和平主编《近代史所藏清代名人稿本抄本》第二辑《张之洞档》第70册，第619页；赵德馨主编《张之洞全集》第8册，第189、190页。

〔2〕虞和平主编《近代史所藏清代名人稿本抄本》第二辑《张之洞档》第71册，第24页；第72册，第396—397；第73册，第508页。

〔3〕赵德馨主编《张之洞全集》第1册，第82页；《曾国藩全集·书信十》，第7579页。

〔4〕虞和平主编《近代史所藏清代名人稿本抄本》第二辑《张之洞档》第70册，第151—152、502—503页；第72册，第186页。

仪一直在北洋任职，追随李鸿章、袁世凯等，只是甲午战争期间因愤于北洋的种种失措，才在赵凤昌的引荐下，为张之洞效力。尽管时间不长，但与赵凤昌结下了深厚的友谊，所以辛亥南北议和时，作为北方议和代表的他凡事都要先与赵凤昌商量，推高了其在这一重大历史事件中的地位和作用。此外，赵凤昌还向张之洞推荐了与唐绍仪一样是广东籍的留美学生邝国光、邝炳光，说他们二人"在北洋水师多年，志艺均优，可胜管带之任"，现在广东老家，"粤人均称其人可胜任"，"祈赐询访，果优，可令来效力"。〔1〕

以上五方面仅是赵凤昌在甲午战争中有所表现的荦荦大者，其他还有统筹正在赶办的南洋电线、代张之洞租借军用运输轮、为湖北织布局招商入股等。由此可见，赵凤昌虽然不在张之洞幕府中，但张之洞对他仍很信赖，委以重任。郑孝胥冷眼旁观，不无妒意地说张之洞对赵凤昌"昵之，所言多从"。〔2〕而赵凤昌依然保持张之洞所称心精力果、通达时务、办事稳细等特点，不仅认真操办张之洞所交代事务，处处为其着想，谋求利益最大化，而且还能注意考察所在地上海及其周边的人事和安全状况，搜集各种情报，从中发现有用信息，乃至问题和隐患，主动及时请示报告，并提出应对思路和解决办法，这些大多切实可行，往往当即被张之洞付诸实施。正因为赵凤昌又回到了幕府时期被张之洞倚为心腹、要事皆密商的状态，所以一些两江官员碰到问题，不敢向张之洞禀告，就请赵凤昌代为转达。如杨廷杲赶办电线面临人手少、经费缺的困难，"不敢径禀，嘱代陈实情"；唐绍仪办理借款，洋行久延误事，"不敢径陈"，也拜托赵凤昌"禀闻"。〔3〕赵凤昌为人热心仗义，自然乐意帮忙，并且还会很贴心地再为他们美言几句，令这些官员非常感动，铭记其知遇之恩。

与此同时，一些两江官员也依附赵凤昌，拉帮结派，干预南京官

〔1〕　虞和平主编《近代史所藏清代名人稿本抄本》第二辑《张之洞档》第72册，第189页。

〔2〕　劳祖德整理《郑孝胥日记》第1册，第457页。

〔3〕　虞和平主编《近代史所藏清代名人稿本抄本》第二辑《张之洞档》第72册，第402页；第74册，第9页。

场的人事任命。如沈瑜庆本想以郑汝骖为筹防局提调，但前提调程某通过关系得到留任，他"度程必缘赵而至者"，因为依附赵凤昌的沈敦和也不希望郑汝骖任提调。[1] 由此可知，甲午期间，赵凤昌又成为张之洞身边的红人，即使不帮张之洞办事，也有许多人要巴结，走他的门路请托，更何况他奉张之洞之命办事。可以想象他在上海每办一事，必定得到大力支持和热心帮忙，无往而不利。在此过程中，凭借其非凡的为人处世能力，他与上海的各界精英都有深入而广泛的交往，积攒了丰厚的人脉，从而成为东南社会的重要人物。赵凤昌本来在广东、湖北当幕僚，影响力也主要在这两地，但甲午战争的这段经历，奠定了他在东南社会的政治地位，所以凡有大事，总能见到其身影。

二、参与策划东南互保

光绪二十六年（1900）春，义和团由山东向京津蔓延，并打出"扶清灭洋"旗号，所到之处烧教堂，杀教民，拆铁路，毁电线等。对于这种带有暴力性质的群众运动，清廷罕见地出现了主抚和主剿两种意见，前者因得到慈禧太后的支持，占据上风，结果引起帝国主义列强的强烈不满。它们曾于四月二十三日照会总理衙门坚决要求镇压，清政府既然不愿听命，它们便擅自行动，先是以保护使馆名义调兵进入北京，接着调集军舰，陈兵大沽口，进行军事威胁。据专程前往考察战事的宗方小太郎所见："列国之战舰蔽海而泊，煤烟弥天，气势雄壮，不觉令人欢呼。"[2] 大兵压境，慈禧太后"因洋人欺负得太（很）[狠]了，也不免有些动气"，"主张开战"，[3] 还以颜色。经连日开会商议，决定派人阻止洋兵进入北京城，如不听命，则派兵拦阻，

---

〔1〕 劳祖德整理《郑孝胥日记》第 1 册，第 457 页。

〔2〕 ［日］宗方小太郎著、甘慧杰译《宗方小太郎日记（未刊稿）》中卷，上海人民出版社 2016 年版，第 496 页。据宗方小太郎记载，列国的舰船数"达二十三艘。即日本三艘，水雷艇一艘，英国六艘，德国四艘，法国五艘，意大利二艘，奥地利一艘，美国二艘，清国一艘，俄国二艘及水雷艇二艘"。这个记载很具体，但船数 23 艘似有误，总共应为 29 艘，其中清朝仅 1 艘，陷入重围。

〔3〕 吴永口述《庚子西狩丛谈》，岳麓书社 1985 年版，第 89、84 页。

"再不服阻,则决战"。〔1〕然而,列强"认定支那官兵与义和团共同行动","要求大沽炮台守军撤退",遭拒后,即强行攻占。〔2〕清廷接到奏报后,忍无可忍,于五月二十五日发布诏书,对外宣战。

诏书说:清朝二百多年以来,深仁厚泽,凡外国人远道而来,无不待以怀柔。道咸年间,英、法、美诸国要求开埠,在我国通商传教,朝廷允其所请。起初,它们还"就我范围,遵我约束",后来日渐放肆嚣张,"欺陵我国家,侵占我土地,蹂躏我民人,勒索我财物"。朝廷迁就三十年,"彼等负其凶横,日甚一日,无所不至,小则欺压平民,大则侮慢神圣",这就是此次义和团焚毁教堂、屠杀教民的由来。但"朝廷仍不肯开衅",一再降旨"保卫使馆,加恤教民",所以前天有"拳民教民皆吾赤子之谕,原为民教解释凤嫌"。朝廷对外国人已经仁至义尽了,可他们不知感激,反乘机要挟,"昨日公然有杜士兰照会,令我退出大沽口炮台,归彼看管,否则以力袭取","意在肆其披猖,震动畿辅"。他们自称教化之国,乃无礼横行,恃兵坚器利,与我国决裂。所以,"今涕泣以告先庙,慷慨以誓师徒,与其苟且图存,贻羞万古,孰若大张挞伐,一决雌雄"。〔3〕很多论著仅引用上述最后一句话,便批评慈禧太后不自量力,意气用事,贸然做出决策。但若细看诏书全文,追根溯源,条分缕析,入情入理,丝毫看不出冲动和非理性。俗话说,兔子急了还咬人。在饱受欺压、忍气吞声数十年后,慈禧太后不堪再辱,终于爆发了。

但毕竟敌强我弱,鸡蛋不能碰石头,因此这一决策遭致不少反对,然持异议的朝中大员近在咫尺,畏惧凛凛,大多敢怒不敢言,而南方的地方官绅天高皇帝远,敢于直抒胸臆,说出心里话。很多人喜欢把义和团时期中央与地方的不同表现当作南北分野对立来看,称为"奇观""怪现象",有学者甚至以文学化的语言、俏皮的笔

---

〔1〕 中国史学会主编《义和团》(一),上海人民出版社、上海书店出版社 2000 年版,第 338 页。

〔2〕 [日]宗方小太郎著、甘慧杰译《宗方小太郎日记(未刊稿)》中卷,第 496、497 页。

〔3〕 故宫博物院明清档案部编《义和团档案史料》,中华书局 1979 年版,第 162—163 页。

触写道:"当华北在'灭洋'与卫旧的斗杀声中四面动荡的时候,南方的疆吏与士夫绅商们却别有怀抱地冷眼远看。"[1]揆诸史实,并非如此。据宗方小太郎日记,他是光绪二十六年五月初二日在上海接到天津发来电报:"义和团侵入北京、天津附近……各国公使调遣各该国之海军陆战队赴天津及北京,以保护居留民。"[2]但早在三月初,盛宣怀接到卢保铁路比利时工程师报告,"义和党于卢保一带有蠢动之势,前数日曾有匿名揭帖定二十日举事等语",就立即致电直隶总督裕禄,请派兵巡逻镇压。[3]之后,随着义和团席卷京津,羽檄一飞,四处响应,南方的疆吏与士夫们深感如此下去,国势堪忧,一时间文电交驰,或互相通气,商量对策,或提供建议,要求镇压。

五月初二日,盛宣怀致电总理衙门,称卢保铁路被拳匪拆毁,而直隶总督仅派练军一营前往,远远不够,"拟请饬派聂士成亲统数营……擒拿。乌合之众必须临以纪律严明之大军,方易解散了结;否则养痈成患,滋蔓难图,地方受害,何止铁路"。初四日,张之洞致电军机大臣荣禄等,指出拳民"乃藉闹教而作乱","扰近都门,毁坏国家所设铁路,法所当诛",应"即行剿办"。初七日,盛宣怀致电李鸿章称,对于拳民,"宣已电奏,赶紧责成聂提肃清畿辅,并请岘帅、香帅电奏请剿。师宜切实敷陈,荣相、王相甚明白,但须借疆吏多持正论,以破迂谈,九重乃可定见"。在盛宣怀的积极呼吁下,十二日,刘坤一致电总理衙门,认为拳匪事仅宣布解散不能解决问题,"似应一意主剿,痛剿一二股,则余股自灭,辟以止辟,正所以保全民命也"。[4]南方疆吏与士夫连篇累牍主张剿办,迫使清廷"明降谕旨,复派刚(毅)相赴保定一带宣布解散。如不行,即一意主剿云"。[5]但该谕旨在外

〔1〕杨国强:《晚清的士人与世相》,生活·读书·新知三联书店 2008 年版,第216 页。

〔2〕[日]宗方小太郎著、甘慧杰译《宗方小太郎日记(未刊稿)》中卷,第 493 页。

〔3〕中国史学会主编《义和团》(三),第 325 页。

〔4〕故宫博物院明清档案部编《义和团档案史料》,第 104 页;赵德馨主编《张之洞全集》第 10 册,第 52 页;顾廷龙、戴逸主编《李鸿章全集》第 27 册,第 45—46 页;故宫博物院明清档案部编《义和团档案史料》,第 141 页。

〔5〕顾廷龙、戴逸主编《李鸿章全集》第 27 册,第 47 页。

国人看来，"显祖拳匪无疑"，"语颇不平"。对此，盛宣怀颇为忧虑，致函友人说："惟中旨意在先抚后剿，或恐养痈成患，且西人闻此消息，颇为不平，难免干预我权。今大沽外国兵船到者，几三十号，观察而动，后患何可胜言。"[1]果然，他担忧的事情很快发生了。

五月十四日，赫德致电李鸿章："京城局势危险已极，各使馆甚虞被击，均以为中国政府若非仇视外人，即系无力保护，倘稍有不测，或局面无速转机，各国必定并力大举。中国危亡即在旦夕，应请中堂电奏皇太后，务须将各使馆保护万全，并宣明凡有臣工仇视洋人之条陈，朝廷必不为所摇惑。"李鸿章连忙将此电转寄总理衙门，同时电告盛宣怀，并无奈地说："国事太乱，政出多门，鄙人何能为力。"[2]盛宣怀得电后，十分着急，立即致电刘坤一、张之洞，请他们想办法，冀救万一，"如两公再不设策，危殆即在旦夕，可胜痛哭"。作为封疆重臣，刘坤一、张之洞密切关注北方的局势，如前所述，也都先后发声，表达己见，但无济于事。这次盛宣怀的来电让他们觉得有必要与裕禄会衔电奏，以增加影响力。电奏稿由刘坤一起草，张之洞过目后，赞同其"请剿拳匪"的基本观点，并在一些措辞上提出修改意见："'一意痛剿'四字，拟改为'定计主剿，先剿后抚，兵威既加，胁从乃散'十六字，盖专说痛剿，恐更不允剿矣。且下有'痛杀教民'字样，上用'痛剿'，恰与之对，亦似不宜。电尾'旦夕'等语下，拟添'从来邪术不能御敌，乱民不能保国，外兵深入横行，各省会匪四起，大局溃烂，悔不可追'六句。"[3]这些修改既考虑阅读者感受，也充分阐明自己的观点，拿捏到位，针对性很强，被全部采纳。但该电奏发出后，依然没有回音。十九日，张之洞不禁向盛宣怀抱怨说，上述经他修改，与刘坤一、裕禄会奏力请主剿的皓电"不知听纳否"，"大局不可思议，恐非疆臣所能为力矣，奈何"。[4]次日，张之洞忍不住致电荣禄，了解皓电是否进呈，并借机深刻阐述他对义和团及朝廷有关决策的看法：

---

〔1〕　陈旭麓、顾廷龙、汪熙主编《义和团运动——盛宣怀档案资料选辑之七》，上海人民出版社2001年版，第37、42、40页。

〔2〕　顾廷龙、戴逸主编《李鸿章全集》第27册，第48页。

〔3〕　赵德馨主编《张之洞全集》第10册，第57页。

〔4〕　赵德馨主编《张之洞全集》第10册，第57页。

从古无一国与各强国开衅之理,况中国兵力甚弱,岂可激众怒,召速祸。查拳匪乃乱民妖术,无械无纪,断不能御洋兵。董军仅五千,勇而无谋,断不能敌各国。即合各省兵力,饷缺械少,岂能抵御群强。今拳匪、董军无故乱杀,是与各国一齐开衅,危殆必矣。且匪毁南北电线,阻京津文报,明是乱匪,决非义民。派各村供粮,何异寇盗,直隶灾区,民岂能堪。至助清灭洋旗号,乃会匪故智,川楚闹教匪徒皆是此旗,万不可信。且落堡一战,洋兵一排枪,匪毙无数,如何能战。在山东与官兵拒捕,临阵并不能避枪炮,确有明征。若恃邪匪以卫中国,恃董军以敌各国,万无此理。惟有请旨迅速剿匪,严戢董军不准生事,方可阻洋兵不再入京,即已进京者,亦不过自保,将来不过索赔款、责保护,不至决裂。匪乌合,无粮无械,官军两营可敌匪数千,一战以后,群匪瓦解。此外再无善策,宗社安危在此一举,若兵衅一开,不可救矣。[1]

电文中,张之洞指斥义和团是匪,是盗,是乱民妖术,并一一揭穿他们自编的光环,如刀枪不入、助清灭洋等,将他们的真实面目暴露无遗,以此证明其绝非义民,靠他们根本不能抵御洋兵。他还进一步指出虽然官军比义和团强大,但也完全不是洋兵对手,况且中国是与多个强国同时交战,失败是不言自明的,眼下唯一的出路是迅速剿灭义和团,避免和洋兵交火,清朝社稷的安危在此一举,否则是自取灭亡。这里,张之洞把话说得很直白,把理说得很透彻,把危险性说得很清楚,淋漓尽致地体现了他对朝廷的耿耿忠心。当时因为电线遭义和团破坏,北京与各地的电报往来不畅,为确保该电文能顺利交到荣禄手中,张之洞分致上海盛宣怀、天津裕禄、保定直隶布政使廷杰三处转递。可荣禄并未回复,他以为没有收到,在给盛宣怀、刘坤一等的电报中都提到"北事已溃,电恐无及矣",[2]内心焦灼痛愤,希望能尽快修复电线,加强保护,以与京师保持密切联系。

---

〔1〕 赵德馨主编《张之洞全集》第10册,第58页。
〔2〕 赵德馨主编《张之洞全集》第10册,第60页。

因五月二十一日大沽口被八国联军攻占,中外军队展开激战,形势十分危急。为避免全局糜烂,不可收拾,张之洞决定亲自主稿,联合江督、"苏皖西鄂湘五抚、巡江李钦差八人会衔电奏,力请剿匪,以便与各国商停战妥议"。[1] 二十五日,该电奏由钦差大臣、长江巡阅使李秉衡领衔,刘坤一、张之洞、鹿传霖、王之春、松寿、于荫霖、俞廉三七人会衔呈递。事后,张之洞向同僚透露了电奏内容及写作意图和目的。他说"其文极冠冕平正","不甚说洋人",仅强调"匪应剿罪四:一、邪教,二、抗旨,三、扰畿辅灾区,四、毁国家电线铁路",建议"请剿匪,并安慰各国,请其停战妥议"。然"允剿与否,权在朝廷",我们无能为力,"但有此会衔电奏,令各国知中国公论不助匪,可望朝廷允从","此釜底抽薪法也"。[2] 可见,这份电奏是张之洞精心组织策划的,反映了南方督抚主剿的共同心声,试图撇开朝廷,自下而上从根本上解决问题,可谓是东南互保的前奏。为确保这份既有内涵又有谋略的电奏能顺利送达,并得到反馈,特地分递两处:一是总理衙门,一是荣禄,"以冀必有一路可到,并请电覆"。同时与上述皓电一样,这两处又分别通过三条途径转递:一是寄给保定廷杰,"译出,加封粘钉,专派弁兵飞递京城";一是抄寄上海"由海线寄山海关副都统飞递京城";一是寄济南山东巡抚袁世凯处,"译出加封寄京",并致庆亲王奕劻。[3] 经过如此细致周密的安排,该电奏于二十九日顺利送到荣禄手中,并迅速进呈宫中。当日,颁布谕旨:

> 李秉衡等各电均悉。此次之变,事机杂出,均非意料所及。朝廷慎重邦交,从不肯轻于开衅。奏称中外强弱情形,亦不待智者而后知。团民在辇毂之下,仇教焚杀。正在剿抚两难之际,而二十日各国兵船已在津门力索大沽炮台,限二十一日两点钟交付。罗荣光未肯应允,次日彼即开炮轰击,罗荣光不得不开炮还击,相持竟日,遂致不守,却非衅自我开。现在兵民交愤,在京各

---

〔1〕 赵德馨主编《张之洞全集》第10册,第64页。
〔2〕 赵德馨主编《张之洞全集》第10册,第66页。
〔3〕 赵德馨主编《张之洞全集》第4册,第481、480页。

使馆甚危迫,我仍尽力保护。此都中近日情形也。大局安危,正难逆料,尔沿海、沿江各督抚惟当懔遵迭次谕旨,各尽其职守之所当为,相机审势,竭力办理,是为至要。[1]

上述谕旨,表达了几个意思:第一,庚子之变事出有因,比较复杂,出乎意料;第二,朝廷知道中外强弱情形,从不轻易对外开衅;第三,义和团在京城仇教焚杀,朝廷剿抚两难之际,列强却先挑起战争;第四,列强开衅,兵民交愤,围攻使馆,但朝廷仍尽力保护使臣。这些一方面回应了南方督抚的不解和困惑,即朝廷素重邦交,并未蠢到与列强为敌的地步,另一方面也坚持了自己的立场和态度,认为义和团是民不是匪,因而对于他们的排外行为,剿抚两难。但列强率先使用武力,使局势急转直下,变得无法控制。现在大局不明朗,安危难以预料,东南督抚应在恪遵历次谕旨的前提下,各尽其责,相机办理。

这份谕旨,东南督抚于六月初一日奉到,但在此之前,他们已经相机审势,采取东南互保措施了。恩格斯曾说:"历史是这样创造的:最终的结果总是从许多单个的意志的相互冲突中产生出来的,而其中每一个意志,又是由于许多特殊的生活条件,才成为它所成为的那样。这样就有无数互相交错的力量,有无数个力的平行四边形,而由此就产生出一个总的结果,即历史事变。"[2]东南互保就是这样一个由合力造就的"历史事变",有多方面因素的推动。首先当然与义和团在北方的兴起及清廷的主抚政策有关,前文多有论及,不赘述。其次是英国欲派兵长江流域,引起东南督抚的警惕和反对。五月十八日,英国驻上海代理总领事霍必澜致电本国政府:中国北方的局势越来越坏,如果波及长江流域,"将会造成巨大的损失,而且可能使很多人丧失生命,必须采取迅速行动"。次日,他的建议得到支持,英国政府拟派军舰前往南京,帮助两江总督和湖广总督

---

[1] 中国第一历史档案馆编《清代军机处电报档汇编》第2册,第172—173页。转引自马忠文《荣禄与晚清政局》,社会科学文献出版社2016年版,第273页。

[2]《恩格斯致约·布洛赫》,《马克思恩格斯选集》第4卷,人民出版社1972年版,第478页。

维持当地秩序。[1] 但这一企图分别遭到两位总督张之洞和刘坤一的拒绝，因为"若英水师入江，内恐民间惊扰生事，外恐各国援例效尤，转为不妙"，只有它们在吴淞口外"镇静密防，最为上策"。[2] 第三是管辖长江流域的两位总督刘坤一和张之洞在诸多方面均有共识，齐心协力，一致对外，"汲汲经营南方"。[3] 五月初四日，张之洞致电荣禄痛斥义和团毁坏铁路时，曾透露汉口至信阳一带铁路，"洋人屡欲自行募兵护路，洞极力阻止，现专派勇一营保护铁路，渠始无说，然心终不愿"。刘坤一则在霍必澜正式致电英国政府之前的十三日，就耳闻"英、法各国近藉拳匪滋事，亦有派兵舰入江保护之说"，立即调兵加强江阴防务。他们认为"英水师欲据长江，若我不任保护，东南大局去矣"，决心"力任保护洋商教士之责，以杜藉口窥伺"。[4] 应该说这与清廷尽力保护"在京各使馆"的政策不矛盾。此外，上述张之洞、刘坤一单独或会衔电奏力剿义和团，均表明在外忧内患面前他们有谋国之忠，并非冷眼远看，与朝廷立异同。第四是上海报刊舆论的呼声。三、四月间，当义和团运动在北方蔓延时，"沪上日报无日不言义和团事"，认为义和团事件"关系各国交涉"，清政府不应主抚，要以"急为痛剿"为上策。五月中旬开始，上海各日报便不断呼吁自我保护。《新闻报》连续发表《论南人忧虑北事》《南方止乱刍议》等社说，指出"廷臣能亡北方，疆臣能存南方"，南方"为中国之完土"，北方"大局已坏，则存我中国者，其惟南方乎"。《申报》也发表时论，认为"事在北方，于南中各省无所干涉"，"焉敢不自筹保护"，特别是"南中滨江滨海各省为各国官商荟萃之区"，如果能保持安定，"则天下大局亦不致于摇动"。[5]

　　事在人为。东南互保能从自任保护发展到共保太平，能从长江

---

　　[1]　胡滨译《英国蓝皮书有关义和团运动资料选译》，中华书局1980年版，第41、42页。

　　[2]　中国史学会主编《义和团》(三)，第327页。

　　[3]　[日]宗方小太郎著、甘慧杰译《宗方小太郎日记(未刊稿)》中卷，第500页。

　　[4]　赵德馨主编《张之洞全集》第10册，第53页；中国科学院历史研究所第三所主编《刘坤一遗集》第6册，第2561页；中国史学会主编《义和团》(三)，第327页。

　　[5]　刘学照：《上海庚子时论中的东南意识述论》，《史林》2001年第1期。

流域扩大到南中各省,能从报刊言论落实到实际行动,最终离不开人,也就是东南精英的努力和推动。[1] 关于这个问题,人们喜欢刨根问底,争论谁首倡,谁出力最多,谁居功至伟,"结果无一例外地将东南互保的首倡之功归于不同的个人。具体说来,有谓何嗣(昆)〔焜〕者,有谓赵凤昌者,有谓汤寿潜者,有谓盛宣怀者",还有张謇、沈瑜庆、施炳燮等。但这么做其实意义不大,也没有必要,因为"一场社会运动的酝酿,在领袖或代表人物的背后必然有一个或多个利益集团或阶层来推动。东南互保运动的推动者即是盛宣怀背后的这个集团和阶层,或曰是以绅商为基础的东南精英群体。因此,东南互保的首倡之'功'是一项集体'荣誉',应当归于以盛宣怀为代表的东南社会精英群体",是他们"在受到外部挑战过程中所萌发的一种自觉的群体行为"。[2]

对于东南互保,亲历者虽屡有提及,但基本是寥寥数语,要么自我表彰,要么溢美他人,如盛宣怀自诩"保护东南,非我策画,难免生灵涂炭",而张謇正相反,不提自己,归功于汤寿潜,称"定东南互保之约,所全者甚大,其谋实发于君"。[3] 仅赵凤昌撰有《庚子拳祸东南互保之纪实》一文,[4] 详述其过程,颇多细节,弥足珍贵。该文开头即言:"庚子拳匪之祸,当日中外报章,事后官私奏记,亦已详尽,惟东南互保之议如何发生?则无人能言之。予既为发议之人,更从事其间,迄于事平,应撮其大要记之。"据其记载,他听到外国军舰拟入长江的传言,感到外舰若与地方发生冲突,大局瓦解,立召瓜分之祸,不禁十分忧虑。确实当时谣言四起,人心惶惶,《海关十年报告》说:"从中国人方面来说,很多人相信要安全就得立即返回乡里。因此,导致

---

〔1〕 东南精英指活跃在上海的中上层人物群体。对这一群体的称呼学界不是很统一,有的称"东南精英",有的称"江浙立宪派",有的称"江浙人士",有的称"上海中外官绅",等等。考虑到该群体不仅仅只有江浙人士,还有其他省籍人士,并且因为近代中国处在转型时代,他们的身份地位时有变化、思想观念、政治立场也不尽一致,所以这里采用相对宽泛、标签化不明显的"东南精英"的说法。

〔2〕 彭淑庆、孟英莲:《再论庚子"东南互保"的首倡问题》,《东岳论丛》2011 年第 11 期。

〔3〕 彭淑庆、孟英莲:《再论庚子"东南互保"的首倡问题》,《东岳论丛》2011 年第 11 期。

〔4〕 载《人文》月刊 1931 年第 2 卷第 7 期。以下引文凡来自该文的,恕不再出注。

了成千上万人大规模离开上海。"[1]赵凤昌已定居上海多年,无处可去,便拜访老朋友何嗣焜,对他说:"若为身家计,亦无地可避,吾辈不能不为较明白之人,岂可一筹莫展,亦坐听糜烂。"他想出的办法是与外国人商量,阻止各国兵舰进入长江,"在各省各埠之侨商教士,由各省督抚联合立约,负责保护。上海租界保护,外人任之;华界保护,华官任之,总以租界内无一华兵,租界外无一外兵,力杜冲突,虽各担责任,而仍互相保护,东南各省一律合订中外互保之约"。如上所述,张之洞、刘坤一所考虑和着手的是拒绝外国插手,自任保护,尚想不到与外国订约互保。赵凤昌的方案堵疏结合、可操作性强,何嗣焜非常赞成,认为必须找个枢纽人物来促成,盛宣怀地位最为适宜,他愿意去请其担当此任,又说盛宣怀比较相信外国人的话,应当约美国人福开森一起去。

何嗣焜确实付诸了行动。不久,盛宣怀约赵凤昌面谈,但顾虑朝廷中枢失控,端王载漪、刚毅掌权,如果他出面与外国人订互保条约,恐怕遭到严惩。赵凤昌说这好办,由各省督抚派候补道员来沪,随上海道与各国驻沪领事订约签字。你居中联系,不亲自出面,自然免责。最后商定由盛宣怀将他们中外互保的主张电致沿江、沿海各督抚,其中刘坤一、张之洞两人最为关键,需派专人说服。张之洞对赵凤昌最为信任,言听计从,毫无疑问赵凤昌是最佳人选。而刘坤一的说客也与赵凤昌有关。其《庚子拳祸东南互保之纪实》一文称:"予为约沈爱沧赴宁,再为陈说",沈爱沧即沈瑜庆,时以候补道员身份充任刘坤一幕僚。文中仅寥寥数语,实际"为约"过程富有戏剧性。据赵凤昌后来向黄濬回忆,他得知沈氏"回沪宴集,亟走访之,尚记座客有陈敬余(季同),以人多不敢言,捉衣令着,纳车次,热甚,汗如洗,默无一语,到盛处,始详言之,即请下船诣南京劝刘"。[2]就在此时,盛宣怀收到袁世凯五月二十七日发来的沁电,该电同时也发给李鸿章、刘坤一、张之洞三人。沁电云:二十三日总理衙门发出照会,勒限各

〔1〕 徐雪筠等译编《上海近代社会经济发展概况(1882—1931)——〈海关十年报告〉译编》,上海社会科学院出版社 1985 年版,第 39 页。

〔2〕 黄濬:《花随人圣庵摭忆》,中华书局 2013 年版,第 433 页。

国公使出京。二十五日朝廷对外宣战,下谕各省招集义民,成团御外侮。中外"是已大裂,从何收拾","如何办法,乞示,敝处尚未敢声张"。[1]

中外已经进入战争状态,谕旨正在下达过程中,一旦南方督抚奉旨,则中外互保计划有可能泡汤,因此形势十分紧急,必须尽快付诸行动。于是当日盛宣怀即致电李鸿章、刘坤一、张之洞,提出订约互保的办法:

> 济沁电勿声张。沪各领事接津电:津租界炮毁,洋人死甚众。英提督带兵千余殁于路,已各处催兵,看来俄日陆军必先集,指顾必糜烂,如欲图补救,须趁未奉旨之先,岘帅、香帅会同电饬地方官上海道与各领事订约,上海租界准归各国保护,长江内地均归督抚保护,两不相扰,以保全商民人命产业为主。一面责成文武弹压地方,不准滋事,有犯必惩,以靖人心。北事不久必坏,留东南三大帅以救社稷苍生,似非从权不可,若一拘泥,不仅东南同毁,挽回全局亦难。乞钧示。[2]

"济沁电",即济南袁世凯发来的沁电。因为袁世凯自称不敢声张,盛宣怀也提醒李鸿章、刘坤一、张之洞不要走漏风声,"趁未奉旨之先",同各国定约,以图补救,挽回全局。同时,盛宣怀还电告刘坤一:沈瑜庆"今晚赴宁,请速定东南大计"。[3]但刘坤一接到盛宣怀两电后,于二十八日致电张之洞征询意见:"盛、袁沁电想达览。盛请会饬地方官沪道与各领事订约,上海租界准归各国保护,长江内地均归督抚保护,两不相扰,以保全商民人命产业为主等语。是否可行,祈速电示。"[4]而张之洞二十八日不仅收到盛宣怀、刘坤一上述来电,也与刘坤一同样收到了日本驻沪总领事小田切的电报,小田切向他们透露了外国驻上海领事团对中外订约互保的态度:

[1] 顾廷龙、戴逸主编《李鸿章全集》第27册,第69页。
[2] 中国史学会主编《义和团》(三),第332页。
[3] 盛宣怀:《愚斋存稿》卷九十四,补遗七十一,页十七,《续修四库全书》第1573册,上海古籍出版社2002年版,第539页。
[4] 赵德馨主编《张之洞全集》第10册,第71页。

　　窃审驻沪各国领事之意，亦在维持和平，保全大局，并无别情。惟恐两处消息不灵，互抱疑念，驯至事变；祈即由尊处急派妥员来沪，与各国领事会议，以保局面。迟无济事，刍言倘为可用，乞即电告大西洋国总领事，此人即领班领事也。电告之时勿用贱名。[1]

小田切很注重与中国官绅交往，与他们保持密切联系。据称他甚至与刘坤一、张之洞之间"特造密码电报，经常共商中、日两国之问题，或中国对外问题等"。[2] 中外互保本只是在赵凤昌、盛宣怀等东南精英中酝酿，但显然小田切知之甚详，因符合本国利益，他很支持。同时他也十分了解此时上海外国人的状态和心理，"由于外国人和中国人陷于极其反常的关系……害怕对方随时可能采取什么姿态——因而大家都坐卧不安"，[3] 很希望从中方那里得到明确的态度和说法，以获取安全保障，所以他有意向刘坤一、张之洞提供这个内幕。事后，他向本国政府汇报说：

　　大沽炮台被占之消息传到后，中国当局有增加吴淞炮台及上海制造局附近之兵员的倾向，旋又有北洋水师兵舰六艘入港，上海外人不禁满怀狐疑。同时，中国当局听说多艘外舰入港，咸信外人将占领制造局的谣言，而严加警戒。因鉴于外国官民和中国官吏之间抱持这种心情和行动，对全体之利益不仅颇为妨害，且一旦彼此之疑惧达于极点时，容易酿成事端。所以小官与盛宣怀密商之后，本月 24 日乃分别致电刘、张两总督。[4]

由此可见盛宣怀是在与小田切密商中外互保的可行性后，才分

　　〔1〕《日本外交文书》卷三十三，别册一，第 485 页。转引自王尔敏《拳变时期之南省互保》，中华文化复兴运动推行委员会主编《中国近代现代史论文集 13·庚子拳乱》，台湾商务印书馆 1986 年版，第 133 页。
　　〔2〕吴文星：《庚子拳乱与日本对华政策——日本与东南互保》，中华文化复兴运动推行委员会主编《中国近代现代史论文集 13·庚子拳乱》，第 240 页。
　　〔3〕徐雪筠等译编《上海近代社会经济发展概况（1882—1931）——〈海关十年报告〉译编》，第 39 页。
　　〔4〕《日本外交文书》卷三十三，别册一，第 481—486 页。转引自吴文星《庚子拳乱与日本对华政策——日本与东南互保》，中华文化复兴运动推行委员会主编《中国近代现代史论文集 13·庚子拳乱》，第 241 页。

别致电张之洞、刘坤一的。张之洞接到他们的电报,觉得有成功的把握,马上应允,当日即致电上海领袖领事葡萄牙总领事华德师,称"上海租界归各国保护,长江内地各国商民产业,均归督抚保护,本部堂与两江制台意见相同,合力任之,已饬上海道与各国领事迅速妥议办法矣,请尊处转致各国领事为祷"。[1] 同时,他复电刘坤一、盛宣怀,请刻不容缓,立即付诸实施:

> 杏翁沁电、岘帅勘电均悉。请即飞饬上海道与各领事订约,上海租界归各国保护,长江内地均归督抚保护,两不相扰,以保全中外商民人命产业为主云云。并请声明敝处意见相同,如有应列敝衔之处,即请岘帅酌量转饬。再,杏翁思虑周密,敢恳杏翁帮同与议,指授沪道,必更妥速,尤感。但恐各领事必须敝处派员,拟即派陶森甲迅速赴沪与议。惟请告上海道及盛京堂先与速议,不必候陶。[2]

应该说盛宣怀的沁电和小田切的电报经事先商量,从挽救全局的角度出发,互有分工,侧重点不同,前者苦心规劝,提供建议;后者成竹在胸,具体指导。张之洞因为有赵凤昌不断汇报情况,传递信息,心领神会,马上照办。可刘坤一"电去未复",原来是其幕府内部有不同意见,沈瑜庆未能完成赵凤昌、盛宣怀等委托的劝刘任务,遂去找张謇想办法。张謇五月二十九日日记有"蔼苍来,议保护东南事"的记载。[3] 他们俩经与汤寿潜、陈三立、施炳燮等商量后,决定由张謇出面劝说刘坤一。劝说的过程,张謇自定年谱中有精彩的描述:

> 余诣刘陈说后,其幕客有沮者。刘犹豫,复引余问:"两宫将幸西北,西北与东南孰重?"余曰:"虽西北不足以存东南,为其名不足以存也;虽东南不足以存西北,为其实不足以存也。"刘蹶然曰:"吾决矣。"告某客曰:"头是刘姓物。"即定议电鄂约

〔1〕 赵德馨主编《张之洞全集》第10册,第70页。
〔2〕 赵德馨主编《张之洞全集》第10册,第70页。
〔3〕 《张謇全集》第8册,第483页。

张,张应。[1]

刘坤一被说动后,立即表示同意,但并不是像张謇所说的那样,"即定议电鄂约张,张应",而是等不及他前一天向张之洞征求意见的回复,先电令上海道台余联沅与外国领事商量办法,再电告盛宣怀,并请盛帮同与议。其五月二十九日致电盛宣怀曰:"欲保东南疆土,留为大局转机,必当如尊处沁电办法,日领亦同此意。商香帅尚未复,事急难待,已电沪道商领事会议,并嘱密商公。务望随时指示,力赞其成,并望催香帅亦电沪道,俾协力主持,以坚各国之信。至祷。"[2]如前所述,张之洞早于前一天即致电刘坤一、盛宣怀表示同意中外互保,但刘坤一没有接到来电,以为他尚未回复,因"事急难待",便先行下令办理。可见,在中外互保这件事上,张之洞、刘坤一并未商量好再一致行动,而是在东南精英及身边幕僚等的影响下,不约而同地做出同意的决定,他们电报的内容也基本差不多,均是按小田切的建议行事。

在东南两位最重要督抚的首肯下,中外互保谈判迅速而高效地举行。五月二十九日,余联沅即拟出保护长江内地章程五条,并与各国领事约好次日下午三点钟议约,然后分别致电张之洞、刘坤一请示。他们均认为可行,但各提出要加入"保护上海制造局安全"一条和"上海租界归各国保护"一节。[3]同日,盛宣怀也致电刘坤一、张之洞,说中外互保也得到李鸿章等的理解和支持,他虽然身处局外,但蒙你们殷殷嘱托,必竭力帮忙;还透露接到上海领袖领事公函,各领事提出请他到场会议,他只好同意,但仍以余联沅为主。[4]盛宣怀参会后,将余联沅初拟的章程五条改为九条,名为"保护上海长江内地通共章程"。该章程的第二条"上海租界公同保护章程"另列条款,共有十条,作为前一章程的附件,因此实际上有两个章程。

---

[1]《张謇全集》第 8 册,第 1016 页。
[2] 盛宣怀:《愚斋存稿》卷三十六,页八,《续修四库全书》第 1572 册,第 140 页。
[3] 赵德馨主编《张之洞全集》第 10 册,第 71 页。
[4] 盛宣怀:《愚斋存稿》卷三十六,页八、页九,《续修四库全书》第 1572 册,第140—141 页。

这两个章程,赵凤昌都参与修改,他在六月初三日致梁敦彦函中称"即长江及沪租界章程定后,弟均为删添一两条,始定议,盛颇能虚衷采纳"。〔1〕

五月三十日下午,中外互保的议约会议在新建的会审公廨举行。因担心余联沅"拙于应对",赵凤昌事先安排座次,"外人以领袖领事在前,以次各领事,中则以沪道在前,盛以太常寺卿为绅士居次,与余道坐近,再次各省派来道员。"把盛宣怀安排在余联沅之后,为的是"倘领事有问,难于置答者,即自与盛商后再答之,庶有转圜之地"。果然,会中,美国总领事古纳问了一个非常刁钻的问题:"今日各督抚派员与各国订互保之约,倘贵国大皇帝又有旨来杀洋人,遵办否?"这个问题很难回答,如果说"遵办,则此约不须订";"不遵办,即系逆命,逆命即无外交,焉能订约"? 余联沅被问住了,即转头向盛宣怀求教,盛告诉他,答以"今日订约,系奏明办理",古纳遂无话可说。事后,盛宣怀告诉赵凤昌这惊心动魄的一幕,甚佩服他的先见之明,赵凤昌也高度评价盛宣怀急中生智回答"奏明办理"四字之圆妙。

本来这次会议的目的有两个:"一是就'互保章程'的具体细节进行磋商,对列强在长江流域的行动进行具体、明确的限制;二是促成双方签字画押,将'互保章程'以'条约'的形式法律化,使之具有国际法效力。"但各国领事看过上述两个章程,"都以为这种仓卒拟定的草案,不妥之处很多,就决定俟日后相机再议",因而当天未能签约。后来谈判又持续了半个月,至六月十七日以各国拒绝签字告终,没有达到中方的预定目的。"不过这次会议发生了良好的效果,使双方疑虑祛除,意见接近",互保格局基本形成。更重要的是当时上海各大报纸纷纷在头版予以报道,《申报》更说互保章程于五月三十日"签字遵行",使东南社会普遍认为中外互保已大功告成,一时浮动喧嚣的人心渐趋安定。〔2〕

---

〔1〕 虞和平主编《近代史所藏清代名人稿本抄本》第 1 辑第 131 册,大象出版社 2011 年版,第 632 页。

〔2〕 彭淑庆:《国家、地方与社会——区域史视角下的"东南互保"研究》,山东大学 2009 年博士学位论文,第 92—93 页;王尔敏:《拳变时期之南省互保》,中华文化复兴运动推行委员会主编《中国近代现代史论文集 13·庚子拳乱》,第 133 页。

作为一个单纯的事件,东南互保有始有终,必然成为过去,但作为一个对当时乃至后来历史有重大影响的事件,则远未结束,要不时接受不同时期人们的评判。迄今为止,这种评判言人人殊,毁誉不一。东南互保曾被时人斥为违抗朝命、屈膝投降的叛逆之举,时至今日,仍有人持该看法。赵凤昌不仅参与东南互保,还写有回忆录,自称发议之人,因而对于他的评判主要有两重:一是他的作为该如何定性;二是他的夫子自道是否属实?

对于前者,与东南互保一样,毁誉不一。称誉者认为赵凤昌立了大功,做了好事。诋毁者则批评他不忠君爱国,是叛臣逆子。其实这两种评价都有失偏颇。首先,正如马列主义经典作家所言,社会环境决定人们的活动,人们是在既定的条件下创造历史。前文已述,东南互保具有深厚的社会基础,也是东南精英的一种集体行为。作为精英群体中的一员,赵凤昌发挥所长,积极参与,尽到了自己的责任,如果有功过,他均只占部分,不应过分夸大。其次,据研究,东南互保并非搞分裂、闹独立,而"是东南地方社会主要针对外国列强图谋入侵长江所采取的地方保护主义政策。它所确定的只是中外'互不干涉''两不相扰'的基本原则,目的是为了避免南方卷入战争,阻止列强的瓜分图谋,其根本宗旨则是维持摇摇欲坠的清王朝统治"。[1] 第三,慈禧太后对外开战是迫不得已。荣禄称当时朝廷完全被守旧势力所掌控,"两宫诸邸左右,半系拳会中人,满汉各营卒中,亦皆大半。都中数万,来去如蝗,万难收拾。虽两宫圣明在上,亦难扭回"。这可与慈禧太后的自述相印证。她说当义和团涌进津京时,"人人都说拳匪是义民,怎样的忠勇,怎样的有纪律、有法术……后来又说京外人心,怎样的一伙儿向着他们;又说满汉各军,都已与他们打通一气了……王公大臣们,又都是一起儿敦迫着我,要与洋人拼命的,教我一个人如何拿得定主意呢?……我本来是执定不同洋人破脸的;中间一段时期,因洋人欺负得太(很)[狠]了,也不免有些动气。……火

〔1〕 彭淑庆:《国家、地方与社会——区域史视角下的"东南互保"研究》,山东大学2009年博士学位论文,第118页。

气一过,我也就回转头来,处处都留着余地"。〔1〕可见,慈禧太后做出与洋人开战的决策是多种因素造成的,她虽然很快后悔,并采取补救措施,但已经来不及了,酿成八国联军侵华大祸。因最高领导人决策失误,给国家带来生死存亡危机,是盲目跟从、随波逐流,要一个忠君爱国美名,还是当机立断,阻止事态恶化,而不顾惜一时声誉得失?赵凤昌选择了后者。更何况东南互保当年年底,清廷就马上为其正名,称其为奉旨行事:"当京师扰乱之时,曾谕令各疆臣固守封圻,不令同时开衅,东南之所以明订约章,极力保护者,悉由遵奉谕旨不欲失和之意,故列邦商务,得以保全,而东南疆臣亦藉以自固。"并将五月二十四日以后、七月二十日以前的部分谕旨视为矫诏,谕令内阁汇呈,"提出销除"。〔2〕连清廷都承认东南官绅没有抗命违旨,东南互保合法,一些后来者却要背离清廷的意愿,用所谓的君臣大义来贬损赵凤昌等的表现,不能不说他们的立场和逻辑十分混乱,经不起究诘。实际早在 1902 年,即东南互保之后两年,梁启超就撰文批评国人只知"忠君"而不知"忠国"之弊病。他说:"言忠国则其义完,言忠君则其义偏,何也? ……人非父母无自生,非国家无自存,孝于亲,忠于国,皆报恩之大义,而非为一姓之家奴走狗者所能冒也。而吾国人以忠之一字为主仆交涉之专名,何其颠也。"〔3〕就此而言,有关赵凤昌的忠奸之辨可以休矣。赵凤昌是个识时务、明大势的人,在庚子年间,他凭自己的判断和能力、身份与地位,与一批志同道合的官绅做了一件既保护自身安全,也有利于国家更有利于清廷统治的事,可以说是公私兼顾,一举两得,有何不妥呢?

对于后者,一般认为当事人的回忆不是那么可靠,会存在一些问题,如信口开河,主观臆断,只知其一不知其二,突出自己,贬低别人,甚至有意作伪等。诚然如此,回忆录具有第一手资料的性质,史料价值较高,但也确实有缺陷和不足,必须谨慎对待,小心引用。赵凤昌

〔1〕 顾廷龙、戴逸主编《李鸿章全集》第 27 册,第 94 页;吴永口述《庚子西狩丛谈》,第 86、89 页。
〔2〕 中国史学会主编《义和团》(四),第 89、90 页。
〔3〕 《梁启超全集》第 2 册,北京出版社 1999 年版,第 664 页。

关于东南互保的回忆——《庚子拳祸东南互保之纪实》(下简称《纪实》)一文难免与史实有出入,但其内容大体是客观可信的,何以这么说呢? 有几个理由:第一,他在光绪二十六年六月初三日,曾致函梁敦彦,谈策划东南互保的一些细节:"弟仍每日见盛,密谈一切,所有往还密电均随时看到,或偶为商酌。至东南各帅合力办法,弟倡议预闻,非此不能镇定半壁。"〔1〕书信是即时的、私人之间的交流,比较真实,所以赵凤昌《纪实》中所言"予即每日到盛宝源祥宅中,渠定一室为办事处,此室只五人准入,盛及何梅生、顾缉庭、杨彝卿与予五人,负责接收京津各省电报消息,有关系者,勿稍泄漏,共筹应付",确有其事。正因为能随时看到各处密电,又每天密谈一切,共筹应付,赵凤昌关于东南互保的始末了解很全面,也很清楚,大致能原原本本如实道来。第二,除了密电,赵凤昌还有自己的信息来源,那就是他的京友庆宽。庆宽(1848—1927),本名赵小山,字筱珊,号松月居士。他工书善画,长期在奕譞的醇亲王府当差,任谙达,兼神机营文案。后经奕譞保荐进入内务府做官,曾外任江西盐法道按察使,回京复任上驷院卿,深得慈禧太后赏识,被随时召见,并奉派各种任务。〔2〕因亲近慈禧太后,庆宽掌握大量内幕消息。光绪二十六年六月,他致信赵凤昌云:"今日往谒刚相,论义和团行为甚险,送出门时,其仆竟向我说:以后勿再来见中堂。复诣庆邸告之,庆即谓汝切勿多言,保汝身命为要。又告宫中传见义和团之红灯照,试演其术,且获赏。我已送老母往西山避祸,南中当知大局去矣!"〔3〕该信描述的情形与上文荣禄、慈禧太后所言朝廷局面失控、被拳党把持是一致的,赵凤昌理解庆宽是"意望南中挽救",所以更坚定了实施东南互保的决心和信心。第三,《纪实》中所述东南互保期间的一些事件,在其他史料中也有反映,比如朝政被拳党把持、停还洋债风波、李秉衡巡视长江主战、援庚申例议和、赫德和盛宣怀同封宫保事等。即以援庚申例议

---

〔1〕 虞和平主编《近代史所藏清代名人稿本抄本》第 1 辑第 131 册,大象出版社 2011 年版,第 632 页。

〔2〕 赵凤昌:《戊庚辛纪述》,《人文》月刊 1931 年第 2 卷第 5 期。

〔3〕 赵凤昌:《庚子拳祸东南互保之纪实》,《人文》月刊 1931 年第 2 卷第 7 期。

和为例,盛宣怀在接到宣战诏书后,于光绪二十六年五月二十九日致电李鸿章、刘坤一、张之洞三大总督,认为"全局瓦解即在目前,已无挽救之法,逆料萧墙之内必有变局",并指出"初十以后,朝政皆为拳党把持,文告恐有非两宫所自出者,将来必如咸丰十一年故事乃能了事"。〔1〕这里的"咸丰十一年故事"即赵凤昌所言"庚申例",指的是1860年英法联军攻陷北京,咸丰帝出逃承德,留奕訢在北京议和之事。上文言及赵凤昌与盛宣怀每天密谈,他们讨论时局变化,一定推断这次庚子之变必然重蹈四十年前庚申之变覆辙,因而不约而同在自己所写文字中都呈现出来。

学者戴海斌断言《纪实》"意在自我表彰",其中的"不少说法存有讹误,并且缺少验证",特撰文进行笺释,但仅指出两处所谓的"讹误":其一是"'英水师提督西摩尔拟入长江',其事不确",其二是"'李秉衡素偏执,不达外情,其时奉调北上,欲巡阅沿江炮台,江督刘虑其贸然与长江外舰开衅,密饬台官预将各炮炮闩取去,杜其逞愤。'其记闻近谯"。〔2〕实际上,其一"英水师提督西摩尔拟入长江"确有其事,只是时间比赵凤昌文中所言英军舰拟入长江迟了一个月左右,明显是赵凤昌三十年后回忆此事时,因记忆有误,将两事混为一谈而已,这是回忆录都会出现的现象,当然是一个问题,但似没必要作为重点来批驳。其二将"各炮炮闩取去",戴海斌认为"其记闻近谯",遗憾的是他并没有说明其"谯"在哪里,猜想他大概认为没有炮闩之说或炮闩根本不能取去,遂讥讽赵凤昌不懂装懂,胡说八道。实际上其事是存在的。据回忆,武昌起义前夕,清军警赴武昌小朝街八十五号机关抓捕革命党人时,刘复基奋起反抗,猛掷炸弹,但均没有爆炸,原因是"有人把存放的炸弹闩钉抽了,而这时匆匆应战,又忘记装上"。〔3〕炸弹有闩钉可以拆卸,大炮也应该有。更何况赵凤昌长期为张之洞采购军械,至少比一般人了解军事知识,不可能信口开河,

〔1〕 盛宣怀:《愚斋存稿》卷三十六,页六,《续修四库全书》第1572册,第139页。
〔2〕 戴海斌:《"上海中外官绅"与"东南互保"——〈庚子拳祸东南互保之纪实〉笺释及"互保""迎銮"之辨》,《中华文史论丛》2013年第2期。
〔3〕 刘心田:《彭刘杨三烈士就义目睹记》,《武汉文史资料》1988年第4辑。

瞎编乱造,其记闻何谵之有? 总之,就戴海斌的笺释而言,他对《纪实》所下"不少说法存有讹误,并且缺少验证"的论断依据不足,并不能成立。结合上文所述,不难得出结论,赵凤昌的夫子自道非但没有有意自我表扬,而且内容基本属实,比较可靠。

三、积极投身立宪运动

庚子、辛丑恰值 19、20 世纪的新旧世纪之交,因义和团运动的爆发,使之更具有转折年代的意义。梁启超当时就敏锐地观察到此"新陈嬗代之时也"。其表现之一就是"清廷之威信已扫地无余,而人民之生计从此日蹙。国势危急,岌岌不可终日。有志之士,多起救国之思,而革命风潮自此萌芽矣"。〔1〕为对抗方兴未艾的革命风潮,朝野都有人借清廷推行新政之机呼吁改革政体,实施君主立宪。于是,在当时的中国出现了革命和立宪两股相抗衡激荡的思想风潮。光绪二十九年底日俄战争在中国土地上打响,无论是革命派还是立宪派均感到无比耻辱和愤怒,更刺激着这两股风潮走向高涨。其时清政府面对不期而来的战祸,毫无经验,一筹莫展。云南巡抚丁振铎致电盛宣怀,询问"中国处此,究应如何"? 后者借鉴东南互保经验,提出两条建议:保护洋人、戢靖内匪。署湖广总督端方认为这两者诚然"最为要着","但战事一开,势将掣动全局,中国今日情事安能支乎"?〔2〕对此,盛宣怀也心中没底,便频频与赵凤昌等商量对策。

在一张给赵凤昌的便条中,盛宣怀说"昨谈俄事关系全局",中国将有分裂之祸,"日间有事,晚间能否拨冗密商,已约幼舲矣"。〔3〕幼舲即盛宣怀的幕僚吕景端。中国的政治传统,凡国家之事一概都是"肉食者谋之"。盛宣怀是政府官员,属于"肉食者"阶层,既然他屈尊求教,赵凤昌等自然抓住机会表达政治诉求,以影响高层决策。诚如学者所言,"日俄战争刚一爆发,江浙的立宪派人士张元济、张美

〔1〕《梁启超全集》第 1 册,第 479 页;《孙中山全集》第 6 卷,中华书局 1982 年版,第 235 页。

〔2〕盛宣怀:《愚斋存稿》卷九十七,补遗七十四,页二十四、二十五,《续修四库全书》第 1 573 册,第 612、613 页。

〔3〕国家图书馆善本部编《赵凤昌藏札》第 10 册,第 262 页。

翊、赵凤昌和张鹤龄以及盛宣怀的幕僚吕景端等就进行了紧急磋商，开始了'奔走运动'。他们'诚恐日后各国大会构和，始终置我局外，尽失主权'，首次提出了遣使分赴各国的建议"，[1]并由赵凤昌于光绪二十九年十二月三十日请张元济执笔拟成电稿：

> 俄日战罢，各国必踵开维也纳、柏林大会，我不预筹，必被屏居局外，尽失主权。似宜承美宣保我地，速派专使赴各国，请俟战结至京开会，议保东方太平。自我倡议，庶可预会建言。[2]

该电稿拟好后，张元济自感不满意，对赵凤昌说："勉强握笔，终觉词费，祈痛加裁正为幸。"同时，他告诉赵凤昌已与刑部尚书张百熙、军机大臣瞿鸿禨建立了直接通电的联系，庆亲王奕劻处也"托人直达"，"特不知有效否耳"？[3]然而，上述电稿发出后，当轴诸公仅指示同驻外各国使臣商量，令盛宣怀、赵凤昌很失望，但他们并不气馁。光绪三十年正月十三日，赵凤昌拜访张元济，表达他们的意见，请张元济再拟一个电稿。刚好张家那天"客来不绝"，张元济"拟电稿直至夜深始成"，来不及向赵凤昌送阅。第二天，他又收到盛宣怀的信，乃立即复信，并将回信和电稿都交给赵凤昌，请他"先核阅，再请加封饬送"盛宣怀。电稿今未能见到，只能从张元济给盛宣怀的回信中，得知有增派副使的内容。十七日，张元济致信赵凤昌，解释说："专使既分正副，正可分道扬镳，但孰先孰后，应视俄事起后，各国于我离合变化如何方能定夺。"鉴于事先无法预测，只能"向邸枢声明，免其疏忽"。在张元济看来，"邀请各国公议，亦不过藉以抵拒战胜之国，免其偏重，再启争端耳"，"故倡议开会一节不如开诚布公，或能稍动各国之听"，[4]再说每当大战之后召开和会本就是欧洲的惯例。

由于直接与枢臣联系，效果不甚理想。盛宣怀、赵凤昌等决定联合地方督抚，上奏他们的安危大计，以期感动天听。于是，由赵凤昌

---

〔1〕 侯宜杰：《二十世纪初中国政治改革风潮》，人民出版社 1993 年版，第 46 页。
〔2〕 国家图书馆善本部编《赵凤昌藏札》第 8 册，第 261 页。
〔3〕 国家图书馆善本部编《赵凤昌藏札》第 8 册，第 260 页。
〔4〕 《张元济全集》第 3 卷，商务印书馆 2007 年版，第 205—206 页；国家图书馆善本部编《赵凤昌藏札》第 8 册，第 262、264 页。

致电联系端方,同时盛宣怀也请张鹤龄拟奏稿。恰好张鹤龄去湖南任职,经过武汉。他去拜谒端方,后者提及赵凤昌"致电一节,极服高见"。张鹤龄也说起为盛宣怀拟奏一事,端方"即索阅折稿,并录副。阅后谓,极中肯要,将来可会衔云云"。张鹤龄将这些函告赵凤昌,指出"端、盛合力办此,极好",但要引起朝廷重视,非联合两江总督魏光焘不可。他已托人请端方"电商魏处",建议盛宣怀"亦于日内电商","两处迎凑,似合纵之局易成"。[1] 赵凤昌转告盛宣怀后,盛不仅接受张鹤龄的建议电商魏光焘,而且扩大范围电商两广总督岑春煊。与此同时,他还亲自致电端方,邀请他一起行动:

> 武昌,端制台:张道鹤龄来电,所拟奏稿承公嘉许。鄙见惟有请派重臣,以考求新政为名,赴各国面递国书,以维均之势立说,东三省开通商埠利益均沾为宗旨,乘其胜负未分,先站地步。伦贝子正将就道,如可兼办,尤无痕迹。弟拟电奏,若得一二疆臣会衔,更可动听。除电商魏、岑两帅外,如公愿列名,再将全稿电求核定。乞速示。宣。啸。[2]

盛宣怀的电商得到三位总督的积极回应,他们均复电表示愿意列名上奏。时在上海办理商约的商约大臣、工部尚书吕海寰也愿意列衔。盛宣怀遂召集赵凤昌、张元济等商量,大幅删改张鹤龄所拟奏稿,于正月二十七日会同吕海寰、岑春煊、魏光焘、端方联衔上《密陈大计折》,[3] 称日俄"两国无论胜败谁属,皆于我有极大关系者也。欲避其害,惟有乘其胜败未分之际,及早图维,预占地步"。具体怎么做呢? 宜乘美国布告各国"保全我国土地主权"之机,一面"迅速特简亲重大臣,以考求新政为名,历聘欧美有约诸邦,面递国书,以维均之

---

　　〔1〕 国家图书馆善本部编《赵凤昌藏札》第 5 册,第 498—499 页。
　　〔2〕 王尔敏、吴伦霓霞编《清季外交因应函电资料》,香港中文大学中国文化研究所1993 年版,第 475 页。
　　〔3〕《密陈大计折》的具体上折时间,《愚斋存稿》里仅注"光绪三十年正月",《吕海寰奏稿》则注"光绪三十年正月二十一日"。但据光绪三十年正月二十七日吕海寰、盛宣怀致魏光焘、端方、岑春煊电,该折一直在修改,至二十七日才发出,"填二十三日期"(王尔敏、吴伦霓霞编《清季外交因应函电资料》,第 478 页),可知该折的上奏时间为光绪三十年正月二十七日。陈时伟在《赵凤昌述论》一文中,说此折系赵凤昌会同张元济等为端方所起草,不确。见夏良才、曾景忠主编《近代中国人物》第 3 辑,重庆出版社 1986 年版,第 253 页。

势立说,东三省开通商埠、利益均沾为宗旨,恳派使臣设会评议",一面"择最大新政切实举行数事,痛除旧习,以动天下之观听",让各国"可信我所言",从而能够预占未来各国会议一席。[1] 对于前者,盛宣怀等另有附片提出可行性建议:

> 再此次派使出洋,因应之方,辨难之策,在在关系紧要,自非寻常使节所可比伦。但目前遣派专使未便遽着痕迹,除日俄两国外,有约各国自宜先从美国入手。今美国赛会正监督贝子溥伦正将就道,且闻先赴日本,系出彼国之意。似莫若周历欧洲,既免他国猜疑,尤于大局有益。并请明降谕旨,以考求新政、预备采法为言,俟到诸国递国书,晤其君相,再行相机进言。[2]

附片的意思是日俄战争还在进行当中,胜负未定,为避免两国干涉,派使出洋应该秘密进行,不露痕迹。刚好贝子溥伦正要率团参加美国圣路易斯世博会,借此机会游历欧美各国,展开游说活动,实为预筹善后之举,既免他国猜疑,尤于大局有益。二十四日,溥伦抵达上海,盛宣怀、赵凤昌等跟他谈及他们的谋划,溥伦"亦以此举重要,愿膺此任"。然而,经盛宣怀派人密探,他们的会奏折尽管慈禧太后"颇以为然",但奕劻以溥伦"年轻,未克当此"反对,结果该折二月初五日奉旨留中,十五日被递回。[3] 尽管,盛宣怀等并不甘心,还想争取,但最终不了了之。

既然谋求派使出洋不成,东南精英遂转而考求新政。张謇自述,庚子之变后,"謇窃以为非改革政体,不足以系人心而回天命。又念人民知识,梏于累千百年之专制,仓卒无由以自振。乃与三数同志,谋师德、日之立宪。上朝下野,奔走陈说,冀幸万有一成之日"。[4] 确实,光绪二十六年十二月初十日清廷发布变法上谕不久,张謇就代

---

〔1〕 盛宣怀:《愚斋存稿》卷十,奏疏十,页二至页四,《续修四库全书》第1573册,第261—262页。

〔2〕 吕海寰:《吕海寰奏稿》,文海出版社1985年版,第325—326页。

〔3〕 赵凤昌:《中国欲预闻日俄泊资模斯议约》,《人文》月刊1931年第2卷第8期;盛宣怀:《愚斋存稿》卷九十七,补遗七十四,页二十八,《续修四库全书》第1573册,第614页。

〔4〕 国家图书馆善本部编《赵凤昌藏札》第10册,第469页。

刘坤一起草变法复奏稿《变法平议》,其中有"置议政院"和"设府县议会"条,引起刘坤一的不满,遭弃用,令张謇很失望,"意绪为之顿索"。[1] 但他并没有放弃对宪政的追求,不仅大量阅读相关著述,而且还与好友一起讨论:"东西各国办事人,并非别一种血肉特造,止法度大段公平划一,立法、行法、司法人同在法度之内,虽事有小弊,不足害法。是说也,尝有沈乙盦、郑太夷相发明之。"[2] 沈乙盦、郑太夷即沈曾植、郑孝胥。尤其光绪二十九年赴日考察后,他对君主立宪制度更加热衷。该年底日俄战争爆发,他从报上得知日俄十二月二十二日开战,"日获小胜二",就断定这场战争实为立宪、专制二政体之争,而且前者占优势,因此在三十日的日记里,他感慨地写道:

> 日本全国略与两江总督辖地相等,若南洋则倍之矣。一则致力实业、教育三十年而兴,遂抗大国而拒强国;一则昏若处瓮,瑟缩若被絷,非必生人知觉之异也。一行专制,一行宪法,立政之宗旨不同耳。而无人能举以为圣主告也,可痛可恨。[3]

为了能向圣主上达改行宪政的好处,张謇等主要采取了两方面措施:一是与请派使出洋一样,走上层路线,寻求地方督抚和中央枢臣支持。光绪三十年三四月间,张之洞到南京同魏光焘商量江南制造局移建新厂事,张謇前往拜访他们谈立宪事,并为他们起草立宪奏稿。当时已有一些督抚奏请立宪,颇干天怒。这提醒张謇要注意分寸和讲究技巧,因此他对所起草的奏稿非常谨慎,反复修改,精益求精。四月三日,已经定稿了,他还传阅多位友人,"属各以所见磨勘之"。至六日,经三易其稿,才抄送魏光焘。二十七日,又以第七稿寄呈魏光焘。但他仍不放心,不仅自己再推敲,还请赵凤昌、汤寿潜帮忙打磨修订。[4]《赵凤昌藏札》收有这份经三人重新斟酌的立宪奏稿,在主要改动页的天头之上,除了补充内容外,赵凤昌还细心地将

---

〔1〕 李细珠:《张之洞与清末新政研究》,上海书店出版社 2003 年版,第 95—96 页。
〔2〕《张謇全集》第 8 册,第 545 页。
〔3〕《张謇全集》第 8 册,第 577 页。
〔4〕《张謇全集》第 8 册,第 583—584 页。

文中改动字迹不清之处重新誊抄一遍,并标明哪些内容是谁修改的,
为我们留下一份弥足珍贵、极具价值的原始材料,现列表摘录如下:

张謇、汤寿潜、赵凤昌修改"立宪奏稿"一览表[1]

序号	原　稿	修　改　稿	修改人
1	况英占西藏根牙已固,法又增兵侵逼粤界。上年美总统觊觎中国之政策,欧洲各报万口交哗。近日英复有大枝兵舰驻舶吴淞内外,朝此夕彼,决我藩篱,虎睨鹰瞵,不可终日。溯自甲午以来十年之中,祸至如沸。	各国明托中立为名,而英既多事于藏边,法又增兵于粤界。近日英复有大枝兵舰游弋长江,无非注目远东,以便乘机猝发,各逞其均势之权力。我若不趁此中立之时,默筹抵制,势必俯首听从,祸且不测。	赵凤昌
2	凡用人、行政、理财、兴学、练兵诸事。	凡百新政。	汤寿潜
3	宪法虽为富强要图,行之亦非完全无弊。惟日本与中国同洲同文,土俗民情大致不甚相远。	宪法即不能尽合我用,惟日本以帝国政策,统于一尊,且与中国同洲同文,土俗民情大致不远。	张謇
4	明治维新,其国势与今日中国亦复异地同揆。	明治维新,当时亦由外侮激迫而成,其国势与今日中国亦复异地同揆。	汤寿潜
5	伊藤文所纂《宪法义解》凡为书七章,其中条分件系,纲举目张,虽询谋金同,国计必下咨于众庶,而惟皇作极,主权仍上统于一尊,成规具在,似可采择施行。	伊藤博文所纂《宪法义解》凡为书七章,其中条分件系,纲举目张,盖历游各国,考察制度,斟酌损益,慎之又慎,经十年而后成,用以尊主庇民,巩固国势,成规具在,似可采择施行。	张謇
6	今日大政以练兵、理财为最急。	今日大政以理财、练兵、兴学为最急。	张謇

[1] 国家图书馆善本部编《赵凤昌藏札》第 3 册,第 564、565、566、566—567、567、568、568—569、569、573、574、575、576 页。

（续表）

序号	原　　稿	修　改　稿	修改人
7	兵政则各省不能画一,涣散脆弱,更非日本变法可比。宪法行,则全国人民皆与国家有共戚均休之义,练兵、理财,其事易举。此其一。	兵政则各省不能画一,学堂则各省不能多设,更非日本变法可比。宪法行,则全国人民皆与国家有共戚均休之义。理财、练兵、兴学,其事易举。且赔款一年不结,即国势一日不定,三十九年,一有偏灾,何以应之?同治季年,法败于普,赔款约合华银八百兆两之巨,一改政体,未三年而即清,成效可鉴。此其一。	汤寿潜
8		在汤寿潜修改稿"即国势一日不定,"后加"各省摊筹赔款,其分认之难,筹措之扰,一二年间,上烦宸听,已非一端"一段。	赵凤昌
9		删汤寿潜修改"同治季年,法败于普,赔款约合华银八百兆两之巨,一改政体,未三年而即清,成效可鉴"一句,替换为"日本幅员仅中国十五之一耳。上年与俄开战,其第一次国会议筹兵费一百兆,一呼而集,多且三倍,使在明治未改政体以前,安能全国人民急公如是?彼此相形,利害自见"。	赵凤昌
10	不至使外交官一二人独当其冲突,君父独任其焦劳。	不至使外交官一二人独当其冲突,宵旰独任其焦劳。	汤寿潜
11	适于皇太后开其盛,而皇上席其成。	适于皇太后、皇上廓宏规而开景运。	赵凤昌
12	其最善而可经久者莫如宪法,现在事机已迫,若俟日俄战事了结,虽欲更张,恐难措手,更虑万一有外人干预改革之事。	其最善而可经久者莫如宪法。近年东西之留心政法者,亦言中国处此地步,非于政体有所更动,别无治标之策。现在事机已迫,若俟日俄战事了结,万一有外人干预改革之事,更虑难于措手。	张　謇

序号	原　　稿	修　改　稿	修改人
13	仿照日本明治变法五誓，宣布天下，定为大清宪法帝国，一面派亲信有声望之大臣游历各国，考察宪法，按照各国初行宪法章程办理。臣等悬揣计实行之期已须数年之后，乘此中立之时，但求速宣明谕。	仿照日本明治变法五誓，先行宣布天下，定为大清宪法帝国，一面派亲信有声望之大臣游历各国，考察宪法，按照日本初行宪法章程办理。臣等悬揣实行之期已须数年以后，为目前救急计，但求速宣明谕。	赵凤昌
14	政体先立，外而眈眈环伺之列强，内而狡焉思逞之匪党，皆当改易视听，革面洗心。且民志大定，所有用人、行政、理财、兴学、练兵诸事措手较易，不俟实行宪法之期，已可稍睹其效。	政体先立，外而眈眈环伺之列强，内而狡焉思逞之匪党，皆当改易视听，革面洗心。日本壤地褊小，改行宪法仅十余年，遂跻称强大。中国地广民众，苟及时为之，必能事半功倍。且民志大定，所有用人行政措手较易，不俟实行宪法之期，当已稍睹其效。	赵凤昌

据上表，立宪奏稿主要改动计 14 处，其中赵凤昌 6 处，张謇、汤寿潜各 4 处。赵凤昌不仅改的地方多、幅度大，而且凡经他润色之处，点铁成金，气势和意境不凡。如第 1 处写列强环伺，原稿分国叙述，赵凤昌改成先总论各国动态，再分论各国具体行为，让人立即产生时不我待、局势万分危急的感受；第 13 处则相反，原稿"按照各国初行宪法章程办理"，指向不明，无所适从，赵凤昌将"各国"改成"日本"，目标明确，可操作性强；还是第 13 处，将"乘此中立之时"改为"为目前救急计"，语气更强，也更有说服力。再比如第 11 处，原稿"适于皇太后开其盛，而皇上席其成"，论及慈禧太后、光绪帝的不同贡献，但有讨好前者压低后者之嫌，赵凤昌改成"适于皇太后、皇上廓宏规而开景运"，则既突出前者，又尊重后者，无畸重畸轻之弊。尤值得一提的是，汤寿潜系翰林出身，而赵凤昌连秀才都不是，但在汤寿潜修改稿的基础上再做修改，可见赵凤昌经过张之洞幕府的历练，文字功夫非常了得。据张謇日记，这个立宪奏稿十易其稿，最后一次是

赵凤昌"考定日本国会借债八百兆之数,又增入前稿,至是十易矣"。而实际该稿是十一易其稿,《赵凤昌藏札》收有光绪三十年六月四日张謇致信赵凤昌,说据报纸报道,旅顺两礼拜内将被日本攻下,"下则即有变相","原稿内'英复以大枝兵舰游弋'云云,须改作'英、德、法、美各以'云云"。[1] 说明该稿虽为张謇起草,但最终放在赵凤昌处,由他统稿、定稿。这大概是目前所知,他们两人在政治方面的最早合作。自此一发不可收,凡家国大事,他们"大都共计相商",长达二十多年。[2] 具体详后。

不幸的是,对这份反复修改、"语婉甚而气亦怯"的立宪奏稿,张之洞非常慎重,不肯轻易上奏,再三叮嘱张謇先了解直隶总督袁世凯的态度再说。张謇原本是袁世凯的老师,因看不惯他飞扬跋扈、目中无人而与之绝交已达二十年之久,但为立宪故,不惜拉下老脸,主动给袁世凯写信,结果"袁答尚须缓以俟时"。[3] 于是,这份奏稿被束之高阁,未能上达天听。策动疆臣不成,张謇、赵凤昌、汤寿潜、张美翊等东南精英经过商量,决定寻求枢臣支持。光绪三十年四月二十日,张美翊写了一份说帖请人转呈其师军机大臣兼外务部尚书瞿鸿禨,希望他倡导立宪,于年内颁布诏令,预备改行宪政。八月一日,汤寿潜也致信瞿鸿禨,提出实行宪政的策略。在东南精英的努力争取下,瞿鸿禨深受影响,对立宪表示浓厚兴趣。[4] 就此而言,走上层路线方面,东南精英终于有所突破,取得一些成效。

二是翻译出版宪政类著作,供士人阅览。在上述被搁置的立宪奏稿中,张謇盛赞日本宪法是伊藤博文考察欧洲各国,对它们的宪法"斟酌损益,慎之又慎",历经十年制定出来的,伊藤博文又亲纂《日本宪法义解》进行权威解读,条分件析,纲举目张,成规具在,建议清廷"采择施行"。[5] 因此,他主持译刊的第一本宪政书就是《日本宪法

---

〔1〕《张謇全集》第8册,第584页;国家图书馆善本部编《赵凤昌藏札》第9册,第230页。

〔2〕国家图书馆善本部编《赵凤昌藏札》第3册,第432页。

〔3〕《张謇全集》第8册,第1020页。

〔4〕侯宜杰:《二十世纪初中国政治改革风潮》,第50—52页。

〔5〕国家图书馆善本部编《赵凤昌藏札》第3册,第550—551页。

义解》。该书由沈纮翻译,赵凤昌负责在上海印制。张謇光绪三十年五月九日为该书作序,二十九日就催问赵凤昌书印成否。因为当时朝廷高层已有人赞成立宪,"原动力须加火热之",需趁热打铁提供养料。[1]两天后,张謇接到密信说,载振收到王清穆请求立宪的上书后,不仅赞成,而且告诉其父亲奕劻,奕劻"亦深以为然","但言须稍从容"。他认为这是好消息,又致函赵凤昌问"印书成否",希望"速成、速布、速进","以百本即见寄"。同时他听说张之洞主张"有限制宪法","民间有义务无权利",抨击这是以"学术杀人",请赵凤昌"不可不尽言",规劝张之洞改变看法,不要犯"毒民"之罪孽。六月四日,张謇再致信赵凤昌,说"北方殊有动机","日盼印成之书到眼","书来若迟,寄出亦迟"。[2]从张謇频频催促赵凤昌印书来看,说明他对立宪非常热心,积极推动。

而赵凤昌何尝不是如此,甚至比张謇更有办法。他告诉张謇想把《日本宪法义解》寄给庆宽"径达内廷"。张謇对此很赞赏,说"公筹极当",但内心又很纠结:"目下止盼此一路。""但不知丛桂留人处机括何如?"因为张謇自己向高层送达《日本宪法义解》的路都被堵死了,不禁愤愤地说:"满眼行尸枯骨,尚肯为国乎?可痛!可痛!"[3]所以,只能寄希望于庆宽这一路,但又对庆宽能否办得到充满疑虑,故言不知庆宽处"机括何如"?庾信《枯树赋》有"小山则丛桂留人,扶风则长松系马"之句,庆宽,原名赵小山,"丛桂留人"代指庆宽。出乎张謇意料的是,庆宽还真办成了。多年后,张謇在自订年谱中写道:

> 六月,刻《日本宪法》成,以十二册由赵竹君(凤昌)寄赵小山
> (庆宽)径达内廷。此书入览后,孝钦太后于召见枢臣时谕曰:
> "日本有宪法,于国家甚好。"枢臣相顾,不知所对,唯唯而已。旋
> 命其七弟来沪,托凤昌选购宪法各书,不知赵故预刻宪法之人

---

〔1〕《张謇全集》第 8 册,第 584 页;国家图书馆善本部编《赵凤昌藏札》第 9 册,第229 页。

〔2〕 国家图书馆善本部编《赵凤昌藏札》第 9 册,第 231—232、230 页。

〔3〕 国家图书馆善本部编《赵凤昌藏札》第 9 册,第 235 页。

也,举告为笑。[1]

这里的《日本宪法》为《日本宪法义解》的简称,但许多学者都误认为与《日本宪法义解》是两种不同的书,故特予指出。[2]慈禧太后读过《日本宪法义解》,说好,枢臣马上派人选购,而且找的就是赵凤昌,一方面表明赵凤昌名声在外,中央高层也要托他办事,另一方面也体现张謇、赵凤昌刊印《日本宪法义解》收到成效,打破"无人能举以为圣主告"的现状,引起清廷兴趣和重视。

为此,张謇深受鼓舞,继续向朝廷高级官僚赠送《日本宪法义解》一书,以便扩大影响。他曾致信赵凤昌,问"尊处尚有前印《宪法义解》否? 有则请分十六七本,以便寄京"。十月十五日,张謇在南京拜见兵部侍郎铁良,"闻其言论甚明爽",两天后即以"《宪法义解》印本送铁侍郎"。事后,他函告赵凤昌说铁良"愿研求宪法,亦难得也"。[3]总之,在张謇、赵凤昌等东南精英的努力下,对清廷中上至慈禧太后下至中央、地方大员进行了一番宪政"启蒙",促使他们将立宪提上了议事日程。光绪三十一年十一月,张謇在日记中说,立宪动机起于铁良、徐世昌之入军机处,端方进京召见时又反复言及,载振也在旁帮着说话,慈禧太后遂决定派遣大臣出洋考察政治。[4]次年,五大臣考察归来,朝廷即颁布仿行宪政上谕。于是,在国内掀起了一个立宪运动高潮。年底,为推动立宪运动的发展,促使君主立宪政体的尽快确立,东南精英在上海成立预备立宪公会,公推郑孝胥任会长,张謇、汤寿潜为副会长。

赵凤昌于宣统元年加入该会。当时各界对立宪抱有很高的期待,均认为只要实行宪政即可毕其功于一役,国家从此走向富强,所

---

[1]《张謇全集》第8册,第1020页。

[2] 笔者寡见所及,章开沅、陈时伟最早误将《日本宪法》《日本宪法义解》列为两书,后来的学者不加分辨,跟着错下去。见章开沅《开拓者的足迹——张謇传稿》,中华书局1986年版,第167页;陈时伟《赵凤昌述论》,夏良才、曾景忠主编《近代中国人物》第3辑,第252页。

[3] 国家图书馆善本部编《赵凤昌藏札》第9册,第233、236页;《张謇全集》第8册,第595页。

[4]《张謇全集》第8册,第620页。

以立宪成为一时风尚，"立宪之声，洋洋遍全国焉；上自勋戚大臣，下逮校舍学子，靡不曰立宪、立宪，一唱百和，异口同声"。〔1〕士人积极鼓吹立宪，政治热情高涨，参与的氛围活跃起来，其政治诉求也越来越多。然而，清廷又无法满足他们日益增长的要求和愿望，便引发了许多政治抗争。面对这些扰攘、喧嚣，赵凤昌似未受打搅和影响，亦不见有什么表现。但这不意味着他置身事外，毫无反应，实际他密切关注时局，有自己的观察、判断和思考。宣统三年四月，"皇族内阁"出笼，坐实了清廷假立宪的本质，引起一片斥责和反对。"是时举国骚然，朝野上下，不啻加离心力百倍"。张謇特地赶到上海，与赵凤昌、沈曾植、汤寿潜联名上书摄政王载沣，极力规劝他危途知返，"更引咸、同间故事，当重用汉大臣之有学问阅历者"。〔2〕随后张謇还亲赴北京对载沣等皇室贵胄作最后忠告，但均未引起他们的积极回应，更没有采取补救措施。这种麻木迟钝和不自知注定了清王朝行将覆亡的命运。人事已尽，天意难违，面对及此，张謇、赵凤昌该如何做出应对和抉择呢？

〔1〕 闵闇：《中国未立宪以前当以法律遍教国民论》，《东方杂志》第 2 年第 11 期。
〔2〕 《张謇全集》第 8 册，第 1026 页。

第四章　共和建国佐群贤

在《张謇传记》中，刘厚生说赵凤昌去世后，自己曾撰祭文一篇，可惜稿已不存，但有数语，尚能记得，文曰："南阳路北，有楼三楹，先生所居，颜曰惜阴。惜阴斋舍，满坐宾朋，呱呱民国，于兹诞生。'殆纪实也。当时戏赠凤昌一个外号，叫他做民国的产婆。这位产婆，在助产时，很是出力。"[1]诚然如此，辛亥革命爆发后，与其他东南精英一样，赵凤昌放弃了君宪主张，转向革命，为去除帝制、建立共和运筹帷幄，调停周旋，多有出力，功劳不小。沈恩孚有诗赞曰："共和建国佐群贤，功在清廷逊位前。"其实，赵凤昌缔造共和之功不仅表现在清帝逊位前，还包括其后参与筹建共和政府。

一、转向革命

赵尊岳曾撰文回忆其家所见证的辛亥革命幕后活动，并追述过往，认为父亲赵凤昌从革职回籍起就产生了反清思想，"感怅清政之不纲"，"乃更断言清廷之无可期望，谋国必出他途以制胜矣"。[2]其实并非如此。不说被罢官的第二年赵凤昌即全力协助张之洞筹划

---

〔1〕 刘厚生：《张謇传记》，上海书店 1985 年版，第 182 页。
〔2〕 赵尊岳：《惜阴堂辛亥革命记》，《常州文史资料》第 1 辑，第 60 页。

军备,并且他积极策划东南互保、投身立宪运动,为维持和巩固清王朝的统治想方设法,费尽心力,单就武昌起义爆发后他的第一反应来看,仍对清廷不离不弃,企图做最后的挽救。

武昌起义发生时,张謇刚好在武汉,出席大维纱厂开工仪式。宣统三年八月十九日,也就是1911年10月10日起义的当天,张謇在日记里写道:"昨夜十时半汉口获革命党人二,因大索,续获宪兵彭楚藩与刘汝奎及杨洪胜,晨六七时事讫,各城俱闭,十时方开。"彭、刘、杨三人的被捕及就义应该说点燃了武昌起义的导火索,敲响了清王朝覆亡的丧钟,但张謇当时并未意识到这一点,也根本想不到这一天是个历史性的时刻,近代中国就此翻开新篇章。当天晚上,他坐船离开武汉,八时登船,"见武昌草湖门火作,盖工程营地,火作即长亘数十丈。火光中时见三角白光,殆枪门火也。……十时舟行,行二十里犹见火光"。他以为这只是彭、刘、杨的余党不安,作负隅顽抗而已,如实记录,未作评论。次日晚,船至安庆,他下船住宿。第二天上午,他去找安徽巡抚朱家宝谈导淮问题,见到湖北的电报,才知道"武昌以十九日夜三时后失守",湖广总督瑞澂避登"楚豫"兵轮。形势紧急,已顾不上导淮之事,于是当晚即搭船离开安庆。此时"舟中避兵人极多,无榻可栖",他只好在该船的账房处将就。[1]

船一到南京,张謇首先拜访江宁将军铁良,请他一面会合两江总督出兵援鄂,一面奏请朝廷立即颁布宪法,实行宪政。铁良让他找两江总督张人骏商量。二十四日,张謇即前往两江督署,求见总督张人骏,重复昨天对铁良所提的建议。结果张人骏大骂立宪,不肯援鄂,还说瑞澂"能首祸,自能了,不须人援"。张謇警告说:"武昌地据上游,若敌顺流而下,安庆又有应之者,江宁危矣!"张人骏满不在乎地答曰:"我自有兵能守,无恐。"气得张謇在心里大骂他是没心没肺之人,"何以愦愦如此"。[2] 就在此时,江苏巡抚程德全邀请张謇前往苏州,共谋应对时局。张謇知道留在南京毫无用处,便欣然前往。在

---

〔1〕《张謇全集》第8册,第728页。
〔2〕《张謇全集》第8册,第1029页。

八月二十四日写给赵凤昌的信中,他说:"弟以程中丞约,明早去苏。顾以廿七、廿八日议员开协议会,此大会之预备,不能不到。故二十六日须仍回宁。以事度之,非九月初五、六日不能离宁也。因鄂变而沿江风鹤之警甚多,然皆意中事,政府造成,无可言者。"〔1〕这是现存武昌起义后张謇写给赵凤昌的第一封信,从信中内容及张謇行程安排判断,此前赵凤昌应致电或致函张謇,询问对武昌起义这一突发事件的看法,并请他来沪商量对策。但张謇已经开始采取行动,日程安排很满,根本脱不开身,便如实告诉赵凤昌。

赵凤昌其实也在第一时间获知武昌起义的消息。武汉是他幕僚生涯的起点和终点,于他而言非常特别,因此他关心其动态,而且也有许多渠道。据赵尊岳记述:当天赵凤昌听闻武昌起义之事后,"径赴电报局以密电致汉口电报局长友人朱文学询其事"。次晨,得武昌复电,消息真实无误,赵凤昌即有所动作:

> 因复电朱促张謇返沪,时张适去汉口。随往晤商会董事甬人苏宝森,告以革命既起,沪汉商务息息相关,倘使战火燎原,两地均不堪命。急为今计,商会亦召各业会议,请沪地官商人民持以镇静。且电达江督张人骏,固坛自保,万勿轻预上游之事,冀阻江督发兵援鄂。又上海有英法租界,万一牵涉,贻害更大。应再由商会约西人商会开会,陈说民情,使达之领事,上闻公使。……当私告外商,此际应以保坛护商为主,外人绝不当有所左右。倘为清廷张目,资以饷械,或借租界之力扼制民军,则地方必须(按:原文如此,疑有误)致靡。〔2〕

以上内容如果所述为真的话,其实只是赵凤昌复制筹议东南互保的做法而已,即直接找上海最有权势、最有号召力的绅商,请其牵头组织自救,同时一面向封疆大吏提供决策建议,采取固境自保办法,一面与洋人沟通联系,恳请他们保持中立,以期稳定社会秩序,维护地方利益。但赵尊岳出于后见之明,难免在叙事时有建构成

---

〔1〕国家图书馆善本部编《赵凤昌藏札》第3册,第246—247页。

〔2〕赵尊岳:《惜阴堂辛亥革命记》,《常州文史资料》第1辑,第61页。

分,美化、拔高了其父形象,将赵凤昌对武昌起义最初的反应说成是认同革命、支持革命,后人失察,盲目采信,结果以讹传讹,与历史真相不符。

为何这么说呢? 因为尽管当时赵凤昌没能与张謇沟通交流,但他对革命的看法与张謇基本一致,只不过张謇力谋抵制,态度积极,赵凤昌亟求自保,相对消极。八月二十四日,也就是张謇致信赵凤昌这一天晚上,因迟迟未等到张謇的回音,赵凤昌约黄炎培去其家惜阴堂"商量时局前途之对付办法",[1]可惜详情不得而知。二十六日,张謇提前赶赴上海,住在赵凤昌家。尽管没有留下任何记录,但他们必定促膝长谈,交流对当前形势的看法和各自所采取的行动,判断未来局势的走向,商量下一步的应对策略。张謇是希望借此机会倒逼清廷实行真正的立宪政治。因为前一天张謇到苏州,程德全甚为赞同其"请速布宪法开国会之议","属为草奏",于是张謇与雷奋、杨廷栋连夜起草奏稿,"逾十二时脱稿"。[2] 由于睡得迟,张謇彻夜不眠,但他很兴奋,不顾休息,即前往上海,将其刚刚成文、思考成熟的政治主张分享给赵凤昌。张謇认为对革命或剿或抚都是治标之法,只有实行宪政才是"治本之法",所以强烈要求清廷"先将现任亲贵内阁解职,特简贤能,另行组织",并严厉处分"酿乱首祸之人",然后"告庙誓民,提前宣布宪法"。[3] 这些见解赵凤昌当然表示赞成,但他认为挽救当前危局仅从国内着眼是不够的,还应考虑国外因素,不能引狼入室,让洋人卷进来。这是赵凤昌长期身处上海,与外国人打交道的经验之谈,张謇深受启发,次日(按:即二十七日)又马不停蹄奔赴南京。三十日,他以江苏谘议局名义致电内阁,要求负起责任,维持全局,并告诫不得"借助外兵,陷全国于必亡之地"。该电张謇还转致其他各省谘议局,呼吁他们各自径电内阁,表达诉求,同时登报公布,严正申明"借助外兵,其害必至亡国"一条"不独警告政府,亦将使

〔1〕 中国社会科学院近代史研究所整理《黄炎培日记》第 1 卷,第 22 页。
〔2〕《张謇全集》第 8 册,第 1029 页。
〔3〕《张謇全集》第 1 册,第 228—229 页。

武汉一方深维斯义".[1] 由此可见,张謇和赵凤昌都具有民族大义、爱国情怀,哪怕兄弟阋于墙,但绝对不能援引外国势力干涉国家内政。

就在张謇、赵凤昌以为他们的谋划能够挽回人心,平息革命时,形势却出现新变化,道路传言、报刊舆论都"盛称革命不遗余力","言革军之多胜利".[2] 刚回到南京的张謇发现"省城谣言大起",感觉人心思变,民气嚣张似难挽回,急忙于九月初一日又去上海,与赵凤昌商讨对策。[3] 而在上海的赵凤昌则感受更深,这里报馆林立,纷纷鼓吹革命,不仅引发了人们的阅报热情,而且激起他们对革命的同情和期盼,希望革命取得成功。当时有封家书写道:"上海各报馆生意甚形兴旺。望平街一带人山人海,皆急于探求消息者。闻革军胜,则无不欣欣然以为喜;有谓官军胜者,则必迁怒于此人。如前日望平街人丛中有一无知者,闻革军大胜之言,微叹一气,后面之人,遽饱以老拳。事虽可笑,观此亦可见人心已大去矣。"[4]赵凤昌密切关心时势,政治嗅觉敏锐,当然也注意到人心所向,民情所趋,知道清朝的覆亡是迟早的问题,因此他开始考虑善后之事,并提醒官场中的好友唐绍仪、梁敦彦不要再为清廷卖命,要为将来着想。九月初五日,清廷下谕革去盛宣怀邮传部大臣职务,以唐绍仪补授。赵凤昌得知此消息后,次日中午就致电唐绍仪云:"大事计旦夕即定,公宜缓到任。如到任,宫廷闻警迁避时,公须对付各使,杜其狡谋,以保将来中国。"同时,他一并致电时任驻德公使梁敦彦:"文明大举,大势已成,计旦夕即定。公切勿回京,宜在外阻外兵来华,并设法藉他国阻止日本举动,以保将来中国。与公至交,据实密达。"[5]几天后,当他看到报载梁敦彦为清廷排忧解难出主意:"外部又接梁使电称,内乱勿藉外援,改革宜求弭乱,如相持日久,恐洋债、赔款,均无着落,外人藉端干

---

〔1〕《张謇全集》第2册,第279—280页。

〔2〕《吴宓日记》第1册,生活・读书・新知三联书店1998年版,第177页。

〔3〕《张謇全集》第8册,第729页。

〔4〕杜春和、丘权政整理《胡绍之等致胡适的信》,《辛亥革命史丛刊》第1辑,中华书局1980年版,第216页。

〔5〕国家图书馆善本部编《赵凤昌藏札》第10册,第453页。

预。"又连忙致电梁敦彦："闻□□向法、比借款，全国已反对，公切勿预闻。能暗中打破尤要。于公有关系，应密达。"〔1〕由此可以看出，赵凤昌已经放弃了挽救清廷的努力，真的如赵尊岳所言，认识到"谋国必出他途以制胜矣"。

而形势的发展加快了赵凤昌以他途谋国的步伐。他与黄炎培等苏属士绅多次集议，决定宣告独立，但没想到中部同盟会和光复会也早就"驻沪筹画"，〔2〕并联合以李平书为首的上海绅商于九月十三日发动起义，光复上海。上海光复引起连锁反应，苏州、浙江也很快宣告独立。赵凤昌等乐见其成，首先立即开会商议自保方法，得到广泛赞成和拥护。有人致信赵凤昌说："革命自保，主意不错。"〔3〕其次，则支持武汉的革命军，减轻其军事压力。据郑孝胥日记，十四日，汤寿潜来找他，请他致电前往武汉镇压革命的海军将领萨镇冰，"劝勿多杀"。因致萨电内容敏感，不能从电报局发出，次日赵凤昌请他"添注数字，将原稿托丹麦领事寄去"。〔4〕萨镇冰本"无意交战"，〔5〕接到电稿后，决然辞职，离舰引退，不仅为武汉革命军去掉一个劲敌，而且清廷海军还临阵倒戈，投向革命，增强了革命军的实力。

身处南通的张謇是在十六日获知江浙独立之事。其日记曰"知上海为国民军所据，苏州宣告独立，浙江同"，〔6〕非常简练，一笔带过，似乎看不出他有什么反应，但实际给他带来极大的震撼，促成了他由君主立宪转向民主共和。在当天致袁世凯电文中，他说："大局土崩，事机瞬变。……旬日以来，采听东西南十余省之舆论，大数趋于共和。……潮流所趋，莫可如何。"如果说这只是客观描述，尚看不

〔1〕 国家图书馆善本部编《赵凤昌藏札》第10册，第454页。"□□"原文如此，有学者疑为"醇邸"两字，指时任摄政王的载沣。见马铭德《辛亥革命与赵凤昌》，《历史教学》2003年第7期。
〔2〕《李平书七十自叙》，上海古籍出版社1989年版，第58页。
〔3〕 国家图书馆善本部编《赵凤昌藏札》第4册，第370—371页。
〔4〕 劳祖德整理《郑孝胥日记》第3册，第1354—1355页。郑孝胥的电文及添注被赵凤昌精心保留下来，全文为："汉口探投萨提督：日来排满之说业已取销，改革政治正在研究，请公暂息兵力，勿残同类，致为外人所轻，至恳。胥。此电因不能发，特将原底托丹国领事转呈"。见国家图书馆善本部编《赵凤昌藏札》第10册，第487页。
〔5〕〔日〕宗方小太郎著、甘慧杰译《宗方小太郎日记(未刊稿)》下卷，第883页。
〔6〕《张謇全集》第8册，第729页。

出他思想转变的话,那么两天后他在致铁良函中则有明确体现。他苦口婆心,规劝铁良不要拘泥于小忠,应不惜得罪其同族满人,"纳全族于共和主义"之中。[1]"共和主义"四字出现于其笔端,表明他不仅认同共和思想,而且愿意为实现共和而努力。

作为传统士人,张謇迈出这一步相当不易。早在宣统元年,有朋友愤然说:"以政府社会各方面之见象观之,国不亡无天理。"他批驳道:"我辈尚在,而不为设一策,坐视其亡,无人理。"[2]确实他是这么说,也是这么做的。从宣统元年到三年,为挽救清王朝,他"与三数同志谋师德、日之立宪,上朝下野,奔走陈说,冀幸万有一成之日","然謇于政府虽屡有所陈而不用","迄于鄂事发难,忠告亦何止一端,而寂然罔应,如水沃石"。[3]万般无奈和绝望之下,他不得不放弃努力,并产生革命之意。至此,与赵凤昌一样,张謇也决心以他途谋国,两人的步调再次趋于一致。九月十九日,张謇又到上海,住在赵凤昌家。经过一番畅谈,两人转向共和、支持革命的决心更加坚定。他们公然致电摄政王载沣,请清帝退位,以共和"保满汉之和平";还致电各省及内外蒙古,称"满清退位,即在目前",希望蒙汉同胞同心协力,赞成共和,永绝"强邻觊觎"。[4]其时南北之战正在激烈进行中,张謇、赵凤昌却大造舆论,鼓吹清廷退位,不仅说明他们的确未雨绸缪,事先做了很多谋划,而且也正式对外宣告他们赞成共和、提倡革命。郑孝胥对此非常不满,在日记中痛骂他们"失心疯""毫无操守",尤其张謇是罪魁祸首,宜作书一正其罪。[5]由上可见,张謇、赵凤昌都经历了从保清廷到转向革命的曲折过程,并且他们绝非嘴上说说,投机革命,而是诉诸实际行动,为此遭受非议,付出一定代价。

二、成立临时国会

辛亥年间,张謇频繁来沪,多次住在赵凤昌家。九月十九日的这

────────────

〔1〕《张謇全集》第2册,第280—282页。
〔2〕《张謇全集》第8册,第690页。
〔3〕《张謇全集》第2册,第281页。
〔4〕《张謇全集》第2册,第283、284页。
〔5〕劳祖德整理《郑孝胥日记》第3册,第1358、1361页。

次应该是最重要、最具有历史意义的一次。如前所述,张謇和赵凤昌均义无反顾地走上支持革命之路,为此必须"与清廷争一日之短长",不达目的决不罢休,才能尽快消弭祸乱,挽救民生,同时保证自身的安全。所以他们不能满足于"革命自保",要着眼全局,"别思策动各省",采取共同行动。于是,他们一面联合其他东南精英,一面"(展)[辗]转约各省籍友好"集商,以"促事功于必成"。〔1〕他们的集商及其策划主要有以下几方面:

1. 驳斥共和不适合国情的言论,从理论上阐明建立共和政体之理由。当时有人以中国国民文明程度不高、国土辽阔、民族众多为由,反对采取共和制度。张謇等东南精英认为"国民程度由一国之政治制造而成","有共和政治,然后有共和程度之国民。美、法革命,改建共和,皆为反抗压制事实之结果,非先有共和程度而为之也"。所以共和政体与国民程度之高下无关,而取决于能否脱离君主统治,如果不能够脱离,"只有立宪,请求共和不可得";如果能够脱离,"只有共和,号召君主立宪不可得"。〔2〕而国土辽阔、民族众多也最适宜共和制。卢梭《民约论》说:"凡国土过大,则中央之支配力有鞭长莫及之虞,其势宜于分治。"事实就是如此,"美之国土广宽,不亚于中国,而共和之治最先,成绩最美,其明证也"。瑞士民族最多,"凡欧洲各国所有种族,瑞士殆皆有之",但"共和政体之固、政绩之良,而绝无涣散纷争之虑者"也只有瑞士,因为怵于外患,所以其内部非常团结。中国"种族之繁已不如瑞士","何尝有碍于共和政治之进行也"?〔3〕

2. 分析当前形势,为南方革命军提出三种对策。东南精英认为南方面临的问题有三个:其一,南方主共和,北方为君主,这一局面久拖不决,"势必南北相持,久则经济恐慌,民生困苦,外交必生绝大之危险"。如"赔款到期不付,各国责之北京,北京不应,责之南方,各省又散而不能统一,万一列强藉为口实",出兵干涉,"岂非陷于瓜分之危险? 此可虑者一也"。其二,北京本已朝不保夕,自袁世凯入都

〔1〕 赵尊岳:《惜阴堂辛亥革命记》,《常州文史资料》第1辑,第61页。
〔2〕 国家图书馆善本部编《赵凤昌藏札》第10册,第439—440页。
〔3〕 国家图书馆善本部编《赵凤昌藏札》第10册,第435—436页。

后,人心渐定,在外交、军政上,都占有优胜之势力。加上"东三省既以外交之牵制,不能宣告独立,而山东、河南、直隶,又属袁之根据旧地,将来大势,必趋于袁之势力范围"。万一袁世凯将北京经营就绪,外债、外交均已得手,基础稍固,举兵南向,以与我军相抗,"则彼此胜负未可决也。……此可虑者二也"。其三,南方各省虽都宣布独立,但"事权不一,意见不齐,有未能趋于统一之势。各处革军,又多新募之卒、未练之兵,恐难言战"。袁世凯回京后,宣扬"南方各省军政府类皆竞争权利,彼此内讧,不久必溃,有轻藐南军之意,直若可以反手而平者"。如果南方真像袁世凯那样,"因势不统一,致败垂成,袁将收拿破仑之效果。此可虑者三也"。那么该采取哪些对策呢? 第一,南方应组织临时政府筹划全局。"业经宣告已独立之各省,宜商议组织临时政府","凡各省军政、财政互相联络,务使将长江一带布置完密,可守可战,为进规北方之计",其中首要任务是派外交人员分赴各国运动承认。第二,宜争取河南独立。北方所恃者京汉铁路,该铁路从河南经过,守卫严密,河南不敢独立,必须有一奇兵直捣开封,帮助河南独立,"而绝北京之后援",则"汉口北军不战而降矣"。第三,要断绝北京的军械供应。眼下封河在即,北军"所购军械势必由大连、青岛以达北京",如果加强对这两地的封锁,禁阻运械,"则北军失其能力,而南军既擅长江河流之便,又占吴、粤、闽、浙海口之利,财政、武器均可以为持久之计,北军虽多,无能为也"。[1]

　　3. 筹备召开临时国会。既然已经认识到南方必须组织临时政府筹划全局,东南精英认为责无旁贷,应由他们来扛起这个重任。那么在当前局势混乱的局面下,该成立怎样的一个机构,既能起统一领导作用,又能得到大家的公认呢? 东南精英经过比较法国革命、美国革命,觉得中国革命与后者比较相似,因此决定模仿后者革命之初成立的十三州会议总机关,组织全国会议团。[2] 九月二十一日,张謇、

　　〔1〕 国家图书馆善本部编《赵凤昌藏札》第10册,第459—464页。
　　〔2〕 在东南精英留下的文字材料里,全国会议团又有临时国会、临时议会之称,经常三者混用。但细究起来,全国会议团和临时国会、临时议会稍有区别,前者是机构筹备时的称呼,后两者为机构正式成立后的称呼,叫法不同,实质一样。

赵凤昌与庄蕴宽、伍廷芳、温宗尧、雷奋、沈恩孚、杨廷栋、黄炎培等召开全国会议团筹备会议。〔1〕会上，拟定政见5条，所当研究之事12项。5条政见分别是"保全全国旧有疆土，以巩固国家之地位；消融一切种族界限，以弭永久之竞争；发挥人道主义，以图国民之幸福；缩减战争时地，以速平和之恢复；联络全国军民，以促共和之实行"；12事依次为"一、总机关宜如何组织。一、一切建设，宜如何预备。一、同人意见，宜如何发表。一、已独立未独立各省，宜如何交通。一、满洲政府如仍存在，宜如何应付。一、北方军队如袁世凯、张绍曾等，宜如何联络。一、电达驻京各公使，照会驻沪各领事，宣布临时国会成立，请其电达各国政府，要求承认。一、登中西各报，宣告临时国会成立。一、刊刻图记。一、内部一切应如何布置。一、提议各件应先行预备（除通告三条外，如国旗、正朔、财政之类）。一、袁项城、张绍曾各处，应如何接洽"。〔2〕

通过上述活动，确定了政体、政纲和应办之事，东南精英目标明确，分头行动，效率很高，两天后就在江苏教育总会正式召开全国会议团成立大会。据与会者签名，代表来自十二省，共22人，分别是广东：伍廷芳、温宗尧，陕西：于右任，福建：高梦旦，河南：王搏沙，安徽：江易园，四川：程德全，浙江：姚桐豫、张元济，贵州：杨寿桐，湖南：宋教仁，广西：岑春煊，江西：夏敬观，江苏：沈恩孚、史量才、黄炎培、杨廷栋、雷奋、唐文治、张謇、庄蕴宽、赵凤昌。〔3〕会议取得了下列成果：第一，通过上海设立全国会议团办法；第二，拟定《组织全国会议团通告书》及知会湖北军政府电文；第三，推定临时国会章程起草员二人：雷奋、孟森；第四，拟定请求各省都督府公认武昌为中华民国新政府之电文，并公认上海为临时外交政府之所在地；第五，电达驻京各公使，照会驻沪各领事，并

---

〔1〕《张謇全集》第8册，第729页。同日，熊希龄也致函赵凤昌，建议组织临时政府（见国家图书馆善本部编《赵凤昌藏札》第10册，第465页）。可见，已独立各省亟须成立一个能够统领全局的政权机构，是当时很多有识之士的共同看法，所谓英雄所见略同。

〔2〕国家图书馆善本部编《赵凤昌藏札》第10册，第441、442—443页。

〔3〕国家图书馆善本部编《赵凤昌藏札》第10册，第433—434页。其中宋教仁后注"已赴鄂"，岑春煊后注"杨代表"，说明他们二人未与会，实际到会者20人。

电旧政府派驻各国公使,宣布临时国会成立,请其电达或文达各国政府,要求承认。[1]

其中,设立全国会议团办法和《组织全国会议团通告书》是临时国会酝酿组建的纲领性文件,概括起来有这么几方面内容:1.成立缘起:"美利坚合众之制度,当为吾国他日之模范。美之建国,其初各部颇起争端,外揭合众之帜,内伏涣散之机。其所以苦战八年,卒收最后之成功者,赖十三州会议总机关有统一进行、维持秩序之力也。考其第一、二次会议,均仅以襄助各州议会为宗旨,至第三次会议,始能确定国会长治久安,是亦历史必经之阶级。吾国上海一埠,为中外耳目所寄,又为交通便利、不受兵祸之地,急宜仿照第一次会议方法,于上海设立临时会议机关,磋商对内对外妥善之方法,以期保疆土之统一,复人道之和平。"2.各省响应:已独立各省共同发起,共十四省,除山西、广西没有代表外,其他各省都有,分别是湖北:樊增祥,湖南:宋教仁,陕西:于右任,江西:夏敬观,江苏:唐文治、张謇、庄蕴宽、赵凤昌,浙江:汤寿潜、姚桐豫、张元济,安徽:江易园,福建:高梦旦,广东:伍廷芳、温宗尧,贵州:杨寿桐,四川:程德全,河南:王搏沙。3.设立地点:上海西门外方斜路江苏教育总会。4.集会办法:"一、通告各省旧时谘议局举代表一人常驻上海;一、通告各省现时都督府派代表一人常驻上海;一、有两省以上代表到沪,即先行开议,续到者随到随议。"5.会议主题:"一、公认外交代表,一、对于军事进行之联络方法,一、对于清皇室之处置。"

临时国会成立方案出笼后,东南精英立即多管齐下对外发布,并邀请各省军政府派代表来沪会议。因为武昌是首义之地,对于湖北军政府,他们特别尊重,专门拟电告知。电文云:"义军突起,全国向风,祝望共和,万心一致。鄂之艰卓,尤为全国归心。惟任责利分,造谋利合。○等现就消息灵通之地组立全国会议团,办法大端函请裁定,并盼迅派代表莅沪指导进行。"但因当时芜湖至九江电线损坏,鄂沪电信不通,上海方面乃派庄蕴宽持书赴鄂,"请其

---

〔1〕国家图书馆善本部编《赵凤昌藏札》第10册,第445、449、444、446页。

即推代表来沪"。[1] 对于沪军都督府,他们除托已分任苏州、浙江都督的同党程德全、汤寿潜联名致电外,还请沪军都督陈其美来开全国会议团第二次会议,当面交流。据张謇言,陈其美起初"意不甚澈,晓之而微寤",不仅同意将《组织全国会议团通告书》以《沪军都督府议设临时会议机关启》为名刊登在《申报》上,而且还亲自通电各地督抚,"请公举代表,定期迅赴上海,公开大会,议建临时政府"。[2] 对于全国各地军政府,则由雷奋、沈恩孚、姚桐豫、高尔登以江苏、浙江都督府代表名义,宣告现江苏、浙江两省在上海共同发起临时国会,公推伍廷芳、温宗尧为临时外交代表,请各地"务恳公认",并"即日举员来会"。[3] 由此可见,东南精英发起召开临时国会,不是贪功,也非夺权,而是经过多次商议策划,反复推敲,才提出具体方案,他们还积极与革命党人沟通,至少得到上海革命党人的大力支持,并非如许多学者所论的那样,他们觊觎革命政权,企图排斥革命党人,先下手为强。

在东南精英的努力下,临时国会如期成立,九月二十五日,江苏、福建、上海各都督府所派的代表在上海江苏教育总会开会,议决临时国会正式定名为"各省都督府代表联合会"(下文简称各省代表会)。然而,就在东南精英组织全国会议团的同时,湖北军政府也意识到成立一个统领全局的政权机构的重要性与必要性,并且抢先一步,于九月十七日由鄂军都督黎元洪致电各地军政府征询对组织中央政府的意见,指出"现在义军四应,大局略定,惟未建设政府,各国不能承认交战团体"。如果已独立各省共同组织政府,势近于偏安,有很多不方便处;如果各省分建政府,外国不可能一一承认,"兹事关系全局甚大",如何之处,请各"军政府会议赐教",并盼望立即复电。[4] 可未

〔1〕 国家图书馆善本部编《赵凤昌藏札》第 10 册,第 444 页;《各省都督府代表联合会缘起并连日开会纪要》,《民立报》1911 年 11 月 18 日,第 3 版。

〔2〕 罗家伦主编《革命文献》第 1 辑,中国国民党中央委员会党史史料编辑委员会 1984 年版,总第 2 页;《张謇全集》第 8 册,第 730 页;《沪军都督府议设临时会议机关启》,《申报》1911 年 11 月 13 日第 1 张第 2 版;《沪军都督陈通电各省都督文》,《民立报》1911 年 11 月 14 日,第 2 版。

〔3〕 国家图书馆善本部编《赵凤昌藏札》第 10 册,第 498—502 页。

〔4〕 罗家伦主编《革命文献》第 1 辑,总第 1 页。

等各地回电,十九日,黎元洪便一改两天前的商量语气,以不容置疑的口吻,通电各地派员到武昌开会。结果"广州、桂林、长沙、南昌、九江等复电,均已派遣代表首途,而湘、赣代表均已先后到鄂"。[1] 而上海方面因电线故障,并未收到黎元洪电报,如前所述,自行酝酿组织全国会议团。相形之下,上海低调、稳重,湖北张扬、随性,尤其后者以革命中心自居,欲成立临时中央政府,其唯我独尊、领袖群伦的意图显而易见。

当黎元洪接到陈其美电报,得知上海组织全国会议团后,承认此举固然有必要,但"组织临时政府则尤岌岌不可缓者也",因为"各国所以未能公然承认者,惟以无临时政府",所以他以九月十九日已通电各省派员到鄂会议,恐各省代表已经就道为由,坚决要求上海即日派代表来鄂,同时遣居正、陶凤集两人赴沪接洽。[2] 尽管东南精英立即提出了"政府设鄂,议会设沪"的妥协方案,请已到武汉的庄蕴宽"迅商鄂军确定办法",但湖北方面认为"既认湖北为中央军政府,则代表会亦自应在政府所在地",否则"府会地隔数千里,办事实多迟滞,非常时期,恐失机宜",不予商量余地。[3] 居正、陶凤集抵达上海时,各省代表会已开议数天。十月初三日,居正莅会报告"九月十九日湖北都督复通电各省,请派全权委员来鄂组织政府等情,并述此次来意,系与到沪各代表商议,同行赴鄂"。会议当场议决:"各省代表均赴湖北。"初五日,各省代表会议决:"各省代表赴鄂组织临时政府,但应各留一人在沪,以联络声气,作为后援。"初八日又议决:"通电各省都督府谘议局,报告各省代表赴鄂议组织临时政府。""本日启行。"[4]可是,各省代表到达武汉时,汉阳刚刚失守,此前汉口已陷落,武汉三镇仅剩武昌一镇,也处于清军炮火的攻击范围之内,各省代表会只好改在汉口英租界举行。十二日,南京被江浙联军克复。

---

〔1〕 张孝若:《南通张季直先生传记》,中华书局1930年版,第168页。

〔2〕 罗家伦主编《革命文献》第1辑,总第3页。

〔3〕 国家图书馆善本部编《赵凤昌藏札》第10册,第528页;张难先:《湖北革命知之录》,商务印书馆1946年版,第390—391页。

〔4〕 刘星楠:《辛亥各省代表会议日志》,《辛亥革命回忆录》第6集,中华书局1963年版,第242、243页。

两天后,消息传到代表会上,当场即议决:"临时政府设于南京,各省代表开临时大总统选举会于南京。有十省以上之代表到南京,即开选举会,临时大总统未举定以前,仍认鄂军都督府为中央军政府,有代表各省军政府之权。"

各省代表会赴鄂后,东南精英失去了控制,但他们"一闻鄂中多故","汉阳不守,湘鄂失守"的消息,便寄希望于江浙联军攻下南京,以"置临时政府于上海",重新掌控局面。[1] 为此,他们很关心南京战役,给予大力的支持,收到了良好成效。光复当日,张謇到上海,即与革命党人章太炎、宋教仁、黄兴、于右任晤谈。[2] 黄兴是前一天从汉阳来沪的,郑孝胥发现黄兴寄居在他与赵凤昌所住的南洋路,推测有可能住在赵家。他并发现赵家人来人往,车马甚多,认为"必因汉阳失败,南京守固,故谋办法"。[3] 他的判断没错,这一两天,东南精英和革命党人的确紧锣密鼓地共商临时政府地点问题,赵凤昌家惜阴堂是议事地点之一。据章太炎披露,"议临时政府地点者,惟在一二革命党之口",他主武昌,黄兴主南京,宋教仁则模棱两可,而程德全、汤寿潜"意在主鄂",却不敢明说。因此十三日他致函赵凤昌,请赵支持其观点,"大宣法语,以觉邦人。不然,仆辈所持,既与克强不合,终无决了之期;若曲徇金陵之议,援鄂之心必懈,冒昧之策必生,其祸将不可解也"。[4] 赵凤昌有无复信、意见如何,无可查考。不过,也无关紧要,因为次日,即武汉各省代表议决定都南京的十四日,上海的各省代表就开会表决了。出席会议的除各省代表沈恩孚、俞寰澄、朱葆康、林长民、马良、王照、欧阳振声、居正、陶凤集、吴景濂、刘兴甲、赵学臣、朱福诜外,还有江苏都督程德全、浙江都督汤寿潜、沪军都督陈其美以及章炳麟、章驾时、蔡元培、王一亭、黄宗仰、赵凤昌、顾忠琛和彭锡范列席。会议议决暂定南京为临时政府所在地,同时选举大元帅、副元帅,结果黄兴、黎元洪分别当选暂定大元帅、副

---

〔1〕 马勇编《章太炎书信集》,河北人民出版社 2003 年版,第 145 页。

〔2〕 《张謇全集》第 8 册,第 730 页。

〔3〕 劳祖德整理《郑孝胥日记》第 3 册,第 1362、1365 页。

〔4〕 国家图书馆善本部编《赵凤昌藏札》第 10 册,第 513—514 页。

元帅。会后即发表通电云：

> 临时政府前经议定武昌，现在南京光复，鄂省军务适紧，援鄂之师、北伐之师待发，急需统一。今同人公议，不如暂定南京为临时政府所在地，举黄君兴为暂定大元帅，黎君元洪为暂定副元帅，兼任鄂军都督，藉免动摇而牵大局，俟赴鄂代表返沪，同到南京，再行发表，所有编制，日内并力准备，俾得进行无滞。事机紧急，不得不从权议决，务乞鉴原，并恳转达到鄂各省代表，请即日来沪会议。[1]

按照原议，留沪代表仅起联络声气作用，根本没有议政决策的权利，因此当他们跨越雷池之后，立刻掀起轩然大波。首先，对于选举结果，当场就有异议，"座中有老名士挥泪曰：黎宋卿在武昌首义，劳苦功高，先是赴武昌一部分代表，已举黎为中华民国政府大都督，事实上为大元帅，今反选彼为副元帅，在黄兴之下，太不合理矣"。[2]其次，江浙军人对黄兴当选很不服气，他们认为黄兴在武汉不仅打败仗，还当逃兵，寸功未立，凭什么当大元帅？一时诸军汹汹，非常愤慨，有人怒曰："南方倡义，可录者两大功耳：发难自武昌，下江宁者程公之力。黄兴何故得先之？若然，吾将举兵攻兴。"[3]再次，武汉各省代表非常不满，认为"此次选举，完全是宋教仁、陈其美二人恐怕武昌真成了中央政府，于同盟会不利，所以鼓煽留沪的一部分代表，扮演了这一幕滑稽戏"。其荒谬之处在于：第一，"瞒着赴鄂代表，瞒着鄂军政府，皆不令闻知"；第二，"江苏都督、浙江都督、沪军都督，皆令其到场投票，淆乱职权，蔑视其他各省都督"；第三，"开会时，加入不伦不类、毫无根据之章炳麟、章驾时、蔡元培、王一亭、黄中央、赵竹君、顾忠琛、彭锡范诸人，令其列席"；第四，"是日到会之湖南人欧阳

---

〔1〕罗家伦主编《革命文献》第1辑，总第6页。该电文后，有"辛亥十月十一日"几字，可能是编者所加，不确，十一日应为十四日。

〔2〕罗福惠、萧怡编《居正文集》，华中师范大学出版社1989年版，第69页。居正参与上海代表会，但其关于"选举大元帅"的回忆，有错误及与事实不符之处。如说时间是十月十六日，不确；会议未议决黄兴为大元帅，失实。

〔3〕《章太炎自订年谱》，《近代史资料》总12号，科学出版社1957年版，第124页。

振声,并不是湖南都督府或谘议局的代表,而是宋教仁个人委派的代表。教仁只是代表之一,而居然委派代表的代表"。有鉴于此,他们指斥上海代表会"既不合理,又不合法",于十七日议决由黎元洪致电陈其美,"查实如另有人在沪推举大元帅、副元帅等名目,请其宣告取消"。[1] 迫于各方面压力,黄兴不愿就任大元帅一职,通电力辞,并推举黎元洪为大元帅。

于是,十月二十七日,鄂、沪两地代表齐集南京后,又改选黎元洪为大元帅、黄兴为副元帅,议决"黎大元帅暂驻武昌,由副元帅代行大元帅职权,组织临时政府"。这样既满足黎元洪的要求,也尊重上海革命党人的意见,看似两全其美,双方不得罪。但黄兴仍无意赴任,使得各省代表会非常尴尬,不得不采取多种手段催促黄兴来南京组织临时政府。对于这半月以来的纷纷扰扰,导致临时政府难产,当时在各省代表会上旁听记录的刘星楠毫不客气地批评道:"古人云,置君如(奕)[弈]棋,此则举元帅如(奕)[弈]棋,狐埋狐搰,真儿戏也"。他并认为宋教仁、陈其美组织选举黄兴为大元帅,本是出于维护同盟会利益的需要,结果非但未能如愿,反使"同盟会的声誉却因之一落千丈"。[2] 诚然如此,东南精英提出"政府设鄂,议会设沪"主张,意在与湖北军政府分享政治中心和革命领导权,但后者以首义之功自恃,断然拒绝,使得东南精英只好与上海革命党人联手抬出革命元老黄兴以图抗衡,没想到此举未达到目的不说,却意外暴露了革命党内部的撕裂和不团结问题。这一发不可收,开启了其后来的持续内耗和失败模式,直至孙中山去世,革命都没能取得完全成功。而东南精英经此事件,看清了革命党"不相统摄,任事者难满众意"的弱点和欠缺,[3] 认为不足以成事,遂致力于南北议和。

三、调和南北

南北议和的动议最先出自袁世凯。据徐世昌言:武昌事起,"载

<hr>

[1] 刘星楠:《辛亥各省代表会议日志》,《辛亥革命回忆录》第6集,第248、247页。
[2] 刘星楠:《辛亥各省代表会议日志》,《辛亥革命回忆录》第6集,第251、248页。
[3] 劳祖德整理《郑孝胥日记》第3册,第1370页。

泽等憬然主剿,以为武昌一隅,大兵一到,指日可平",但袁世凯认为,"在此潮流转变之下,民心思动,已非一朝,不是单靠兵力所能平定,主张剿抚兼施"。因此,后来对于时局,"言剿改而言抚,言抚进而言和,纯出于项城之主持"。九月初,在被任命为钦差大臣,授予前线军事全权后,隐居两年多的袁世凯决定出山。甫一上任,他就主动对革命军主动示好,采取安抚手段。先是命幕僚刘承恩利用同乡之谊致书黎元洪,转达其意旨,但刘承恩"叠寄两函,未邀示复"。他便亲自出马函达黎元洪,黎元洪复信直言他有"自私自为之心",依违满汉之间,"欲收渔人之利也",劝他早自引决,顺应时势,"果能来归","与吾徒共扶大义,将见四百兆之人,皆皈心于公,将来民国总统选举时,第一任之中华共和大总统,公固不难从容猎取也"。就在此时,清军攻下汉口,袁世凯又命刘承恩趁热打铁,劝降黎元洪。九月十一日,刘承恩在信中列举朝廷下罪己诏、实行立宪、赦开党禁、皇族不问国政等新谕旨,认为"国政尚可有挽回振兴之期也",希望黎元洪"设法和平了结,早息一日兵事,地方百姓早安静一日",并恭维他大才槃槃,如果投诚,"不独不咎既往,尚可定必重用,相助办理朝政也"。[1]

见黎元洪不为所动,袁世凯又拿出诚意来,一面令占领汉口后的清朝各军停止进攻,一面派刘承恩和蔡廷干前往武昌都督府劝和。九月二十一日下午,黎元洪召集部下接见刘、蔡二人。他们说,"都督所以革命之原因,无非为清廷虚言立宪,实行专制。现清廷已下罪己诏……实行立宪,与民更始,目的可谓已达","倘再延长战争,生灵益将涂炭",甚或引起外国干涉,"致酿瓜分之祸",欲救民反而害民。他们所言遭到都督府诸人的驳斥,因为清朝的统治令人失望,信用破产,不可能再持续下去,只有实行共和才是出路。黎元洪还提起袁世凯在清朝被夺权革职、险有性命之虞的遭遇,希望他记取教训,迷途知返,"反旆北向,否则约期大战而已"。[2]刘、蔡无言以对,回去复命。此时黄兴在武汉指挥作战,刘承恩也转达了袁世凯以实行立宪

---

〔1〕 张国淦:《辛亥革命史料》,龙门联合书局1958年版,第269、278、281、278页。
〔2〕 中国史学会主编《辛亥革命》(八),上海人民出版社1957年版,第65—67页。

言和的想法。黄兴乃致书袁世凯,分析形势,指出"寡人政治之满廷早已瓦解",即使他"奋不世之威力",也难以挽回,更何况清廷对他不公。如果他能倒戈,"以拿破仑、华盛顿之资格,出而建拿破仑、华盛顿之事功",推翻清王朝,则非但湘、鄂人民,而且南北各省当亦无不拱手听命,拥戴其为拿破仑、华盛顿。[1] 总之,这一时期,袁世凯主动言抚,但革命军"坚持要建立纯粹的共和国",[2] 与他的立场完全相反,根本谈不拢。不仅如此,后者还反过来做他工作,劝他弃暗投明,令他很尴尬。他决定进一步施加压力,逼革命军就范。

九月二十三日,袁世凯就任清朝内阁大臣。他一方面下令冯国璋急攻汉阳,另一方面仍着手议和,释放因谋刺摄政王载沣而被捕的汪精卫等革命党人,为他居间联系说合。清军攻陷汉阳后,又向武昌城内炮击,一时城内人心惶惶,谣言满天飞。有人写信告诉赵凤昌,他在苏州碰到张謇,张謇以为"武昌亦失","太息良久,谓项城不克汉阳不足以自立,并克武昌实在可恶"。他希望赵凤昌致电袁世凯,"嘱以人道主义,令其不可猛攻武昌"。[3] 其实,袁世凯知道"武昌力弱,攻取尚易",他只是虚张声势,做出乘胜进攻的样子,从而获取筹码,"以为政治发达之具"。[4] 果然,他如愿以偿。首先,诚如张謇所言,攻下汉阳,袁世凯再次证明了其能力,获得"自立",摄政王载沣被迫辞职归藩,不再预政,清朝用人行政大权由袁世凯独揽。这意味着清廷变成袁世凯的傀儡,其命运掌握在袁世凯手中。其次,东南精英把统一全国、稳定社会秩序的希望寄于袁世凯身上。张謇、程德全认为袁世凯"实主转旋之纽",除致函、致电请其赞成共和、早定大局外,还先后派杨廷栋、王潜刚前往面陈。[5] 第三,外国人担心安全得不到保证,希望南北双方迅速达成和解。英国驻华公使朱尔典出

〔1〕《黄兴集》,中华书局 2011 年版,第 81—82 页。

〔2〕 骆惠敏编、刘桂梁等译《清末民初政情内幕——〈泰晤士报〉驻北京记者、袁世凯政治顾问乔·厄·莫理循书信集》上卷(1895—1912),知识出版社 1986 年版,第 788 页。

〔3〕 国家图书馆善本部编《赵凤昌藏札》第 10 册,第 488—489 页。

〔4〕 袁克定:《辛亥家电》,转引自《陈旭麓文集》第 2 卷,华东师范大学出版社 1997 年版,第 476 页。

〔5〕《张謇全集》第 2 册,第 290、291 页。

面调停，与袁世凯密议，随后电令英国驻汉口代理总领事葛福，携袁世凯代拟的停战条款与革命军接洽，"于是公开成南北停战议和之局"。[1] 第四，汉阳失守，黄兴出走上海，黎元洪也携印远遁，原本拒绝议和的武汉革命军主动回到谈判桌前，接受停战议和。十月十一日午后，英国人盘恩持停战条款前来武昌总司令部议和，参谋总长吴兆麟予以接待，仓促之下，竟私刻黎元洪都督印信盖章同意。事后，黎元洪非但没有怪罪吴兆麟，反而"喜出望外"，并于十三日回到武昌城内。[2]

革命军如此爽快地同意停战，葛福很有成就感。事后，他向朱尔典汇报说："通过我的调解，双方已同意无条件地停战三天。目前的情况几乎同袁世凯所要求的完全一致。"朱尔典接电后，又指示他说，各省代表会已抵鄂，在停战期内，应利用他的斡旋，使各省代表会讨论该停战条款，"袁世凯很想为这一会议作出安排"。[3] 的确，各省代表会到武汉后的第一次会议，就讨论停战问题，议决同意朱尔典与袁世凯密议的停战条款。在此基础上，袁世凯又为"会议作出安排"，于十月十四日起草了延长停战时间、扩大停战范围、南北各派代表商讨大局的停战条件。次日，各省代表会开会讨论，做出两个决定：一是"密电请伍廷芳来鄂，与北使会商和平解决，并公举胡瑛、王正廷为之副"，二是"对北使开议条件：一、推倒满洲政府；二、主张共和政体；三、礼遇旧皇室；四、以人道主义待满人"。十六日，正式议决接受袁世凯所开停战条件："一、停战三日，期满续停战十五日；二、全国清军民军均按兵不动，各守其已领之土地；三、清总理大臣派唐绍仪为代表，与黎大都督或其代表人讨论大局。"[4] 其中，唐绍仪出任北方议和全权大臣总代表系事先私下征询南方意见，得到默认的。当时在北京积极为南北议和活动的洪述祖于十月初一日致信姐夫赵凤昌，汇报其所为和见闻，特地提及"惟到沪议政员殊难，其人以少川

---

〔1〕张国淦：《辛亥革命史料》，第283、282页。
〔2〕曹亚伯：《革命真史》中册，中国长安出版社2011年版，第242—243、256页。
〔3〕胡滨译《英国蓝皮书有关辛亥革命史料选译》上册，第105页。
〔4〕刘星楠：《辛亥各省代表会议日志》，《辛亥革命回忆录》第6集，第243—244、246—247页。

来,南中人愿否,乞密示"。〔1〕"密示"两字旁加了着重号,显然是提示赵凤昌此事重要,务必帮忙。甲午战争期间唐绍仪寓居上海,与东南精英有交往,尤其赵凤昌为他谋过职,双方更是情谊深厚。如果他出任北方议和代表,东南精英可以借以操控议和全局,体现自己的意志和诉求,当然求之不得,因此他们举双手赞成。后来汤寿潜向黎元洪坦承:"惟以唐为代表,系沪地先曾通气。"〔2〕可见,赵凤昌的确是征求了"南中人"意见,至于是否密示洪述祖就不得而知了,因为"南中人"与袁世凯、唐绍仪联系渠道畅通,未必需要通过洪述祖转达。

十月十七日,袁世凯组建了北方的议和代表团,总代表即为唐绍仪,按先前南北双方谈妥的条件,议和地点在汉口。次日,唐绍仪致电赵凤昌云:"文电悉。明日赴汉口开议,请公约同东南人望如张季老、汤蛰老赴汉会议为幸。"〔3〕"文"的韵目代日是十二日,"文电悉"说明十月十二日赵凤昌曾致电唐绍仪,内容可能与议和有关,但未涉及地点问题。接到唐绍仪汉口开议的来电,大概很出乎赵凤昌意料,他立即与张謇、汤寿潜、伍廷芳等进行紧急磋商,然后于二十日复电唐绍仪:"巧电悉。各省公举代表,有留沪者,有赴鄂者,赴鄂者亦已折回。伍秩老与张、汤二公均不能远行,公到汉无可与议,已由秩公电黎都督,请公径来沪上开议,甚为便利,必能招呼妥慎。"〔4〕该电措辞直白、霸道,明确表示他联系过张謇、汤寿潜、伍廷芳,三人"均不能远行",而且已由伍廷芳致电黎元洪表示不能去汉口,请唐绍仪直接来上海开议。更引人注目的是他说在汉口"无可与议",意思是汉口说了不算,南方的中心在上海,来上海不仅一切便利,还能照顾周到,如果不是关系非同一般,哪可能说出这种话来?经查,伍廷芳的确于二十日致电黎元洪云:"辱承十一省公推廷芳为民国代表,谊不敢辞。惟此临时组织政府,各省留沪代表,未许廷芳一日远离,又交涉甚繁,实难遵召,歉甚。恳即转致唐公,速来沪上公同谈判。"两天

〔1〕 国家图书馆善本部编《赵凤昌藏札》第10册,第521页。
〔2〕 曹亚伯:《革命真史》下册,第9页。
〔3〕 国家图书馆善本部编《赵凤昌藏札》第10册,第529页。
〔4〕 国家图书馆善本部编《赵凤昌藏札》第10册,第529页。

后,他再致电黎元洪,除了重申上述理由外,又强调外国因素,"闻驻沪各国领事,极望在沪谈判"。〔1〕

此外,为了达到在沪开议的目的,东南精英多管齐下,施加压力。首先,请上海外侨出面,现身说法。英商李德立致电黎元洪说:"战延不和,中国前途不堪设想。德立侨华已三十年,曾历二十二省,故不忍坐视糜烂。因特屡电商准袁内阁派员议和,民政府亦已允可。届期有代表磋商,沪上为公共保护中立地,于议和最属相宜。盼都督深然德立所为,而助和局。"〔2〕其次,张謇也发声表态。二十一日,张謇通过袁世凯内阁转电唐绍仪:"竹老转示尊电,愧不敢当。伍君为黎代表,各省公认,但伍不能赴鄂讨论大局,亦以公来沪为宜。盼切。"〔3〕第三,伍廷芳转请英国公使朱尔典帮忙。二十一日,伍廷芳致函英国驻上海总领事法磊斯说:"我认为几乎没有前往武昌的可能。""如果您惠允致电贵国公使,促请他要求袁世凯指示唐绍仪前来上海同我们磋商,我将极为感激。"法磊斯当天即将该信电致朱尔典,次日朱尔典复电云:"已对唐绍仪发出指示,要他前往上海会谈。"〔4〕

十月二十七日,唐绍仪一行抵沪。"南方预备沧州别墅,为北方代表住所"。但北方代表大多是凑热闹去的,并不管事,住得很分散。总代表唐绍仪一个人住在戈登路英商李德立家中,离赵凤昌南阳路的家惜阴堂很近,方便他造访,其余有的住沧州别墅,有的住礼查饭店,有的住其他地方,因而他们"见面的机会很少,到了上海以后就没聚会过一次",参加会议的只有唐绍仪和许鼎霖,"另外还有欧赓祥等几位秘书,其他代表都未参加","当时所以请许一同参加,也主要是由于他和张謇交谊深厚"。〔5〕本来南北议和是袁世凯代表与革命军代表之谈判,可北方代表一到上海就处处迁就东南精英。南方代

---

〔1〕 张国淦:《辛亥革命史料》,第288页。
〔2〕 曹亚伯:《革命真史》下册,第9—10页。
〔3〕 国家图书馆善本部编《赵凤昌藏札》第10册,第529、530页。
〔4〕 胡滨译《英国蓝皮书有关辛亥革命史料选译》上册,第160页。
〔5〕 张国淦:《辛亥革命史料》,第288页;冯耿光:《荫昌督师南下与南北议和》,《辛亥革命回忆录》第6集,第360—361页。

表也是如此,在正式开议的前一天,伍廷芳致函赵凤昌:"顷唐使来拜,已约明日两打钟在小菜场议事厅开议。全权文凭,乞明日午前掷下为祷。又黄公衔似可添代办大总统字样,祈酌裁为盼!"[1]原来,各省代表会推举伍廷芳为南方议和总代表,但因临时政府未成立,没能发给他全权政书,他只好请赵凤昌代办,并建议授权人暂定大元帅黄兴的职衔改为"代办大总统"字样,以与清廷并峙,体现对等。正因为南北双方代表均对东南精英有所求,所以东南精英成为双方沟通的桥梁,在幕后穿针引线,参与谋议,非常活跃。赵凤昌表现尤其突出,给北方代表留下深刻印象,很多人都提及。

如魏宸组说:"所有和议中主张及致北方电,俱是夜间在赵寓双方商洽。"此言不虚,有南方代表团秘书余芷江的回忆作旁证:"这次议和是一个大烟幕。有关会议情况的电报,白天打出去的和晚上打出去的完全不同,是两回事。白天开会是在做文章……打出去的电报是互斥对方违反规定,等等。重要问题在夜里谈:清帝退位问题、退位后的优待问题、退位后谁来的问题、要外国承认问题,等等。所以夜里打出去的电报才是会议真正的内容,而这些内容在会议进行时并不公开。"[2]此外,其他北方代表也从多个角度和侧面提供了更多、更详实的赵凤昌在议和中的活动和表现。张国淦说:

> 伍、唐同乡老友,共和主张,又在同一条路线。有赵凤昌者,曾在张文襄幕,与伍、唐旧相识,有策略,此次革命,活动甚力。赵住上海南洋路,伍、唐遂假其寓所,每夜同往聚谈。在议场时,板起面孔,十足官话,及到赵处,即共同研究如何对付北方,以达到目的。赵参与密议,且在沪久,革命党人及江浙知名人士,尤其张、汤等,皆能联络。[3]

章宗祥因为听说住沧州别墅受监视不大自由,就搬到礼查饭店

〔1〕 国家图书馆善本部编《赵凤昌藏札》第10册,第531页。

〔2〕 张国淦:《辛亥革命史料》,第292页;《辛亥上海光复前后》,《辛亥革命回忆录》第4集,中华书局1963年版,第14页。

〔3〕 张国淦:《辛亥革命史料》,第292页。

去住。他关于南北和议的消息是从杨士琦那里打听到的,后来回忆说:

> 我们住礼查后,和北方团体一班人,比较少见面,只知道北方总代表唐绍仪和南方总代表伍廷芳以及两方人员,并没有正式指定会场正式开议。两方的接头,是由赵凤昌经过英人某联络,在英人某的家中,唐、伍两人开始会面的。嗣后南北两方的意见,由唐、伍两人直接秘密交谈,始终没有公开。我们所知道的,是两方的意见,距离很远,这次议和怕未必成功。当时我们虽然是议和代表,然而事实上仿佛像局外人,如此重大问题,外国人却居中传达,而名义上一般代表,反盲(茫)然不知内容,也没有一个人表示不满,今日思之,不可谓不离奇了。〔1〕

冯耿光也住在礼查饭店,但他跟唐绍仪是同乡,在北京时又住处相邻,到沪以后两人更熟了,来往频繁,所见所闻更多:

> 当时唐在上海任总代表,梁士诒在北京任邮传部副首领,实际也就是袁世凯的秘书长。密电往还都是唐、梁直接掌握。电报技术员姓区,也是个广东同乡,每天有电报来,由区翻译出来就送给唐看,唐有时就交给我们看看谈谈。我们从北方来的人不少,但看看电报、谈谈的人也不过两三个人。唐看过电报,往往就去打个打个电话,我们总以为是找伍廷芳商量,却不料是找赵凤昌。有一天,区翻译出一件北京拍来的密电,照例递给唐看,唐看过很兴奋,说:"北京回电来了,赶紧打电话给赵老头子。"一头说一头挂电话,电话里和对方仍是和过去一样谈得有说有笑,很融洽。我觉得奇怪,就问他:"你有要事不找伍秩老,为什么先打电话给他?"他说:"秩老名义上是南方总代表,实际上作不出什么决定,真正能代表南方意见的,能当事决断的倒是这个赵老头子。"我当时不知赵某究是何许人,他说:"赵曾在张南皮任两广总督的时候,做过他多年的亲信幕僚,后来又跟张到

---

〔1〕 章仲和:《南北议和亲历记实》,《辛亥革命回忆录》第8集,文史资料出版社1982年版,第416页。

湖广总督衙门做幕，可以说是参与机密，言听计从的。他官名凤昌，字竹君，江苏常州人，读书很多，不仅对新学很有研究，由于他随张多年，国内情形、政治军事了如指掌。"我又问："他有何权参与此事？"唐说："由于后来张推荐赵到沪举办洋务，接触江浙两省的时人很多，尤其为张季老所尊重，张、赵交亦笃厚。现在江浙的程雪楼、汤蛰仙和南方的几个都督同赵都有交情。民党中人对国内情形并不怎样熟悉，张是提倡实业救国的新人物，孙、胡、汪等民党领袖对张不仅慕名，而且很佩服很重视。他们为了熟悉情形，有不少事要请教张，而张往往趋而谋之于赵，张每自南通来沪，必住赵家，这样民党中人自然敬重赵了。因此，南方要人如孙、汪、陈其美、程雪楼等有重要的事也来决策于赵。又因他长年病足，不能下楼，大家为了迁就他，就到他南阳路私邸惜阴堂去会见或开会。在和议过程中，每星期当中总有一天或两天，程德全、汤寿潜、张睿、汪兆铭、陈其美等曾在赵家聚会。所以他实际是众望所归、洞悉全盘局势的南方策士，通过他反而好办事了。"经他这一席话，我才恍然理解。我在唐处所见，差不多天天唐要与赵通电话，赵在当时和议中的重要性，由此可见了。〔1〕

上述每个人的回忆角度不同、细节也有出入，但无一例外地认为赵凤昌善谋略，办事能力强，在和议中发挥了重要作用，很多决定是在惜阴堂做出的，给人的感觉是南北和议不困难复杂，靠几个人私下密议就搞定了。其实不然，整个出现许多波折，并非那么顺利。其原因主要是各方都从自己的立场出发，把事情想简单了。就东南精英而言，他们认为袁世凯雄才大略，手头又有精兵强将，只要争取到他，那清朝就根本动摇，不战而亡了，因此多方劝说他"不要再去捧持落日，要来扶起朝阳"，〔2〕还把议和地点抢到上海来，希望能够助袁世凯一臂之力，让他早定大局。但袁世凯是个雄猜之主，善于玩弄权

〔1〕 冯耿光：《荫昌督师南下与南北议和》，《辛亥革命回忆录》第6集，第361—363页。
〔2〕 张孝若：《南通张季直先生传记》，第149页。

术,有自己的野心和盘算。他"虽重兵在握,却力避曹孟德欺人之名,故一面挟北方势力,与南方接洽;一面借南方势力,以胁制北方"。在他看来,南方实力不足,对他抱有幻想,"一时拉拢,尚有途径可寻",〔1〕所以出山后首要任务是从南方找突破口,剿抚兼施。对于南北议和的地点,他希望在汉口,〔2〕这样可以利用其军事上的高压态势,威逼革命军就范。但没想到东南精英施压、英国公使干涉,最终改在上海,不仅使他的如意算盘落空,而且也打乱了他的部署,导致和议过程状况不断,他在疲于应付的同时,也备受质疑。

比如在北方代表团出发前,袁世凯强调议和要以君主立宪为底线,但唐绍仪本有共和思想,到南方后受东南精英影响,公开支持共和,不少看法与南方代表一致,所作决定被袁世凯认为是"擅作主张,超越权限",只得主动辞职。此事轰动一时,"西人深为惊诧",作各种猜测,让袁世凯背负巨大压力。〔3〕恰恰在此时,南方成立了中央临时政府,选举孙中山为临时大总统,结果议论纷纷,有人以他"服政清廷,未克选为临时总统"感到惋惜;有人则把唐绍仪的辞职与此事联系起来,认定他是因"民军选定总统",失望之下,"撤回和使,重启战端"。而北方军队则"咸动公愤","鼓吹开战之说",袁世凯"几有维持不了之势",乃决定辞职。没想到消息传出,各国使馆不约而同"各电其本国政府请示办法"。袁世凯大惊失色,不得不召集各使馆告以"虽有辞职之说,尚无其事,请各安心"。雪上加霜的是"东三省、直隶、河南、山东等督抚又连电反对共和,措辞甚厉"。〔4〕面对上述情形,袁世凯觉得非常棘手,无从着手。张謇建议他要想办法让清帝退位:"窃谓非宫廷逊位出居,无以一海内之视听,而绝旧人之希望;非有可使宫廷逊位出居之声势,无以为公之助,去公之障。"〔5〕然清廷毕竟有二百多年的根基,加上部分王公亲贵的反对,真要做起来谈何

〔1〕 张国淦:《辛亥革命史料》,第298页。

〔2〕 胡滨译《英国蓝皮书有关辛亥革命史料选译》上册,第208页。

〔3〕 冯耿光:《荫昌督师南下与南北议和》,《辛亥革命回忆录》第6集,第363页;劳祖德整理《郑孝胥日记》第3册,第1377页。

〔4〕 劳祖德整理《郑孝胥日记》第3册,第1378、1380、1387页。

〔5〕 国家图书馆善本部编《赵凤昌藏札》第10册,第560页。

容易。袁世凯曾分别致电张謇、赵凤昌,大吐苦水:"事关国体,必须上下承认,非凯一人所得擅断","极多困难,连日协商","急切未易定议"。张謇又出主意鼓动前敌各将领电请清帝退位,"否则军人即不任战斗之事云云"。[1]袁世凯依计行事,果然奏效。1912年1月26日,段祺瑞领衔前线四十多名将领致电清廷明降谕旨,立定共和政体,2月12日,清帝溥仪就奉隆裕太后懿旨下诏退位。[2]至此,南北和议终于告成,全国实现了和平统一,袁世凯即接手南京临时政府,重新组阁。

四、筹建临时政府

武昌起义之后,东南精英在上海组织各省代表会目的就是为了"议建临时政府,总持一切,以立国基,而定大局"。[3]几经周折,各省代表会最终决定在南京组织临时政府,并责成副元帅黄兴办理此事。可黄兴一再推让,至十一月初三日,江浙联军代表李燮和等专程到上海,迎接黄兴到南京组织临时政府。这次黄兴有意走马上任,他对代表们说:眼下财政困难,人才缺乏,正在想办法解决,三五天后,有了头绪,即行前往。[4]事实证明,他所言不虚,除了派何天炯赴日借募巨款外,他还请张謇出面担保,向日本三井洋行借款30万元,供组织临时政府之用。保证书云:"兹因黄君克强为中华民国组织临时政府之费用,向贵行借用上海通行银元三十万元。约定自交款日起一个月归还,并无抵押物。如还期不如约,唯保证人是问。除息率及汇水,由黄君另订条件外,特具此书。三井洋行鉴存。张謇。黄帝纪元四千六百有九年十一月。"[5]可在预定赴南京的前一天晚上,因获悉孙中山回国,黄兴临时改变主意,决定不去组织临时政府,请

---

〔1〕 国家图书馆善本部编《赵凤昌藏札》第10册,第558、559、561页。
〔2〕 很多回忆录都说清帝逊位诏为张謇所起草。但据张謇日记,当时他正忙于为南京临时政府筹款,关于清帝逊位的消息和诏书,都是通过阅报获悉的,看不出他有起草逊位诏书的迹象。所以暂不讨论。
〔3〕 罗家伦主编《革命文献》第1辑,总第3页。
〔4〕《各代表恭迓黄元帅》,《民立报》1911年12月23日,第5页。
〔5〕 张孝若:《南通张季直先生传记》,第171页。

各省代表马上选举临时大总统。李书城后来回忆前后经过甚详：

> 　　黄先生本拟早日起程赴南京就职，并已商请张謇向上海日
> 商三井洋行借款三十万元作到南京后军政费的开支。但在预定
> 起程赴南京的先一天晚上，黄先生忽向我说，他明天不去南京
> 了。我问何故不去。黄先生说："顷接孙中山先生来电，他已起
> 程回国，不久可到上海。孙先生是同盟会的总理，他未回国时我
> 可代表同盟会；现在他已在回国途中，我若不等待他到沪，抢先
> 一步到南京就职，将使他感到不快，并使党内同志发生猜疑。太
> 平天国起初节节胜利，发展很快，但因几个领袖们互争权利，终
> 至失败。我们要引为鉴戒。肯自我牺牲的人才能从事革命。
> 革命同志最要紧的是团结一致，才有力量打击敌人。要团结
> 一致，就必须不计较个人的权利，互相退让。"我听了黄先生这
> 一番话，感到他的人格伟大，感到他对革命事业的忠诚纯洁，
> 深为佩服。〔1〕

应该说黄兴此举一方面与他识大体、顾全局、能谦让、有气度的
品格有关，另一方面也是时势使然，因为孙中山革命的名声举世皆
知，尽管他没有直接领导武昌起义，但革命军一开始就用他的名义发
布告、作宣传。欧洲的媒体于武昌起义爆发五天后即报道说："此间
舆论已大张一种主义，谓将来中国必立共和政体之新政府，其总统大
约孙逸仙充之。"当时国内很多人也认为他是"首创革命之人，中外人
民皆深信仰，组织临时政府舍伊莫属"。〔2〕如江苏都督程德全、江
北都督蒋雁行都先后通电请孙中山回国组织临时政府。在南京的各
地代表本为临时政府难产颇感头疼，听到中山先生回国的消息，"皆
欣然色喜，以为此问题可顺利解决也"，〔3〕遂派代表到上海欢迎。

---

　　〔1〕　李书城：《辛亥前后黄克强先生的革命活动》，《辛亥革命回忆录》第1集，中华
书局1961年版，第196—197页。

　　〔2〕　《欧洲关于中国变乱之要电》，《民立报》1911年10月15日，第2页；罗家伦主
编《革命文献》第1辑，总第4页。

　　〔3〕　王有兰：《辛亥建国回忆》，丘权政、杜春和选编《辛亥革命史料选辑》下册，湖南
人民出版社1981年版，第295页。

十一月初六日，孙中山乘船抵沪。一登岸，即被黄宗仰等接至哈同公馆，接见了伍廷芳及其他来客约三十人。下午2:30，孙中山与黄兴、陈其美、胡汉民、汪精卫等前往伍廷芳家观渡庐互商要政，至下午4:20才离开。上海都督府已经预先安排孙中山住在宝昌路408号，孙中山至伍宅出，即前往该住处。晚上，同盟会员庞青城在戈登路7号设宴招待孙中山，伍廷芳、黄兴、陈其美、程德全、温宗尧、黄郛等也赴宴。据称，次日孙中山就到惜阴堂，与赵凤昌见面，"致词谦挚，曰：革命大业，诸君子功定垂成，愚愿幸偿，犹当勉继全力。海外消息梗滞，百不得一，请详述之"，赵凤昌"遂一一陈说沪汉情事"。[1]中午，黄兴、陈其美等在哈同花园公宴孙中山，并邀在沪各省代表作陪，"各省代表计：福建潘祖彝、林长民，直隶谷钟秀，九江林森，江苏雷奋、赵凤昌，江北马良、王照，海（按：疑应为"湖"）南宋教仁，奉天吴景濂，浙江汤尔和、黄群，广西马君武，广东丘先庚、赵士北，四川周代本，云南吕志伊，山东雷启宇，山西景耀月，湖北居正、杨时杰，贵州平刚，安徽郑赞丞"。席间，"黄、陈密商举孙逸仙为大总统，分头向各代表示意。马君武主于《民主（按：疑应为"立"）报》著论，唤起民众，孙善之"。随后，商量组织临时政府方案，宋教仁提出内阁制，孙中山"持异议颇力"，宋坚决不同意。双方争执不下，黄兴耳语宋教仁劝其妥协，"宋频摇其首，几成僵局"。晚上，在孙中山住处继续讨论，"宋仍主内阁制不稍更，孙力持总统制不屈，面红耳赤，几至不欢。黄兴调解其间云'俟至宁后，决于全体各省代表'，始散"。[2]

初八日，各省代表会派出的欢迎代表拜访孙中山，由马君武申述欢迎之意后，即谈到组织临时政府问题，主要涉及三方面内容：1. 孙

〔1〕赵尊岳：《惜阴堂辛亥革命记》，《常州文史资料》第1辑，第64页。潘宗尧撰《孙中山先生在上海的几件事》，也说及此事，文字与文中所引大同小异，疑取自赵尊岳文。见中国人民政治协商会议上海市委员会文史资料工作委员会编《辛亥革命七十周年》，上海人民出版社1981年版，第29页。实际上，孙中山一到上海就受到公共租界工部局的严密监控，警务处每天记录其行踪。从孙抵沪到离沪，并无到惜阴堂的报告和记录，赵尊岳记忆有误，所写不太可信。见上海市档案馆编《辛亥革命与上海——上海公共租界工部局档案选译》，中西书局2011年版，第79—88页。

〔2〕章天觉：《回忆辛亥》，《辛亥革命史丛刊》第2辑，中华书局1980年版，第166页。

中山的职位问题。因为各省代表会已议决如果袁世凯反正,即选其为临时政府大总统,所以拟选举孙中山任临时政府大元帅,孙中山表示要选就选大总统,如果袁世凯真能拥护共和,大总统之位可以让给他。2. 大总统是否冠以"临时"二字。孙中山认为总统就是总统,临时字样,可以不要。3. 要不要改用阳历。孙中山说如果他当选总统,将于1912年元旦就职,同时宣布中国改用阳历。欢迎代表觉得这些方面事关重大,他们决定不了,须交由各省代表会讨论。由于各省代表会定于十一月初十日选举临时大总统,所以欢迎代表当日返回南京,以出席初九日的各省代表会,反馈孙中山的意见。而黄兴也赶往南京,除与各省代表会商量上述问题外,还力争临时政府采取总统制。经讨论,"代表会对于保留总统位置予袁一节,认为不必要",但大总统前的"临时"字样仍须保留,至于改阳历、总统制二节辩论甚久,终获通过。[1] 第二天,各省代表会选举临时大总统,并将孙中山当选的结果电告孙中山及各省。孙中山当即复电表示接受,拟尽快前往南京就职,同时致电袁世凯,强调"文虽暂时承乏,而虚位以待之心,终可大白于将来",希望袁世凯早定赞成共和大计,"以慰四万万人之渴望"。[2]

当选临时大总统后,孙中山着手组建中央行政机关,于"各部之组织,则采纳克强意见"。[3] 克强即黄兴,因与赵凤昌较熟,他事先请教赵凤昌。赵凤昌认为"建府开基,既须兼纳众流,更当克副民望",[4] 举荐了张謇、汤寿潜、熊希龄、程德全等东南精英,尤其力推张謇、熊希龄作为财政总长人选。但黄兴"推荐张謇或熊希龄长财政",被孙中山拒绝了,他说"财政不能授他派人,我知澜生(按系陈锦涛字)不敢有异同,且曾为清廷订币制,借款于国际,有信用"。[5]

---

〔1〕 王有兰:《辛亥建国回忆》,丘权政、杜春和选编《辛亥革命史料选辑》下册,第295—297页。

〔2〕 王耿雄编《孙中山史事详录(1911—1913)》,天津人民出版社1986年版,第76—77页。

〔3〕《胡汉民自传》,传记文学出版社1982年版,第65页。

〔4〕 赵尊岳:《惜阴堂辛亥革命记》,《常州文史资料》第1辑,第65页。

〔5〕《胡汉民自传》,第65页。

于是,财政总长由陈锦涛担任,张謇任实业总长,程德全、汤寿潜则分任内务总长、交通总长。本来宋教仁主张"初组政府,须全用革命党,不用旧官僚",[1]最终临时政府九个部的总长只有陆军、外交、教育三部为革命党人,其余全为前清旧官僚和名流。可见黄兴接受了赵凤昌的建议,尽量网罗各方人士,使得这个初生的共和政权新旧结合,具有一定的代表性,能广为接受。

财政是关系一个政权存亡绝续的命脉所在,孙中山对此有清醒的认识,足够的重视。当他得知武昌起义的消息后,没有立即回国,而是直接去欧洲筹款,可惜毫无所获。在南京临时政府成立前夕,他仍然身无分文。据称在赴南京就职的前一天,他向日本友人宫崎滔天借钱,说:"你如不保证在一周内给我弄到五百万元,我当了总统也只好逃走。"[2]确实,南京临时政府成立时面临严重的财政困难,尽管赵凤昌推荐张謇、熊希龄出任财政总长,但他们各自对新政府的财政状况作评估之后,都觉得毫无把握,拒绝出任。张謇经过核算,认为南京临时政府每年支出至少需要银 1.2 亿两,扣除岁入海关税收 0.3 亿两和两淮盐务 0.1 亿两,每年还缺 0.8 亿两,即使"道德如孔墨,才辩如苏张",也无能为力,何况"本无理财学识"的他。因此,他"实不敢以全无把握之事,滥竽充数"。[3]熊希龄更悲观,指出南京临时政府临时应筹之款银 1.1 亿多两,常年不敷之款 1.7 亿多两,两者合计达 2.8 亿多两,即使抵扣军需公债发行所得 1.4 亿多两和海关税收款 0.1 亿多两,还短缺 1.3 亿多两。[4]欲救目前之急,只能采取

〔1〕 罗福惠、萧怡编《居正文集》,华中师范大学出版社 1989 年版,第 72 页。
〔2〕 《宫崎滔天谈孙中山》,《广东文史资料》第 25 辑,广东人民出版社 1979 年版,第 314 页。
〔3〕 《张謇全集》第 1 册,第 236—237 页。
〔4〕 国家图书馆善本部编《赵凤昌藏札》第 10 册,第 582—587 页。在《赵凤昌藏札》中,这部分内容没有标题,上海社会科学院历史研究所编《辛亥革命在上海史料选辑》为加标题"对全国财政预算估计",并出说注"按此为张謇《对于新政府财政之意见书》的草底"(上海人民出版社 1966 年版,第 1084 页),但经比对,两者统计内容和数据都不相符,显然并非草底和正文的关系。查这部分内容与熊希龄所写《详陈当今财政困难之情况及不能担任财政部长之原由致唐少川总理函》(周秋光编《熊希龄集》第 2 册,第 572—575 页)完全一致,只是比较简略,以罗列数字为主,显然是赵凤昌从熊希龄处摘抄而来,因而这部分内容的标题应是"当今财政困难之情况",作者为熊希龄。

增税、借债和发行纸币三种办法，可是中国贸易逆差2亿两，“民困已极，岂能加税”；清朝借外债已至20亿元，“担保抵押只余钱粮，又为现在之人民所绝不赞成者也”；全国发行纸币3.3达亿元，“纸币愈多，则正货愈流出，物价愈腾贵，何能再为增加发行也”，所以，不仅不能增税、借外债，还无法再发行纸币，简直是病入膏肓，无药可治。正因为此，“黄总长组织内阁，又以财政事宜相属，龄均再三力辞，得邀原谅”。〔1〕

就此而言，孙中山拒用张謇、熊希龄，他们正求之不得。但张謇似较熊希龄更具有忧患意识、进取精神和用世之心。在给赵凤昌的信中，他表示自己愿意出任财政总长，不过仅能“任财政中之生财一面”，理财一面则无法胜任，请赵凤昌“为计之”。〔2〕于是，赵凤昌请改任他为实业总长。在各省代表会议决通过的前一天，张謇就获知自己“被推为实业部总长”，他的第一反应和感受是“时局未定，秩序未复，无从言实业也”，但他仍致信孙中山表示决不推诿，力争做好：“顾临时政府方成，建设伊始，若人推诿，不独有负盛指，抑无以尽匹夫之责。谨当竭所知能，以酬眄睐。”〔3〕张謇说到做到，除本职工作外，他还在赵凤昌的支持下，主要为南京临时政府做了两件事：第一件是有关财政方面。首先，建议统一财政，要求各省为中央提供经费，“各省能担任若干万两，务必确实复答”。〔4〕其次，为新政府筹款。除上述为临时政府成立而出面担保向日本三井洋行借款30万元外，他还应黄兴之恳求，筹集军费50万元。再次，为增加新政府收入，改革盐政，保护商业。〔5〕第二件是政治方面。南京临时政府成立后，袁世凯大为不满，致电伍廷芳，质问现正商议和办法，“乃闻南京忽已组织政府，显与前议相背，此次选举总统，是何用意”？而北洋军也称“民军既举有总统，同人生计将绝，并谓此后之战，皆为项城，

〔1〕周秋光编《熊希龄集》第2册，第574—575、576页。
〔2〕《张謇全集》第2册，第299页。
〔3〕《张謇全集》第8册，第732页；《张謇全集》第2册，第303页。
〔4〕《张謇全集》第1册，第237页。
〔5〕《张謇全集》第8册，第1030页。

非为满洲",愿意"决死战"。[1] 对此,南京临时政府也不甘束手待毙,积极组织北伐,一时南北气氛紧张,有重启战火之势。张謇不忍坐视不管,乃以第三方自任,致电袁世凯说明原因,释其疑虑:"南省先后独立,事权不统一,秩序不安宁,暂设临时政府,专为对待独立各省,揆情度势,良非得已。孙中山亦已宣言,大局一定即当退位。北方军队因此怀疑,实未深思苦衷。"希望南北双方推诚布公,"急求融洽之方","若因是再肇战祸,大局何堪设想"。见袁世凯没什么动静,张謇又致电袁世凯说久拖不决,并非你平日风格,"甲日满退,乙日拥公",希望他"奋其英略,旦夕之间,勘定大局"。[2] 正是在张謇的敦促之下,袁世凯才放弃既要取代清廷、又不想背上篡位恶名的企图,加快逼宫步伐,迫使清帝退位,奠定南北统一大局。

清帝下诏退位第二天,孙中山就履行诺言,向临时参议院提出咨文,辞去临时大总统职务,并荐袁世凯自代,同时提出三个条件:1.临时政府设于南京,2.新总统必须亲到南京受任,3.新总统必须遵守《临时约法》。1912 年 2 月 15 日,临时参议院正式选举袁世凯为中华民国第二任临时大总统,但他不愿接受上述三个就职条件,尤其前两条马上面对,是当务之急。次日,袁世凯致电张謇等,称"爱我者适足相害",委婉希望他们"切商中山,仍以利国福民为念",不要人为设限。[3] 但张謇没搞明白,复电安慰说:"中山有誓,岂肯自违? 公被众举,义何容辞?"后袁世凯直接挑明,并请张謇到北京商量办法。张謇即于同日复以一电一信。电文比较简单,主要有两方面内容:一是表示自己不能北行,故别具详函,请刘垣前往陈述;二是为袁世凯不愿南来找出两个正当理由:"一面有北数省人民,一面有在京外交团。"信即电文所说的"详函",较长,涉及面很广,除重复电文"不能南"的理由外,主要有以下几方面内容:1.说明他不能北上理由。因为他已辞去南京临时政府职务,"若忽焉而北",则表明他有"轻重向

〔1〕 曹亚伯:《革命真史》下册,第 83、78—79 页。
〔2〕 国家图书馆善本部编《赵凤昌藏札》第 10 册,第 539—540 页;《张謇全集》第 2 册,第 309 页。
〔3〕 国家图书馆善本部编《赵凤昌藏札》第 10 册,第 577 页。

背"之意,对他、对袁世凯都不利。2. 提醒袁世凯组阁时要注意几点:其一,除军队外,不能将以前的亲信都置之左右;其二,希望袁尽量吸收各界人士,合一炉而治,"以示廓然之公";其三,化解一些人与同盟会的恩怨,赞助与同盟会亲近的人,以便于沟通。3. 告诫袁世凯"不欲南之意"不出其口,方可有效。唐绍仪"警敏缜密,能谋能断",对此难题"飞钳捭阖","心知其意而妙用之",必能从容应付。4. 希望袁世凯不要授予其行政职务,因为一旦他"侪于国务",则不能发挥其在野"遥为声援""拾遗补阙"的作用,但如果一定要让他做事,"请专任改革盐法、疏浚淮河、扩充棉产纺织业三事"。〔1〕据此可见,张謇为袁世凯即将上台所做的谋划不遗余力,细致入微,十分周到。然不止乎此。没多久,张謇又致电袁世凯,谆谆嘱咐:"要公南者固甚多","若南,须以师从",并建议眼下应办这么几项事:1. 就近取得各公使承认,抓住外交权。2. 以50万犒赏海陆军。3. 派阿王、温宗尧、汤寿潜等分任蒙、藏、南洋宣抚使。4. 用公债票奖励同盟会、光复党的烈士。〔2〕最后他说"余俟专函续详",意思是还要继续出谋划策,当袁世凯的山中宰相。

就在这时,北京发生了兵变,"京、津、保、永,同时发难",张謇认为"皆由不早统一之过","若再相持,危机愈迫,祸乱不可胜言"。为此,他致电唐绍仪,说经与赵凤昌商议,他们认为为今之计,只有"利用外交团以非正式公文劝告南北双方,并声明不能听项城南下,致生变故",否则不易解决。〔3〕而唐绍仪、袁世凯当然也不会放过这样的机会,大造舆论,迫使南京临时参议院于3月6日议决同意袁世凯在北京就职。这样,经过近一个月的拉锯战,袁世凯"不欲南"终告胜利。四天后,他正式就任临时大总统,又面临成立内阁问题。因为事关南北利益分配,此事早已成为各方关注的焦点,并有各种传言和猜测。据郑孝胥日记,2月2日,清帝尚未逊位前,孟森就来告诉他:"皇室退位,革党政府当同时取消,别立南北统一之政府,袁世凯为总统,

---

〔1〕《张謇全集》第2册,第319—320页。
〔2〕《张謇全集》第2册,第321页。
〔3〕《张謇全集》第2册,第322页。

唐绍怡为总理,梁敦彦为外部,沈家本为法部,蔡元培为学部,张謇为商部,黄兴为陆军部,黎元洪为海军部,余犹未定"。[1] 2 月 16 日,袁世凯的洋幕僚莫里循在给友人的信中,也对袁氏政府人选做出了推测。他认为"唐绍仪将得到国务总理的任命",其他政府人选为:

> 袁世凯——总统;黎元洪副——副总统;伍廷芳——外交总长(广东人);熊希龄——财政总长;张謇——农业总长;赵秉钧——内务总长;段祺瑞——陆军总长;王宠惠——司法总长(广东人);海军司令张(现在英国)——海军总长(广东人);蔡[元培]——教育总长;梁士诒——交通总长(广东人)[2]

从上列两份名单来看,相异之处甚多,但总统、总理、教育总长的人选完全相同。袁世凯任总统是众望所归,毋庸多言,唐绍仪为总理、蔡元培长教育部说明他们人气较高,时人一致看好。尤其唐绍仪,在袁世凯正式就任临时大总统前夕,便被提名为内阁总理,并得到南京临时参议院同意通过。[3] 但革命党开会讨论时,认为内阁总理必须是同盟会会员,这样才对己方有利,可唐绍仪偏偏不是,怎么办? 赵凤昌列席旁听,便开口说:"我是以地主的资格,列席旁听的人,不应有什么主张。但现在对内阁问题,我有一个意见,可以贡献备诸君参考。我认为新总统的第一任内阁,是新旧总统交替的一个桥梁,所以这国务总理必须是孙文、袁世凯两位新旧总统公同信任的人物。我以为只有少川先生最为适当,只要孙、黄两位先生不反对,我很想劝少川先生加入同盟会为会员,这就是双方兼顾的办法。"孙中山、黄兴当即表示同意,欢迎唐绍仪入党,"此问题就这样圆满解决了"。[4] 至于阁员人选,张謇于清帝逊位诏发布前,便为替袁世凯考虑了,"前以鄙意为公拟内阁组织之预备,顷有所见,更电请采

〔1〕 劳祖德整理《郑孝胥日记》第 3 册,第 1389 页。
〔2〕 骆惠敏编、刘桂梁等译《清末民初政情内幕——〈泰晤士报〉驻北京记者、袁世凯政治顾问乔·厄·莫理循书信集》上卷(1895—1912),第 884 页。
〔3〕《孙中山全集》第 2 卷,第 226 页。
〔4〕 刘厚生:《张謇传记》,第 197—198 页。刘厚生所描述的这一场景不可信,但鉴于唐绍仪的确加入同盟会,且赵凤昌居中起了一定作用,故姑以引证,望读者察之。

择：一陆军宜段正而黄副；一财政必熊，熊有远略，有成绩；一实业周缉之亦可；一保皇党人若梁启超亦可择用，南方现已疏通"。[1]其中段指段祺瑞，黄指黄兴，熊为熊希龄，周缉之即周学熙。但该人选仅部分被袁世凯采择，3月16日，袁世凯按照规定，向南京临时参议院提交内阁成员名单："外务部陆徵祥，内务部赵秉钧，财政部熊希龄，教育部范源濂，陆军部段祺瑞，海军部蓝天蔚，司法部王宠惠，农林部宋教仁，工业部陈榥，商业部刘炳炎，交通部陈其美，邮电部梁士诒"。[2]

这份名单提交后引起巨大争议，参议院认为袁世凯所开阁员分属十二部，超过议定的十部，不符议案；革命党的不满表现在两方面：一是指责袁世凯所提阁员多属亡清旧吏，二是反对以段祺瑞为陆军总长，要求换成黄兴。[3]对于上述三点，袁世凯只在陆军总长人选上表态坚决不让步，因此这场组阁之争实际变成南北双方的陆军总长之争，形成了僵持的局面。对此，赵凤昌等深恐内阁不早成立，夜长梦多，引起不测，遂出面调和，草拟了一份新政府人选名单：

正（总统）	袁（世凯）
副（副总统）	黎（元洪）
南北内阁	唐（绍仪）
北陆	段祺瑞
南参谋长	黄兴
南财	熊希龄
北外	陆徵祥
南学	蔡元培
南农	张（謇）
南法	伍（廷芳）

[1]《张謇全集》第2册，第309页。
[2]《南京临时政府公报》第40号，中国科学院近代史研究所史料编译组编辑《辛亥革命资料》，中华书局1961年版，第294页。
[3]此据胡绳武、金冲及《辛亥革命史稿》第4卷（上海人民出版社1991年版）第224—225页所引报刊史料综合而成。

北邮	梁士诒
北海	程璧光
北民	徐世昌[1]

该名单很有意思,除正、副总统外,各人姓名前均标明南、北,其中唐绍仪是南北兼具,算两人,合计南北各占 6 名,而正、副总统也刚好一北、一南,像兄弟分家一样,不偏不倚,什么都均分。此外,新增参谋长一职,由黄兴担任,解决了陆军总长之争。这份名单拟出后,赵凤昌等认为很公平,自我感觉不错,遂一边函告黄兴,请其顾全大局,另一边致电汪精卫做革命军工作,接受该方案。电文云:"内阁不速成立,危险万状,其原皆在陆部一席不决。南军队所主张,北方亦有万难。现内乱外交,均极纷逼,倘再迟延,必致不测。万不得已,仍当以克就参谋为调和计。弟昌前日又函致克切述之,现尚未决。乞兄向柏、洪等痛切陈说利害,令勿固执,并告克须力戒将士,共晓此意,以救危局。"[2]这个双管齐下办法大概起了一点作用,黄兴主动表示放弃陆军总长和参谋长职位,而袁世凯也投桃报李,改任黄兴为南京留守,并调整了内阁各部及阁员名单,由唐绍仪到南京临时参议院报告新国务员,提请表决。"是时议长议员到会三十九人","以得二十票为通过",投票结果如下:

外交陆徵祥(三十八票)	内务赵秉钧(三十票)
陆军段祺瑞(二十九票)	海军刘冠雄(三十五票)
财政熊希龄(三十票)	教育蔡元培(三十八票)
司法王宠惠(三十八票)	农林宋教仁(三十四票)
工商陈其美(二十一票)	交通梁如浩(十七票)[3]

上列名单与袁世凯第一次所提相比,外交、内务、陆军、财政、司法、农林六部一模一样;海军、教育、交通三部换了人选;工业部和商

〔1〕 国家图书馆善本部编《赵凤昌藏札》第 10 册,第 578—579 页。
〔2〕 国家图书馆善本部编《赵凤昌藏札》第 10 册,第 581 页。
〔3〕 《时报》,1912 年 3 月 30 日。转引自胡绳武、金冲及《辛亥革命史稿》第 4 卷,第 230 页。

业部合并为工商部,由原交通部陈其美改任;邮电部撤销。不难看出这次阁员调整实际是以上次为基础,作了微调,仅涉及三个部、三个人而已。投票结果显示,上述 10 名阁员,只有梁如浩未过半数,被否决,其他全部通过。最后,空缺的交通总长一职暂由唐绍仪兼任。这样,纷纷扰扰的内阁之争终于平息,唐绍仪内阁组成。张謇得知此消息后,心中的一块石头总算落地,不禁十分兴奋,马上致电朋友说:唐绍仪到南京参议院提交阁员名单时,"讯不易通",他担心革命党过激,再次折戟,"与二三同人多方疏解","顷闻陆军归段,已经发表",实为大幸。〔1〕可见,新政府组阁,张謇、赵凤昌等在背后调和斡旋,付出很多努力,取得一定效果。唐绍仪内阁成立,标志着北京临时政府筹建完成。

在辛亥革命推翻帝制、创建共和的过程中,赵凤昌和张謇做出了不小贡献。1912 年,有人在报纸上撰文称颂他们:"武昌起义,东南响应,诸先生乃乘时奋起,身任民军重要职务,以为天下倡。于是,天下之士仰望诸先生风采者,以为诸先生老成硕望,且不惜身家性命以为之。其人之纯粹无疵,其事之美善而无可非议,遂为天下所共信,使天下之人群趋于革命之一途。不数阅月而南北统一,共和告成,是诸先生不独为民国之元勋,抑且为同胞之生佛,瞻仰霭云,五体投地,英雄事业,贤圣经纶,固如是也。"〔2〕黄兴后来也赞誉说:"先生等负国人之重望,往时缔造共和,殚尽心力。"〔3〕

那么,为何他们能够缔造共和、成为民国元勋呢? 首先,与当时的国情有关,在清末,形成了以孙中山为首的革命派、以张謇为首的立宪派、以袁世凯为首的北洋派以及清廷四种势力。其中清廷乃众矢之的,是前三种势力亟欲掀翻的对象,而立宪派又处于革命派和北洋派之间,与两派都有千丝万缕的联系。由于有共同的奋斗目标,所以立宪派能够居间说合,把三者团结在一起,共同完成促使清廷倒台

---

〔1〕《张謇全集》第 2 册,第 330 页。

〔2〕《毛安甫、陆吟生致函程雪楼、张季直、伍秩庸、王人文、汤蛰仙、赵竹君诸君函》,《申报》1912 年 3 月 27 日第 7 版。

〔3〕国家图书馆善本部编《赵凤昌藏札》第 7 册,第 176 页。

的壮举。其次,张謇和赵凤昌均是思维敏捷、能力不凡的精英人物,不仅在经济上有实力,而且在地方上有号召力、影响力。从甲午战争开始,东南凡有大事,必能见到他们的身影。他们声望很高,民意基础也不错,所以当清朝皇室要求袁世凯讨伐南方时,袁世凯回答说:"你要我讨伐黎元洪、程德全,我可以办到的。你要我讨伐张謇、汤寿潜、汤化龙、谭延闿等,我是办不到的,他们都是老百姓的代表啊。"〔1〕既然作为老百姓代表,张謇、赵凤昌自然被时势推向前台,为他们代言。再者,张謇、赵凤昌身处官民之间,了解民间的疾苦,也对政府的弊病有切身体会,形成了他们做事稳健、考虑周到、协商解决的风格。与革命派、北洋派武力解决、权自我操不同,他们在革命局势已成的情况下,借鉴历史经验,着眼长远,成立国会,群策群力,磋商办法。结果他们倡导的这一路径成为辛亥期间最有效的解决问题机制,举凡组织临时政府,选举领导人、停战议和、制定《临时约法》、内阁人选资格等都经由国会议决,确保革命的有序统一进行,也顺利完成了新旧政权的和平更替,避免了历史上改朝换代的杀戮惨剧,可谓居功甚伟。

对于赵凤昌而言,这是其一生的"高光"时刻,达到了顶峰状态。但需要强调的是赵凤昌毕竟只充当智囊的角色,而实际的政治运作比较复杂,如上所述,此时期他的建言、策论也未被全部采纳。因此,加在赵凤昌身上的所谓"民国诸葛""山中宰相"等称号未必反映真情实相,要具体问题具体分析,不能一概而论,盲目给予他过高、过度的评价。

---

〔1〕 刘厚生:《张謇传记》,第192页。

第五章　从在场到退场

民国成立后,人们对新生共和国寄予厚望。然而旧邦新造并未带来新气象,让中国获得新生,反而危机重重,国是日非,局势越来越糟。于是,赵凤昌又由"民国产婆"变身"民国保姆",为维护共和于不坠,充当调人,奔走于各派政治势力间。遗憾的是,随着政局的动荡,政府首脑变动频繁,乱哄哄,你方唱罢我登场,很多与赵凤昌熟识的政客逐渐被淘汰出局,失去登台机会,而新人当政,又看不上他这样的旧时人物,赵凤昌也就此失去了往日的影响力,慢慢地淡出了人们的视线,过上参禅学佛、修身养性的闲适生活。

一、支持袁世凯政府

民国刚刚成立,梁启超就写了篇《中国立国大方针》,发表自己对新国家建设的政见。他认为当今世界以国家为本位,只有大国才能生存,可中国虽然早具国家形质,但两千年来凝滞不前,至今尚不具备完全国家的要求。值此新国家成立之际,中国必须建立强有力之政府,"借政治之力,将国民打成一丸,以竞于外,将使全国民如一军队之军士,如一学校之学生,夫然后国家之形成,而国际上乃得占一位置"。[1] 梁启

---

〔1〕《梁启超全集》第 4 册,第 2493 页。

143

超的强政府理论正中袁世凯下怀,他本来就是深谙权术的政治强人,从清帝逊位到他就任临时大总统,举凡首都之争、内阁人选之争、参议院北迁之争都以他的胜利而告终。北京临时政府正式成立后,他当然更要集权中央,加强控制,尤其革命党人在南方还拥有重兵,令他放心不下。同样,部分革命党人也对袁世凯非常不满,一方面满怀怀疑,"认为他可能致力于使他自己成为一个独裁者——皇帝",另一方面又不甘心,"普遍的想法是革命党完成了伟大的事业,组成了一支军队,还有一些省支持他们,他们不打算冒风险听任自己被北方,也就是被他们还未弄清楚其想法和意图的袁并吞,而牺牲他们已经得到的一切",[1]所以他们认为国事未定,还准备从事秘密活动,与袁世凯进行一番较量。[2]

本来共和方生,百废待兴,当务之急是兴利除弊,专务建设,但因为革命党势力还在,地方不稳定,袁世凯担心自己的权力受到威胁,不得不把防范异己力量、消除政治隐患放在第一位。于是他积极拉拢与革命党关系非常密切的赵凤昌。主要表现在两方面:一是以金钱维系。据袁世凯幕僚唐在礼称,袁世凯设有专管特务费的军需处,"最重要工作就是调拨支付特别费",其所列政治性怀柔费用第二类"大数目的,即每次馈送总是十万、八万元的",名单中就有赵凤昌,对赵凤昌的说明是"江南的重要人物"。[3]二是聘请赵凤昌为北京政府顾问,赵凤昌第一时间婉拒,[4]袁世凯没有勉强,复电请继续支持他:"电悉。谦德逊心,弥深渴想。仍乞关怀大局,时惠好音,则拜赐多矣。"[5]

本来自袁世凯出山后,赵凤昌与张謇都暗中支持他,为他当选临时大总统出谋划策,费尽心机。当他正式就任临时大总统后,对赵凤

〔1〕 骆惠敏编、刘桂梁等译《清末民初政情内幕——〈泰晤士报〉驻北京记者、袁世凯政治顾问乔·厄·莫理循书信集》上卷(1895—1912),第896、893页。

〔2〕《胡汉民自传》,第71页。

〔3〕 唐在礼:《辛亥革命以后的袁世凯》,杜春和、林斌生、丘权政编《北洋军阀史料选辑》上册,中国社会科学出版社1981年版,第101、106、107页。

〔4〕 详见本书"引论"。

〔5〕 国家图书馆善本部编《赵凤昌藏札》第4册,第123页。

昌知恩图报，表示敬重，赵凤昌自然更竭力为他服务，帮助他巩固政权。首先，出面劝请岑春煊出任四川宣慰使。当时四川局势混乱，滇军进入四川，与川军发生冲突，[1]给当地群众带来很大伤害和困扰，川人希望北京政府派岑春煊前来处置，尽快恢复社会秩序，结束这种动荡局面。于是袁世凯委托张謇劝驾，但不巧他生病了，乃致电转请赵凤昌帮忙：

> 顷洹上来电，谓蜀中望西林如岁，鄙人亦望其出山，共扶民国，拟以宣慰相托，到蜀后即发表督川，惟未经首肯，不敢轻举。蜀事关系全局，除岑公威望，更无可替之人，祈转达鄙意等语。謇适患大吐泻之后，未能即日莅沪，请公即诣西林代为劝驾。洹上钦迟于西林者至殷，时势倚赖于西林者至迫，甚盼允诺，即以办事方面而有所商，不妨先为订约。举国堕漩涡，若听其自休，吾辈亦无以逃后世之责云。公必见及之，如何？即盼电复。[2]

洹上代指袁世凯，西林即岑春煊。尽管他们两人在晚清时是死对头，但现在为了四川地方的安宁，袁世凯不惜盛赞岑春煊，非常诚恳地邀请他出山，只要肯答应，有什么要求尽量予以满足。张謇深知此事重要，转托赵凤昌时也请他务必重视，一定办成。赵凤昌不敢怠慢，亲自找岑春煊面商，岑春煊也表示愿意为国效力，但提出带一支3 000人的军队前往。有兵必须有军费，"饷需何指"，"能否应手"？进川后，现任都督"如何位置"？[3]这几个既现实又棘手，赵凤昌无法解决，遂复电张謇转达袁世凯。其时财政紧张，兵变不断，袁世凯正想方设法剪除地方军队，岑春煊反其道行之，袁世凯自然不可能答应，此事便作罢。

其次，协助熊希龄对外借款。熊希龄深知民国财政困难，是五辞唐绍仪内阁财政部长不获准后，才不得不担任该职的。他上任后，面对的是库空如洗的局面，"南京库储反余三万，北京倍之，不及六万"，

---

〔1〕 胡滨译《英国蓝皮书有关辛亥革命史料选译》下册，第553页。
〔2〕 国家图书馆善本部编《赵凤昌藏札》第10册，第291页。
〔3〕 国家图书馆善本部编《赵凤昌藏札》第10册，第289—290页。

而中央政府不仅没有分文现款收入,亟需支出的款项"共有二万六千万之巨额","故论救急之策,舍大借款无以支持危局"。〔1〕所以,上任伊始,他就接替唐绍仪同四国银行团谈判借款问题。但因为民国肇建,大局不稳,信用未孚,银行团"动滋疑虑,辄藉口于资本危险,力求担保确证,故有请派武官监督撤兵,并于财政部内选派核算员监督用途之要挟"等,熊希龄认为这两条有辱主权,"万难允许",〔2〕可由于对外借款被四国银行团垄断,只此一家,别无分店,他不得不忍辱负重,与之进行艰难的谈判。为了"破银行团之垄断政策",他采取两种办法:一是请赵凤昌帮忙请律师参与借款事,因为"将来借款条件,争论必多,万一决裂,不得不宣布公道于东西各国",赵凤昌即为他聘请了德籍律师约满,"计应付薪水银四千五百两"。〔3〕二是请赵凤昌"约集沪上各团体,速联名分电英、美、德、法、俄、日各政府,及海牙和平会,译成英文,谓该团不顾中国需款危急,概用垄断方法……实于维持中国秩序大有妨碍,恐非各国扶助中国之美意",赵凤昌接电后,经与沪上各团体商议,决定"先由总商会电英、法、美、德政府,措词极妥,译英文已发",电报费"共三千三百余元"。〔4〕尽管熊希龄想尽办法,付出很大努力,但四国银行团只在武官监督裁兵一条"乃作罢论",监督财政出入一条则坚不让步,他所签的垫款七条全名即《监视开支暂时垫款章程草稿》。该章程草稿披露后,"南方反对甚烈,(黄)克强尤甚,已电总统及参议院,责令废约"。〔5〕对此,熊希龄觉得很冤枉,"屡以电文发泄",赵凤昌认为这种做法"徒启恶感",建议他不必如此。后熊希龄声明辞职,赵凤昌又致电安慰他:"借款受击意中事,久必白,祈镇定,勿摇大局。"劝他不计个人得失,以国家大局为重。〔6〕但最终大借款暂停,改成一千万之小借款。

〔1〕 周秋光编《熊希龄集》第2册,第643、586页。
〔2〕 周秋光编《熊希龄集》第2册,第649、593页。
〔3〕 周秋光编《熊希龄集》第2册,第640、755页。
〔4〕 周秋光编《熊希龄集》第2册,第696页;国家图书馆善本部编《赵凤昌藏札》第10册,第135页。
〔5〕 周秋光编《熊希龄集》第2册,第649、627、652页。
〔6〕 国家图书馆善本部编《赵凤昌藏札》第10册,第137、132页。

第三，平息唐绍仪内阁风潮。据施肇基回忆，北京政府成立前，唐绍仪问袁世凯："新政府采何制度？系总统全权制，抑内阁责任制？"袁答曰："总统内阁，相助而行，不分彼此。"他当时就觉得这第一届内阁"断难圆满"。[1] 果然，这届内阁一开始便不顺，先是人选有争议，经协商，最终组成南北混合内阁。接着政界又纷传唐绍仪和袁世凯间貌合神离，有"龃龉之说，来往电报上多有可证者"。[2] 随后内阁阁员各行其是，同床异梦，"国务院之主要人物有五人：唐总理、内务赵总长、财政熊总长、教育蔡总长、农林宋总长是也。唐氏每有要议，必就商于蔡、宋二君，然蔡君文雅有哲思，宋君稳健持正论，三氏似非能相合者。熊近铮铮有以自信，赵则力守内务独立主义，当以别种眼光视之"。[3] 阁僚不能齐心协力，和同一致以进行，导致内阁缺乏威信，办事效率低，风波不断，阁员动辄提出辞职。时任北京临时参议院参议员的杨廷栋函告赵凤昌该情况，赵凤昌很是着急，于5 月 26 日致电杨廷栋：

> 函悉。近闻冲突益甚，事实争持国之福，党派相轧国之祸，情形危险，能从中和解，大局之幸。并乞速代弟密致少川、敦初、子民、正（庭）[廷]、秉三诸先生，切勿遽言辞职，摇动观听，外氛甚恶，万勿为两邻利用。民国初萌，竟为党祸摧折，实所痛心。[4]

少川、敦初、子民、正（庭）[廷]、秉三分别为唐绍仪、宋教仁、蔡元培、王正廷、熊希龄，他们都是内阁阁员。赵凤昌希望他们能消除党见，化解矛盾，千万不能被俄、日两国利用，从而让新生的民国遭遇不测。可见，赵凤昌是从中外多重关系的角度分析问题，因而把内阁的安稳与否看得很重，甚至关乎民国的存亡。6 月 17 日，熊希龄致电赵凤昌云："唐总理因王芝祥督直，于总统意见两歧，昨于十五早晨不辞而行，租居天津○界。总统特派梁燕孙、段芝泉前往劝驾，坚不肯

---

〔1〕《施肇基早年回忆录》，传记文学出版社 1985 年版，第 81—82 页。

〔2〕黄远庸：《远生遗著》上册第 2 卷，商务印书馆 1984 年版，第 4 页。

〔3〕黄远庸：《远生遗著》上册第 2 卷，第 6 页。

〔4〕国家图书馆善本部编《赵凤昌藏札》第 10 册，第 295—296 页。

回。"[1]唐绍仪出走，内阁摇摇欲坠，赵凤昌马上复熊希龄电云：

> 洽电悉。克强已电劝少川。近闻公与少川有隙，弟虽不信，亦颇滋疑。共和党中官僚派向好挤人，公必不为然，望表示以息浮议。少川于和议及合并，保全生灵，力全大局，功岂可没？今至避嫌出京，追想前尘，不禁泪下。借款事公切勿独肩，必求国院同意，尤望以诚感人。一切实情乞电示，以慰病友。[2]

不难看出，为挽救内阁，赵凤昌不仅请黄兴出面电劝唐绍仪，而且毫不客气，直言熊希龄与唐绍仪有隙，强调唐绍仪是对民国有功之人，不能这么排挤他，希望熊希龄捐弃前嫌，"以息浮议"。熊希龄阅电后，觉得事情很严重，担待不起，立刻公开通电澄清：

> 赵竹君暨各报馆、各省都督均鉴：顷得竹兄号电，内称"近闻公与少川有隙，弟虽不信，亦颇滋疑。今少川避嫌出京，望表示以息浮议"等语，阅之不胜骇异。希龄到京后，与唐总理同事，并无丝毫意见，即与各国务员亦均和衷共济。嗣因党报互攻，龄乃委曲求全，商之唐、宋，谓不如大众脱党，以示大公，唐意不以为然。迫至攻击剧烈时，龄不得已登报宣布，谓借款实龄一人之咎，与唐总理、胡总长无干，冀以解内阁摇动之危也。黄克强反对借款电到，龄即自劾辞职，唐总理再三挽留。彼此颇有争论，在所不免，事后仍复如常。及直督问题发现（总理与总统各执一见），龄尚从中调停，并于会议时拟请王芝祥君担任国务。唐总理坚执不肯通融，卒因此仓猝赴津。外间不察，乃诬及龄，谓为排挤。龄一生庸愚，无所表见，惟关于个人私德，则持守甚严，从未为此倾轧播弄、蹈权利小人之弊习。何况国家值此危险，岂肯狗挟私见，贻误国是，甘为民国罪人。丈夫作事磊落光明，若妒嫉排挤，是妾妇之行也。龄苟有此，狗彘不若。兹特公布天下，请公等转询唐总理及各国务员，证明希龄此言是否确实，有无虚

〔1〕 国家图书馆善本部编《赵凤昌藏札》第10册，第133页。
〔2〕 国家图书馆善本部编《赵凤昌藏札》第10册，第135—136页。

饰,即足以见龄之为人矣。总理既退,解职在即,关系平生,用特奉告。[1]

当得知唐绍仪去意已决、劝驾无果后,赵凤昌又致电杨廷栋,建议"目前内阁仍以合集为是,唐不回京,陆对外相宜,似可真除。各总长必仍留以维现状,段不宜总理,城北尤万不宜,均足惹猜嫌,决非大局之幸。并致秉三兄"。[2] 文中的陆指陆徵祥,段指段祺瑞,城北应借指徐世昌。赵凤昌的意思是既然唐绍仪离职,内阁仍应基本保持现状,总理段祺瑞不宜担任,徐世昌更不行,因为他们都是袁世凯的亲信,容易引起猜疑,导致大局动摇。只有陆徵祥大家都能接受,适宜提任总理,其他阁员则不必变动。赵凤昌这一方案不仅保留了内阁,而且维护袁世凯的统治,得到采纳。6月17日,陆徵祥被袁世凯任命为代理总理,唐绍仪内阁风潮暂告一段落。

第四,促成黄兴北上。唐绍仪离京出走后,熊希龄致电赵凤昌说,现在"人心摇动,秩序不可保,此事非得黄克强迅速入都不(准)[足]以解铃",自己"虽因借款事与克强口角,然深知彼之肫诚爱国,必能顾大局",希望赵凤昌设法敦劝黄兴北上。[3] 但黄兴并未去。不久,为了缓和南北党争,消除双方成见,袁世凯力邀孙中山、黄兴北上。因同盟会内部存在争议,有反对意见,黄兴暂缓前往,赵凤昌遂想方设法,促成黄兴早日启程。8月18日,赵凤昌和章士钊致电北京总统府的沈秉堃说,黄兴"决志北上,行时为同盟激烈派力阻,势将决裂,彼只能暂留,免滋纷扰",他们建议"大总统如能再派亲信要人至沪,伴黄北发,以杜激烈派之猜疑,更示大总统之局量,则南北之见消弭无形",由于"此事所关匪细",他们迫切要求沈秉堃将此事"上达大总统"。沈秉堃请示袁世凯后,袁世凯表示完全接受。于是赵凤昌、章士钊"同访克公",但黄兴说自己被"舆论所缚,刻难成行"。刚好孙中山已不顾反对,前往北京,赵凤昌、章士钊又有新的主意,电告沈秉

---

[1] 国家图书馆善本部编《赵凤昌藏札》第10册,第138—142页。

[2] 国家图书馆善本部编《赵凤昌藏札》第10册,第296页。

[3] 国家图书馆善本部编《赵凤昌藏札》第10册,第134页。

垫"派人请暂缓",等孙中山到京后,"由孙加电促行"。[1] 8 月 28 日,沈秉堃复电赵凤昌、章士钊,告诉他们:大总统"切盼克公来",对你们的所作所为很感动,已经"饬交通部转饬沪局",对你们的来电"不收电费"。随后,赵凤昌、章士钊再度拜访黄兴,转达袁世凯"神交千里,究不若把晤一堂"的盼望之情,刚好黄兴也接到袁世凯的密电,"允即部署行李北上"。9 月 5 日临行前,黄兴与赵凤昌作了一次深谈,敞开心扉地说他北上的宗旨就是"注重集权统一,力顾大局,并愿与共和党诸君予开怀畅聚"。赵凤昌立即将此信息密电袁世凯幕僚张一麐,并托他将该电转致也在北京的张謇,请张謇与其他共和党要人范源濂、熊希龄、金还、叶景葵等共同商量,一定要隆重接待黄兴。[2] 果然,11 日黄兴抵京时,袁世凯以接待孙中山的礼仪规格来接待黄兴,据一位法国目击者记述:"皇宫附近的街道上都布满了岗哨,蒙古骑兵伫立在车站外面的露天广场上,卫队沿着月台排列成行,迎候列车。还有一些少妇和少女,像团队一样整队肃立,她们来自新式学校,到这里来向革命军统帅致敬。她们大部分穿着淡蓝色上衣和淡色丝绸裤子。……当黄兴在队列中间走过时,士兵们举枪敬礼,妇女积极分子也向这位革命元戎致敬。"[3] 17 日,共和党也"宴黄克强于农事实验场"。[4] 而黄兴也不食言,致力于消除成见,商榷救济之方,并与孙中山一起同袁世凯从容讨论,拟定了"八大政纲",强调"立国取统一制度","调和党见,维持秩序,为承认之根本"等。黄兴到北京后的作为立竿见影,很有成效,10 月 5 日,国内外英文报纸不约而同地报道说:本来南北的"猜忌和纷争已危及民国的生存","黄兴到北京后,继续致力于消除党派之间的猜忌和纷争,

〔1〕 国家图书馆善本部编《赵凤昌藏札》第 10 册,第 283—284 页。黄兴的儿子黄一欧在一篇回忆黄兴的文章中说,1912 年秋天,"袁世凯邀请中山先生和先君入京会谈。先君本来是不准备去的,中山先生到了北京以后,来电极力敦劝,先君才于九月十一日入京"(《回忆先君克强先生》,《辛亥革命回忆录》第 1 集,第 617 页)。其实,他只看到表面现象,不知其后有赵凤昌、章士钊的策划、推动,故所言不确切。

〔2〕 国家图书馆善本部编《赵凤昌藏札》第 10 册,第 281、286、287 页。

〔3〕 转引自薛君度著、杨慎之译《黄兴与中国革命》,湖南人民出版社 1980 年版,第 141—142 页。

〔4〕《张謇全集》第 8 册,第 743 页。

其结果无疑是加强了政府的力量",使得"此间情势已有惊人的进步","民众对民国政府深为满意,对临时大总统的反对声浪也沉寂下去".〔1〕

民国建元以来,纷纷扰扰,终于在数个月后迎来了难得的融洽局面,这与赵凤昌上述幕后活动密切相关。他参与南北议和,把袁世凯送上了临时大总统的宝座。但袁世凯临时大总统要转为正式大总统,须等国会成立后,在大总统选举中获胜才行。因此,为确保袁世凯能够胜选,顺利当上中华民国大总统,赵凤昌极力支持袁世凯,为他创造各种有利条件。如上所述,他的努力没有白费,取得了一定的成果。然而,树欲静而风不止,一个突发事件不仅使他所取得的成果化为乌有,而且让他再次忙碌起来,继续居中调停。

二、调停宋案

1913年3月20日晚,宋教仁在上海火车站遭暗杀,两天后伤重不治,黄兴第一时间通知了赵凤昌:"竹君先生大鉴:钝兄被刺,想已详悉,痛于今晨四时四十七分绝命。知注,特此飞闻。弟兴启。二十二日。"〔2〕这就是著名的"宋案",一时掀起轩然大波,各种议论猜测铺天盖地。当时张謇刚好在上海,立即走访黄兴,了解国民党方面的反应。国民党于3月3日刚由同盟会改组而成,黄兴任协理。黄兴很悲愤,表达两个意愿:"第一,以国家为前提;第二,要死者明白。"〔3〕但张謇似乎没有就此突发重大事件与赵凤昌面谈,而是通过函电交流。24日,他致函赵凤昌:

> 竹公鉴:顷计电达。遁初以调和南北慷慨自任,无端被害,此必有不欲南北调和者。乱人横行如此,世岂可问! 拟挽以联云:"何人忍贼来君叔,举世谁为鲁仲连?"不知联寄何所? 想公亦必伤悼之也。〔4〕

---

〔1〕 转引自薛君度著、杨慎之译《黄兴与中国革命》,第144页。
〔2〕 国家图书馆善本部编《赵凤昌藏札》第1册,第1页。
〔3〕《张謇全集》第2册,第367页。
〔4〕 国家图书馆善本部编《赵凤昌藏札》第1册,第2页。

来君叔为东汉名将来歙,鲁仲连乃战国时期的辩论家,史称他们都是排忧解难、讲求信义的仁人君子。张謇以来歙、鲁仲连来比拟宋教仁,说明对他的评价很高。尤其在当时南北相互猜忌、成见很深的背景下,革命党人中像宋教仁这样能够不受党见困扰,相对理性,愿意往来游说、调和南北的人比较少见,所以为他的不幸罹难表示可惜。据说袁世凯得到此消息后,也惊愕地说:"确矣,这是怎么好? 国民党失去遁初,少了一个大主脑,以后越难说话。"〔1〕可见,张、袁看法惊人相似。

宋教仁被刺后,袁世凯责成江苏都督程德全、民政长应德闳办理该案。凶手很快抓到,搜出证据牵涉内务部秘书洪述祖。时赵秉钧为内阁总理兼内务部部长,袁世凯不免怀疑是赵秉钧指使,"而赵以洪时往袁府,亦疑袁授意"。〔2〕连北京政府内部都不淡定,总统和总理互相怀疑,外部就更别提了,各种传闻甚嚣尘上,有认为是同盟会自相残杀的,也有怀疑冯国璋是主谋,当然更多的则指向政府,特别是国民党中很多人直斥袁世凯为罪魁祸首。3 月 25 日,程德全到上海,前往黄兴公馆商谈宋教仁被刺案,赵凤昌与刚从日本赶回国的孙中山等也参加。次日,孙中山对来访的日本驻沪总领事有吉明谈起宋案:"昨晨返沪以来,根据所收到之报道,其数虽少,而出自袁世凯主使之证据,历然在目。……袁以大总统之高位,尚用此种卑劣手段,实所不能容忍。"〔3〕基于国民党对袁世凯的不信任和激烈反应,30 日,程德全、应德闳、张謇均至南阳路 10 号赵凤昌家秘密会议,"商办宋案"。〔4〕会议的内容不得而知,但有迹可寻,大致包含下列内容:一是应尽快结案,给公众一个交代,以消除不良影响。二是想办法让政府和袁世凯摆脱干系,以减少国民党的愤怒情绪,避免激化南北矛盾。三是把洪述祖列为最大主谋,洪述祖是赵凤昌的妻弟,从晚清以来,就屡屡犯事受处分,赵凤昌对他本已失望,这次他又闯大祸,

---

〔1〕 黄远庸:《远生遗著》下册第 3 卷,第 95 页。
〔2〕 朱宗震、杨光辉编《民初政争与二次革命》,上海人民出版社 1983 年版,第 236 页。
〔3〕 陈旭麓等主编《孙中山集外集》,上海人民出版社 1990 年版,第 203 页。
〔4〕《赵竹君家之会议》,《民立报》1913 年 3 月 31 日,第 10 页。

激起公愤,舆论斥之为"洪杀胚",赵凤昌只好听之任之,袖手不管了。次日,张謇根据他们秘密会议达成的共识,致函袁世凯,建议对宋案"以光明中正之概处之"。他指出此案以洪述祖为中心,洪"无不归案之理",如果赵秉钧涉嫌,"亦应解职受审,使四海之人,皆知公之坦然明白,则万疑尽释"。倘若洪述祖还有良心,不愿累及其上司赵秉钧,一人承担责任,或赵秉钧"尚不至受嫌"。张謇还说,据他了解,国民党方面也担心袁世凯有所袒护。因此,他希望袁世凯"宜先有一中正光明之命令",以示"必不袒护"之决心。[1]

4月26日起,程德全、应德闳陆续公布宋案证据,但没想到引起巨大震动。本来国民党就怀疑袁世凯、赵秉钧是幕后主谋,证据公开后,赫然有他俩的言行在列,如获至宝,迫不及待地对外宣布宋案告破:"宋先生之死,袁、赵死之,非洪、应与武死之也。"进而分析案情说:"袁素反对政党内阁,宋先生为主张政党内阁之最有力者,宋先生之志行,则袁将不得为所欲为,苦于束缚;赵则恐权位之不能长保,不得肆意横行,此其所以决意欲暗杀宋先生也。"[2]与此同时,袁世凯又悄悄与五国银行团签订了条件极为苛刻的2 500万英镑的善后大借款,这无异于火上浇油,加剧了南北之间的裂痕。"自宋案发生,即有南北开衅之谣,借款成立后风说益甚",[3]南方孙中山、黄兴派之国民党势力与北方袁世凯之势力针锋对麦芒,一边互相指责攻讦,一边暗中做战争准备,使得局势非常紧张。5月11日,女学生周予儆向北京地方检察厅自首,称奉血光团团长黄兴之命暗杀袁世凯,顿时把黄兴推上风口浪尖,他不仅广受谴责,还被北京总检察厅发出传票传唤。

13日,张謇的朋友致电给他,评论此事。他回信说:"昨承惠电,读之愀然不安者累日。"并极力为黄兴开脱:宋案发生时,他刚好在沪,两晤黄兴,"论及宋案,而愤恨则有之,实未尝几微有南北分裂之

〔1〕《张謇全集》第2册,第367页。
〔2〕《宋案证据之披露》,《民立报临时增刊》1913年4月27日,第2页;血儿:《综论大暗杀案》,《民立报》1913年4月27日,第2页。
〔3〕朱宗震、杨光辉编《民初政争与二次革命》,第306、312页。

见端"。随后他从理和势两方面分析,认为黄兴不可能对政府宣战,制造分裂。因为宋案和大借款均可依法解决,"以理论,则国民党固首以利国福民为号于天下者也,若因一法律可解之案,一议案可稽之事,不凭法律,不凭议案,而徒逞私臆,先自南北分裂,以供伺我侧者之有所藉手而瓜分,国且堕于万劫不复之乡,是害之矣,于何云利"。"黄君非不仁,何至出此","以势言……孰肯以汗血所得之金钱,供二次、三次革命不已之挥霍,自买今年、明年纠缠不了之苦痛?人心如此,钱何从来?无所得钱,凭何革命?假使听党众恣睢之谈,行草莽不义之事,则是授人以伐暴之名,而自处于无悼之地,图人不成,适以自戕,智者不为也。黄君非不智,何至出此"。所以,他怀疑是有人冒用黄兴名义播弄构扇,招惹是非,黄兴本人未必如此。[1]

为提醒黄兴爱惜羽毛,不被人利用,并希望他做好本党工作,将重心转移至利国福民事业,5月26日,张謇写信规劝黄兴,请赵凤昌先给杨廷栋、陈陶遗看,再转交之。赵凤昌、杨廷栋阅信后,乃催张謇来上海"调停南北"。张謇也认为"调停诚亦其时矣",表示三五日后将到沪"晤商一切",请赵凤昌、杨廷栋与陈陶遗、刘厚生等"密计手续次序"。[2]恰巧此时,程德全拟派应德闳和杨廷栋北上,向袁世凯汇报南方情况,并讨论时局进展,遂电催张謇前往南京。6月4日,张謇到南京,"筹议竟日",将"所有苏省与全局关系之财政、军事、民生、商业,其重要而为人之所注意者",嘱应、杨"二君面陈"。可他还不放心,又给袁世凯写了一封长信,认为几个月来,局势发展经历了平流、漩流、改道之流、会归之流、纳入之流几个阶段,国民党借宋案、大借款喧闹不已,结果搬起石头砸自己的脚,反而"处群疑之地,为众怨之府",举国望治之心倾向于政府。值此之际,袁总统"为手造民国之人,自以利国福民为职",应该做以下几件事:"发正当法律之言,示恻怛人民之隐","申诫军人,毋逾国纪","其有暴徒作乱……声而讨之"。最后他强调撰写此信的意图是"区区私忧,但求人人知觉中有

---

〔1〕 国家图书馆善本部编《赵凤昌藏札》第1册,第10—17页。

〔2〕《张謇全集》第8册,第754页;国家图书馆善本部编《赵凤昌藏札》第1册,第7页。

国计民生四字,彼此相谅,各让一步,使正式政府早日成立,国会渐次宁静"。〔1〕总之,在张謇看来,南北之争的核心是宋案,只有走法律途径,宋案才能得到根本解决。他支持袁世凯,就是希望袁世凯以法治国,解除纷争,提供一个良好的社会环境,举全国之力发展经济。

由于在南京屡屡论及国民党的叫嚣謷突,而这种现象又主要发生在上海,张謇以"沪上嫌疑是非",乃改变去沪的计划,回南通休息。〔2〕但赵凤昌并不知情,按照张謇的要求与国民党要人接触,密计南北调停问题。当时胡瑛由北京来上海,汪精卫、蔡元培刚好从德国回到上海,他们三人都主张调和南北。6月5日,赵凤昌致电陈陶遗说:胡瑛来言,汪精卫已与国民党要人孙中山、黄兴等研究时局,一致认为南北应和平,袁世凯的地位须保持稳定。希望中央不要相信谣言,不要突然有政策变动,俾便汪精卫做工作。请与程德全、张謇二公商量,"速密电中央,免生阻碍"。〔3〕次日午后,蔡元培来拜访赵凤昌,赵凤昌通过他进一步确认了国民党内部确有追求和平的诚意,晚上九点即致电程德全、陈陶遗,并请转张謇,认为前电汪精卫所谈南北调和问题切实可行,"惟须贯彻,务请坚邀啬公偕陶即来沪,并盼乞复"。〔4〕张謇接电后,致函赵凤昌说:他往南京送应德闳、杨廷栋北上后即回南通,已"专函劝北方勿过逼迫,致碍民生"。〔5〕他没有透露上述爽约赴沪的真实原因,也避而回答何时赴沪问题。但赵凤昌与国民党的接洽紧锣密鼓,越来越深入。据蔡元培的日记,8日晚,胡瑛约他和陈陶遗、汪精卫商量宋案问题。次日,他们四人到赵凤昌家商议,正式敲定了解决宋案的三点方案:一、总统问题。南北统一后,国民党支持袁世凯出任正式大总统,但宋案发生引发种种魔障,只有先去除这些魔障,才能"为顾全大局计","终决心举项城

〔1〕《张謇全集》第2册,第376—378页。

〔2〕章开沅:《赣宁之役史料辑录》,《近代史资料》总31号,中华书局1963年版,第37页。

〔3〕国家图书馆善本部编《赵凤昌藏札》第1册,第8页。

〔4〕王世儒编《蔡元培日记》上册,北京大学出版社2010年版,第231页;国家图书馆善本部编《赵凤昌藏札》第1册,第9页。

〔5〕国家图书馆善本部编《赵凤昌藏札》第3册,第256页。

为正式大总统"。二、各省都督问题。宋案发生后,各省都督飞电四传,词锋所指,无所不用其极,大局几致纷乱。"宜由总统诰诫各省都督不得轻于发言,军人不得干预政治",并申明暂不撤换皖、赣、粤、湘四省的国民党都督。三、宋案解决问题。宋案决于法律,"将来罪名,至洪述祖而止",国民党放弃传赵秉钧到案之主张,政府也应停止票传黄兴之举动。〔1〕

10日,陈陶遗、刘厚生带着这个方案启程去南通,请张謇转达袁世凯,居中调停。然而,出发后他们得知袁世凯已于9日下令罢免国民党籍江西都督李烈钧的职务,刚好与方案中暂不撤换皖、赣、粤、湘四省都督有抵触,连夜致函赵凤昌:"赣督免官命令已见,所事刻下是否可以进行?乞速与汪、蔡、胡三君接洽,以急电示知为荷。"刚好,10日这天,蔡元培听说"政府有撤换江西都督之命令",去赵凤昌家了解情况。经过紧急磋商,他们认为袁世凯是在不知道他们提出宋案解决方案的情况下所作的决定,情有可原,方案照旧,无需更改。〔2〕所以11日下午,赵凤昌急电已抵南通的陈陶遗、刘厚生,仅四个字"仍旧进行"。〔3〕而在接到赵凤昌电报之前,陈陶遗、刘厚生根据他们与汪精卫、蔡元培等接触、商谈的情况,已说服张謇作调人。张謇乃致电袁世凯,枚举事实,为国民党辩护:"南中各方面自汪、蔡回国竭力解说,人心益趋稳定。""外间所传种种乱谣,悉由假托。犹洪、应之假托政府,不足凭信。"为根本解决南北彼此相疑问题,他建议袁世凯"发诚恳剀切之命令,禁止谣传","为孙、黄声明,决不为此破坏民国大局之事","明发命令,禁止军界干涉政治",请电约蔡元培、汪精卫"即日赴京,详询一切,必能解释双方,裨益大局",并承诺

---

〔1〕 王世儒编《蔡元培日记》上册,第231页;国家图书馆善本部编《赵凤昌藏札》第1册,第19—23页。

〔2〕 国家图书馆善本部编《赵凤昌藏札》第1册,第24页;王世儒编《蔡元培日记》上册,第231页。

〔3〕 国家图书馆善本部编《赵凤昌藏札》第1册,第25页。刘厚生、陈陶遗是6月11日到南通见张謇的,但张謇五月初八日日记载"厚生、陶遗来"(《张謇全集》第8册,第755页),五月初八日阳历6月12日,该日期不确。一般来说日记真实、可靠,这里敢于质疑,除正文中所引赵凤昌电报外,还有一个有力的证据,即张謇6月12日致袁世凯函中有"昨十一号陈君陶怡、刘君厚生来通"之说(《张謇全集》第2册,第380页)。

当"忠告孙、黄"，支持袁世凯选举正式总统。[1]

在接到赵凤昌电报后，12日，张謇又致函袁世凯，摘录汪精卫等的解决宋案方案，肯定国民党方面的诚意。他说该方案"汪、蔡、孙、黄当面通过，确是同意，所拟诚亦明达事理能顾大局之言"。尤其可贵的是，"十一日已见撤换赣督之电令，颇疑汪、蔡或有异说。旋得赵竹君函，前拟不以赣令而易，益见汪、蔡维持全局之诚"。因为"汪、蔡、孙、黄不以赣令为轻重"，所以没必要收回撤换赣督成命，毕竟政令"无朝夕反汗之理"。不过，来而不往非礼也，张謇认为袁世凯也必须采取相应举措：

> 一、宋案既可不传赵，周案亦可不传黄。以案理论，宋根证据，周类告密，本有异点。而总统即可借示宽大，或令黄遣代表辩诉了。一、赣督既撤，临时期中，粤、湘、皖可不再提，以示举一而三，使之自反。一、申（诚）[诚]军人不干预政治，可连四省说，庶南北皆无迹相。一、通令为孙、黄分办，非专为孙、黄也。一面剔清孙、黄，使不逞之徒无所假托，一面即严重处置假托之人，以正乱民之狱，以后军法易于措手。一、即电请汪、蔡入都，俾指导其党之暴乱分子，使选举时稳静一致，亦以示公之尊贤而亲仁，并无党见。[2]

这些是以上述张謇致袁世凯电为基础，根据实际情况加以补充和具体化的。正式总统选举在即，张謇反复建言献策的目的就是希望袁世凯拿出态度，尽量争取各方支持，从而顺利当选。

14日，袁世凯又免去国民党籍广东都督胡汉民的职务，改任西藏宣抚使。16日，他致电张謇，说来函、来电均收悉，"下令禁军人预政，自当遵教续办"，但对于国民党，他也有满腹苦水要吐。他说，自共和成立以来，他对孙中山、黄兴等倾诚结纳，甚至有人指责他过于

〔1〕　国家图书馆善本部编《赵凤昌藏札》第1册，第26—31页。
〔2〕　《张謇全集》第2册，第380—381页。该函日期，《张謇全集》整理者仅模糊标注为1913年6月中旬，据张謇五月初九日日记："与洹上讯"，可知为6月13日，又据上文考证张謇这几天日记所记内容与日期不符，推断此信应写于12日，完成于13日。

顺从,他都在所不顾。然而,孙、黄手下的那些人"气焰薰灼,俨同贵胄",他也"不惜屏声忍气,曲予优容"。一年以来,国民党执拗,动辄骂人,肆意污蔑,凡与他稍有牵连"莫不吹求痛击,体无完肤"。但他以国计民生,不堪再扰,并不计较,隐忍迁就,降心相从。没想到"国会将开,党争剧烈,适有变故,借为大题,北伐乍闻,逢人辄告,煽乱之使日有所闻,以及军事会议、暗杀分途种种奇闻现于沪上"。尽管"调人络绎,名曰维持,而暴烈进行,仍不住手"。如果孙、黄"果肯真心息兵,我又何求不得;如佯谋下台,实则猛进,人非至愚,谁肯受此"?〔1〕

张謇接到袁世凯的复电后,立即抄寄赵凤昌,请他阅后,一份给陈陶遗、刘厚生,一份备着给汪精卫、蔡元培看。并说袁世凯对国民党"不能放心处甚多",请他打听"日内孙、黄之观念又何如也"?赵凤昌随即回信,告诉张謇:汪精卫已回广东,临行,"劝导同志,归于稳定一致",还留信给他,如果袁世凯有什么消息,与蔡元培、胡瑛接洽。因此他收到抄电后,连续两天约蔡、胡到他家商谈,出示抄电,蔡、胡都说电内最要在"佯谋下台,实则猛进"一语,足见袁世凯推心置腹,"肯于说透"。现在仍照前议,不因江西、广东都督被撤换而改弦易辙,孙中山、黄兴必当有所表示,以安定人心,只等汪精卫回上海后商定表示之法耳。所以请他"先为酌复,俾知并无变动,免生枝节,汪回沪再详达"。〔2〕6月22日,张謇致电袁世凯,简明扼要地叙述了他和赵凤昌就其16日铣电居中转达国民党的过程:

> 铣电敬悉。要旨在"佯谋下台,实则猛进"二语,当函转竹君,切询汪、蔡。顷复称汪已赴粤解劝,两约蔡、胡过谈,俱云二语定可无虑,此间仍总前议,不以赣、粤改辙。一面电汪回沪妥议孙、黄表示于其党人之办法云云。谨据达,后闻续陈。〔3〕

26日,袁世凯复电张謇云:"祃电悉。果如蔡、胡所云,是彼此释嫌,同图建设,如天之福,国赖以存,鄙人决不为已甚。汪何日回沪?

---

〔1〕 国家图书馆善本部编《赵凤昌藏札》第1册,第48—49页。
〔2〕 国家图书馆善本部编《赵凤昌藏札》第1册,第32—33、34页。
〔3〕 国家图书馆善本部编《赵凤昌藏札》第1册,第35页。

孙、黄表示之法，甚所愿闻。公苦心调和，成人之美，中央意见，已有廿二命令可证。请检阅便知。"[1]"廿二命令"，即刊登于 6 月 22 日《(北洋)政府公报》上的《临时大总统令》。该令与上述铣电类似，袁世凯先是对民国成立以来的政局痛心疾首："自前年九月以迄今兹，人民之颠连困苦损失于无形者不知凡几，法制亟望规定而纷挐不决，政治遂碍于进行，兼以党见纷歧，是非淆杂，用人掣肘，政府几空，駸駸焉成为暴民专制。"接着他称懔于"佳兵不祥之戒"及救国救民计，他横竖不计较那些躁突叫嚣者，寄望他们"内省良知，自崖而返"，但没想到他们"误会共和真理，借美名以逞其恶焰，假公义以便其私图"。如此种种坏法蔑纪，无论哪个政体都不能容忍，必须"整饬纪纲，纳民轨物"。最后他告诫军人要"服从命令，勿得逾越范围，其非分之事慎勿干涉，致淆政体"，"愿提倡改革之先觉爱惜名誉，告诫同侪，毋使依附之徒托名暴动，倾覆邦家"。[2] 其实这个命令针对的仍然是国民党，军人指皖、赣、粤、湘四省都督，他们曾联名就宋案和大借款公开表示对政府的不满，被袁世凯训斥身为现役军官，不知服从，插手职任范围外之事；[3] 先觉则指国民党领袖孙中山、黄兴，他们被要求劝导党员回归理性，并公开承诺不与政府对抗。与该命令相配合，袁世凯态度日趋强硬，继罢黜李烈钧、胡汉民之后，又于 6 月 30 日免去国民党籍安徽都督柏文蔚的职务，并派兵南下，预先做好战争部署。

　　尽管如此，赵凤昌与张謇的调停活动仍在继续。7 月 2 日，赵凤昌致函张謇，说收到所录示的袁世凯 26 日宥电，即约蔡元培、胡瑛共阅，并密达孙中山。今两君来谈，孙中山也深以电语开诚布公为幸，多次电粤催汪精卫回沪，商量表示之法。胡瑛刚刚得到广东都督陈炯明来电，汪精卫已赴香港候船即回，不日可到。等商定表示之法，再予密告。只是为时稍久，恐怕袁世凯着急，请张先酌情回复。至于近来各处无意识之举动，想中央必不因此见疑，去电也望略说一说，

〔1〕　国家图书馆善本部编《赵凤昌藏札》第 1 册，第 36 页。
〔2〕　《临时大总统令》，《(北洋)政府公报》1913 年 6 月 22 日，第 2—3 页。
〔3〕　朱宗震、杨光辉编《民初政争与二次革命》，第 269 页。

免得又生枝节。5日,赵凤昌再致函张謇说:2日一函想已收到。胡瑛又接到广东来电,汪精卫的确已到香港,稍有勾留,即来沪。这几天,湖北忽起风波,幸亏马上平静。涉案的宁调元、熊樾山两人,北京刘揆一、杨度等致电黎元洪营救,黎复电通告,语甚切直,可见《时报》。刚刚胡瑛来信并来面谈,想恳求您和我致电黎元洪求情。我说黎既有此通告,且有"天职所在,虽亲不挠"等语,断非他人可以进言。如有电报去,他也不过再照发一个电报,于事无补。何况我与他向无私电往还,突然去电,"尤觉可诧"。陈陶遗也在坐,我们再三商量,拟请您密电袁世凯,由袁出面密嘱黎元洪释放宁、熊二人,可藉此收彼党人心,便于汪精卫开导其党更加得力。〔1〕

张謇收到赵凤昌来信后,于12日致电袁世凯,先转述该信两方面内容:"顷竹君函,据胡瑛转述粤电称'汪到港稍有勾留,候船即来沪。鄂事幸平,宁、熊就逮。观黎答刘、杨通电,语甚严正,请转恳总统,密电属鄂宽缓,以示不为已甚。汪回消释尤易'等云。"然后表示赞成赵凤昌的意见,"謇意:是亦今日宽猛相济之一道",询问袁世凯"是否可行"。〔2〕16日,袁世凯复电云:"宁、熊就逮",即电黎元洪"详审二人,才具颇可爱惜",已托人劝黎宽缓,望转告孙中山、黄兴,但该信27日才转到张謇手中。〔3〕而12日,李烈钧已在江西湖口公开武力讨袁,并宣布独立。15日,江苏率先响应,也宣布独立。对此,张謇事先一无所知,还不大相信,在当天的日记里写道:"闻江宁独立电,颇滋疑怪。"〔4〕然当确认消息后,张謇不禁既沮丧又愤怒,几个月的调停完全无效,他极力想避免的南北战争竟然就在他眼皮底下发生。17日,他致函赵凤昌说:"吾两人为人利用,信用失矣,实业生计大受损害,外交亦恐生危阻,殊可痛也。"赵凤昌也深有同感,

〔1〕 国家图书馆善本部编《赵凤昌藏札》第1册,第37—40页。

〔2〕《张謇全集》第2册,第388页。

〔3〕 国家图书馆善本部编《赵凤昌藏札》第1册,第47、45页。骆宝善、刘路生编《袁世凯全集》将袁世凯16日复电的时间定为1913年6月16日(第23卷,第51页),提前一个月,误。

〔4〕《张謇全集》第8册,第756页。

慨叹"近事无可说，只可谓之恶梦"。[1]

27日，上述袁世凯16日的铣电转到张謇手中，他抄寄赵凤昌的同时，也顺带发表评论，对调停表示厌倦，对国民党举兵所造成的破坏极为愤恨：

> 洹上十六号复电，顷方转到。宁、熊尚可商，可见无必用兵之意，然此间十五号事发生矣，发电时当尚未知南中况状也。此电抄寄奉阅，是否可与汪阅，公熟审之。或竟不与阅，以断其续起调停之想；或与阅，以示衅实南成，二意公为权之。程、应苏已发表，镇又取消独立，沪、徐屡败，殆不能军，尚可言调停耶？沪上罔死之民之众，损失市产之巨，彼作难者，何词以对吾民？即通实业之受损，亦数十万矣。可恨！[2]

虽然只有短短100多字，但该信内容丰富。张謇认为袁世凯复电时，还不知道国民党发动了赣宁之役，因此同意救助宁调元、熊樾山二人，可见袁本"无必用兵之意"。"十五号事"指15日，黄兴迫使江苏都督程德全宣布江苏独立，任命他为江苏讨袁军总司令。随后安徽、广东、福建等省以及松江、上海等地也宣布独立。国民党既然率先挑起战争，再想调停就很难了，更何况革命不得人心，镇江取消独立，程德全、应德闳发表反对江苏独立、筹商恢复的通电，而上海、徐州等地讨袁军又屡屡战败，几不成军，还有何调停可言？此外，令张謇痛心的是上海的独立战役不仅给上海民众带来很大损失，也波及他的老家南通，致使其实业受损数十万。

张謇对国民党本没有多大好感，曾在给儿子张孝若的信中批评国民党"在南中已天怒人怨"，如顽劣小儿，"与较则伤我量，不较则可厌"，[3]但因为宋案发生，国民党与袁世凯政府剑拔弩张，战争有一触即发之势，才不得已出面调停，为国民党说好话。可没想到国民党非但不领情，还发动战争，殃及无辜，令他十分恼怒，从而断然终止调

---

〔1〕国家图书馆善本部编《赵凤昌藏札》第1册，第50、59页。
〔2〕国家图书馆善本部编《赵凤昌藏札》第1册，第45—46页。
〔3〕《张謇全集》第3册，第1541、1542页。

停,坚决地站在袁世凯一边。当汪精卫致函给他,愧疚地说:"事既如此,不能不思所以了之,此仍非先生出而援救,无以出斯民于水火,望为苍生计,勉来上海一行,不胜祈祷之至。"他却写信给赵凤昌,以生病为由婉拒:"即欲去沪一谈,但病暑湿,不能出门,须俟稍愈,即可行路,请为致意汪君曲谅。"〔1〕自此之后,张謇抽身而退,不复关心与国民党有关之事。

而赵凤昌则还在为江苏独立之事善后。如果说李烈钧湖口起兵讨袁还有所准备和策划的话,那么黄兴宣布江苏独立则近乎儿戏,因此旋起旋灭。据参与其事的赵正平回忆,江苏讨袁战争是他奉黄兴之命和冷遹、章梓、洪承点几个人密商的结果,"七月十五宣布讨袁","徐州前线即于当夜开火",徐州战败退出后,黄兴于 7 月 28 日"听从一部分劝告","悄然退出南京",他和冷遹、章梓、洪承点也跟着出走,"乘小民船,经溧水、溧阳,而至宜兴,再由宜兴赴湖州,改乘小轮赴沪"。〔2〕黄兴等逃离南京后,驻守南京的第八师军官陈裕时、张厚琬致函赵凤昌说:"现南京主动诸人,如黄、章、洪、冷诸君,均已远扬,已奉都督命令取消独立,现由陈之骥担任秩序。应如何善其后,拟谒先生面陈一切,尚乞不拒为祷。"赵凤昌接待陈、张两人,了解相关情况后,即致函江苏民政长应德闳,称苏事全赖他和程德全,"苏民方有再生之望","顷在八师之陈君裕时、张君厚琬自宁来,已遵都督命令取销独立,惟善后事急须面陈左右,嘱为代达。何时可见,即希传知",并附上两人所言情况及相关建议。〔3〕与张謇相比,赵凤昌相对随和,基本有求必应,热心帮忙,因而在调停宋案过程中,有始有终,做出了较多的努力,即使最终失败,也未置身事外。

三、由拥袁到弃袁

宋案证据公布后,因牵连内阁总理赵秉钧,赵提出辞职,使得内阁徒有虚名。于是有改组内阁之议,当时公认的总理人选有徐世昌、

---

〔1〕 国家图书馆善本部编《赵凤昌藏札》第 1 册,第 43、44 页。
〔2〕 朱宗震、杨光辉编《民初政争与二次革命》,第 580—585 页。
〔3〕 国家图书馆善本部编《赵凤昌藏札》第 1 册,第 53—54、59—61 页。

熊希龄两人。前者为袁世凯"最满意之人",但因系清朝官僚出身,"惟一切葛藤须先划除干净",才能出山,所以只能退而求其次,选择时任热河都统的熊希龄。[1] 1913 年 6 月 2 日,袁世凯致电熊希龄云:"国事危迫,阁员动摇,非有强固政府,不足振兴。""执事组织内阁,开物成务,公推伟才,务望入京面商,勿稍延却"。次日,熊希龄复电婉辞:"希龄自省菲才,办理一部分之政治,尚恐不及,国务责重,绝不敢冒昧担任",并推荐张謇自代:内阁总理"能胜其任者,应以张謇为最适宜"。但没想到张謇私下认为熊希龄是最佳人选,17 日,他在致梁启超等人信中说:"至新内阁之组织,就謇两年来之观察,私以为年力才望,秉三颇足惬意。"[2] 看来,他们二人真是彼此了解,惺惺相惜。与五辞北京临时政府首任财政总长不获准而就任一样,熊希龄也是七辞袁世凯电召无果,才不得不应允成为该政府第四任内阁总理人选。

经国会表决通过、袁世凯特任,熊希龄于 8 月 27 日到京就职。第二天,他致电张謇,请出任实业总长:"此间现正组织阁员问题,无论何界,皆欲我公担任实业,非仅龄之私见,决计求公加入,若公见绝,则龄亦辞职,患难与共,公当有以援手也。"但遭张謇婉拒。[3] 于是熊希龄一方面再致电张謇争取,并表示无论张謇愿不愿意,他都决定提名;另一方面他致电赵凤昌协助其组阁:"此次内阁关系民国安危,弟固不敢爱惜羽毛,勉强就职,若无人协力,亦必颠覆。现拟季直担任工商,郑苏堪或张菊生担任教育。除季直已经电商外,郑、张两先生求公转恳,迅速于明晨电复为荷。"季直为张謇,熊希龄拟提名为工商总长,请赵凤昌劝驾,郑苏堪、张菊生分别是郑孝胥、张元济,熊希龄想推荐他们中一人出任教育总长,请赵凤昌转告。赵凤昌办事神速,效率很高,9 月 1 日当天即回电云:"电悉。大局转安,惟公是赖。郑、张两君已分别切实劝驾,郑决意暂不入政界,张尤无

〔1〕 张国淦:《中华民国内阁篇》,杜春和、林斌生、丘权政编《北洋军阀史料选辑》上册,第 191 页。

〔2〕 周秋光编《熊希龄集》第 3 册,第 582—583 页;《张謇全集》第 2 册,第 381—382 页。

〔3〕 周秋光编《熊希龄集》第 4 册,第 228 页;《张謇全集》第 2 册,第 393 页。

心出山,同抱歉忱。季处当函劝。"[1]

在熊希龄和赵凤昌的诚邀和规劝下,4 日,张謇分别致电袁世凯和熊希龄,表示"公谊私情,无可再辞",决定出任工商总长。[2] 10 月 16 日,张謇抵京,次日履新,到总统府会议大政方针。这届内阁熊希龄自称袁世凯绝不掣肘,任其组织,因此他要选择"有世界知识、政府经验"者充当阁员,组织"第一流经验与第一流人才之内阁",[3] 但实际大部分阁员,袁世凯已经圈定,仅留教育、司法、工商三部供熊希龄支配。工商部好不容易请张謇担纲,教育、司法两部总长也颇费周折动员汪大燮、梁启超分别担任。尽管如此,"名流内阁"总算于 9 月 11 日成立,熊希龄雄心勃勃,想大干一场。14 日,他发表就任国务总理宣言,提出了自己的执政纲领:一是任免文官采取考试法、甄别法;二是虚心延访,广纳人才;三是依法治国,力戒贪渎。27 日,他在参、众两院演讲,表示要好好组织政府,实行责任内阁制,"与总统府划清权限",使中华民国成为法制国。随即他公布了经过内阁多次讨论的《政府大政方针宣言》,在指出外交、财政、军政、实业、交通、司法、教育等方面问题的同时,也对症下药,提供了具体的施治方案和计划,强调"今后一年间,实中国生死存亡之关键,苟治具不张,则过此以往,吾国人决无复能力、无复机会、无复资格以自行处理此国,而遑论平治,遑论富强?故今兹政策,殊未敢命之曰建设,但以救亡而已",希望政府与国会齐心协力,"循此方针而各加奋勉,以尽其所应尽之责任,斯国家无疆之休也"。[4] 然而,时人并不看好,认为"此次内阁差近人望",对其"能否尽其天职,实行责任内阁,救国之危亡于万一"表示怀疑。[5]

恰在此时,北京军警查获了李烈钧与国民党议员的往来密电数

[1] 周秋光编《熊希龄集》第 4 册,第 232 页;国家图书馆善本部编《赵凤昌藏札》第 10 册,第 162、163 页。

[2] 《张謇全集》第 2 册,第 395、396 页。

[3] 周秋光编《熊希龄集》第 4 册,第 289 页;黄远庸:《远生遗著》下册第 3 卷,第 189 页。

[4] 周秋光编《熊希龄集》第 4 册,第 250—252、288—289、382—398 页。

[5] 黄远庸:《远生遗著》下册第 3 卷,第 193 页。

十件,袁世凯逐件披阅后,大为震惊。他概括密电的内容,认为赣宁之役是国民党本部与国民党国会议员潜相构煽的结果,是一场彻彻底底、完完全全的叛乱:

> 一、该各电内称,李逆烈钧谓联合七省攻守同盟之议,是显以民国政府为敌国。二、中央派兵驻鄂,纯为保卫地方起见,乃该各电内称:国民党本部对于此举极为注意,已派员与黄兴接洽,并电李烈钧速防要塞,以备对待,是显以民国国军为敌兵。三、该各电既促李逆烈钧以先发制人,机不可失;并称黄联宁、皖,孙联桂、粤,宁为根据,速立政府,是显欲破坏民国之统一而不恤。四、该各电既谓内讧迭起,外人出而调停,南北分据,指日可定,是显欲引起列强之干涉而后快。[1]

袁世凯早对国民党怨恨很深,只是因为未当选正式大总统,而一直隐忍不发。10月6日,他刚经国会选举为正式大总统,恰巧又查知国民党及其议员以民国政府为敌国,还要勾结列强搞分裂,那自然毫不手软,老账、新账一起算,于11月4日下令解散国民党,并追缴国民党议员证书,取消他们的议员资格。

刚开始,袁世凯只下令"自江西湖口起事之日起,凡国会议员之籍隶国民党者,一律追缴其议员证书及徽章",但因为对国民党极度不信任,"遂又补行追缴八十余人,即凡湖口起事以前已退出国民党者,亦无一幸免",[2]使得国会达不到法定人数无法开会,只好停会。可袁世凯仍不放心,"凡隶革命党籍及开国有功者,若非变节无不在嫌疑之中"。于是他以"莫须有"的理由下令购拿革命旧人,严格控制舆论,审查书信往来等,有《爱国报》主笔丁某作时评,"当事判以迹近通匪,煽惑军心,枪毙"。[3]一时间,北京风声鹤唳,传言四起,人人自危。

1914年1月10日,有朋友从北京秘密致信赵凤昌,报告京师政

---

〔1〕《大总统令》,《(北洋)政府公报》1913年11月5日,第1页。
〔2〕章伯锋、李宗一主编《北洋军阀》第2卷,武汉出版社1990年版,第524页。
〔3〕马勇编《章太炎书信集》,第528、485、486页。

情,提醒他已遭受疑忌,应多加小心:"北京寄信极不易,因时时须防检查,故仅于雷、杨出京时托述近情。日来凤(皇)〔凰〕不稳之情势似已显露,但(皇)〔凰〕为人沾沾自喜,不认有此。以某观之,亦颇外强中干,去无足惜。……京师各方面对于惜阴感情极恶,污蔑无所不至,何以故?则不肯牺牲也。"〔1〕信中,雷、杨指雷奋、杨廷栋,凤凰代指熊希龄,惜阴即赵凤昌。根据该信,主要内容有三方面:其一,北京已加强控制,经常检查书信,因此以后只能托雷奋、杨廷栋出京时转述近情。其二,内阁总理熊希龄的位置不稳,早晚要去职。其三,京师各方面对赵凤昌很不满意,污蔑无所不至,因为他不肯出山为袁世凯办事,做出牺牲。

10月10日,张謇启行南归,勘视淮灾,后又因长兄去世,在家乡逗留较长时间,结果北京竟传出了张謇欲谋乱的谣言。11月25日,景本白致函张謇:"昨始回京,得一怪诞之谣言,既有所闻,不敢不告。据政界某氏云,上海绅商二十余人联名电致日本政府,请其干涉中国内政,择贤立君。所谓贤者,即指我公。此等浮言,本不足辨,惟言者凿凿,并能列举具名之人,且系出自政界某氏之口,未知我公在通有否所闻?用敢专函报告,乞公注意造谣之人及其用意所在。"张謇接信后,大为诧异,立即致函赵凤昌,说"此事真伪不可知","伪且勿论,使其果真","廿余人者,究是何种人,有无相识,极为可怪","乞为四面探询,随时见示"。此信写完,张謇又收到张一麐来信,也是事关谣言问题:"近日复解之说,愈衍愈奇,竟有诬指南方人物苏龛、竹君等百数十人电致某国借兵之风说,以此侵及公者。""上海一方面有无此等捏名隐射之事,乞设法探示,以间执馋匿之口,并乞秘密。"苏龛、竹君分别是郑孝胥、赵凤昌,本来谣言只笼统说上海绅商,现在指名道姓,赵凤昌名列其中。张謇马上函告赵凤昌:"昨奉致一函,后复得张仲仁讯,其言公与苏堪,盖可骇怪矣。""公与苏堪亟应登报自明,且不可缓,否则谣诼愈繁矣。"〔2〕在袁世凯怀疑共和功臣的背景下,面对

〔1〕 国家图书馆善本部编《赵凤昌藏札》第10册,第406—407页。

〔2〕 国家图书馆善本部编《赵凤昌藏札》第3册,第264、260—262、265、266页。

突如其来的谣言,张謇、赵凤昌都不敢掉以轻心。张謇亲自前往询问
上海总商会会长周金箴,周说"既无所闻,商界亦断无其事","大抵出
之造谣诬罔无可疑矣",共商不予理会,以免"为造谣者利用传播"。
赵凤昌则拿着张謇的信去找郑孝胥,郑孝胥很淡定,认为无须自证清
白,"袁之恐慌而猜疑,故作谣言以施其钩距之技。如为所动,则反成
话柄,不理可也"。〔1〕此事遂不了了之。

　　然"京中政局,逐渐变迁"。〔2〕袁世凯在解散国会后,又废除
《临时约法》,制定《中华民国约法》,一步步扫除障碍,走上专制独裁
的道路。在此过程中,熊希龄、梁启超等相继辞去内阁职务,张謇认
为自己志愿未达到,没有辞职,结果引起猜疑。赵凤昌担心其名誉受
损,屡劝他辞职。1915 年 4 月 29 日,他终于辞去工商总长职务,致信
感谢赵凤昌:"勤殷眷注之意,良以为感。……弟部职已脱,疑谤略
远。"〔3〕不过,他仍担任全国水利局总裁的职务。而从这时起袁世
凯帝制自为的迹象越来越明显,张謇心知肚明,在日记里常有"见中
卿证书""都下谣言益甚""设筹安会进行颇急"等隐晦记载,〔4〕可依
然没有辞职的意向,刘厚生、赵凤昌很着急,都写信劝他务必尽快辞
职,以免受牵连,身败名裂。张謇接受他们的意见,以生病为由上呈
辞局职。10 月 26 日,他回复刘厚生云:"引疾呈廿三日发快邮,今日
必达。"同日,致信赵凤昌:"引退文比已上矣。""手教所论至当……要
以脱去为清净法耳。"〔5〕然而,袁世凯正筹备登基,亟需张謇这样的
名流站台支持,不予批准。张謇很无奈,于 12 月 28 日致函赵凤昌
说:"承公与诸好关垂至切,极荷,极荷! 顾走之辞已四次矣,迄不得,
当更看机势以为谌信,要之无宁日而已。"〔6〕1916 年 1 月 2 日,他的
辞职请求终于获批,尽管姗姗来迟,张謇还是很高兴,在当天日记里

　　〔1〕 国家图书馆善本部编《赵凤昌藏札》第 3 册,第 268—269 页;劳祖德整理《郑孝
胥日记》第 3 册,第 1541 页。
　　〔2〕 国家图书馆善本部编《赵凤昌藏札》第 1 册,第 98 页。
　　〔3〕 国家图书馆善本部编《赵凤昌藏札》第 10 册,第 87 页。
　　〔4〕《张謇全集》第 8 册,第 790、792 页。
　　〔5〕《张謇全集》第 2 册,第 567 页;国家图书馆善本部编《赵凤昌藏札》第 3 册,第
252 页。
　　〔6〕 国家图书馆善本部编《赵凤昌藏札》第 3 册,第 277 页。

写道:"得政事堂电,许解局职并参政,可喜也。"6 日,他函告赵凤昌:"尘网幸已摆脱,惟有仍致力于村落主义,求自治之进步。"〔1〕此事给张謇的教训很大,他出山担任行政职务本是想助袁世凯一臂之力,好好发展实业,但没料到被袁世凯玩弄于股掌之间,志愿未达成不说,还差点成为袁世凯帝制自为的帮凶,因此下决心远离袁世凯,远离实际政治,致力于地方建设,求自治之进步。

四、反对帝制复辟

"无量头颅无量血,可怜购得假共和",辛亥志士的这句诗流传甚广,被普遍用来反映辛亥革命失败、民国徒有其表的社会现实。但若细究,民初政情并非一团糟,毫无是处,至少皇帝倒了,原先的乾纲独断、金口玉言一去不复返了。强势如袁世凯也不敢任性,想怎么样就怎么样,他的言行须有所依凭,公之于众,走合法程序。如当正式总统,尽管无人与之竞争,也是经议员三轮投票选举出来的,其他解散国民党、取消国会均有原因,并得到内阁副署通过。就是他复活帝制,也非霸王硬上弓,而是一步步走到"琼楼最上层"。首先他是以修改《临时约法》为由,制定了新宪法,改内阁制为总统制,接着在总统府内成立新机构,独揽全国军政大权,进而依法使自己成为终身大总统。其司马昭之心,路人皆知。于是,"民国二三年际,北京曾流行共和不适中国国情之论调",从平民到士人,再到政客都有人"倡议复辟","怂恿君宪"。〔2〕筹安会据此成立,请愿团纷纷涌现,国民代表也迅速选出,投票解决国体问题,结果一致赞成君主立宪,推戴袁世凯为中华帝国皇帝。至此,袁世凯才以民意难违,"无可诿避",决定"创造弘基"。〔3〕1915 年 12 月 13 日,他在居仁堂接受百官朝贺,拟于 1916 年元旦正式登基。

如果说袁世凯帝制自为的过程是披着民主外衣,其实质仍是假

---

〔1〕《张謇全集》第 8 册,第 800 页;国家图书馆善本部编《赵凤昌藏札》第 3 册,第 270 页。

〔2〕 白蕉:《袁世凯与中华民国》,中华书局 2007 年版,第 132、139、143 页。

〔3〕 白蕉:《袁世凯与中华民国》,第 245 页。

共和的话,那么随之而来的反袁浪潮,则不能不承认共和观念确实深入人心,敢为帝王者已成过街老鼠,人人喊打。诚如时人指出的那样,"袁世凯挟雷霆万钧之力,帝制自为,其心目中何尝有反对派? 即当时申罪致讨者,亦自知势力悬殊,第行其心之所安,绝不计及成败,乃仅百日而帝制取消,又不两月而袁氏愤死,此实始事时所万不及料","然即此足见当时各派确无分畛域,而且能痛下决心,为永远根本之图"。〔1〕当时反袁的各派,赵凤昌也在其列。据梁启超自述,1915 年初,当他发现袁世凯有帝制自为苗头时,知道祸患将要发生,乃南下往来于广东、上海间。时任江苏都督的冯国璋派人跟他联系,说帝制已有发动征兆,相约入京阻止。"六月,遂北行,(往)[住]京旬余,晤袁氏数次。袁氏语我及冯将军,皆矢誓不肯为帝,其言甚恳切,冯将军据以宣布于各报,谓此议可暂寝矣"。〔2〕然而,仅过一个月,帝制筹备提上议事日程,且进展很快,年底袁世凯宣布接受帝位。对此,冯国璋深感上当受骗,非常不满。所以,在护国战争打响后的70 多天里,梁启超一直留在上海,"除与滇、黔、桂三省互通函电,共筹义军进行外,莫如运动南京冯华甫赞助起义之举为最重要矣"。冯华甫即冯国璋,因为他不赞成袁世凯称帝成为反袁各派极力争取的对象,但他反对帝制是有自己的私人盘算在内,与梁启超出于守护共和的爱国目的不同,再说他是袁世凯一手提拔的亲信,不愿公然举兵反袁,仅消极抵制而已,令梁启超很失望,在给蔡锷的信中,曾痛斥"冯华甫可谓竖子不足与谋","当断不断反受其乱"。〔3〕

　　平心而论,冯国璋的当断不断、保持中立对护国运动是有利的,既削弱了袁世凯的实力,为护国军减少了一个劲敌,又使他疑虑重重,惴惴不安。不仅如此,1916 年 3 月 21 日,冯国璋联合江西将军李纯、长江巡阅使张勋、山东将军靳云鹏、浙江将军朱瑞发表"五将军密电",要求袁世凯取消帝制,自行辞职,这不啻晴天霹雳,给在军事上

---

〔1〕　刘以芬:《民国政史拾遗》,上海书店出版社 1998 年版,第 8 页。
〔2〕　《梁启超全集》第 5 册,第 2928 页。
〔3〕　丁文江、赵丰田编《梁启超年谱长编》,上海人民出版社 2008 年版,第 470、481 页。

陷入被动的袁世凯当头一棒,迫使他不得不于次日下令撤销承认帝制案,退还各省推戴书。而袁世凯的这一无奈之举,已有人事先密告赵凤昌,指出袁世凯"自知必败,决将推戴书退还参政院",是"为下台固位计",但"北方多数惑于鹬蚌危词,主张维持政府",因此请赵凤昌"速筹对待"办法。23 日,袁世凯下令废止洪宪年号,仍以本年为中华民国五年,这标志着袁世凯正式宣布复辟帝制失败。该人又密电赵凤昌,说"帝制取消,局势略变,吾党方略若何,望即详示,俾有遵循"。他并指出袁世凯政府的阴谋,是想利用"御用立法院为袁贼继踞旧位之最利武器",请赵凤昌"设法阻止被选人入京,以破诡谋"。他认为"阻止之法,当以劝导为先,惩戒继之"。〔1〕实际当时反袁各派早已识破袁世凯藉词延宕的伎俩,根本不给他诡谋狡辩的机会,声色俱厉地斥责他"叛国称帝,既为民国之罪人,即失元首之资格",〔2〕必须立即退位。但袁世凯仍自称大总统,毫无退位之意,于是广东、浙江等地又相继宣布独立。江苏与浙江紧邻,本尚安宁,"然闻浙耗,全部震惊,谣诼纷纭,人心浮动",江阴、吴江等地甚至揭竿而起,称兵独立。冯国璋深感"欲尽守土之责,亦恐力不从心",〔3〕遂遣人到上海与精英名流接洽沟通,以取得支持。赵凤昌借此机会与冯国璋建立了联系,致信表达对他维护江苏地方秩序的敬意,并就时局发表看法,提出建议:

> 华甫将军钧鉴:元伯往来宁沪,传达盛意,具悉。将军为民国大局,为江苏地方,苦心主持,极佩极感。△△近隶○宇下,目击时事危急之状,不忍不贡一言于大君子之前:方今内对全国,外对列强,惟我将军为具胆之准。北方威信尽失,罪状毕宣,以将军之明,不忍专顾私交而轻公义,此海内之所以归心,义军之所由诚服也。义向昭然,无烦词费久矣。惟北方不能鉴大势之

〔1〕 国家图书馆善本部编《赵凤昌藏札》第 1 册,第 496、497 页。当时庄蕴宽滞留北京,疑他即为密电赵凤昌北洋政府内幕消息之人,待考。

〔2〕 中国第二历史档案馆、云南省档案馆编《护国运动》,江苏古籍出版社 1988 年版,第 725 页。

〔3〕 章伯锋、李宗一主编《北洋军阀》第 2 卷,第 1277 页。

所在,迅图引避,以补前失,相持稍久,异议丛生,则如复辟之说是已。窃谓吾国立国之本,在乎《约法》,非徒全国遵守,莫能立异,且早经列国承认,无用更张。西南举义,舆论翕然,但僻在一方,得将军振臂,全国乃以底定。既定之后,吾国内之有力者,悉范围于《约法》,而国外之列强,亦尽复其所承认之旧。较之妄冀复辟,留将来革命之祸,犹可云患在异日,求现在列入国际,已不免大费周张。于此大费周张之顷,又为多数新人物所反对,及西南诸省之失望,岂非无事自扰,授间于忌我者,而坐视其大乱以称快乎?清帝以让德留思念于民国,国民以优待竭酬报于清廷,两俱仁至义尽,何忍化德为怨,祸及故君乎?闻有不明事理之徒,鼓煽此说,难保不冀荧将军之听。无论国民举不愿闻,即如彼辈之意,谓亦有一部分之效力,然充其量,不过得南北分裂之恶影响,为外人所利用,构全国于鹬蚌之争,无非大恶。将军今日为同胞全体所托命,决不肯逆世界之潮流,以餍一二老朽之意,而失同胞全体之心。据△△所知,江浙最负时望之老成,皆同此见解,固非仅为青年有血气者而言也。今日遵用《约法》,即措国家于泰山之安,彼少数徒知清室感情,而忘满汉种族之隔阂者,盲于世变,背于心理,其言绝不足介意,伏祈将军为国家大计而屏斥之。金陵居全国形胜,自古而然,北方若图久抗,南中恐当先立政府,其元首自依《约法》遥戴黎公,此外之事正多,皆以金陵为根本,即以将军之当机立断为依归,否则不但迁延坐误,且思逞者多,危机迭至,工、商、学校待命惶惶,稍有不虞,扰及辖境,恐虚江苏合省喁喁之望,而负将军凤昔相爱之心。又恐事机落后,将处被动地位,则于江苏物望大损,亦非此邦人士之所愿。至各省主兵者,皆待将军一言而决所向,亦望速以方针示之。其于宣布以后,本省所可为将军分忧者,惟力是视。△△实能代大众掬其心理,并能代本省人望所属之领袖数公,声明其必能负责。惟望立赐表示,以救桑梓,以慰云霓。△△忧患余生,终岁避人,岂愿喋喋多事,顾于全国生死呼吸之会,本省安危瞬息之时,重以元伯之诿諈,

敬陈愚悃,惟希照察。祗颂钧绥。凤昌谨肃。〔1〕

信中,元伯为原南京第八师军官陈裕时,本是来江苏运动冯国璋独立的,〔2〕但似反被冯利用来联络上海的各方精英名流,传情达意,商谈时事。赵凤昌与寓居上海的清朝遗老遗少如郑孝胥等多有来往,知道他们从溥仪退位起就一直密谋复辟,尤其袁世凯帝制自为期间,他们更是活动频繁,同张勋、日本人联系密切,希望从中渔利,光复大清。所以,赵凤昌认为袁世凯开了复活帝制恶例,仍看不清形势,不迅速退位,以补前失,相持稍久,可能导致清室勾结外人复辟,麻烦更大。他希望冯国璋不要受清朝遗老遗少的蛊惑,坚持根据《临时约法》行事。这样,不仅可摒斥遗老遗少,而且即使北方若图久抗,南方也可居金陵形胜之地,先立政府,拥戴黎元洪,与之相抗衡。基于此,赵凤昌建议冯国璋当机立断,宣布独立大政方针,一定能得到江苏各界的支持。为了使自己的建议能为冯国璋接受,赵凤昌又请唐绍仪致信冯国璋,附和其主张。唐绍仪的信是这么写的:

华甫将军仁兄左右:迭次与元伯诸君面晤,备悉公义行老谋,允为国家安危之所系。今日事势迫矣,外患未来,吾人尚有自动之余暇,万勿坐失时机,迁延肇祸。再闻外间颇有以复辟之说,立异于国中,以授间隙于国外者。吾辈同属国民,尤钦公之爱国极挚,自决不为此辈莠言所动。救国之道,惟有《约法》,对内对外,举无异言,所谓天理人情之至。但惟有大力者,为能发挥而光大之耳。夜长梦多,迟恐生变,临书无任迫切翘企之至。敬仰大义,并颂万福。绍仪手上。〔3〕

从信的内容看,与上述赵凤昌致冯国璋函基本一样,只是开门见山,更直截了当而已。该信实为赵凤昌所起草,用的是唐绍仪的口气,因为唐曾任内阁总理,乃冯国璋上级,彼此熟悉,所以没必要说客套话,

---

〔1〕 国家图书馆善本部编《赵凤昌藏札》第1册,第452—455页。文中△、○符号,原文如此,当表示人名。

〔2〕 章伯锋、李宗一主编《北洋军阀》第2卷,第1257页。

〔3〕 国家图书馆善本部编《赵凤昌藏札》第1册,第471—473页。

绕弯子。唐绍仪看了很满意,写便条告诉赵凤昌:"来稿极妥当,已缮就,请交陈君带去。"但他们所演双簧似未奏效。4月12日,赵凤昌写信给陈裕时,说冯国璋"近所发表通告",各派都很失望,但他宁可相信这是冯的暂时之举,"否则对于全局、对于一己均为失策矣"。他希望陈裕时进言冯国璋,再"发表电文,必提明坚持《约法》,力护共和",庶使"复辟谬说无从希冀,且可安定独立诸省人心,不致有异议",如此"方能共图进行,未来各省亦可景从"。[1]

就在此时,赵凤昌听到传言,袁世凯若保不住大总统职位,就要还政清室。他认为袁必借此挟天子以令诸侯,所产生的危害更大,急忙再致函冯国璋,希望冯加以阻止:

> 今更闻事机危迫矣,袁氏恐总统一席,终难恋栈,所定最后之计划,将以受之清室还之清室,为挟天子以令诸侯之策。清帝在袁氏掌中,自然归袁氏专有。所未发者,以民国用《约法》讨逆。彼虽挟有清帝,仍是悖叛《约法》,于讨逆之名义,并无增损。外间有复辟之说,若于此时适相应合,得主兵之有力者一加提倡,则适如袁氏之意,立与照行,彼自复辛亥之旧,身为总理,以号令于复辟以后之各省。果尔,则此后南方能讨贼者,惟有主张用《约法》之数省。其主张复辟者,自投罗网,倘不听袁氏指挥,彼得以叛逆之罪加之矣。将军老谋硕画,必不为莠言所惑。然希冀以复辟为捣乱者,惟视将军一言以为进止。以南方四省已发表之义声,与全国向义之心理,加以数百年种族之恶感,又为袁氏所利用之毒计,此而谓之复辟,岂有幸成之理?非牺牲清帝,糜烂全国而至于亡国,徒为万世之罪人而何?将军纵不为大局计,独不为一身之自由计,而作茧以自缚乎?今日之势,尚可再束缚于袁氏之手乎?清帝又何罪,而必使之玉石俱焚乎?

该信写完,赵凤昌发现遗漏了上海遗老遗少的复辟图谋。该图谋牵涉冯国璋,很有必要及时提醒他,免得他被利用,陷入困境。乃补写

---

〔1〕　国家图书馆善本部编《赵凤昌藏札》第1册,第474、475、476页。

一段曰："再密启者，沪上倡复辟说诸人，有所谓宗社党者。日以仰外国人鼻息为事，并闻为某国人所不信任，必得将军及张上将亲笔为据。然则复辟之说之成否，惟将军为众矢之的。吾国自用《约法》，根据在我，而复辟说则全仗外人。藉将军为取信外人之保障，是陷将军于卖国媚外之恶者，彼辈也。情迫词督，不知忌讳，惟将军谅之。"[1]

冯国璋收到赵凤昌上述来信后，回信表示对赵凤昌仰慕已久，从其信中深受教益；值此局势变幻风诡云谲之际，希望今后他时赐高见，俾能遵循：

> 竹君先生足下：仰慕道范久矣，常以未能亲聆大教为憾。今屡奉手书。更见先生本爱国爱乡之真忱，发为至精至切之确论。捧诵之余，深铭五内。际此国势颠连，凡有血气，兴亡与责，况国璋职守所在，岂忍坐观？数月以来，焦心积虑，欲求一挽救之方，两不可得。自得教言，以为印证，始信法律为国家之正轨，违法律而出乎轨，鲜有不颠扑陨越者，今欲纳轨于正道，又非依据法律不为功。惟是千钧一发，因循固能误国，轻率亦足偾事。国璋惟本此拥护民国、维持共和之愚忱，与海内外爱国诸君子同气相求，循序以进，对内对外，冀免不可收拾之虞，质诸高明以为如何？此后风诡云谲，不可捉摩，毫厘之差，谬以千里。尚乞时锡嘉言，俾遵南指。望风临楮，不胜惓惓。肃此，敬颂道祺，诸惟亮察不宣。名正肃。
>
> 组安、济武、伯英诸先生处统此，恕未另。[2]

组安、济武、伯英分别为谭延闿、汤化龙、蒲殿俊的字，他们同赵凤昌一样，均为立宪派、在沪精英名流。冯国璋请赵凤昌转告该信内容，一方面说明赵凤昌与谭延闿、汤化龙、蒲殿俊都是朋友，有共同的志趣和主张；另一方面也说明冯国璋联系广泛，不仅仅与赵凤昌接触，也同其他东南精英有来往，以寻求多方面的支持和帮助。而的确，他也受到赵凤昌等反袁各派的影响，于4月16日致电袁世凯，批

---

〔1〕 国家图书馆善本部编《赵凤昌藏札》第1册，第456—458页。
〔2〕 国家图书馆善本部编《赵凤昌藏札》第1册，第459—461页。

评其帝制自为,造成"天下靡然,相率解体,分崩离析",其"已失之威信难追",欲保存地位良非易易,最好尽早"推让治权,开诚布公,昭告中外"。[1]

"推让治权"实际是婉劝袁世凯退位,引起袁的不满。冯国璋马上改变态度,次日与江苏巡按使齐耀琳等联名提出八条调停时局办法:(一)承认袁世凯仍居民国大总统地位;(二)慎选议员,重开国会;(三)惩办奸人;(四)各省军队须以全国军队按次编号,并实行征兵制度;(五)宪法暂用民元《约法》;(六)各省将军、巡按使照旧不变;(七)派往川湘之北军一律撤回;(八)大赦党人。[2] 四天后,赵凤昌从报上看到后,对冯国璋由去袁转为留袁,变脸之快、之彻底很是诧异不解,于4月22日致信冯国璋,指出:上述八条办法,与他从陈裕时那里看到的一封北方来电相同。该来电是以四川探子打听到蔡锷有所谓挽留袁世凯等言论,用王士珍名义发布的。据他了解,蔡锷跟上海时通音问,并无类似说辞,可知那封来电本为捏造,并不可信。但经抹去川探字样及王总长之名,该电变成将军您个人意见,与您的一贯主张不符,因此沪上诸公颇为怀疑,已联名写信求证此事,想您当已看到。此外,《时事新报》的主笔们"见尊处发布各件,于时局枘凿,撰一论说,颇有责备贤者之意"。因他与各主笔较熟,看到了这篇论说,"急商令缓登,告以将军或自有作用,不可绝望而与为难,致陷将军于无可转旋,而大局亦受其祸"。鉴于办法传布后,人心惶惶,为避免"贻误外交,酿祸苏省","仍请将军有以慰国人喁喁之望,而消各界责难之声"。该信写毕,赵凤昌听说李显谟来上海传达冯国璋的意旨,并出示其上述16日致袁世凯铣电,不禁又附信恭维冯国璋:"深仰将军讨舆情之推诚,纤悉无遗,对北方之周虑,前后兼顾,其为钦服,曷用言宣",并再次强调八条办法"传布后,人心惶惑,不能不急思挽救,幸将军速图之"。[3]

但冯国璋却与辛亥年的袁世凯一样,企图让鹬蚌相争,自己得

〔1〕　章伯锋、李宗一主编《北洋军阀》第2卷,第1278页。
〔2〕　章伯锋、李宗一主编《北洋军阀》第2卷,第1282页。
〔3〕　国家图书馆善本部编《赵凤昌藏札》第1册,第464—468页。

利。因此,他始终采取一种模棱两可的手段,对袁世凯则挟南方以自重,对南方则挟袁世凯以自重,使得局势更加复杂,一方面,北方派兵南下,镇压独立;另一方面南方"各派志士,激昂慷慨,亟欲举动"。尤其"上海为通商重地,又为党人渊薮,尤多激烈分子","地方风鹤之惊,已达极点"。[1]像南通,先是伏龙等从上海前往发动起事,后又有周应时等要求派人来上海接洽,组织独立,久已不问世事的张謇因此遭到勒索,前往上海避难。他不得不致函冯国璋,请其"顾念苏省人民惶惶待命之苦,能发一通电,令各属出示,俾众周知",并亲拟该通电,供冯"采择"。从 4 月 25 日赵凤昌写给陈裕时的信中可知,上述函电是赵凤昌委托陈转呈冯国璋的。因听说陈裕时要来上海,而冯国璋侄子冯家祜刚好在上海,赵凤昌就将它们交给冯家祜带回南京,并交代这些信件非常重要,不便耽搁,如果陈裕时在南京,请速交给他,如果他已离开南京,请原封不动呈送其叔叔冯国璋。[2]可惜张謇的这些信件在已刊资料中未能查到,无法获悉其具体内容,不过在张謇回复冯国璋的一封信中,约略提及有两方面内容:一是希望国民党方面不要搞暴动,"趋循正轨";另一是请冯国璋体察民情,拿定主意,"早纾国难"。[3]如前所述,冯国璋态度游移,正是想浑水摸鱼,乘机取利,张謇、赵凤昌注定不能得偿所愿。可他们一厢情愿,难以自拔。

26 日,鉴于时机紧迫,局势风云变幻,赵凤昌又连写数信,都与劝说冯国璋宣布江苏独立有关。第一封是他与汤化龙、唐绍仪联名致信冯国璋:"昨晚令侄来沪,传述尊旨,敬悉种切。此间各方面意见尚有不敢苟同者,已为令侄略述梗概,恐尚未能详尽,再请胡子笏先生瑞霖、黄任之先生炎培来宁晋谒,面陈衷曲,即请将军宽假时刻,俾得从容陈说,无任企祷。"[4]可见,赵凤昌等明明知道冯国璋与他们立场和诉求相异,相互意见"不敢苟同",但还是要尽力争取,施加影

〔1〕 吉迪整理《大树堂来鸿集》,《近代史资料》总 50 号,中国社会科学出版社 1983 年版,第 199 页。
〔2〕 国家图书馆善本部编《赵凤昌藏札》第 1 册,第 477—478 页。
〔3〕《张謇全集》第 2 册,第 585 页。
〔4〕 国家图书馆善本部编《赵凤昌藏札》第 1 册,第 486 页。

响,担心转述失真,派人当面陈说。第二封是赵凤昌写给陈裕时的,虽然 25 日的信及拟电稿刚刚通过陈送达冯国璋,但第二天形势发生新变化,只好又麻烦他。赵凤昌在信中说:下午四点钟,因外界消息太紧,唐绍仪来我家面商函达冯国璋之事;我即邀请黄恺元来共同会谈,并草书一封,托他带往南京,希望你代陈冯国璋。〔1〕这封"草草作书"的信系赵凤昌与唐绍仪合写,即第三封信。该信先是概述前两信的内容,然后转入正题:

> 下午四点钟,又得各界紧信,各国以此时江浙蚕丝正将收茧,如苏省锡、常各地,兵队往来,各报所载,不免滋扰。且闻调张、倪兵来苏地,外人尤多注意,以致中外商人,不敢运银入内地收茧,且知春蚕乡户,畏兵胜虎,逃死不暇,置蚕事于不顾。计每年江浙产丝出口,值数千万,关系外国金融之流通,洋商将因之失业。江浙商民既失此数千万,外商亦因此所失甚多,不甘缄默。且丝业顿失,关税亦相因短绌,关税抵偿赔款,各国尤为重视,其情跃跃,必有发难之一日,恐不在远。东邻乘各国商情之愤急,闻已不待六月期限,即有不测之诘责,奈何奈何?我未独立各省,或观望徘徊,或迁延筹备,势必缓不济急,弄巧成拙,自必欲待东邻发难,一纸限文,始行解职,以后大局,尚有我主持之余地否?即不免听人处置,将军与段芝老尚有回旋之地否?国家存亡关系,能勿归咎贤者否?惶悚之至,密陈左右,大局安危,惟将军图之。〔2〕

信中说因为北兵南下,正值江浙收茧,造成中外商贸停顿,洋商利益受损,恐怕各国不久就要发难了。尤其日本乘各国商情愤急,半年内将对中国"有不测之诘责",届时一纸限文,袁世凯始行解职,不仅没有回旋余地,而且导致主权丧失。此事关系大局安危,国家存亡,所以特地密陈,希望冯国璋尽早筹划,宣布独立,若仍观望徘徊,势必弄巧成拙,追悔莫及。

---

〔1〕 国家图书馆善本部编《赵凤昌藏札》第 1 册,第 483 页。
〔2〕 国家图书馆善本部编《赵凤昌藏札》第 1 册,第 480—482 页。

尽管赵凤昌言之谆谆,但冯国璋听之藐藐。他没有听从赵凤昌的建议,逼迫袁世凯立即退位,而是主动充当调停人,致电独立各省"共念时艰,早作罢兵之计"。至于未独立各省,他呼吁在"各保疆土"的基础上,"贯通一气,共保公安",这样,"对于四省与中央,可以左右为轻重,然后依据法律,审度国情,妥定正当方针,树立强固根本,再行发言建议,融洽双方,谈判或易。若四省仍显违众论,自当视为公敌,经营力征;政府如有异同,亦当一致争持,不少改易"。〔1〕四省就是已独立的滇、黔、粤、桂各省,冯国璋将它们与中央对立,而自己则领衔未独立各省作为第三势力,居间调和操纵,其意图很明显,就是想乘时而起,再造共和,成为新任总统,这从他5月1日将所修改的前述调停时局办法八条通电各省可见一斑。其第一条即为大总统问题:

> 袁大总统以清室付托,组织共和政府,统治民国,授受之际,本极分明,现因帝制发生,起一波折,近虽取消帝制,论者皆谓民国中断,大总统原地地位,业已消灭,绝难再行承认,言之亦自成理。然欲根据法律立论,则民国四年以后,大总统固已失其地位,副总统名义,亦当同归消灭,中国目前实一无政府无法律之国,而援引《约法》,谓副总统可以代行职权之说,当然不成为问题。既欲拥护共和,首在改良政治。欲政治改良,而谓不能属之袁大总统,则必出于另举。欲举总统,必开国会,欲开国会,必有发令召集之人,今舍去大总统,而以副总统行使职权,牵入《约法》条文,殊与事实不合。不如根据清室交付原案,承认袁大总统对于民国应暂负维持责任,以顾大局,并回复副总统名义,强其出而任事,方可补济法律之穷。一面迅筹国会锐进办法,提前召集,仍由袁大总统于事前宣布明令,一俟国会开幕,即行辞职,是未来之大总统,可以依法产生。〔2〕

这段有关大总统问题的解释说明绕来绕去,啰里啰嗦,其实主要意思

---

〔1〕 章伯锋、李宗一主编《北洋军阀》第2卷,第1280、1284—1285页。
〔2〕 章伯锋、李宗一主编《北洋军阀》第2卷,第1286页。

是：帝制发生使民国中断，总统、副总统乃至《临时约法》都不算数了，为重建共和，应暂请袁世凯维持民国政府，迅速召开国会，由国会另选大总统，而这个大总统非他莫属。据此不难看出，赵凤昌三番五次提出的袁世凯立即退位、遵守《临时约法》、拥戴黎元洪为大总统等建议，冯国璋非但没有接受，反而被他一一否定，用来为他攫取大总统一职造势。就此而言，赵凤昌策反冯国璋的努力付诸东流，并未取得成功。

除了争取冯国璋外，赵凤昌还参与其他反对洪宪帝制的活动，主要有两方面。一是与其他东南精英一起磋商，共同行动。如帝制取消后，袁世凯为保留总统职位委任国务卿总理国务、组织政府，"树责任内阁之先声，为改良政治之初步"。[1]对此，他们致电袁世凯，公开表示反对，并坚请其主动辞职，以免祸己祸国：

> 袁公鉴：近日局势，外界消息，日趋险恶，被人逼迫不可，被人保护尤不可。若犹以迂回作用应之，当局极苦，人终不谅。民国既已明白回复，则据《约法》，自有代理之人可属。此时如组内阁，如议召集，实违《约法》，各方决难承认。惟现无国会，则无请辞之地，但立颁一申令辞职，坦然示天下以诚，庶暂时组织可听替人，一切解脱不必更当疑难之冲，一切斡旋亦可易得。去思之感，前途需审。来日无多，迫贡血诚，不胜激切。若再迁延，必更祸己祸国，尚忍言哉。[2]

该电同时转发各省将军、巡按使、镇守使、都统，希望他们本着爱国之心，有所担当，不能听任袁世凯继续自说自话，致使局势不可收拾。结果有九省"回电一致赞成"。因电文中未明提"退位"二字，东南精英又"设法补进，再行联名电京"。而5月3日，袁世凯的亲信四川将军陈宦也电恳其退位，袁世凯复电称如果善后妥筹，"退位不成问题"。[3]所以，徐世昌、段祺瑞、王士珍以此来将东南精英一军，回

---

〔1〕中国第二历史档案馆、云南省档案馆编《护国运动》，第699页。
〔2〕国家图书馆善本部编《赵凤昌藏札》第1册，第489—490页。
〔3〕国家图书馆善本部编《赵凤昌藏札》第1册，第491页；章伯锋、李宗一主编《北洋军阀》第2卷，第1252页。

电说:"退位甚易,惟军财应如何善后,须预筹画,以免交替时不及措手。"东南精英因事先没有没有考虑这个问题,不知如何回答,乃拟出应研究问题三个:1. 袁世凯若退位,接替之法应如何;2. 退位后南下之兵应如何处置;3. 退位后财政应如何筹措,请大家群策群力,提出办法。[1]但袁世凯托辞延宕,至死都未退位,这几个问题也不了了之,未见下文。

　　另一是积极回应国民党的邀约,筹划讨袁。1915年12月21日,在袁世凯登基数日后,黄兴从美国致函赵凤昌、张謇、汤寿潜、伍廷芳、唐绍仪、庄蕴宽等人,对国事变乱至此,表示痛心,认为袁世凯称帝必败,希望他们这些贤者出来反对帝制,维系国家。如前所述,赵凤昌其实已加入反袁的行列中。1916年5月17日,黄兴再次致信赵凤昌等,盛赞他们"翘然高迈,不受尘染",袁世凯"虽百计招致,而去之愈远";并指出中国"大局解决,当在不远",但袁世凯还在负隅顽抗,乱犹未已,须仰赖他们合力主持,逼令袁早行退位,"以便根据约法,早奠邦基"。次日,黄兴又函告赵凤昌,说自己的朋友何成濬在南京、安徽、江西、湖北一带均布置讨袁,湖北尤其有把握,希望他出力相助,"俾得进行"。[2]6月16日,袁世凯已病死,护国运动进入尾声,赵凤昌给时在日本的黄兴写了封回信,说去冬今夏二信都"一一转致同人",大家"一体赞同,并深佩先生爱国热诚,不遗在远"。现在袁世凯"已伏天诛",黎元洪继任总统,大局粗定,"惟一般官僚盘踞要路,似是而非,谣惑众听。元恶虽已自毙,政治尚待改良,兹事体大,非集各派中心人物,化除私见,悉心研究,确定方针,指导社会造成真确舆论,实行监督政府,则前途祸福,正未可知。同志之士,均盼台旆早日归国,解一时纠纷之局,树百年远大之规,国家之事,亦吾党之志也。"[3]信中,因不满国内现状,对黄兴充满了期盼,希望他早日回国,解忧排难,能有一番大作为。可惜,黄兴回国仅三个多月,便病逝于上海,壮志未酬。

---

〔1〕 国家图书馆善本部编《赵凤昌藏札》第1册,第491—492页。
〔2〕 国家图书馆善本部编《赵凤昌藏札》第7册,第176—178、179—181、182页。
〔3〕 国家图书馆善本部编《赵凤昌藏札》第7册,第184页。

尽管袁世凯死后,共和政体基本恢复如初,黎元洪继任大总统,《临时约法》得以遵行,但袁帝制自为令清朝遗老遗少很受鼓舞,蠢蠢欲动。1916年4月5日,郑孝胥就听说"张勋欲举龙旗,宣言复辟";22日,又获悉升允"将往奉天,兴师复辟"。[1]6月7日,袁世凯病死第二天,瞿鸿禨、梁鼎芬等公电北京,"请复辟",而冯国璋、张勋等据言也谋妥"复辟宣统之计划","定于本月十五日举事"。[2]可身为总统的黎元洪政治敏感性较差,为解决他和段祺瑞间的府院之争,竟然病急乱投医,请张勋进京调停。6月6日,当得知张勋"率军一旅"到天津,时在当地隐居的熊希龄即致电湖南督军谭延闿:"此间风潮甚烈,主持复辟者极力。望公速通电各省,维持国体,声言改革政治,只要不变更国体,均可商量。否则,全国人民断生反抗等语。"他并要求谭延闿务必于当晚发出通电,谭照办。次日,他自己通电全国,指出"此间近有创为复辟论说者,非仅有叛民国,抑且危及清帝,关系国家存亡,至险且迫",还从财政、外交、军政、民生、清皇室五个方面论述复辟之危险。[3]这份通电发出后,很多省份的督军、省长回电表示钦佩和赞赏。

但张勋拥戴溥仪复辟的闹剧还是上演了。7月1日,清逊帝宣告复辟当天,熊希龄致电赵凤昌说:康有为、张勋阴谋复辟,昨晚已成事实。黎元洪被逼退位,伪诏已经颁布。段祺瑞即起反对,战争将起。目前最要者,须劝告国民党,"宜速释嫌怨,与北军联合,万不可于北军范围内发起革命军,恐北方将领畏有萧墙之祸,反致团结一气投入复辟漩涡,则大局纷裂,难以收拾矣"。[4]赵凤昌接电后,即与孙中山联系。孙中山是领导推翻清王朝的革命领袖,对清室复辟岂能容忍,毫无疑问不会助纣为虐。当晚,他便在上海环龙路寓所召集会议,商谈兴师北伐张勋事宜。4日,段祺瑞在马厂誓师,出兵讨逆,熊希龄拟了一个公启登在天津《大公报》,并请赵凤

---

〔1〕劳祖德整理《郑孝胥日记》第3册,第1603、1606页。

〔2〕劳祖德整理《郑孝胥日记》第3册,第1613页;[日]宗方小太郎著、甘慧杰译《宗方小太郎日记(未刊稿)》下卷,第1063页。

〔3〕周秋光编《熊希龄集》第6册,第52—55页。

〔4〕国家图书馆善本部编《赵凤昌藏札》第4册,第501页。

昌设法再在上海"通电北军各省",以扩大影响力。他还认为讨逆军"后防关系重要",又电请赵凤昌"设法运动海军六艘,开赴大沽,并载攻城巨炮,接济前敌"。刚好孙中山运动海军护法,并得到积极响应和支持,通过孙的关系,赵凤昌很快办成熊希龄交代之事。第二天,他复电说:"海军已派三舰来大沽,所需可就近商之。"但他担心"攻城恐为外人所阻",本来就支持复辟的日本可能趁机暗助张勋,"竟出为调解,俾张逆拥清室以热河为退步,且以内蒙为小朝廷",将中国割裂为南北两部分。因此,他提醒熊希龄一定要"注意预杜狡谋"。〔1〕应该说赵凤昌不愧是幕僚出身,心思缜密,看问题、想问题比一般人深入周到。果然,张勋放出风声,如果与讨逆军作战失利,"将烧毁宫殿,挟宣统逃往热河"。熊希龄听说后,急忙致电华北、东北各督军、都统严防死守,避免张勋北窜,致使内蒙受扰,"又蹈外蒙覆辙"。〔2〕

随后,熊希龄不仅自己关注前线的讨逆军战况,而且将所了解的最新消息及时电告赵凤昌等上海友人。7月6日,他致电赵凤昌:"今日拂晓,廊房开战,逆军已败退至安定,再退再撤铁路,我军仅伤数人,逆军死千余人。捷音一播,中外快心,可免观望。现在直、鲁均已会师,兵力甚厚,不待攻击,当易屈服。"次日,他又电云:"我军今日占领丰台、南北苑,陈光远、蔡成勋、刘金标三师均响应,夹攻逆军。陈已派为中路司令。北京电话:张勋辞职,并电段芝老愿听处分。曹军正在跑马场接战,西路有三师足可灭此朝食。特闻。"据此可知,张勋失道寡助,不堪一击,很快便陷入被动。9日,熊希龄致电云:"昨飞行队炸弹投入皇宫,炸伤数人,宣统惊病。现三路司令兵围北京,逆军释械投降,薙发裁遣。张勋逃入英使馆(按:应为荷兰使馆),清室通电表明被胁情形。段合肥日内入京,冯麟阁今日已在京奉车上拏获。特闻。"〔3〕应该说该电描述了张勋复辟闹剧的大结局,讨逆军派出了飞机,用几枚炸弹把清室上下吓坏了,连忙通电表明是被胁

〔1〕 国家图书馆善本部编《赵凤昌藏札》第4册,第509、503、504—505页。

〔2〕 周秋光编《熊希龄集》第6册,第77—79页。

〔3〕 国家图书馆善本部编《赵凤昌藏札》第4册,第506、510、511页。

迫的;而张勋的辫子军缴械投降,被剃发遣散,他自己则躲进荷兰使馆;参与复辟的奉军第二十八师师长冯麟阁也被从火车上抓获。不到半个月,就以这种全军覆没的方式收场,不仅说明复辟帝制结局可悲,而且不得人心。

由于张勋的失败板上钉钉,指日可待,熊希龄开始考虑其后的政局问题。7日,他听说孙中山致电日本驻华公使林权助,"请送黎前总统由秦皇岛乘军舰赴沪",以为孙中山想打着黎元洪的旗号在南方搞护法运动,不禁难抑内心的焦虑,致电赵凤昌指出:黎元洪之前不听他的话,"颁发解散国会命令,已失元首之威信尊严;又发命令特召张勋入都,政变迁逃,居日本使馆,元首资格复失",完全不适于从政,故"中山此举似欠妥协",他希望赵凤昌"密商至友",不能让孙中山挟黎元洪自重,导致南北双方"再生枝节,使海内复有纷裂之兆"。11日,赵凤昌回电说:黎元洪南下不是事实,继任大总统必须合法。"尊意双方商让,以免分裂,此实至要",但他认为"调和空说无济于事",南北"双方应悔所谋俱误,当互相引咎,不争是非,绝不诿过一方,各平其气。现倘一方凭借势力,一方更感不平,一尚意气,一尚智术,愈离愈远。当知国人之国,非一派人之国,总想一融洽办法,勿使国人再受党祸"。此电发出后,他又拟出了具体的调停办法五条:"一、复国会;一、遵《约法》;一、修宪法;一、督团逼散,归罪于逆,与各方面对大局商妥发表;一、或督团请复国会,尤见顾国会之忠实,切勿恃势",想等熊希龄复电来,再提出。[1]然而,张勋复辟失败后,黎元洪马上主动辞职,熊希龄所担心的事并未发生,所以他没有复电,结果赵凤昌的上述办法停留在纸面上,只是他自己的私人记录而已,根本没有得到曝光的机会。

虽然说赵凤昌在反对洪宪帝制及张勋复辟上都没有起到什么实质上作用,但与张謇消极避世不问政治相比,他热情很高,积极主动参与,居间联系,献计献策,做出了不少努力,其精神可嘉,值得肯定。特别是他始终坚持遵行《临时约法》等主张,说明他拥护共和,渴望在

---

〔1〕 国家图书馆善本部编《赵凤昌藏札》第4册,第512—513、514—517页。

革命法统主导下的统一。因为《临时约法》纵然有缺点和不完善之处,仍不失为一部较为完备的资产阶级民主共和宪法,是辛亥革命胜利的标志性成果之一。

五、最后的声光

段祺瑞赶跑张勋后,以"再造共和"之功出任国务总理,冯国璋则继任大总统。但北洋新政府成立后,南北双方并未如熊希龄、赵凤昌所希望的那样,化除成见,互相商让,共谋统一。尤其赵凤昌未面世的五条调停办法中,"复国会""遵《约法》"两条反映了南方的基本要求,但恰恰是北方所反对的,北洋政府不仅另启炉灶予以替代,而且企图动用武力逼南方就范。结果出现了对外"宣而不战"、对内"战而不宣"的奇怪一幕。段祺瑞内阁成立后,"至八月十四日始正式对德、奥宣战,而动员派兵入湘则在七月后旬,时湘中尚无乱事"。[1] 于是原本对外参战问题变成对内镇压问题,深感受到威胁的西南各省军阀便汇聚到孙中山的护法旗帜下,组织军政府,与北方相抗衡,形成了南北分裂对立的局面。对此,赵凤昌忧心忡忡,于1917年10月13日写信给张謇阐述自己对时局的看法和主张。24日,张謇回信说:"承十三日手书,语重心长,忧深虑远,具见贤人君子不能忘世之概。"但他指出世人好自杀,"前仆后继,若出一辙",虽多方劝说也没用,不如不管,随他们去。[2]

然而,当南北战争愈演愈烈,生灵涂炭,民不聊生之时,张謇也不忍坐视不管,他说"日月无尽,民财、民命有尽","多争持一日,多耗若干民财,多戕若干民命",因此他呼吁不必言和,直接"息战"。但赵凤昌认为息战必须建立在调停的基础上,请他与北方联系,牵线搭桥,以便他在南北双方间劝和。张謇说自己久不与北方通讯,他们也未必来征询有关时局看法,"若来必以正当意见告之"。不过,据他所

〔1〕 李剑农:《戊戌以后三十年中国政治史》,中华书局1965年版,第271页。
〔2〕 国家图书馆善本部编《赵凤昌藏札》第10册,第123页。

见,近日之世局,政府这样,议会那样,即使没有外患,岂可值得庆幸?
对于救亡,他是束手无策。[1] 因为南北战争的主要战场在湖南,作
为湖南人,基于保全乡里、维护桑梓的目的,熊希龄从一开始就函电
交驰,在南北之间进行调和,所以当张謇表示无能为力后,赵凤昌即
致电熊希龄,请其来上海商议。电文云:"大局如此,国民不堪其苦,
急宜讨论,以免浩劫。请公即来沪面谈,盼复允。"熊希龄复电说他在
天津办理赈灾走不开,"竟未能忍舍灾黎,抽身南下,望转达诸君见
原。如有必须商榷之事,可否推举一人来津",他也正与章士钊等人
"筹划办法"。赵凤昌接电后,回电解释请他来面谈的原因,并对他不
能南下表示遗憾:"因见大局日非,不至亡国不已,国人岂能忍心听
之,欲于政界外有所讨论,是否听其亡国,抑尚有公理可言。公在政
界外而又关怀大局最切,故特邀公来面谈,为函电不能尽也。今公顾
灾黎,不能南下,怅甚。"[2]

　　尽管熊希龄等一直在劝和,但南北之间依然兵戎相见,混战不
已,连双方阵营的一些军阀都看不下去,江苏督军李纯向张謇"电征
意见",护法军政府总裁岑春煊、淞沪护军使卢永祥、北洋政府将领张
绍曾等人"复以调和之意相询"。这使得张謇一方面能够兑现对赵凤
昌的承诺,"若来必以正当意见告之",另一方面也在不问世事三年后
再涉政界,谈论国事。除了致电北洋政府首脑冯国璋、段祺瑞表达政
见外,他还与孟森等"共商调停南北之策",认为应设立和平会作为第
三者居间调停。1918 年 10 月 4 日,他将上述共商结果,以公开
电——支电的形式发表,指出"同胞相杀,战祸绵延,商业凋零,生灵
涂炭",民有厌乱之心,"惟知和平两字为圣神",建议南北双方"扫除
虚㤭一切之门面","推诚心而布公道,有如辛亥唐、伍二公在沪会议
前事,直接解决种种滞碍,不用往来传述",也就是如辛亥时期那样举
行南北代表会议。[3] 支电发出后,反响较为热烈,冯国璋致电表示

　　〔1〕《张謇全集》第 2 册,第 642 页;国家图书馆善本部编《赵凤昌藏札》第 10 册,第
121—122 页。
　　〔2〕国家图书馆善本部编《赵凤昌藏札》第 10 册,第 180、181、182—183 页。
　　〔3〕《张謇全集》第 2 册,第 649、645、664、662 页。

赞成,希望张謇"折衷群议,会和众流",以达神圣和平;熊希龄也致电说:"昨读劝和通电,至为钦佩。此间同人均为奋兴,佥谓宜组一团体,协力鼓吹,或有效力。"〔1〕

熊希龄等拟组织的团体名为和平期成会。1918 年 10 月 23 日,他与张謇、蔡元培、王宠惠、庄蕴宽、孙宝琦、周自齐、张一麐等 24 位名流联名向全国通电成立该会缘起:

> 慨自国内构衅,忽已年余,强为畛域之分,酿成南北之局,驯致百政不修,土匪遍地,三军暴露,百姓流离。长此相持,何以立国? 龄等夙夜焦思,以为内争一日不息,即国本一日不安,险象环生,无有终极。况欧战将终,国际势迫,若仍兄弟阋墙,何能折冲御侮? 且不自谋和解,难逃世界责难。是以人心厌乱,举国从同,各抱忧危,苦难宣达。希龄等外察大势,内体舆情,瞻顾徘徊,义难缄默。拟组织一和平期成会,为同情之呼吁,促大局之和平。凡造成本会宗旨者,切望同声相应,协力进行,盖和局早成一日,即乱机减少一分,群力增加一分,即国本早定一日。忧时君子,当题斯言。谨布腹心,伫候明教。再:本会宗旨,不分党派,亦非政团,和平告成,即行解散,决无他种作用,合并声明。〔2〕

据上不难得出如下信息:第一,和平期成会成立的背景是国内外出现和平局面。国内,南北战争持续一年多,造成很大破坏,人民厌乱,渴望结束战争;国际上,第一次世界即将结束,和平气氛浓厚,列强也希望中国统一。第二,和平期成会的宗旨是为同情之呼吁,促大局之和平,以期早定国本,能在国际社会折冲御侮。第三,和平期成会汇集各方人士,无党见、政派之意味,是个民间团体,以和平为目的,和平告成即解散。

就此看来,和平期成会是个陈义甚高、自我定位明确的同人公益组织。会长拟由张謇担任,但其实他是被列为发起人的,该会筹办通

---

〔1〕《张謇全集》第 2 册,第 665 页;周秋光编《熊希龄集》第 6 册,第 878 页。
〔2〕 周秋光编《熊希龄集》第 6 册,第 881—882 页。

电及出任会长事先他也不知情,只是因为他发出支电,与熊希龄等"组一团体"的想法不谋而合,熊希龄等便先行将他拉入作为号召,然后致电告诉他:"现拟立一和平协会,将在野重要人集合于此团体,以便敦劝南北。我公既经首创,同人意恳公主持会事,俾有遵循,想荷赞同,乞赐电复为盼。"同时也将上述组织和平期成会的全国通电转电给他。〔1〕张謇接到二电后,复电熊希龄说拉他入会有违其初衷,他是"不名以会"的,"盖恐各方无意识之人,凭虚揣测而描画者多"。不过,既然组织和平期成会的通电已发,"支电已有征应,鄙人所望,即有着落",遂厘无所求了,"会事由公主持,最为光明正大"。〔2〕张謇的表态得到尊重,11月3日,和平期成会在北京成立,熊希龄被推为会长,蔡元培为副会长。组织和平期成会一事,熊希龄也电告赵凤昌,说"提倡民治、推翻武力乃为长治久安之策,抑即解决南北之方",因此他"不揣其愚,通电主持",恳请赵凤昌多尽义务,大力鼓吹,促成其事。〔3〕

　　和平期成会成立后,熊希龄即致函总统府秘书长张一麐对中央发动湘、粤战事表示不满,要求停止用兵,为南北议和创造条件。在他的努力下,中央政府"赞成是议,允开和平会议,双方派人商榷"。获知此消息,他第一时间飞告谭延闿,请转达护法军政府的岑春煊和陆荣廷。谭延闿、陆荣廷分别回电,赞成和议,切望积极进行"组织一会议机关",俾南北双方"接近协商"。熊希龄即将南方这一意见转呈总统徐世昌、总理钱能训,"请饬下国务院,速定办法、地点及代表人数"。〔4〕然而,北洋政府虽然允开南北代表会议,但认为并非必不得已,积极性不高,想委托江苏督军李纯办理,不再另派代表,要求南方的岑春煊直接与李纯商办。对此,熊希龄很不满意,在致张謇电中,批评"中央此次所拟,颇欠条理",认为促进和平,必须由"双方推派全权总代表一人,协商和议,以免彼此内部之不一致"。尤其巴黎

---

〔1〕　周秋光编《熊希龄集》第6册,第878、884页。
〔2〕　《张謇全集》第2册,第668页。
〔3〕　国家图书馆善本部编《赵凤昌藏札》第3册,第47页。
〔4〕　周秋光编《熊希龄集》第6册,第883、895、899、900页。

和会召开在即,如果中国不能为形式之统一,如何能够以战胜国身份"加入列席之地位"?所以他不得不继续与中央沟通,力陈己见。11月25日,他得到国务院复函,其意见得到允准:"集议机关之设,中央亦表赞同。"正与李纯商洽进行,并"转电西南,克期组织"。于是他立即致电谭延闿,请催促护法军政府迅速与李纯接洽,早日开议,让人民受益,国家也能抓住历史机遇。[1]

但好事多磨。南方对议和名称及地点有异议,认为北方定名善后会议,"是欲以命令处分和议之意",双方不对等,要求改回原名和平会议。至于地点,南方拟在上海,北方意在南京。熊希龄认为会议"名称、地点关系尚小",开会要紧。他断定"中央当不致于拘执"这些小节,于12月4日致函钱能训,请中央政府先派定总代表,"以慰中外之望,坚南北之心",并说南方主张"正副代表各一人,参赞八人"。[2]很快,中央政府采纳熊希龄的意见,宣布任命朱启钤为总代表,但"不另设副","其余九代表,俟派定续闻"。熊希龄大受鼓舞,非常乐观,致函赵凤昌说调停进行顺利,"双方推举代表不日可定,弟等仍立于第三者地位,为彼此疏通劝告,决不投入漩涡,以违初愿,此可以为故人告也"。还透露说一俟代表确定,他即先行南下,与李纯、唐绍仪预先接洽,热切期盼赵凤昌能够"赐以箴言,力为赞助"。[3]

12月11日,北方代表名单正式出炉:总代表朱启钤,代表汪有龄、徐佛苏、吴鼎昌、王克敏、江绍杰、施愚、方枢、李国珍、刘恩格。该名单公布后,熊希龄马上致电谭延闿,请转电护法军政府,迅速推定代表。然南方仅推荐唐绍仪任总代表,其他代表则迟迟未定,却一直纠缠于会议地点、名称及陕闽问题等,熊希龄很着急,致电护法军政府云:倘若将"以上各项之解决为派遣代表之前提,希龄等不敏,窃有未安",并强调"会议必开已成事实,则名称、地点总易磋商,至陕闽问题关系固重,希龄等亦正竭力斡旋,请求划界停战",希望"即克日

---

〔1〕 周秋光编《熊希龄集》第6册,第911、914、926、929页。

〔2〕 周秋光编《熊希龄集》第6册,第934—935、937—938、942、934、939、940页。

〔3〕 周秋光编《熊希龄集》第6册,第942页;国家图书馆善本部编《赵凤昌藏札》第3册,第52—53页。

派定代表,嗣后一切问题,即可由两方代表直接负责交涉,便和议之进行,促争点之解决"。16 日,熊希龄致电岑春煊,说陕闽停战事正着手解决,至于和平会议名称,唐绍仪主张不用善后名目,直言上海或南京会议,他深表赞成,但"地点仍以南京为宜",因为李纯经营布置已久。"时局岌岌,南北会议总宜速开",请速将南方代表选定宣布,以免中外疑虑。29 日,北方代表赴南京,专候南方代表。1919 年1 月 2 日,熊希龄也启程南下。[1] 4 日,他抵达南京,可南方代表仍未派定,他不得不与赵凤昌联系,商量办法。

　　第二天,熊希龄致函赵凤昌,说李纯在南京预备会场十分完备,"专候南方派人,而迄今月余,南方只宣布派总代表,其余尚无确定之人"。又听说唐绍仪"有坚持在沪开会之说,迁延时日,殊为可虑"。还说在北方主战派势力汹涌之下,他力主和平不仅仅是因为内地生民涂炭,也因为巴黎和会开会在即,若不从速解决内争,则列席必无良好之结果。外国人见我们为浮文末节争执不休,浪费宝贵光阴,"置国家生死存亡于不顾,颇讥我国人无真正爱国之精神,实于国家大局体面所损甚大"。他说他在南京尚须逗留数日,才能赴上海,因此请张一麐、谷钟秀、丁佛言三人今天"先行到沪,晤商我公,乞赐接洽,并乞设法转旋"。[2] 9 日,熊希龄又致信赵凤昌:

　　　　顷张仲仁、丁佛言两公回宁,面述尊意及少川先生种种情形,备悉其中梗概,当即转劝北方代表从权改赴上海。据一二人之意见亦似不能通融,照此相持,前途两无希望,弟等所欲赶于欧会未开之先,解决国内大局之旨必难达其目的,可谓浩叹。刻与同人商榷,拟于无可设法之中,又为调停办法。南方代表九人如已宣布,请少川总代表先在上海,与彼九人讨论条件,决定宗旨,北方代表在宁亦复相同。然后于南京开一预备会,南方代表九人与北方代表九人列席讨论,随时往来宁沪互相接洽,两总代表均不出席,一俟大体商定,再由北方朱总代表偕同九代

〔1〕　周秋光编《熊希龄集》第 6 册,第 943、949—950、951、964 页。
〔2〕　国家图书馆善本部编《赵凤昌藏札》第 3 册,第 55—57 页。

> 表赴沪签字,和议告成,庶几双方均可兼顾,或亦解决之一法。
> 且预备会为各国先例,现在巴黎即有此办法也,未知我公以为
> 何如?[1]

根据上信,赵凤昌的确按照熊希龄的嘱托,与张一麐等接洽晤商,并设法转旋,使他们全面了解掌握唐绍仪以及南方面的情况。当他们向熊希龄汇报后,熊希龄听从了赵凤昌的意见,同意会议地点改在上海,并转劝北方代表改赴上海,同时重拟会议办法方案,再征求赵凤昌的意见。

在赵凤昌的斡旋下,南方代表章士钊、胡汉民、李日垓、曾彦、郭椿森、彭允彝、刘光烈、王伯群、饶鸣銮、李述膺终于在1月12日派定,会议的召开也提上了议事日程。虽然姗姗来迟,但熊希龄依然非常兴奋,几个月来的努力没有白费,希望就在眼前。14日,在给友人的电报中,其激动之情溢于言表:"国人苦兵久矣,渴求平和,情犹望岁。希龄不量薄劣,奔走呼号,实冀宣国民之苦怀,促双方之和解。今幸南北诸公力全大局,同愿戢兵,将来代表会议之时,一切纠纷问题,谅能正当解决。"28日,他致电北洋政府外交部云:"南北会议事,现经竭力调停,大致就绪。南方代表已到沪者章士钊、胡汉民、刘光烈、李达膺(按:应为李述膺)四君,其余六人月杪可以全集,大约二月中旬可以开会。双方意见尚可沟通,和平当能观成。"[2]熊希龄之所以如此自信,就是因为有赵凤昌居间起调节缓冲作用。2月10日,张一麐致函赵凤昌,即盛赞"和平会议公允作调人领袖,凡在桑梓,同声佩慰",对唐绍仪也抱有很高的期待:"两方代表有元宵前开议之讯,刻下外交紧急,亟盼国内早日统一,毋为他人抵隙。唐少翁开爽果决,七年以来沉滞抑塞,此次望其郁久必发,为吾国开一新纪元。"其时张一麐已到北京,了解北洋政府财政困难,军队有哗变之可能。因此他请赵凤昌提醒唐绍仪,在开会议和时,首要的是谆切注意南北裁军问题,"能于半月内,先将兵事前提解决,则探骊得珠,其

〔1〕 国家图书馆善本部编《赵凤昌藏札》第3册,第58—61页。
〔2〕 周秋光编《熊希龄集》第7册,第23、56页。

余已属鳞爪",因为"北方空气,与南方固有喧寂之殊,而渴望结束,以免夜长梦多,则大多数人心理所同也"。[1]

与张一麐相同,熊希龄也在南北议和开议前,请赵凤昌转告唐绍仪届时在会议上要首先提裁军议案。不同的是张一麐系针对国内情况而言,熊希龄则从国际形势变化立论。1月18日,第一次世界大战后的和平会议在巴黎召开。27日讨论青岛问题,与会各国要求中日两国公布一战以来中日所订密约,日本不同意,威胁中国政府如果公布,将停付中国的参战借款。熊希龄指出"其意无非以我财政支绌,借此以为挟迫",乃于2月5日致电唐绍仪,请南北各代表暂缓商议内政,"以此次外交为第一问题,赶开临时紧急会议,联电政府",要求公布中日密约。该电熊希龄委托赵凤昌转交。10日,他又致电赵凤昌,认为此项参战款"亟应设法解决,方无后患"。因为该借款已经成立,"取销、退回必难做到","不如移为南北裁兵经费,请唐总代表,或商同北总代表,一面电政府,谓参战军队不可再练,目前南北军均因饷乏,不如先行裁遣一部分军队,即将参战余款挪为经费;一面电北京,前次劝告之五国外交团,请其公同主持此种计画"。他请赵凤昌密商唐绍仪等人,"如果赞同,即于南北会议席上先提此案,迅速议决,再议其他"。他强调"此为目前外交、内政釜底抽薪之最要问题,幸勿稍迟",务必先办、速办。[2]

2月20日,民国历史上第二次南北议和会议在上海开幕。但唐绍仪并未听取张一麐、熊希龄的建议首谈南北裁军问题,而是仍纠缠于陕西停战之事,不仅开幕式讲话中着重提及,而且在前四次会议上有三次以此为主题,甚至因为"陕西问题不能解决,而正式会议停顿"。[3]熊希龄不得不从南京赶往上海,"设法疏解"。3月10日,他还致电钱能训,指出南北和议政府本应注意陕西、参战军、法律、代表权限四问题,却非但没有放在心上,谨言慎行,反而不注意措辞,替

〔1〕　国家图书馆善本部编《赵凤昌藏札》第1册,第62—64页。

〔2〕　周秋光编《熊希龄集》第7册,第62—63、72—73页。

〔3〕　叶恭绰:《一九一九年南北议和之经过及其内幕》,杜春和、林斌生、丘权政编《北洋军阀史料选辑》下册,第4—14页。

陕西说话、日本政府说话、军政府说话,还指责代表越权,这不啻横生枝节,"疑为挑衅之端","殊可为和议前途危也"。〔1〕果然,和议进展并不顺利,开了几次会议都未达成任何协议。4月26日,熊希龄致电赵凤昌分析时局,批评政府腐败无能,为私利不惜卖国,所以"南北代表会议愈速愈好,宁愿有恶国会,不愿有恶政府也"。希望他密告唐绍仪"设法迅结,能于五月十一日以前蒇事更妥",如果不能做到,也要确保此期内和议"不可停顿破裂",因为巴黎和会"德国媾和签字在此期中,且看欧局如何再定方针"。〔2〕不幸的是,4月29日南北双方代表因是否讨论国会问题而起争执,导致和议中断。"5月6日,巴黎和会上中国外交失败的消息传来,双方代表以一致对外名义,重开和议。10日,唐绍仪提出了不承认巴黎和会处理山东问题的决议,宣告解散国会的命令无效等8项条件,送交朱启钤。13日,他在和会第八次正式会议上申述这8项带有最后通牒性质的条件。由于北方代表不能接受,唐绍仪遂联同南方代表于当天向军政府辞职。次日,朱启钤等北方代表也向北京政府辞职。南北议和终于破裂,会议未达成任何协议"。〔3〕

熊希龄闻讯,非常失望,认为"和会决裂,国将不国",还想办法"向双方痛陈利害,冀挽万一"。不料他这种热心促成南北和解的举动遭到造谣攻击,令他心灰意冷,决定退出政界,不再过问政治。5月17日,在致上海和平期成会联合会电文中,他愤愤地说:"吾人虽以国家为前提,而攻讦者尚疑为攫取权利,利用党争。""迩来厌倦政治已达极点,且深觉世界虽变,人心不变,政治社会均属罪恶之数。""信用未孚,空言无益,惟有息影林泉,不闻世事,或可以明心迹。"两天后,他仍心绪难平,又致电徐佛苏表明退志:"近闻外交失败,物论嚣然,五月四日之举出诸意外,各报造出谣言,诬弟等为阴谋,为党争。弟素性迂直,见党派如避蛇蝎,闻巧诈如恶狼狐,人心如此,实不欲在此罪恶政治、罪恶社会之空气中同此呼吸。迩来在此杜门谢客,

〔1〕 周秋光编《熊希龄集》第7册,第127、125页。
〔2〕 周秋光编《熊希龄集》第7册,第165页。
〔3〕 张焕宗:《唐绍仪与清末民国政府》,河北人民出版社1998年版,第146页。

即政府亦不欲往还,不独厌战,并且厌和,甚至厌世。"[1]随着南北和议的破裂以及熊希龄的谢绝调人责任,南北分裂局面日益加剧,"不惟南北的统一绝望,连北也不能统北,南也不能统南了"。[2] 自此开始,赵凤昌失去了沟通南北的中介地位,逐渐淡出了政治舞台。尤其自 1924 年 1 月中国国民党改组起,中国政治进入了新局面,"此后政治上所争的,将由'法'的问题变为'党'的问题了:从前是约法无上,此后将为党权无上;从前谈法理,此后将谈党纪;从前谈'护法',此后将谈'护党';从前争'法统',此后将争'党统'了"。赵凤昌拥护《临时约法》,力争法统,但因"从此没有人理会这个'法'字",[3]就被相忘于江湖,真正的脱略公卿,闭关却扫了。就这个意义上说,1919 年的第二次南北议和是他辛亥以来担任调人领袖的最后声光。

六、晚年生活

从 1919 年基本退出政治舞台到 1938 年去世,这将近 20 年的时间可算是赵凤昌的晚年。尽管在新时代,作为旧人物的他已被边缘化,渐渐失去用武之地,但他毕竟曾是东南精英、调人领袖,因此一有大事,总有人找他居间联系,想办法。如江浙战争之后,奉系欲扩张势力,派军南下。1925 年初奉军抵达南京,齐燮元与孙传芳决定联合抵拒,战争再次一触即发。1 月 14 日,王清穆写信给赵凤昌说:孙齐联军突起,苏州、常州均当其冲,我们江苏人必须图谋自救,"断不能听其再演战祸"。他刚已致函马相伯,请电招冯玉祥南来解决争端,但如果"尊处别有奇策足以遏此乱端,更为桑梓之福"。该函随信附呈赵凤昌。函中,王清穆提出解决东南大局六条:"(一)迁移沪南制造局;(二)裁撤松沪军职,永不驻兵;(三)苏浙酌选警备省军,归民政长官节制;(四)苏之江宁、浙之杭县不驻国军,苏境国军应驻徐海一带,浙境国军应驻宁台温一带;(五)简核各师旅,除应(留)者外,悉调往蒙疆屯垦;(六)长江防务划归海军,沿江要塞均归节制,

〔1〕 周秋光编《熊希龄集》第 7 册,第 178、179、180 页。
〔2〕 李剑农:《戊戌以后三十年中国政治史》,第 299 页。
〔3〕 李剑农:《最近三十年中国政治史》,太平洋书店 1932 年第 4 版,第 531 页。

不以省分界限。"〔1〕赵凤昌收信后,接连给王清穆去信,告知他所了解到的信息。29 日,王清穆复信云:"奉读环章,承示各方情势,瞭如指掌,启我实多,曷胜钦佩。"尤其赵凤昌 28 日的来信,谈及董康和孟森在报纸上发表说贴,提议"改国军为省军,藉省军以自卫"。王清穆深表赞同,认为这确是解决江浙兵灾的一种过渡办法,但因与财政有密切关系,"须组织议会以解决之"。所以他给董、孟两人写了一封长信,提出自己的看法和建议,请赵凤昌阅后,转交董康、孟森。至于"书中办法是否可行",也希望赵凤昌予以指教。〔2〕

据目前所能掌握的资料来看,赵凤昌有无"指教"不得而知,董康、孟森是否回应也暂难查证。而事实是他们这些人的所有努力根本于事无补,当时的现实为武人当政,军阀割据,该打的战争无论如何避免不了。就在赵凤昌、王清穆书信往返,讨论如何应对奉军,避免再演战祸之时,1 月 16 日,奉军向齐燮元部队发动进攻,并很快大获全胜,迫使齐燮元宣布下野,逃往日本。九个月后,浙奉战争再次在江浙大地打响,孙传芳组织江浙联军,历时近一个月,打败奉军,将之驱离江南。这两次战事加上之前的江浙战争在前后一年的时间内相继发生,给东南社会经济带来极大破坏,损失非常惨重。以无锡为例,从 1925 年 1 月 19 日齐燮元部退至无锡到 26 日奉军攻占无锡,前后八天几乎"无日不抢,无日不烧,杀掠奸淫,穷凶极恶","共计被焚毁价值总银数 727 503 元,被兵抢掠总额银 5 906 733 元,合计损失总额银 6 634 236 元"。〔3〕可见,赵凤昌即使关注世事时局,积极参与其中,想有所作为,但基本发挥不了什么作用。1931 年日本发动"九一八事变"进行侵华战争,面对国难,赵凤昌也十分愤慨,有所行动。他先是与马相伯等联名发表通电,要求政府马上抗日,据称"领衔者是马相伯(良)先生,其次是赵凤昌(竹君)先生";随即又致函熊希龄,提出办法,希望他呼吁政府当局积极抗日,但熊希龄回信说,"现在与庚子不同",像他们这样的人"既无势力地位,发言无足轻

〔1〕 国家图书馆善本部编《赵凤昌藏札》第 3 册,第 456—457、458—459 页。
〔2〕 国家图书馆善本部编《赵凤昌藏札》第 3 册,第 463、454 页。
〔3〕 来新夏等:《北洋军阀史》,南开大学出版社 2000 年版,第 898 页。

重",只能"尽其在我而已",所以他后来似不愿参加具体的公开活动。如1931年12月25日,年逾九旬的马相伯召集江苏省国难救济会全体理事及其友好,举行招待会,并发表抗日自救演说,应该到会的赵凤昌没有去,而是由儿子赵尊岳代为出席。[1]

除上述关心国事时局外,赵凤昌晚年生活主要由以下几方面构成:一是"志切念佛",[2]走上了参禅学佛的道路。赵凤昌家的修佛氛围浓厚,其两位夫人都是虔诚的佛教徒。原配夫人洪元珍中年以后就"日诵梵呗",奉斋期时,即使病重须进荤也不愿破戒,其信仰之坚定可见一斑;继配夫人周南"早岁能默持大悲密咒",后又手抄、日诵《金刚经》,能"悟佛理因缘之说"。[3] 在两位夫人的影响下,赵凤昌耳濡目染,也对佛教产生浓厚兴趣。据其子赵尊岳回忆:"先府君晚年笃志禅净,日课梵诵,庭训辄以行持无间为言。癸亥初冬,年已六十八岁,犹发愿写经,穷两月之力,成维摩诘经三卷,精楷矜严,无少怠忽。"[4]同时他也同印光法师、林大任等佛教界人士有密切来往。如他与继配夫人周南"素志密修皆同",得到印光法师的赞赏。在给林大任的信中,他"历举《坛经》《仁王经》诸说,以证无始以来经几许恒河沙劫,惟修佛方可避免",令林"钦佩无似",盛赞他"参佛有得,信念既坚,故破妄证真,有此胜解"。1931年,周南去世后,赵凤昌非常悲痛,印光法师写信安慰他,鼓励他继续念佛:"阁下年老,又失其偶,实为晚景之悲,然人生世间,犹如寄客,若能念佛往生西方,则为大幸。"但他似乎受打击较大,对生死看得很重,林大任去见印光法师时,说他"以纸写'念佛'二字遍贴于所至之处",又说他"于助念一事,尚未大明了"。于是印光法师写信开导他:"念佛之人,勿道七十五、六岁,即年轻少壮,犹当作不久即去之想,以若有此心,倘一旦无常到来,即可决定往生。若尚望久在世间,若大数已尽,仍然须去,

〔1〕 程沧波:《沧波文存》,第280页;周秋光编《熊希龄集》第8册,第553—554页;《马相伯集》,复旦大学出版社1996年版,第910页。
〔2〕 国家图书馆善本部编《赵凤昌藏札》第6册,第491页。
〔3〕 赵凤昌:《原配洪夫人墓碑》,《武进青山门赵氏支谱》第3卷;赵凤昌:《继配周夫人墓碑》,《周南遗爱》,国家图书馆藏稿本。
〔4〕 西阶:《吊赵竹君归来》,《晶报》1938年5月16日第2版。

由有久存世间之心，便与佛不相应，难得往生矣。"[1]在学佛的同时，赵凤昌也帮寺院做些事，并捐钱支持佛教事业，出资刊印佛学著作，其佛界友人盛赞他的"高谊不啻为一切众生助出苦之资，即不然，必有所以图报者请俟将来"。[2]

二是与上海名流互动频繁，来往密切。赵凤昌本善于交际，结交广泛，在晚年依然如此，这从《郑孝胥日记》所记载就可见一斑，从1919年到1932年郑孝胥出任伪满洲国总理为止，赵凤昌每年跟他都互有来往，详见下表。

赵凤昌、郑孝胥交往表[3]

年份	次数	赵凤昌方面	郑孝胥方面	出　　　处
1919	11	请吃饭5次；到郑家6次，其中有两次送自种水果。	到赵家2次。	第1772—1809页。
1920	19	请吃饭5次；请看戏1次；到郑家8次，其中1次求题字。	请吃饭1次；到赵家4次。	第1812—1849页。
1921	6	请吃饭1次；到郑家4次。	到赵家1次。	第1867—1890页。
1922	10	请吃饭3次（1次被婉拒）；到郑家5次，其中求题字1次，送自种水果1次。	到赵家2次。	第1897—1933页。
1923	15	请吃饭1次；请看戏1次；到郑家7次，其中2次求题字。	请吃饭1次；到赵家4次；为赵改文章1次。	第1939—1977页。
1924	2	到郑家1次。	到赵家1次。	第1944—2034页。
1925	8	请吃饭2次；到郑家3次。	请吃饭1次；到赵家2次。	第2046—2072页。

[1] 国家图书馆善本部编《赵凤昌藏札》第6册，第462、520、483、497、496—497页。
[2] 国家图书馆善本部编《赵凤昌藏札》第3册，第91—92页。
[3] 据劳祖德整理《郑孝胥日记》第4册统计。表中"次数"一栏按天计算，一天内不管是一次还是两次以上来往都只算1次，所以有些年份的次数，与该年对赵凤昌、郑孝胥的分别统计有不一致处。

年份	次数	赵凤昌方面	郑孝胥方面	出　　处
1926	1		到赵家 1 次。	第 2108 页。
1927	5	到郑家 3 次。	到赵家 2 次，其中 1 次获赠有关昙花的影片。	第 2140—2164 页。
1928	3	到郑家 2 次。	到赵家 1 次。	第 2179—2209 页。
1929	6	请吃饭 1 次；到郑家 3 次。	到赵家 2 次。	第 2226—2259 页。
1930	3	到郑家 2 次。	到赵家 1 次。	第 2278—2303 页。
1931	2	到郑家 2 次，其中 1 次送地方特产，求题匾。		第 2323—2324 页。

　　在这十三年中，他们每年至少碰面 1 次，最多 19 次，活动也很丰富，如看戏、赏花、求字、谈事、吃饭等。其中吃饭不止他们二人，还有其他人参加，往往都是上海或各地名流，可谓谈笑有鸿儒，往来无白丁。如 1922 年 10 月 17 日，赵凤昌请郑孝胥吃午饭，“坐有程砚秋、罗掞东、王雪澄、况夔笙、刘翰怡、周湘云、袁伯夔、狄楚青、许沅秋帆、费子怡、拔可、文公达”。程砚秋是京剧表演艺术家；罗掞东即罗惇曧，剧作家；况夔笙，况周颐，词学家；刘翰怡，刘承幹，藏书家；周湘云，房地产商、收藏家，仅从这几人的身份就不难看出这个饭局非同一般。而郑孝胥本身是遗老、书法家，他请吃饭，客人更非等闲之辈。有一次他请赵凤昌吃饭，同来的还有“金湜生、邹紫东、陈伯严、朱古微、王聘三、余尧衢”，分别是金武祥、邹嘉来、陈三立、朱祖谋、王乃徵、余肇康，他们或是诗人，或是词学家，或是遗老，均为一时之选。[1] 赵凤昌在上海的好友很多，限于资料，以上仅罗列郑孝胥记载的他们交往的情况，但足以说明他晚年生活之丰富多彩了。

────────

〔1〕 劳祖德整理《郑孝胥日记》第 4 册，第 1926、1847 页。

三是痴迷京剧,与儿子赵尊岳一起追捧名角梅兰芳。赵凤昌于光绪五年到北京,经常去看梅巧玲演的京剧,[1]由此喜爱上了这门艺术,并影响到其儿子赵尊岳,父子俩都对京剧情有独钟。表现在他们跟京剧界人士有很多来往,如 1919 年 11 月 22 日赵凤昌请郑孝胥吃午饭,"坐有蜀人陈彦衡者,善操胡琴",赵尊岳在一篇文章中说"杨珸山公子操阮妙手,不亚陈彦衡与茹兰卿辈"。[2]两相验证,可知陈彦衡是当时为京剧伴奏的胡琴大师,因此成为赵凤昌的座上客。此外,赵凤昌还为著名京剧老生王凤卿收藏的一幅画特地上门求郑孝胥题跋,郑"为书华严一偈,精妙绝伦",王凤卿非常宝贝,"爱不忍释"。[3]又有一次,赵凤昌父子陪朱素云去郑孝胥家,"素云求书扇及小联对"。朱素云是著名的京剧小生,赵尊岳写有题为《书朱素云》的文章在《申报》连续刊载。[4]但这些与赵凤昌父子对梅兰芳的追捧相比简直是小巫见大巫。1920 年 4 月,梅兰芳等到上海演出,23 日晚,赵凤昌在家中宴请梅兰芳、王凤卿、姜妙香、姚玉芙等演员,并请何维朴、吴昌硕、王秉恩、况周颐、郑孝胥等海上名流作陪。26 日,《申报》报道当晚盛况:"昨晚,应惜阴主人之约,宴于沪西惜阴堂,座中有何诗老、吴昌老、王雪老、海藏楼主人、况蕙风先生。畹华得与名流款接,乐不可支。何诗老已允绘一卷子,与昌老所绘之梅兰并作一卷。蕙风先生特请吴昌老引首曰:香南雅集图。香南,义出内典。《五灯会元》载:有人问:'西来祖师在何处?'曰:'在香之南,雪之北。'香南雪北是梅萼梢头矣,用以题畹华真妙□哉。"[5]既有文人雅士,又有诗酒唱和、书画遣兴,这场集会遂被称为"香南雅集"初集。很快,5 月 13 日晚,吴昌硕、王秉恩、况周颐、朱祖谋又假赵凤昌惜阴堂宴请陈三立、沈曾植、郑孝胥、梅兰芳等人。其时《香南雅集

〔1〕《赵尊岳集》(叁),第 842 页。
〔2〕劳祖德整理《郑孝胥日记》第 4 册,第 1805 页;《赵尊岳集》(肆),第 1498 页。
〔3〕劳祖德整理《郑孝胥日记》第 4 册,第 1823 页;《赵尊岳集》(肆),第 1502 页。
〔4〕劳祖德整理《郑孝胥日记》第 4 册,第 1947 页;《赵尊岳集》(肆),第 1448—1451 页。
〔5〕劳祖德整理《郑孝胥日记》第 4 册,第 1823 页;春醪:《梅讯》(十二),《申报》1920 年 4 月 26 日第 4 张第 14 版。

图》已绘就,梅兰芳当场请郑孝胥题跋,郑欣然答应,"是夕对客书之"。15 日,《申报》直接称这次集会为香南二集,并报道说:"香南二集仍在沪西惜阴堂举行,海上名流到者甚夥。……《香南雅集》卷子即席请海藏楼主人挥毫作引首矣。沈乙盦先生书法,当世称宝,畹华辈莫不求作少许,以为纪念。"[1]后来,赵尊岳作《蕙风词史》,回忆了况周颐参与两次香南雅集的很多细节:"畹华去沪,越岁更来。先生属吴昌硕为绘《香南雅集图》,并两集于余家,一时裙屐并至。图卷题者四十余家。画五帧,则吴昌硕、何诗孙(二帧)、沈雪庐、汪鸥客作也。彊村翁每会辄至,先生属以填词,翁曰:'吾填《十六字令》,而子为《戚氏》可乎?'于是先生赋《戚氏》,翁亦赋《十六字令》三首。合书卷端。"

　　1922 年 5 月底,梅兰芳又来上海演出,再次点燃了赵凤昌父子的追捧热情。赵尊岳从 5 月 30 日至 7 月 11 日连续在《申报》发表《梅讯》35 篇,对梅兰芳等在上海的一举一动,事无巨细,都予以记录,犹如起居注一般,极尽吹嘘奉迎之能事。其中一篇开头竟然是这么写的:"日昨天气炎热,畹华在家但御小衣一袭而已",如此琐事亦将之重点着墨,可见赵氏追捧之烈。而赵凤昌兴奋之余,也作"白头宫女"话当年,大谈梅兰芳祖父梅巧玲乐于助人的一件轶事。赵尊岳首次听说,奉为至宝,"特为志之",称颂不已,认为梅兰芳能享天下盛名,得益于其祖上行侠仗义,累世积德。当然,惜阴堂也成为梅兰芳莅临的主要场所,在赵尊岳的《梅讯》中不时有"约午餐于惜阴堂""日昨在惜阴堂见及""特邀至惜阴堂晤聚的"记载。[2]6 月 23 日,"香南三集,定闰月初二日仍在沪西惜阴堂举行"。闰月初二日是公历 6 月 26 日,但实际延后一天举行,赵尊岳的《梅讯》介绍说:昨天香南三集,嘉宾云集,梅兰芳、王凤卿、姜妙香、姚玉芙下午五时到,八时才回去。沈曾植、朱祖谋因病不能来,均表抱歉,梅兰芳等也深感遗憾。当晚,况周颐为梅兰芳赋诗,有"愿为明镜分娇面,闲与仙人扫落花"

---

　　〔1〕劳祖德整理《郑孝胥日记》第 4 册,第 1826 页;春醪:《梅讯》(三十一),《申报》1920 年 5 月 15 日第 4 张第 14 版。

　　〔2〕《赵尊岳集》(肆),第 1498、1496、1495、1498、1500 页。

之句;赵安之出示所临摹的蒋廷锡《宣和写生册》,赋色工丽,梅兰芳等均十分赞赏;王凤卿则将庆宽赠给他的扳指转赠赵凤昌,上有清代篆刻家奚冈所刻黄易诗句:"夏禹勤于国,兢兢惜寸阴。德敷千载远,神往十分深。"〔1〕赵凤昌号惜阴主人,诗句中刚好嵌了"惜阴"两字,真是物配其主,雅事一桩。当晚,此事肯定成为美谈,宾主尽欢,把雅集推向高潮。

四是撰写回忆录,提供一手资料。1928 年,黄炎培与沈恩孚等拟以甲子社的人文类辑部为基础筹办人文类辑社,从事晚清以来史料的搜集整理工作。11 月 20 日他们商定《人文类辑社章程》,24 日就一起去拜访赵凤昌,想听听他的意见,予以具体指导。没想到,赵凤昌当场拿出"所撰《清末遗事》诸篇"给他们看,"多外间不经见之事实",极具价值,与他们的创社宗旨不谋而合。〔2〕于是,他们请赵凤昌继续写,提供他们使用。次年 11 月,人文类辑社决定创办《人文》月刊,创刊词和办刊计划都是黄炎培撰写的。〔3〕在创刊词中,黄炎培说他们"从事于现代史材之蒐采与整理,亦有年矣","颇思有物焉,藉以披露所获",这就是他们办刊的目的,宗旨则是将散处各方的有价值史料"有所辑比,并付发表",以形成系统,避免"如网不纲,如钱失贯"。至于刊物内容,"就所采集以定类目",大致有下列栏目:"近世大事述、世界大事述、大事月表或年表、古今人笔记、新出图书提要、新出图书汇表、杂志索引。"〔4〕赵凤昌所撰"《清末遗事》诸篇"就以"惜阴堂笔记"为名连续刊载在《人文》月刊第 2 至第 4 卷上,持续两年之久,共 20 篇。具体内容将在第六章论述,这里不展开。

---

〔1〕《赵尊岳集》(肆),第 1519、1524 页。《赵尊岳集》所收《梅讯》没有逐篇标明发表日期,是个缺陷,文中的日期是笔者通过查《申报》原文得来的。关于"香南三集"的具体日期,赵尊岳在《申报》6 月 29 日发表的《梅讯》(二十五)(第 5 张第 18 版)中说是"日昨",那应该是 28 日,但郑孝胥在 6 月 27 日的日记中记道:"赵竹君约作'香南三集',邀梅兰芳等宴于宅中,谢不往。至协卫里,与梅笙谈至六点万返。为梅笙书扇一,梅笙遗小照二。"(劳祖德整理《郑孝胥日记》第 4 册,第 1911 页)梅笙是指王梅笙,也是京剧名演员,可见郑孝胥当日未赴赵凤昌之约,是去见王梅笙。所以,香南三集应在 27 日举行。赵尊岳所说的"日昨"也是正确的,因为报纸发表有滞后性,他文章是第二天写好的,见报则在第三天。

〔2〕中国社会科学院近代史研究所整理《黄炎培日记》第 3 卷,第 106、114 页。

〔3〕中国社会科学院近代史研究所整理《黄炎培日记》第 3 卷,第 193、191 页。

〔4〕《〈人文〉创刊词》、《本刊设计》,《人文》月刊每卷卷首。

　　以上所论只是赵凤昌晚年生活的几个侧面而已,他一定还有更多更丰富的社会活动和日常生活图景可以呈现,这些有待日后继续挖掘资料,予以补充和完善。

第六章　收藏历史与历史书写

　　作为清末民初的风云人物,最初令赵凤昌闻名遐迩的不仅仅是他的匡济调停、功成不居,而且在于他所收藏的历史以及对历史的书写。前者即众所周知的《赵凤昌藏札》,章开沅先生称其"琳琅满目,美不胜收",孔祥吉也誉之为尺牍之精华、史料之瑰宝,是"美不胜收的晚清史料","谓其价值连城亦不为过"。[1]后者为赵凤昌晚年撰写的"惜阴堂笔记",黄炎培盛赞"多外间不经见之事实"。[2]可见,这两者都极具价值,保存了大量原始记录和史实,既是研究清末民初历史的一手宝贵资料,也是了解和研究赵凤昌生平的不可或缺文献,很有必要予以专门介绍。

一、《赵凤昌藏札》：从私藏到公用

　　《赵凤昌藏札》(以下简称《赵札》)是赵凤昌和他儿子赵尊岳合力收藏的一份私人档案。这份私档的收藏起源于赵凤昌在两广总督张之洞幕府任职期间。他在幕府中的主要职务为文巡捕。巡捕

---

　　〔1〕 章开沅:《实斋笔记》,陕西人民出版社 2008 年版,第 278 页;孔祥吉:《评一代奇人赵凤昌及其藏札》,《学术研究》2007 年第 7 期。

　　〔2〕 中国社会科学院近代史研究所整理《黄炎培日记》第 3 卷,第 114 页。

是清代总督、巡抚、将军的随从官,有文、武之分。下车伊始,张之洞就公开宣称:"本部堂向来于传宣事件责成巡捕官。"〔1〕因此,巡捕成为其传达政令和接见僚属的非常重要的居间联系人物。张之洞在晚清以号令不时、起居无节出名,生活习性比较怪异,时人多有批评讥讽,但只有赵凤昌能够接受和适应,加上他老成稳重,办事细心认真,很受张之洞信任,成为其身边不可或缺之人。赵凤昌遂得以深度介入督署衙门的政务活动。据披露,"之洞办事没有一定时间,有时正在办公事文书的时候忽然睡着了,又忽然想到要检查书籍;有时正在看书,忽然又想检查档案。只有赵凤昌有此记忆力,替他随时检查。又他对日行公事之来往文件卷宗,往往随手抛弃,事过辄忘不易搜寻。只有赵凤昌能替他整理安排,井井有条,一索即得"。〔2〕

　　也就在为张之洞整理公文的过程中,赵凤昌开始收藏张之洞随手抛弃的文件,如公文底稿、往来信札等。根据《赵札》统计,在两广督署幕府期间,赵凤昌共收藏张之洞奏折底稿 23 份、电奏底稿 24 份、咨札谕示底稿 10 份、电牍底稿 53 封、书札 17 封。〔3〕与此同时,他还保存当时广东官绅写给张之洞的书札以及这些官绅间的往来信函,并注意收藏晚清名人的墨迹,如胡林翼书信等。〔4〕这些赵凤昌的最初藏品,奠定了"赵凤昌藏札"的基础,也是构成"赵凤昌藏札"的要件之一。他定居上海后,继续收藏与清末民初名人政要之间的往来函电,以及各方来信等。随后他儿子赵尊岳也加入进来。赵尊岳是民国时期著名词人、词学家,他的收藏以他与友朋间的词学唱和和书信往来为主,时间截止至抗日战争胜利前。据统计,《赵札》有2 737 通(件)左右,对于这么一批宝贵的藏品,赵凤昌父子生前做过

---

〔1〕　许同莘:《公牍学史》,商务印书馆 1947 年版,第 195 页。

〔2〕　刘厚生:《张謇传记》,,第 93 页。

〔3〕　这些数字比根据国家图书馆善本部编《赵凤昌藏札》(国家图书馆出版社2009 年版)目录统计的数字多,因为后者有多份底稿被算成一份以及遗漏等现象。详见李志茗《幕僚与世变——〈赵凤昌藏札〉整理研究初编》一书(上海人民出版社出版 2017 年版)下编《重要札件考释》第一部分"张之洞文书"按语。

〔4〕　国家图书馆善本部编《赵凤昌藏札》,第 10 册,第 1—4 页。

整理,分装成 109 册。[1] 其中,92 册为赵凤昌收藏,17 册为赵尊岳收藏。但他们是"为自己收藏把玩而装裱,并没有想给外人看,更不会想到他人查找是否方便,故而没有像一般收藏家一样,请名人题签写跋,加盖印章,编排序号"。[2] 这一点可与赵凤昌外孙杨小佛的回忆相验证:小时候在外祖父家惜阴堂住过一年,"常见外祖父取出书橱中的信札翻阅欣赏,回忆过去的活动"。[3]

可见,《赵札》原为私藏私用,不拟公布,后来随着时代风云变幻,身不由己,发生了一些堪称奇遇的经历。据杨小佛回忆:

> 1945 年日本投降,舅舅赵尊岳因附逆被捕,惜阴堂房屋被查封。但允许家属取出衣物、书籍等。舅母王季淑乃租下愚园路岐山邨一屋,存放取出的书籍、信札等。
>
> 不知不觉过了十几年,可能由于不胜房租负担或其他考虑,舅母决定处理掉这些书籍:大部分捐给上海图书馆,小部分交外祖父元配洪夫人之女赵汝欢保存。因此她雇三轮车分批将书籍从岐山邨运到安亭路 71 号三楼她住的公寓里加以处理。
>
> 有一次装运书籍的三轮车行近安亭路时,被民警喝停检查并命三轮车驶往天平路派出所听候处理。舅母未敢深究就回家了。事后舅母一直挂念着这车书籍的最后归宿,担心会不会被当废纸处理。有一次她将处理书籍的经过告诉了我,并要我设法去打听一下。那时我在上海徐汇区政协翻译组工作,便将此事经过向区政协干部吴秋萍同志反映,并请她向天平路派出所

---

[1] 李小文:《〈赵凤昌藏札〉的来龙去脉暨整理说明》,国家图书馆善本部编《赵凤昌藏札》第 1 册,第 23 页。《赵札》到底有多少封,需要一一识读整理,才能搞清楚。这里引用的 2 737 通(件)是《赵凤昌藏札》整理者的统计,也只是个约数,并不确切,有待核实。至于分装 109 册,笔者认为应该是 110 册,多出的 1 册即本书第一章论及的《周南遗爱》。据杨小佛回忆:"1945 年冬,惜阴堂被没收前,舅母将《周南遗爱》交母亲赵志道保存,从此珍藏我家。"(杨小佛口述、朱玖琳撰稿《杨小佛口述历史》,第 41 页。)可见《周南遗爱》本是《赵凤昌藏札》的一部分,因交给赵志道保存,才与之分开。2006 年 3 月 20 日,杨小佛将《周南遗爱》捐给国家图书馆,使得《赵凤昌藏札》再次保持完整。

[2] 李小文:《〈赵凤昌藏札〉的来龙去脉暨整理说明》,国家图书馆善本部编《赵凤昌藏札》第 1 册,第 24 页。

[3] 杨小佛:《惜阴堂赵凤昌藏札的来龙去脉》,《档案春秋》2006 年第 5 期。

了解一下这批书籍、信札的下落。几天后吴同志告诉我，派出所将这批东西交给上海市文物管理委员会了。[1]

租房存放十几年、分批雇三轮车装运、被民警没收、过了很久才托人打听，如果上述回忆没有偏差，那么这些环节无论哪一个有纰漏，《赵札》都可能出现闪失，从而造成莫大的遗憾，所幸有惊无险，安全交给专业部门保管。但它的奇妙之旅尚未结束，后来的漂流过程是这样的：

> 这批书札被派出所没收后的确被送往上海市文物管理委员会，文管会将这批文献转交给上海图书馆。后来因北京图书馆（今国家图书馆）举办展览的需要，由文化部通过上海文化局，将其调借至北京图书馆展览。在此期间，北京图书馆的专家们发现了这批文献的价值，于是打报告给文化部社会文化事业管理局请求留下其中最有价值的二十二册永久保藏。经文化部决定，将整批文献全部拨归北京图书馆入藏，至此《赵凤昌藏札》正式入藏北京（国家）图书馆善本部名家手稿文库。在往来公函中，这批藏札一直被称作"近代史资料信札"，后来入藏北京图书馆，一度仍沿用该名。[2]

《赵札》经历一番波折后，最终入藏国家图书馆善本部，应该说找到了应有的理想归宿。而它也从赵凤昌父子品鉴把玩的私藏，转变成为极其珍贵的公共文化资源，嘉惠学界，展示了自身独有的魅力和价值。不过如同武学秘笈一样，《赵札》刚开始只有少数人知道其要义所在。这部分内容经手抄流传，果然精彩纷呈，引起世人关注，遂口口相传，名闻天下。可因它是作为善本特藏的，借阅不易，难见真容，遂越发神秘，让人垂涎欲滴。章开沅先生回忆其事说：史学界对赵凤昌藏札的关注，始于上海社会科学院历史研究所的资深学者徐崙。1961年10月，武昌举行纪念辛亥革命50周年学术讨论会，徐崙

---

〔1〕　杨小佛：《惜阴堂赵凤昌藏札的来龙去脉》，《档案春秋》2006年第5期。
〔2〕　李小文：《〈赵凤昌藏札〉的来龙去脉暨整理说明》，国家图书馆善本部编《赵凤昌藏札》第1册，第27页。

先生提交的论文题为《张謇在辛亥革命中的政治活动》，文中多处即以赵凤昌藏札相关函电为依据，由于是首次公开利用，引起强烈反响。但其引文注释为"北京图书馆藏《辛亥史料》第 107—109 册（据张静庐抄本）"，"可见张静庐对这批函电的关注更早于徐嵩，而且他确实是看到赵氏藏札原件的"。[1]

其实对《赵札》关注且亲眼见到原件的还有比张静庐更早的人。1947 年，赵尊岳曾赋诗回忆民初惜阴堂的"一年盛事"，那就是每年的十月十日双十节这天，其父赵凤昌都会设宴招待辛亥参与密勿诸公，并"传观逊国文献"。可后来"耆彦凋谢，始废其事，屈指盖三十年矣"。[2] 可见，入民国后，通过持续几年的一年一度公开展示，赵凤昌所收藏的部分私家档案即为人所知了。1914 年 9 月 22 日，这天为阴历八月初三日，是赵凤昌已故幕主张之洞生日，他在家宴请郑孝胥等人予以纪念。郑孝胥在日记中记载了这次"为张之洞寿"的活动："是日为张文襄生日，赵设南皮像，以所收南皮手稿、奏牍、电报数册及阎文介、潘伯寅以下数十人与南皮往来信札十余册列于案头，恣客览之。"[3] 据此可知，郑孝胥也是较早见到《赵札》的人，但并非逊国文献，而是张之洞文书，即赵凤昌最初的藏品，有十余册之多，显然已经过赵凤昌的整理装帧。

1930 年，张孝若在所著《南通张季直传记》中称，据胡汉民相告，《清帝退位诏书》系其父张謇所拟，紧接着他写道：得知该信息不久，"又听说我父此项亲笔原稿，现存赵先生凤昌处。辛亥前后，赵先生本参与大计及建立民主之役。那时我父到沪，也常住赵先生家，此电即在彼处属稿，固意中事也"。[4] 这大概是首次公开披露赵凤昌藏有"逊国文献"事，并得到赵尊岳的证实。1943 年，他在《古今》上开设《人往风微录》专栏，第二篇就是《张謇　孝若》，文中他含蓄地说张謇所拟《清帝退位诏书》："其原稿犹在人间也。"后来他在所写《惜阴

---

〔1〕 章开沅：《实斋笔记》，陕西人民出版社 2008 年版，第 277 页。章先生在《实斋笔记》中将"上海社会科学院历史研究所"简写成"上海历史研究所"，不确切。
〔2〕《赵尊岳集》（壹），第 78 页。
〔3〕 劳祖德整理《郑孝胥日记》第 3 册，中华书局 1993 年版，第 1531 页。
〔4〕 张孝若：《南通张季直先生传记》，中华书局 1930 年版，第 155 页。

堂辛亥革命记》中明言"张手稿存惜阴堂有年,某年《申报》国庆增刊,嘱余记辛亥事,因影印以存其真,惟张谱失载其事"。[1] 但他说的《清帝退位诏书》已影印版发表,经查《申报》,未能见到。

鉴于《赵札》内容的丰富性、珍贵性,自20世纪60年代起,陆续有学者着手整理和利用。最早的是张静庐先生和上海社会科学院历史研究所的学者。1960年下半年,为纪念辛亥革命五十周年,上海社会科学院历史研究所着手编辑《辛亥革命在上海史料选辑》。据组织者汤志钧先生回忆,《赵札》的首次刊布是该书的亮点之一。他原以为这套材料藏在上海图书馆,从时任馆长顾廷龙处得知已调往北京,但不知藏所,经中华书局张静庐先生热心帮助,"将其中第107至109册以及其他有关函电抄录寄来",[2] 共117封。可见,《赵札》的首次整理刊行是张静庐和上海社会科学院历史研究所合作的结果。《辛亥革命在上海史料选辑》于1961年编成初稿,直至1966年2月才由上海人民出版社出版,印数2 300册,内部发行。汤先生所写"编者按"是这么介绍赵凤昌及其藏札的:

> 赵凤昌,江苏武进人,曾当湖广总督张之洞的幕客。住上海南阳路十号惜阴堂。辛亥革命时期,他受袁世凯的指使,与唐绍仪、张謇、程德全密切联系,虽革命党人黄兴、宋教仁、章炳麟等亦发生关系。南北议和的秘密会议,常在他家中举行。留有《赵凤昌藏札》,共一〇九册,现存北京图书馆。其中第一〇七、一〇八、一〇九册,另名"辛亥要件",第一〇七册共二十二件,第一〇八册共二十件,第一〇九册共三十件,均为上海光复至南北议和期间的函电文稿等。第三十二、一〇四各册中也有一批1912年的资料;第一册是1913年宋教仁被刺后讨袁战争期间的函电。从《藏札》中,可以看出袁世凯和立宪派对革命派斗争的秘密活动,也可以看出他们在南北议和时幕后策划的情况。关于"刺宋

---

〔1〕赵尊岳:《人往风微录二·张謇　孝若》,《古今》第20、21期合刊;赵尊岳:《惜阴堂辛亥革命记》,《常州文史资料》第1辑,1981年印行,第69页。

〔2〕汤志钧:《历史研究和史料整理——"文革"前历史所的四部史料书》,《史林》2006年第5期。

案"和讨袁战争的函电,并予辑存。〔1〕

虽然只有短短 300 来字,但信息量丰富:第一是点出了赵凤昌广泛的人际交往网络及其私宅惜阴堂在辛亥时期的重要地位,但受时代影响,对赵凤昌的看法较为负面;〔2〕第二是率先介绍了赵凤昌藏札的基本情况及其价值所在,首次整理公布有关辛亥革命史事的"辛亥要件";第三是径将口口相传的赵凤昌藏札正式称为《赵凤昌藏札》。1981 年《辛亥革命在上海史料选辑》重印出版后,得到广泛利用,社会影响扩大,《赵凤昌藏札》之名也一炮走红,为大家所熟知。

其次整理和利用《赵札》的是章开沅先生。据其自述,从徐崙处得知《辛亥要件》不久,他刚好借调北京协助北洋史料征集工作,便利用业余时间到北京图书馆善本阅览室翻阅赵凤昌藏札,发现"馆藏名称为《近代史料信札》","所收函电范围极广,从中法战争到南北军阀混战,从张之洞、彭玉麟到张謇、袁世凯、汪精卫,内容非常丰富"。章先生回忆他是"1963 年被全国政协文史资料委员会借调赴京",但实际 1962 年 12 月,他已将《近代史料信札》中有关 1913 年"赣宁之役"的 34 封函电辑录出来,"并作初步校注",发表在《近代史资料》1963 年第 2 期。〔3〕 由此可知章先生似回忆有误,他借调北京并非1963 年,至迟应在 1962 年上半年。其时,章先生一边抄录《赵札》,一边利用这些一手资料撰写其成名作《开拓者的足迹——张謇传稿》初稿。〔4〕 该稿后经改写,1986 年由中华书局出版,有关《赵札》的出处

〔1〕 上海社会科学院历史研究所编《辛亥革命在上海史料选辑》,上海人民出版社1966 年版,第 1046 页。

〔2〕 在上引"编者按"中,汤先生说赵凤昌"受袁世凯的指使",与清朝官僚、立宪派及革命党人建立联系,时为 20 世纪 60 年代。至 2006 年,他撰文回忆《辛亥革命在上海史料选辑》的编撰过程,仍保留原话不变(汤志钧《历史研究和史料整理——"文革"前历史所的四部史料书》,《史林》2006 年第 5 期),而 2012 年,他再写《关于〈辛亥革命在上海史料选辑〉》(《史林》2012 年第 1 期)一文时,已改为"受袁世凯特派"。"指使""特派"虽只一词之改,但可见作者观点的变化了。需要指出的是,无论是"指使"还是"特派",均不确。因为赵凤昌是张之洞的幕僚,袁世凯根本指挥不动。再说赵凤昌交游广泛,早在辛亥革命之前,就与清朝官僚、立宪派及革命党人都有很好的往来联系。

〔3〕 章开沅:《实斋笔记》,第 278、277 页;章开沅:《赣宁之役史料辑录》,《近代史资料》1963 年第 2 期。《赣宁之役史料辑录》共收信札 43 封,其中 6 封出自《张謇未刊函电稿本》,5 封出自《张謇家书》,其他 32 封均来自《赵凤昌藏札》

〔4〕 章开沅:《开拓者的足迹——张謇传稿》,《自序》第 2 页。

一仍其旧,都为"《近代史料信札》"。2006 年,章开沅先生将自己抄录的《赵札》编入其所主编的《辛亥革命史资料新编》第 2 卷中,共 231 封。据编者按,这些札件从《赵札》"第一、三十二、一百零四、一百零七、一百零八、一百零九诸册所抄录。此次编入,又据《辛亥革命在上海史料选辑》和《张謇全集》中的相关资料作过对勘和补充,略有出入之处,仍以所据抄本为准。收录范围自然比上述两书为广,内容亦更多"。[1] 可见,章先生所抄录与《辛亥革命在上海史料选辑》刊布的《赵札》大多数相同,也就是说,截至 2006 年为止公开点校出版的《赵札》大体即收入《辛亥革命史资料新编》中的 231 封左右,主要与辛亥革命有关。

再次整理影印出版《赵札》的是国家图书馆。章开沅先生在全面翻阅赵凤昌的藏札后,"认为最好的办法是将这 109 册藏札全部影印出版,以杜绝抄写排印难以避免的误漏",方便学者使用。[2] 如其所愿,2005 年初,国家图书馆决定全部影印出版,请该馆善本部的李小文、唱春莲进行整理,经过两人近 5 年时间的努力,于 2009 年 10 月分 10 册由国家图书馆出版社影印出版。据李小文介绍,她们的整理工作包括编目和撰作者小传两方面:"首先,整理者用五年的时间按《赵凤昌藏札》原函册的顺序将其所收全部信札、电报、奏折、诗词编辑成目录,包括:写信时间、书札题名(写信人与收信人姓名)、页码。""其次,为方便读者,我们为《赵凤昌藏札》的作者编纂了小传,内容包括:规范人名、生卒年、字、号、室名、籍贯、主要经历、职务和成就等。"[3] 这两方面工作看似简单,实际难度很大,李小文、唱春莲两位女士付出了许多艰辛劳动,居功甚伟。

影印出版使《赵札》化身千百,嘉惠学林,功德无量,但由于它基本为手稿,阅读使用仍然相当不便。笔者无知无畏,企图以这套书为主要史料,一方面研究赵凤昌传奇的人生历程,另一方面希望藉此

---

〔1〕 章开沅等主编《辛亥革命史资料新编》第 2 卷,湖北人民出版社 2006 年版,第 39 页。

〔2〕 章开沅:《实斋笔记》,陕西人民出版社 2008 年版,第 277—279 页。

〔3〕 李小文:《〈赵凤昌藏札〉的来龙去脉暨整理说明》,国家图书馆善本部编《赵凤昌藏札》第 1 册,第 34—35 页。

"补史之阙、纠史之偏、正史之讹",揭示清末民初不为人知的各种幕后运作。可等到笔者着手研读《赵札》的时候,才发现难度超乎想象,首先是字迹难认,其次是收藏的札件不系统,第三是札件内容不易懂,第四是札件写作时间不具体,这些都需要花费大量时间去探索考订,往往劳而无功。比如笔者费了九牛二虎之力,整理了《赵札》中有关中法战争的札件 287 封,量不可谓不多,字数也有好几万字,却一时无法派上用场。这给笔者很大一个教训,就是之前以为只要把《赵札》全部整理出来,就一定能就地取材,完成自己的研究目标,根本就是异想天开,痴人说梦。因此后来笔者不得不调整思路,根据研究需要来阅读和利用《赵札》,这就导致笔者至今未能通读《赵札》,掌握其实际件数及其全部内容,所以本节对《赵札》的介绍也只能蜻蜓点水,浅尝辄止,敬请读者见谅。

但需要指出的是,上述笔者整理的 287 封中法战争札件以及 15 封"赵凤昌绝意仕进的往来函件",共 302 封,已编入拙著《幕僚与世变——〈赵凤昌藏札〉整理研究初编》,由上海人民出版社于 2017 年 9 月出版。[1] 这是继《辛亥革命在上海史料选辑》《辛亥革命史资料新编》之后第三次公开刊布《赵札》的整理成果,具有如下特点:第一是数量最多;第二是绝大多数未刊;第三是除点校外,还有考释,尽可能把每封札件的写作时间及背景搞清楚。学术研究是个探索未知的过程,充满不确定性和不可预测性。笔者整理的 287 封札件充分说明了这一点,本寄希望于在中法战争研究方面有所突破,不料却作为《赵札》整理的成果面世,也算是一种收获吧。当然,这些只是笔者所整理的《赵札》的部分而已,笔者还将继续努力,力争把《赵札》全部整理出来,希望到了那时,能对《赵札》做出全面客观的整体评价。

二、"惜阴堂笔记":外间不经见之事实

赵凤昌不仅收藏历史,还利用收藏的历史来书写历史,这体现在

---

〔1〕 见拙著下编"重要札件考释",共分五部分,所整理的《赵札》具体如下:"张之洞文书"127 封,"彭玉麟未刊函电"99 封,"倪文蔚未刊信札"36 封,"李文田未刊信札"23 封,"赵凤昌绝意仕进的往来函件"15 封,共 300 封,再加上"倪文蔚未刊信札""李文田未刊信札"各附录 1 封,总计 302 封。

1928 年前后,他"所撰《清末遗事》诸篇"上。《清末遗事》诸篇后来以"惜阴堂笔记"为题连续刊载在《人文》月刊第 2 至第 4 卷上,共 20 篇。详见下表:

"惜阴堂笔记"目录

序号	文 章 名	发表时间、卷期数
1	《书程学启诱降苏寇及攻嘉兴事》	1931 年第 2 卷第 1 期
2	《书鲍春霆谋略及最著战事》	1931 年第 2 卷第 2 期
3	《国学辜汤生传》	1931 年第 2 卷第 4 期
4	《光绪甲申朝局之变更》	1931 年第 2 卷第 5 期
5	《戊庚辛纪述》	1931 年第 2 卷第 5 期
6	《经莲珊电请收回立大阿哥成命》	1931 年第 2 卷第 6 期
7	《庚子拳祸东南互保之纪实》	1931 年第 2 卷第 7 期
8	《中国欲预闻日俄泊资模斯议约》	1931 年第 2 卷第 8 期
9	《纪甲申中法战事冯王关前谅山之捷》	1931 年第 2 卷第 9 期
10	《清末士大夫间诸征兆》	1931 年第 2 卷第 10 期
11	《联话》	1932 年第 3 卷第 1 期
12	《记宣统二年美国特组商团来游中国》	1932 年第 3 卷第 2 期
13	《书王小苹观察事》	1932 年第 3 卷第 3 期
14	《庚子传信录》	1932 年第 3 卷第 5 期
15	《书合肥轶闻》	1932 年第 3 卷第 7 期
16	《书石城冤杀冥报》	1932 年第 3 卷第 8 期
17	《光宣纪述之一》	1932 年第 3 卷第 9 期
18	《同光纪述之一》	1932 年第 3 卷第 9 期
19	《光宣纪述之二》	1932 年第 3 卷第 10 期
20	《光宣纪述之三——五》	1933 年第 4 卷第 1 期

赵凤昌生活在清朝末年,亲历和见证了很多重大历史事件,尤其他是迫使清廷逊位的当事人之一,他主动来书写这段历史,究竟会从何入手,侧重于哪些方面,是人云亦云,还是别具一格?是流于平淡,还是不同凡响?颇令人兴趣。下面试概括其主要内容,并略作评述。

首先,赵凤昌对同光朝局比较关注,认为清朝灭亡的命运在此时已初露端倪。"惜阴堂笔记"中相关文章主要有《同光纪述之一》《光宣纪述之二》《光绪甲申朝局之变更》《戊庚辛纪述》等。同治、光绪年间,清朝国势衰落,外忧内患深重,可偏偏又没有合适的皇位继承人,都是幼主继位,由慈禧太后垂帘听政,掌控政局。中国自古有"牝鸡司晨,惟家之索"的说法,对于慈禧主政,很多士人内心非常矛盾:一方面骂她是"开女祸之奇闻,备覆国之秕政",恨之入骨;另一方面又对她充满好奇,多方打听其一举一动、所作所为。虽然众说纷纭,莫衷一是,但无不被她的淫威和手段所慑服。比如辛酉政变是慈禧太后总揽大权、正式登上清朝政治舞台的开始。很多人想了解她是如何发动政变,并取得成功的,可"所有当时政变内容,皆由她手下官吏有计划地予以完全毁灭",[1]真相很难查考。于是,成为一个谜案,吸引众多的探颐索隐,像王闿运、薛福成、王伯恭等名流均曾涉猎。黄濬也写有《热河密札与所记朝局》,认为这场政变实乃构陷肃顺、端华等之冤狱,他们因为反对慈禧太后垂帘听政而惨遭杀戮。此文写就,黄濬向赵凤昌请教。赵凤昌说:"吾有所闻,藏之数十年矣。当时李苟农侍郎(文田)最喜搜拾掌故,钩稽秘闻,一日告予:西后先入宫,夏日单衣,方校书卷,文宗见而幸之,有娠,始册封。及晚年厌其专权,文宗最喜肃顺,言无不尽,一日以那拉妃忤旨,又谋于肃顺,肃顺请用钩弋故事,文宗懦需不忍。亡何,又以醉恚漏言,西后闻之,衔肃刻骨,后遂有大狱。苟农盖闻于内廷旧监,谈此戒勿妄泄,此外间所莫知也。"[2]

然而,赵凤昌虽以李文田所说为是,却并未诉诸笔端。其"惜阴堂笔记"论同光朝局的上限是同治帝驾崩,慈禧太后又立幼君之事:"穆宗上宾时,召李高阳受继统遗诏,相传高阳匿诸口而咽之。因而援立德宗,冲龄践祚,政仍出母后,世多责高阳负君负国。然闻所定继统者,系恭邸长子,即导穆宗微行之澂贝勒,同治十三年革爵,其父素深恶之。澂于光绪十一年患病颇重,父置不理,临死必欲求父一

---

〔1〕 刘厚生:《张謇传记》,"叙言"第19页。

〔2〕 黄濬:《花随人圣庵摭忆》,第639页。

见,恭邸至其卧室窗外,见澂尚着黑色白花如戏剧武生衣衫,躺在卧榻,即谓'汝早该死矣',掉头而去。当时都人以为谈柄。如果入承大统,国家其有幸乎！高阳之匿诏,足称不奉乱命,实且有功君国。"文中,李高阳为李鸿藻,恭邸即奕訢。按照清朝祖制,皇位继承是父死子承。同治帝无子,应从皇室近支中选一位侄儿辈过继给他以继承大统。但慈禧为了继续垂帘听政,选同治帝的堂弟载湉为咸丰帝嗣子登基,明显违背祖制,引起很多非议和各种传言。赵凤昌所记乃耳食之言,根本不可信,因为载湉也是同治帝的堂弟,并且不是道光帝的长子长孙,更何况其父奕訢为慈禧太后的最大政治对手,慈禧太后怎么可能引狼入室,让他即帝位。

如果说辛酉政变是慈禧太后发动的第一次政变,开启了属于她的时代,那么甲申易枢就是第二次,逐步将清朝引向覆亡的深渊。赵凤昌所写《光绪甲申朝局之变更》一文,即论述这第二次政变始末:光绪八年,直隶总督李鸿章因母亲去世,回合肥老家丁忧守制,朝廷因他统率淮军,就命他昔日部下两广总督张树声署理直隶总督,接管淮军。为扩大政治势力,张树声通过其子张华奎私下与总理衙门大臣张佩纶接触,希望调他到北洋帮办军务。张佩纶尚未完全应允,张树声就径行奏调,结果被言官奏劾,疆臣不得奏调京僚。张佩纶很生气,埋怨张树声多事,而张树声偷鸡不成蚀把米,也受到处分。为此,两人互存芥蒂。刚好中越前线传来清军被法军打败,战略要地接连失守的败讯,引起朝廷震怒,于光绪十年即甲申年分别将广西巡抚徐延旭、云南巡抚唐炯革职拿问。巧的是这两人均为张佩纶和李鸿藻所保荐,于是张华奎怂恿清流健将盛昱上疏弹劾他们"滥保匪人"。三月初八日,慈禧太后见到该奏折,当天她便召见军机大臣,痛斥边防不靖,疆臣因循,国用空虚,海防粉饰,对不起列祖列宗。五天后,她颁下懿旨,罢黜以奕訢为首的全体军机大臣,并公布新的军机处班子,由奕譞在后操控。这就是震惊一时的甲申易枢事件。对于这个结果,连盛昱都想不到,因为新的军机班子都是"乳臭陋儒",[1]能

---

〔1〕　顾廷龙、戴逸主编《李鸿章全集》第33册,第377页。

力低下,远不如上一届,他很后悔,马上力图挽救,但为时已晚矣。

叙甲申易枢始末毕,赵凤昌接着写道:"此为同光清流于朝局盛衰之关键,清流亦自此结局。迨醇邸当国,援引孙毓汶入值,从此贿赂公行,风气日坏,朝政益不堪,旋有甲午之役。前叙霭青与丰润一节,其时南皮知之最稔,谆谆见告,谓年辈晚者,应知当时朝局变更之所自,后来世变之有因也。"据此可知,他有关甲申易枢的内幕是从张之洞那里听来的,对于该事件的影响,他也下了论断,即清流的末日,朝政的不堪。前一论断被黄濬所接受,他抄录赵凤昌全文,写成《同光间南北派系》一文。文章以"清流尽于甲申"开头,说他了解到此事与盛昱弹劾奕訢与李鸿藻有关,但"近闻竹君先生谈",始知盛昱弹劾他们,"一变光绪初年之朝局,而发动者别有其人",即张华奎。然黄濬指出张之洞告诉赵凤昌的清流故事"仅就朋辈知交中龃龉(按:疑应为"龃龉")排轧一部分可道者道之而已",所言较详的当为祁景颐所写《同光间之南北派》一文,"庶几与惜阴所记相表里"。[1] 后一论断与张謇互为影响。1923 年,张謇自编年谱时,在"光绪十年二月"条下写道:"闻盛昱严劾枢臣,并及两广总督张振轩,朝局一变。时恭王秉国,高阳李相国为辅,高阳又当时所号为清流者之魁杓。自昱劾罢恭邸、高阳,政权归醇亲王、孙毓汶辈。自恭王去,醇王执政,孙毓汶擅权,贿赂公行,风气日坏,朝政益不可问,由是而有甲午朝局之变,由甲午而有戊戌政局之变,由戊戌而有庚子拳匪之变,由庚子而有辛亥革命之变。因果相乘,昭然明白,以三数人两立之恩怨,眩千万人一时之是非,动几甚微,造祸甚大。……故谈朝局国变者,谓始于甲申也。"[2]光绪十年二月,张謇还在吴长庆幕府中,尽管知道中枢的变动,但不一定了解内幕。他后来与赵凤昌相识相知,关系密切,无话不谈,应该从赵凤昌那里了解不少朝廷秘闻,所以古稀之年自编年谱时,他能够感怀身世,兼论朝局。他也自言所订年谱"盖有感于家国身世而然,与但系一人者有别",并将草稿寄请赵凤昌阅览,

〔1〕 黄濬:《花随人圣庵摭忆》,第 488、489、492 页。
〔2〕《张謇全集》第 8 册,第 1003 页。

并补充资料。[1] 正因为此,赵凤昌上述对甲申易枢的评论与张謇自编年谱"光绪十年二月"条有相似处,甚至个别词句都相同。

对甲申朝局之变及中法战争结局,赵凤昌在《光宣纪述之二》中也有论述。其中值得一提的是,马尾海战失利,一般都归罪于张佩纶,但赵凤昌指出"其咎实亦不在丰润一人",是清廷当局和战不定的结果。他还举例讥讽当时枢臣之无知无识:"中法战事起,闻枢臣共阅海图,有一人指苏彝时河窄处,谓我以战舰堵此,法即不能来。不知堵此须若干舰,我舰果能到此否,其谬妄可笑。国家望此辈枢臣,运筹御侮,岂不冤哉?"所以,对于中法战争以和局告终,他是持赞同态度的:"若言和议,平心论之,亦只能适可而止。"当时赵凤昌在张之洞幕府,亲见张之洞、彭玉麟不愿言和,前者甚至致密电给李鸿章,仅"和议负千载骂名,中堂宜慎重"几字。可赵凤昌从中国全局着眼,并不盲目赞同其幕主张之洞的主张,客观地指出奕䜣和李鸿章"偏于即和,亦情有可谅也"。原因除枢臣没有运筹御侮的能力外,沿海地方也只有张之洞、彭玉麟在广东做了充分部署,有备无患,"其他口岸能否如此"呢?殷鉴不远,第一次鸦片战争时,林则徐"在粤防务周密,英舰不得逞,即肆扰苏浙,前车可鉴耳"。应该说赵凤昌尽管没有旁征博引作佐证,但寥寥数语也足可令人信服。长期以来,学界扼腕叹息中法战争中方是"不败而败",谴责此为清政府一贯实行投降卖国所致,这种历史认识与赵凤昌的相比,高下不言自明。

在《戊庚辛纪述》一文中,赵凤昌主要论述从戊戌到辛丑这四年的朝局,但不是从头至尾的通论,而是用几个故事串起来,形散而神不散。他赞同张謇的观点"晚清朝政之乱本病在后帝",[2] 指出后帝不睦首先因光绪大婚而起,光绪想立瑾妃为皇后,但慈禧属意其侄女,光绪拗不过,当场拂袖而去,"大婚盛典,如此而散,已非佳兆。母子恶因,实种于此"。接着戊戌年间,光绪"以国事日非,颇思奋发,冀成英主",可惜做不到"内睦宫(庭)[廷],外融新旧,以致决裂",酿成

---

〔1〕 国家图书馆善本部编《赵凤昌藏札》第 3 册,第 431—432 页。
〔2〕《张謇全集》第 6 册,第 509 页。

戊戌政变。结果慈禧太后训政,"不谳即决新党六人",还一度有废立之举。其影响十分恶劣,"戊戌六人,不谳即决,即有庚子之擅戮五大臣。刑法治国之柄,失措如此,人心从此离叛,宜矣";而"欲行废立,辄碍于西人之阻挠,又畏西人船坚炮利,不敢遽发,不得已先立大阿哥"。立了大阿哥之后,其父端亲王载漪瞬间成为红人,"朝中视线均集于该邸,满大臣中竟有先递如意,希冀他日恩宠者"。于是,载漪急欲成为太上皇,"一班熏心富贵之徒,致有非常举动之议"。[1] 他们招兵买马,欲尽快行废立,恰好义和团运动兴起,遂一意提倡,"极称其神术,不畏枪炮",并称西方行驶在海上的铁甲军舰,亦可一符而毁之,"从此西人不足畏,废立可由我为之"。载漪深信不疑,以为义和团可恃,结果"私愤一逞,乃至一败涂地,西人见清廷昏庸如此,更不能望少数之满人统率多数汉人,能图久安。所以辛亥事起,西人绝不少助"。

最后,赵凤昌总结并评论说,晚清朝局之坏,"实起于甲申忽更朝局。孙毓汶入枢,贿赂公行。翁同龢初于甲申以别无建白出枢,迨亲政复入值,阁昧不审外情,酿成甲午之一蹶不振。忧国者激而奋起,亦殊不审慎,即成戊戌之变。宫廷之隙愈深,废立之议即起,因此而生庚子拳乱,国脉大伤,外人侧目,至有辛亥之改革"。简言之,"清室之亡,实自亡之,非人亡之也"。那么为何如此呢? 他认为有历史因果在。满族与叶赫族本世代有婚姻关系,但前者竟消灭后者而入关。叶赫族酋长临死前,发誓此仇必报,即使"男不能留,留一女亦必报之"。因此,"清廷遗训,不得与叶赫氏联姻"。而最终拱手让出清朝江山的隆裕太后恰是叶赫族后人,"竟以一女亡清,足征因果"。不过,面对民国成立后,军阀割据,常年混战的现状,赵凤昌认为"隆裕虽应亡清之誓",懿谕清帝逊位,但不仅保全了清皇室,而且使百姓免遭兵燹之苦祸,"此非妇人之言,实仁人之言也",民国"十余年来相争不已,兵祸蔓延,对此语将如何"? 赵凤昌鉴古观今,诘问强劲有力,也体现了他的仁人之心。

---

〔1〕 陈夔龙:《梦蕉亭杂记》第 1 卷,上海古籍书店 1983 年影印本,第 19、11 页。

其次,通过对具体史事的论述,赵凤昌写出了他亲历的晚清历史,并进一步申论政局之坏。"惜阴堂笔记"中有关清末史事的文章主要有这么几篇:《纪甲申中法战事冯王关前谅山之捷》《经莲珊电请收回立大阿哥成命》《庚子拳祸东南互保之纪实》《中国欲预闻日俄泊资模斯议约》《记宣统二年美国特组商团来游中国》,分别对应的历史事件为谅山大捷、己亥建储、东南互保、五大臣出洋考察、美国商团访华。其中东南互保第三章已有专节论述,这里不重复,其余的分述如下:

1. 谅山大捷

谅山大捷是中法战争时期清军陆路战场的一场大胜仗。此役不仅一扫此前中国马尾海战失利的阴霾,而且扭转了整个战局,直接导致彼时法国内阁的倒台,并向清政府求和。清政府也乘胜即收,接受议和。中法战争最终以和局收场,但它是中国近代对外战争中唯一没有签订不平等条约的一次,当时的国人扬眉吐气,大受鼓舞。张之洞时任两广总督,有督军之责,参与指挥这场战争。他自述:"在粤,因法船踞台北,乃倡议奏请攻越南以救台湾,为围魏救赵之计,招回黑旗刘永福为我用,得旨俞允。乃议分三路攻之:岑襄勤滇军攻临洮府,刘、唐攻宣光,粤军攻文渊州谅山一路。助滇、桂及刘永福、唐景崧之饷银军械,并助台湾饷:滇二百万,桂二百万,刘、唐四十万,台湾四十万。"[1]攻文渊州谅山一路本由广西巡抚潘鼎新负责,由于他调度无方,指挥不力,导致谅山、镇南关相继失守,法军直逼广西边境,并立柱用中文写着"广西的门户已不再存在了"。[2]于是张之洞亲自出马,力挽狂澜,取得谅山大捷。他叙其始末云:"法攻越边急,桂军数路皆败溃。法兵入桂境,两广大震。广西官吏将卒皆弃龙州。特奏派冯子材军门、王孝祺两军援桂。冯、王两军扼镇南关内之关前隘,苦战两昼夜,卒大破敌,继克谅山。自

〔1〕　赵德馨主编《张之洞全集》第12册,第508页。
〔2〕　中国史学会主编《中法战争》(三),上海人民出版社、上海书店出版社2000年版,第530页。

中国与西洋交涉数百年以来,未有如此大胜者,各国皆诣总署致贺。"〔1〕从字里行间不难看出张之洞是非常得意和自豪的,而清廷也称其"拨军筹饷,用奏肤功","赏戴花翎",〔2〕死后赐谥"文襄",表彰的都是他的武功。

中法战争爆发时,赵凤昌在张之洞的两广总督幕府,了解战争的全过程,也对其间存在的将帅失和、互相推诿攻讦等人事纠纷知之甚详,但在他所写《纪甲申中法战事冯王关前谅山之捷》一文中均未详论。文章先述中法战争的大背景,从鸦片战争讲起,言简意赅,非常到位:"中国自道、咸以来,因厉禁雅片,英人启衅,肆意侵扰海疆,始粤而至浙至苏。庚申,英、法复犯津沽,且毁及圆明园,劫夺宝器,恃其军火精利,我每战辄北。"接着谈中法战争爆发原因:"迨光绪六、七年间,法人蚕食我越南无忌,该国王阮福时具呈遣使,全粤、全京告急。法使亦屡向总署诘问,秉政者悠忽推宕,迁延不决,致酿成中法之战。"再述张之洞主持军务与谅山大捷过程:"光绪十年四月朝命张南皮署粤督,至十二月边疆警电日至,潘抚溃退入关,且至龙州。先已奏起前广西提督冯子材,其时在钦州本籍,即令募勇十八营,由钦州迅赴镇南关。并饬调粤之淮军统将王孝祺,率所统成八营,自粤省前往,会冯军合力攻敌,始有十一年二月初八日镇南关之大捷。十三日进拔谅山又大捷,法人受创而退,是为中国与外兵交锋始称战胜之一次也。"随即他作出评论:"当日奏报,仅可述战胜之迹,不及论战胜之理。战胜之理,全在统领得人。其人必德优于才,廉能服众,始堪驾驭部将,保卫士民,功成身退,不致造成一派。如我之南北,邻之长萨,乃祸福倚伏,非谋国所宜。"黄濬点评这段话"老成烛照,可谓名论"。〔3〕确实如此,赵凤昌经历了中法战争、甲午战争、八国联军侵华战争等近代中国的重大战争,见多了战争的成败,有自己的认识和总结,认为"战胜之理,全在统领得人";他也目睹了民国成立以降的南北分裂割据,给国家和人民造成的严重伤害,指出统领不仅要能打

〔1〕 赵德馨主编《张之洞全集》第12册,第508—509页。
〔2〕 朱寿朋编《光绪朝东华录》,总第1958页。
〔3〕 黄濬:《花随人圣庵摭忆》,第471页。

胜仗,还应主动功成身退,不拉帮结派,搞派系斗争,影响国家安定。这些都是经验之谈,发自肺腑,很有价值。此外,他还点明撰文动机:"今横暴日逼,听鼓鼙而思将帅,愿今有人,毋让冯王专美于前。"1931 年"九一八事变"后,赵凤昌义愤填膺,与马相伯等领衔通电,要求政府马上抗日。[1] 该文写作显然与此有关,面对外敌入侵,他"听鼓鼙而思将帅",希望有人挺身而出,取得抵御外侮的胜利,以与冯子材、王孝祺相媲美。可见,赵凤昌虽年近八旬,仍关心国事,饱含爱国热情。

需要指出的是,黄濬曾引用《清史稿·冯子材传》对赵凤昌文中所述稍作考证,认为上奏起用冯子材的是张树声,而非张之洞。实际赵凤昌所述并无问题,黄濬吹毛求疵,近乎苛刻。查张之洞上有《冯子材起病片》,中云:"前任广西提督冯子材……嗣经前督臣张树声奏派办理钦州本籍团练。臣到任后询访自钦州来省文武各员,佥称病已就痊,精神矍铄……维时海防日急,屡奉进兵越南之旨,因该提督百战宿将,熟习越情,当经电奏派令募军出关助剿……奏明在案。"[2]可见,张之洞也奏起过冯子材,且承认张树声已先奏派冯子材办团练,但前者奏起募兵打战与后者奏起办团练,是性质不同的两回事,而赵凤昌所言恰是前者情况,没有毛病。大概黄濬不知道张之洞有奏起冯子材之事,又相信《清史稿》一家之言,所以太较真,钻了牛角尖。

2. 己亥建储

从甲午战争开始,清朝的家事、国事、天下事就纠缠在一起,使晚清政局盘根错节,纷乱复杂。张謇后来回忆这段历史时说:"晚清朝政之乱,表病在新旧,本病在后、帝,始于宫廷一二人离异之心,成于朝列大小臣向背之口,因异生误,因误生猜,因猜生嫌,因嫌生恶,因恶生仇,因仇生杀。恶而仇,故有戊戌之变;仇而杀,故有庚子之变。"无独有偶,长期担任史官的恽毓鼎更直截了当地指出"甲午之丧师,

---

〔1〕 程沧波:《沧波文存》,第 280 页。
〔2〕 赵德馨主编《张之洞全集》第 1 册,第 265—266 页。

戊戌之变故,己亥之建储,庚子之义和团,名虽四事,实一贯相生,必知此而后可论十年之朝局"。[1] 由此可见,"己亥建储"不是单独的一个历史事件,而是始于甲午战争的后、帝生隙,经大小臣的口口相传,而不断放大变异,各自划线站队,结果因"误""猜""嫌""恶""仇"而导致。

具体说来,在戊戌政变后不久,慈禧太后就有废立的想法,她放出的风声是光绪皇帝"病势沉重,恐致不起",结果谣言满天飞,有说光绪被杀害了,有说他被废黜了。这引起列强的强烈关注,光绪二十四年八月初八日,"驻京各国使臣闻圣躬不豫,均诣总署问安,并叩致病之由"。[2] 两天后,清廷发出光绪有疾召医之谕,虽破除了光绪已死的谣言,但坐实了慈禧欲行废立的传闻。据赵凤昌回忆:"十四下午,上海各国领事会访铁路大臣盛宣怀探消息。盛答谣传废立,必不可信。英领即言,常言'最毒妇人心',英亦有此语,或竟有此举,中国必纷乱,各国不能默尔,于一月内英可调印度兵三十万来华。各领去,盛即告予与梅生,予言应速电荣禄,俾知外人意见。盛以信可详达,予谓信缓恐不及,且见痕迹,不如简电迅发。盛既亦以为然,即电荣,大意:本日午后沪各领事约来探问北京情形,恐中国多事,英于一月内可调印度兵三十万来云,望勿再有大举。次日得荣复电,决无大举。"[3] 应该说赵凤昌所言有不够真切处,但其事确曾发生。为何敢下此断言,试佐证如下:

第一,盛宣怀有致荣禄电,报告英国颇思先发制人,请他从大局安危出发,进言深宫举动不可操之过急,"以防彼族借口干预内政"。惟发电时间为八月十一日,早于赵凤昌说的十四日。[4] 第二,荣禄的确针对一些满族亲贵联名速行废立的鼓噪,力谏慈禧太后应慎重其事,据言他献策说:"朝廷不能独立,赖众力以维持之。疆臣服,斯

〔1〕《张謇全集》第 6 册,第 509 页;中国史学会主编《义和团》(一),第 47 页。
〔2〕 中国史学会主编《戊戌变法》(三),上海人民出版社、上海书店出版社 2000 年版,第 418—419 页。
〔3〕 赵凤昌:《戊庚辛纪述》,《人文》月刊 1931 年第 2 卷第 5 期。
〔4〕 盛宣怀:《愚斋存稿》卷九十三,补遗七十,页九,《续修四库全书》第 1573 册,第 517 页。

天下莫敢议矣。臣请以私意先觇四方动静,然后行事未晚。"慈禧太后"许之"。[1] 第三,在东南精英的影响下,两江总督刘坤一连续上奏谏阻废立。有记载说:当时东南精英很关心光绪帝的命运,"聚海上而泣,坤一闻之,流涕曰:'上一片热心,惜无老成主持之故致蹶败,此大臣之过也。'因三电政府请保全上,以免天下寒心"。[2] 实际东南精英不仅对刘坤一施以舆论压力,而且还做了许多谋划策动工作,才使刘坤一敢于抗争。赵凤昌上述回忆中提及的梅生即何嗣焜,跟张謇有二十多年交情,一有事他俩都会互相商量。何嗣焜从盛宣怀处知道英国有意干涉后,一定会跟张謇通气,讨论应对办法。他们不愿看到外国人乘间伺隙再侵入中国,认为应通过国家重臣对朝廷晓之以理,动之以情,避免冥顽不化而致祸。张謇自甲午战后就跟刘坤一、张之洞关系密切,因此决定就近从刘坤一着手。八月二十四日,他代拟《太后训政保护圣躬疏》,"大意请曲赦康、梁,示宫庭之本无疑贰",恳请刘坤一上奏,刘坤一不仅接受了,而且于疏尾自加二语曰:"伏愿皇太后、皇上慈孝相孚,以慰天下臣民尊亲共戴之忱。"[3] 上疏前,张謇联系张之洞请与刘坤一联名合奏,但张之洞"始诺而中悔","削其名勿与",这激起了刘坤一的果敢与豪气。他说:"香涛见小事勇,见大事怯,姑留其身以俟后图。吾老朽,何惮?"遂一不做二不休,于二十八日再电总理衙门:"国家不幸,遭此大变。经权之说须慎,中外之口宜防。现在谣诼纷腾,人情危惧,强邻环视,难免借起兵端。伏愿我皇太后、我皇上慈孝相孚,尊亲共戴,护持宗社,维系民心。"[4] 电奏中"强邻环视,难免借起兵端"显然针对英国领事调兵来华的威胁而言,可见何嗣焜告诉了张謇,张謇又转告刘坤一,最终从另外一个途径上达了朝廷。正是鉴于荣禄、刘坤一分别透露的列强干涉,迫使慈禧太后只好暂时搁置废立的计划。

但她并不甘心,"逾年乃建东宫",即己亥建储。光绪二十五年十

〔1〕 胡思敬:《国闻备乘》,上海书店出版社 1997 年版,第 58 页。
〔2〕 赵炳麟:《赵柏岩集》,文海出版社 1969 年版,第 521 页。
〔3〕 《张謇全集》第 8 册,第 497、453、1014 页。
〔4〕 胡思敬:《国闻备乘》,第 58 页;中国科学院历史研究所第三所主编《刘坤一遗集》第 3 册,第 1415 页。

二月二十四日,光绪帝发布谕旨:"仰遵慈训,封载漪之子溥儁为皇子,以绵统绪。"〔1〕本来民间早已风传废黜光绪帝的消息,立嗣上谕颁布后,消息成真,引起一片恐慌。二十六日,身处南通的张謇在日记里记道:"闻今上有立端王子溥儁为子,承穆庙后嗣统之诏。岁晏运穷,大祸将至,天人之际,可畏也哉。"次日,他又写道:"见《申报》《新闻报》《中外日报》,昨说果确,并有明正元旦内禅。改元'普庆'之说,亦有'保庆'之说。海内人心益惶惶已。"〔2〕而其时的上海则是另一番景象。二十五日,奉到立嗣电旨,"沪上人心鼎沸",发生了经元善联名电禀总理衙门反对事件。二十七日,《苏报》刊出了这份电禀,并加按语说:"本埠自接奉本月二十四日电谕,一时绅商士庶纷然哄动,皆谓名为立嗣实则废立。""沪局总办经莲山太守,见群情迫切,外衅纷乘,遂率同绅商允为电恳。""昨日赴电局请列名电求总署代奏者至千余人之多。"〔3〕赵凤昌所写《经莲珊电请收回立大阿哥成命》,即叙述了经元善反对己亥建储及被清廷通缉而逃亡的经过,前文已论及,不赘述。黄濬《记经莲珊》一文基本照抄赵凤昌全文,〔4〕两者都被研究者当作一手史料,广泛引用。

3. 五大臣出洋考察

光绪三十一年,清廷派遣五大臣出洋考察,当时的舆论普遍认为是袁世凯奏请的结果。现经学者研究,基本达成共识,即"谕令出洋考察政治之举是由多种因素促成的,既有内因,也有外因","外因为日俄战争的刺激和民族危机的严重","内因为革命运动的高涨、官僚的奏请、立宪派的呼吁和策动"。〔5〕赵凤昌所写《中国欲预闻日俄泊资模斯议约》一文,就是侧重于立宪派的呼吁和策动,但因记忆有误,所写与史实有出入。第一,关于日俄议和事前后混杂。赵凤昌说:"日、俄战争彼此力竭之时,日挽美国出而言停战议和,日、俄各派

〔1〕 胡思敬:《国闻备乘》,第 58 页;中国第一历史档案馆编《光绪宣统两朝上谕档》第 25 册,广西师范大学出版社 1996 年版,第 398 页。

〔2〕《张謇全集》第 8 册,第 474 页。

〔3〕 虞和平编《经元善集》,第 261 页。

〔4〕 黄濬:《花随人圣庵摭忆》,第 453—456 页。

〔5〕 侯宜杰:《二十世纪初中国政治改革风潮》,第 55 页。

专使往就美之泊资模斯订约。予意战地在我旅大东三省，和约倘涉及我疆域，我应干预。商之张菊生（张元济）、小圃（张鹤龄）诸君极以为是，即说之端陶斋、盛杏生，由盛并商吕镜宇诸公合电枢省，告美国转达日、俄，许中国预闻和议。其时贝子溥伦赴美赛会过沪，拟请派就便至泊。伦亦以此举重要，愿膺此任，惟云庆邸向与我不合，恐其疑我在沪谋兼此差，公电待我到东洋后再发。"日、俄战争力竭，美国出来调停是在光绪三十一年四月二十七日，而"溥伦赴美赛会过沪"是在前一年即光绪三十年正月二十四日，时间相差一年多。[1] 其时，赵凤昌根本不知有泊资模斯（按：今译"朴茨茅斯"）会议，他只是据欧洲大战后必召开和会判断日俄战后也将开会，并因为战争在中国进行，中国应未雨绸缪，趁双方胜负未分，主动请各欧美各列强调停，争取和会在中国召开，以避免主权受损更多。可见，赵凤昌晚年回忆，将前后两事混为一谈，但许多学者不察，将之作为信史使用，[2] 以讹传讹。

　　第二，端方奉调进京并非为参加日俄议约事。赵凤昌说，他们请派溥伦预闻日俄和议不果后，"旋知枢意拟遣端，先电我驻美使臣向美政府言之，竟不允中国预闻。其时已调端赴京，事不容已，即改为派五大臣出洋考查宪政"。其实，清廷曾就是否参加朴茨茅斯会议征询督抚及出使大臣意见，主张不参加的居多数，端方也是其中之一；"不允中国预闻"的并非美国，而是日、俄两国，"其势亦难挽入"，清廷遂主动放弃。[3] 据此，端方被召进京不是为参加日俄会议事，而是另有任务。这任务即赵凤昌所言出洋考查宪政。上文已言此事是多种因素、历经曲折促成的，清廷也郑重其事，在正式下谕前，先选拔考政大臣，经过一番权衡，才选定载泽、戴鸿慈、徐世昌、端方四个人选。端方之所以入选，"其基本原因是他在各项新政活动中十分活跃……

────────────

〔1〕　王芸生编著《六十年来中国与日本》第4卷，生活·读书·新知三联书店2005年版，第197页；王尔敏、吴伦霓霞编《清季外交因应函电资料》，第477页。

〔2〕　如李细珠、潘崇等。详见李细珠《地方督抚与清末新政》，社会科学文献出版社2012年版，第152页；潘崇：《清末五大臣出洋考察研究》，中国社会科学出版社2014年版，第44页。

〔3〕　潘崇：《清末五大臣出洋考察研究》，第42—44页。

颇为时论所赞誉","其偶然原因是他此前不久刚上过一份长达
2000字的奏折……深为朝廷嘉许"。并且端方是在光绪三十一年六
月十二日,清廷正式发布考政大臣前两日,才接到"迅速来京陛见"的
电谕。端方时任湖南巡抚,在接到电谕当晚,他"便着手将未了事件
从速料理。十七日交卸篆务,十八日附轮启程"。〔1〕可见,端方被
派为考政大臣是经过挑选的,不是赵凤昌说的那样,临时改派;他入
京也是在被派为考政大臣后,事先毫无准备,匆忙卸任前往。

第三,其他问题。赵凤昌文中写道:"陶斋过沪,即驻'海圻'兵
舰,未登岸。约予往晤。予告以欲预闻日俄和议未成,而改派考
查,朝廷于立宪仍为敷衍延宕之计,革命终不能免;可以早回,得南
洋一席。归后果得之。"陶斋即端方,他和另一考政大臣戴鸿慈等
于十一月二十日乘"海圻"兵轮抵达吴淞口。据张謇日记,上海道
台袁树勋前一天就约他和恽祖祁、赵滨彦、赵凤昌等一同去吴淞口
等候,二十日这天,他和赵凤昌"同诣匋斋于'海容'","深谈至夜分
十二时而返"。由此可知,端方没有单独约赵凤昌往晤,是赵凤昌
等主动去迎谒端方,且他是与张謇一起见端方的。至于他们三人
深谈的内容,张謇当日没有记载。但次日,他在日记里写道:"匋斋
言立宪之气未绝,则又思有所以延之";二十九日日记后又附《立宪
近况记略》一则:

> 立宪之机动于铁、徐之政府,端之入朝,振贝子又助之陈于
> 两宫。慈圣大悟,乃有五大臣考察政治之命。既盛宣怀于召见
> 时首倡异议,袁世凯亦依违持两可,会八月廿六日车站炸弹事
> 发,慈圣大震,而小人得乘势以摇之,然五大臣之命不可遂收,故
> 反复延宕至三月之久。徐入政府,袁所荐也,闻于此事不甚附
> 袁。既又留徐、绍,而易以尚其亨、李盛铎佐泽公西行。李颇有
> 自命为宪政党之意,亦时时示异于袁,盖善占气候人也,然又贰
> 于端,殊自表儌。观其戊戌之已事,性质手段略同于袁,而地位

---

〔1〕 潘崇:《清末五大臣出洋考察研究》,第50页;张海林:《端方与清末新政》,南京
大学出版社2007年版,第109页;李细珠:《地方督抚与清末新政》,第152页注③。

不同,所已成就者亦遂小异。留学生归国事,李颇采余说,而又
忌余之亲端,乃略解之。要之,宪政之果行与否,非我所敢知;而
为中国计,则稍有人心者不可一日忘。此事将于明年秋冬之际
卜之。[1]

据上,张謇二十一和二十九日日记所记应该就是当晚他与赵凤昌和
端方深谈的内容,即朝廷高层近几个月来有关立宪决策出台的曲折
过程及内部争斗。他判断清朝能否改行宪政,要等明年底才能见分
晓,就此说来,赵凤昌当时对端方说“朝廷于立宪仍为敷衍延宕之计,
革命终不能免”似乎是事后之明。“可以早回,得南洋一席”,也同样
如此,因为毕竟是集体行动,能否早回非端方所能决定,而端方回国
后主要在京师活动,极力谋划和组织政治改革,并无意于争取两江总
督一职。他后来“果得之”是由于拟实施的改革力度过大,引发京师
官场“地震”,被外放了。[2]

黄濬《赵凤昌记五大臣出洋考查事》抄录了赵凤昌《中国欲预闻
日俄泊资模斯议约》全文,在其后加按语说“此系光绪三十一年乙巳
六月至八月间事。文中之张小圃,为张鹤龄;吕镜宇为吕海寰。吕时
已卸外务部尚书,为商约大臣”,[3]不确。前文考证赵凤昌最开始
所言之事发生在光绪二十九年底,而端方“得南洋一席”已在光绪三
十二年七月,时间跨度将近三年。吕海寰时任工部尚书兼商约大臣,
外务部尚书为瞿鸿機。

4. 美国商团访华

美国商团访华被章开沅称为是张謇在辛亥革命前夜积极参
与的两件大事之一,即中美国民外交,其办法是“与美联络,输入
其财,兴办农工之业,分年归还本息商借”。[4]但此事实由赵凤
昌发起,并组织策划,张謇称赞他“甚注力于社会联美”,为“接待美团

---

[1]《张謇全集》第 8 册,第 618—620 页。
[2] 详见张海林《端方与清末新政》第六章《辇下力奏及串联活动》。
[3] 黄濬:《花随人圣庵摭忆》,第 481 页。
[4] 章开沅:《开拓者的足迹——张謇传稿》,第 214 页;国家图书馆善本部编《赵凤
昌藏札》第 3 册,第 242—243 页。

事,所筹至当"。[1] 在所写《记宣统二年美国特组商团来游中国》一文中,赵凤昌自述其缘起:

> 宣统元年,美国商人大来游历扬子江,至汉阳看炼铁厂,循京汉车道至北京,复回上海,秋间返国,尚贤堂彼邦教士李佳白博士饯之,邀予晤谈。席间大来颇责中国排外,谓自南至北,此风均盛。其时我国正争铁路、矿务不借外债,其说非无因。予告之曰:汝来华所遇皆洋行雇员,所述多传闻异辞,不足为据。我国士大夫之所反对者,系政府受强权之条约,及订片面之合同。强权条约,如君必主公道,当亦以中国外无一国能受。至片面合同,如铁路借款,并将沿铁路三十里内之矿产属之,试问贵国多外商营业,曾见有此合同否?凡中国具有知识明白事理之人,深知中国物产丰富,惜乎科学未昌,尚少发明。中国幅员既广,铁路仅仅发端,既少人才,更乏赀力,正欲延揽各国人才,借助外来资本,何云排斥,实正欢迎!望汝约贵国商旅来游中国,我各省谘议局议员,定能欢待。渠乃欣然,谓久有组织美西商团来华之意,同人欲行仍却,今回去后,必力图成之。

大来拥有九艘商轮,是美国旧金山大来公司的创办人。除总公司外,他还在西雅图、上海、天津设有分公司。光绪二十六年起开展对华贸易,是第一个从中国引进生铁和铁矿石的美国商人。[2] 宣统元年,他来华考察业务,在美国传教士李佳白的引荐下,结识赵凤昌。他本对中国有很多偏见,但经赵凤昌上述一通解释,始捐弃前嫌,并愿意组织商团来华访问。经一年多的准备,于宣统二年八月成行。为了更好地接待他们,二月初九日,赵凤昌和汤寿潜说服张謇接受民间联美之事,赵凤昌并向他索要照片,转赠大来。七月二十八

---

　〔1〕《张謇全集》第8册,第698页;国家图书馆善本部编《赵凤昌藏札》第3册,第233页。

　〔2〕 章开沅:《开拓者的足迹——张謇传稿》,第218页;虞和平、王杰译《大来日记》,《辛亥革命史丛刊》第9辑,中华书局1997年版,第204页。

日,张謇"寄去五十七岁相片一张",并交代赵凤昌说:"背面应记姓名、本贯、职业,须请严以亭君以英文译书于后印之。"〔1〕严以亭,即严饬庭,名善坊,浙江桐乡人,曾任《申报》主笔,美国商团访华时随从翻译。八月十二日,美国商团抵达上海,受到各界热烈欢迎。赵凤昌说团员都是美国西部"筚路蓝缕时开辟之人才,且有兼长学校,或曾任府尹,并有医员,不仅称为商团,而亦可称政团"。二十日,他们到南京,二十二日,张謇在江苏谘议局新址举行隆重的欢迎宴会,当时建筑尚未完工。作为议长,"张謇热情而又认真地主持了这次宴会,到会的还有包括奉天在内的十六省谘议局代表,所以实际上是一次全国性的立宪派与谘议局系统的联合欢迎"。〔2〕大来在日记里也记述了宴会的盛况:

> 江苏省谘议局邀请我们出席在他们的议会厅里举行的宴会,这是一个尚未完工的建筑。这种谘议局相当于我们的州立法院,其建筑相当于我们的州议会大楼。由于他们刚刚开始实行立宪政府的新方针,全体议员的会议是极其重要的,所以他们急于从我们身上了解到,什么是已被我们的联邦政府形成过程所证实的成败之由,以便他们能够采纳成功的方式而避免失败的方式。我们的宴会在他们的议事厅里举行,这个议事厅是第一次启用。更值得注意的事情是,他们的议长在席间提议为美国总统的健康干杯。毫无疑问,这幢建筑为我们的荣誉而开放,它已成为一个划时代的事件。讲话采用汉语和英语,主要的演说是议长和西雅图的白澜先生。后者作了一个关于立宪运动的动人而详尽的演说。对这个宴会的总的印象是,所有的东西都来自相距二百英里的上海,如鲜花、食品、仆人、乐队,总之包括每一件东西。这一定花了他们许多钱。〔3〕

十月初八日,赵凤昌设宴款待大来等。其《记宣统二年美国特组商

---

〔1〕《张謇全集》第8册,第1025、698页;国家图书馆善本部编《赵凤昌藏札》第3册,第248页。

〔2〕章开沅:《开拓者的足迹——张謇传稿》,第219页。

〔3〕虞和平、王杰译《大来日记》,《辛亥革命史丛刊》第9辑,第215页。

团来游中国》一文仅简单提及:"美团中有因要务分起先回国者,大来夫妇及他团员仍来沪回国,由予饯之于惜阴堂,张、汤两君亦在列。"但张謇和大来日记都有较详细记载,可资补充。张謇日记云:"竹君约同熊秉三、叶揆初与余及严侪庭、杨仲达与美商达赍、华尔特两夫妇合宴。熊、叶夫人及厚生夫人与竹君夫人俱在座,凡十四人。欧美风俗,凡宴客以十三人为忌,盖耶稣门徒十三人中有一人卖师者,故耶稣遇难,至今奉教人忌之,妇女尤甚。竹君于接待外宾事,自室中陈设及饮馔言语之节,无不审慎,可谓能用心者矣。而能破费私资为国家社会谋安全之计,同人中尤不多见也。"据此可知,那天参加宴会的共14人,外宾为大来夫妇、华尔特夫妇,中方出席者为张謇、严侪庭、杨仲达以及赵凤昌夫妇、熊希龄夫妇、叶景葵夫妇和刘厚生夫人,其中严侪庭、杨仲达为翻译。赵凤昌说"张、汤两君亦在列",两君指张謇、汤寿潜,可汤寿潜并未在列,显系他记忆有误。大来日记说他们回国前在上海十天,每天有人招待午、晚餐。"最突出的是在赵竹君公馆,这一家的夫人们和其他人员都出席作陪。这是超乎寻常的,我们都非常快乐。在场的男宾中有江苏省谘议局议长、奉天将军和其他有名华人。我在南京见过这位谘议局议长,虽然他不会讲英语,但是通过翻译,我们就立宪政府问题进行了一次非常有趣的讨论,目前这个问题是他们面临的最重要问题,他们都迫切地向我们了解我们所知道的各种立法机构。"[1]文中所提江苏省谘议局议长即张謇;奉天将军应指熊希龄,时在奉天任东三省清理财政正监理官,大来可能搞错其职衔了。

正是赵凤昌按照西方礼仪的用心接待,大来、华尔特非常高兴,愿意与中国商会合作,"协议共营银行、开航业、设商品陈列所、置商品调查员四事",并达成建立两国商人互访机制两国。随后,张謇、赵凤昌设立报聘美团事务所,积极组织中国商团回访美国,张謇任团长。美国那边也做好接待准备,"声明抵美后游历全国,火车概不收费,欢待之意甚殷",可惜因辛亥革命爆发而罢。到民国元年,张謇向

---

〔1〕《张謇全集》第8册,第708页;虞和平、王杰译《大来日记》,《辛亥革命史丛刊》第9辑,第235页。

总统袁世凯再提组织商团赴美访问之事,袁世凯担心"张至美后,为外交所重,忌之,即力言汝年已高,岂可远渡重洋,至再阻之",结果张謇、赵凤昌所致力的中美国民外交最终失败。[1] 赵凤昌不禁在《记宣统二年美国特组商团来游中国》文末感叹"千古忌才,同一秘诀",对这场国民外交的夭折扼腕叹息。

第三,历史是由人创造的,赵凤昌"惜阴堂笔记"几乎每篇都涉及人物,篇名以人物为题的有《书程学启诱降苏寇及攻嘉兴事》《书鲍春霆谋略及最著战事》《国学辜汤生传》《书王小苹观察事》《书合肥轶闻》五篇,分别论述程学启、鲍超、辜鸿铭、王开福、李鸿章五人事迹,除王开福外,都是晚清名人。而在其余诸篇中,涉及的人物有刚毅、经元善、李秉衡、冯子材、王孝祺、荣禄、袁世凯、康有为、阎敬铭、李瀚章、官文、曾国荃、张佩纶、奕𫍰、张之洞等,也都大名鼎鼎,甚至不乏中国近代史上的关键人物。对于他们,赵凤昌深知公私著述甚多,一般读者均耳熟能详,所以没有面面俱到,详加论列,而是"以向日所熟闻者,拉杂书之",[2]却提供了很多信息。

如程学启、鲍超都是湘淮军悍将,打仗以勇猛凶悍著称,战功十分显赫,但向来被视为一介莽夫,有勇无谋。赵凤昌根据他们部将的口述,专写他们不为人熟知的擅谋略一面。程学启"每攻城,先自放哨探敌,循城而行,城上枪炮纷下,均勿顾,驰骑而过,旁若无人。回营后,即定何时攻何路,攻入何门,何处虚攻,何处实击,埋伏接应,一一布置。宣令时,并计何时得攻入,向未失算,克时未尝先后,故部将心悦诚服,相与神之"。他还创梅花阵,以少胜多,仅率5000名淮军就攻克20万太平军坚守的以高峻著称的嘉兴府城。鲍超"每战一地,攻一城,驻军定后,分饬探报敌情多起,别遣分绘地图多人。俟各路纷纷回营呈报,鲍帅静听先后所陈敌情,汇度其可信者,继即箕踞于地,复将分绘各图,铺陈地面,详测其最准者,默想移时,然后酌定另绘军行、进攻、埋伏、接应、后路分图多纸,即传统领管带诸将,分别

---

[1] 《张謇全集》第8册,第708页;赵凤昌:《记宣统二年美国特组商团来游中国》,《人文》月刊1932年第3卷第2期。
[2] 赵凤昌:《书合肥轶闻》,《人文》月刊1932年第3卷第7期。

调遣,以另绘分图分给之,且口讲指授,汝进攻何路,汝埋伏何处,汝接应何军,汝坚守后路兼顾大营,诸将或有所请,一一决定,即备何时出队,届时掌号(即角声)一发声,我帅上骑疾驰出营门,径向前敌,诸将前行,或有比帅骑后一马首者,即斥斩之,此其谋定后动之可见者也"。

辜鸿铭是近代中国一个有争议的著名人物,褒者誉为"怪杰",贬者视其为怪物。他是经赵凤昌介绍进入张之洞幕府的,两人不仅同幕共事过,出幕后还保持密切往来。赵凤昌称自己"与汤生相稔最早最习",因此他所写《国学辜汤生传》,来自其所见所闻,很有特色。文章分两部分,第一部分介绍辜鸿铭生平及其事迹,第二部分则自述与辜鸿铭往来的若干片段,认为辜鸿铭是留学生中"卓然以古书传中士君子自命"的"绝特可异"之人,学问"无有淹博如鸿铭者",唐绍仪称许辜鸿铭"功在一国","为一国学人",故以国学冠其名之前。此文交到《人文》月刊社后,主编沈恩孚、黄炎培很兴奋,分别致函信赵凤昌,给予高度评价,前者说:"《辜传》捧诵一过,人与文真可两传也。《人文》得此,大为生色矣,敬谢!"后者言:"奉读尊著《辜鸿铭传》,倾佩至于无地。此文于东方文化上、于外交史乘上皆有相当位置,微吾丈之洽闻与椽笔不能为此。即以文词论,波澜壮阔,钩画周致,苟不明言,决不信是七十六高年手笔。此是吾丈长寿之征,亦一则艺林佳话也。"[1]该文刊出后,影响也很大。黄炎培告诉赵凤昌:"前日有代招广告之某君为《人文》招登广告,某商家初本无意,后见《辜先生传》,大感动,遂允登载。可见大文万丈光芒,虽商人亦能见到。"[2]

李鸿章"一生勋业,彪炳史册,歌功颂德,声施烂然",赵凤昌尽管跟他没有交集,但与其身边人有往来,因而了解不少他的轶事。其一说李鸿章办理团练之初,败多胜少,非常狼狈:"其时皖南北土匪遍地,各乡筑围以御,而又此围攻掠彼围,扰无虚日。……一日侵晓,土匪攻乡围,合肥领围出战,竟败退,直抵本围。时已逾午,饥甚,入宅不见一人,盖先避去,疾往厨舍,饭正熟,灶低洼,即翘一足踏于灶沿,

---

〔1〕 国家图书馆善本部编《赵凤昌藏札》第10册,第230、226页。
〔2〕 国家图书馆善本部编《赵凤昌藏札》第10册,第228页。

一手揭盖，一手取盎直递口狂咽，不暇用箸，亦无一蔬，随咽随呼曰：
'同队快干（快食之谓），好跑（即逃之谓）。'"赵凤昌交代了这则故事
的出处："队中宋某，后已保游击，人极朴质，在粤为我言之，谓今日但
见赫赫之中堂，不知有当年之状态矣。"其二与赵凤昌岳父洪用懃（字
彦直）有关，说的是李鸿章初任江苏巡抚时，能够虚心纳谏，纠正身边
腐败之事。"初任苏抚，在上海设行辕甚隘，前官厅后隔一壁，即中丞
起居之所。予外舅洪彦直先生，由河南张朗斋营檄委来沪，投文后不
得批回，因司阍吏索费八十金，拒不给。一日再诣院辞回汴，并催批
回，司阍不与通，外舅在官厅大声斥不应索费，声达于内。合肥问何
人放言？司阍不得隐，始获进见，侃侃陈说索费信据，更言地方初复，
宜整饬纲纪。合肥为动，立饬交营务处严惩，外舅迅偕往证实，目见
责惩而后已"。[1] 其三是李鸿章登临江苏乡试的怪事："克复金陵
第一次秋闱，文忠为监临入贡院，忽患狂热，昏眩中见八人浴血提头，
逼近卧榻，心悟是八降王，即大声呼曰：'当日要挟太过，程某怂恿杀
汝，今程已死，我可设醮超度若辈。'说此后，神色渐清，疾亦顿愈。冤
魂之说，不尽诬矣。试后回苏州，果在元妙观作道场，醮文叙此节亦
不讳。"文中所言为李鸿章因苏州杀降遭报应，设醮超度八降王消灾
之事，赵凤昌称"此醮文苏人有录存者"，他认识的淮军将领幕僚陆莼
青即"曾亲见醮文，且能背诵其辞"。[2] 此事虽说荒诞，但很可能存
在，因为李鸿章在同治三年江苏乡试入闱后确实大病一场，"多谵语，
不可解"，[3] 将之理解为八降王冤魂作祟，并设醮超度很正常。上
述以外，赵凤昌所书李鸿章轶闻还有数则，不一一罗列。

　　醇亲王奕譞是道光皇帝第七子，咸丰皇帝异母弟，慈禧太后妹
夫。在光绪十年甲申易枢后，他以光绪帝本生父身份遥领朝政，大权
在握，但他日常生活怎样呢？赵凤昌《光宣纪述之二》一文披露，光绪
十四年，奕譞患病甚为严重，请吴兴世医凌初平诊治。这年七月他到
北京时，奕譞病已痊愈，凌尚居醇王府中。当时他正好感冒，"因与凌

〔1〕 赵凤昌：《书合肥轶闻》，《人文》月刊1932年第3卷第7期。
〔2〕 赵凤昌：《书程学启诱降苏寇及攻嘉兴事》，《人文》月刊1931年第2卷第1期。
〔3〕 苑书义：《李鸿章传》，人民出版社2004年版，第116页。

系粤省同寅旧交,即延之拟方",日常过谈,不免说及奕譞。凌初平说:"醇邸人极霭然,喜吟咏,时相唱和,惟起居皆听阉人指使。相处数月,日常每见阉对邸曰:'爷此时应小解,此时应大解,爷几日不逛园子,今日应逛了。'邸亦竟首肯之。此则大奇,使人发笑。"赵凤昌认为这是清代祖制之弊导致的。"清制,王子生,亦雇保母与太监共同保抱,且不得时近其母,虽长依然,成为习惯。宫(庭)[廷]动称祖制勿可改,此亦祖制之流弊耳。"奇怪的是,在之前的《光绪甲申朝局之变更》一文中,赵凤昌批评"醇邸当国,援引孙毓汶入值,从此贿赂公行,风气日坏,朝政益不堪",本文却又称赞奕譞"明决",并引其朋友庆宽"极称邸之贤明,景况甚艰,幸能质朴无华,比之他邸,俭德可风"之言,为奕譞早死惋惜,醇邸"薨于庚寅,倘戊戌、庚子尚在,或可弭患于无形,岂有数存焉"。尽管有自相矛盾处,但这些记述对了解奕譞其人提供了独家秘闻,弥足珍贵。

阎敬铭乃晚清大臣,理财专家。《清史稿》称他"质朴,以洁廉自矫厉,虽贵,望之若老儒。善理财,在鄂治军需,足食足兵,佐平大难。及长户部,精校财赋,立科条,令出期必行",而民间更有"救时宰相"之称,形象非常好。但赵凤昌从张之洞那里则了解到他的另一面,即乱作为,尸位素餐。光绪十二、十三年间,阎敬铭整顿户部款项,怀疑各州县钱粮民欠未必实在,奏饬各直省征收州县,按年造民欠详册报部。然"州县征收,全凭粮书所报,民欠固不可信,造册亦岂可信?以造册之费计之,大省七八万,小省亦必半之,各直省每年共须耗百数十万,于部款不增且耗,可谓拙矣"。当时各省督抚多怕其顽强,欲勉从其议。广东巡抚吴大澂意在必办,张之洞坚决反对,并"以造册无益,而糜费甚巨"函告阎敬铭,谓"公以整理入款,使国家每年反耗费百数十万造册费,并非始愿所料"。阎敬铭回信说,"粤省办否,听之可耳"。张之洞将此信拿给吴大澂看,广东始罢造册,但"他省办否,则未之知,想以延宕了之矣"。据赵凤昌称,张之洞曾说,自己三次奏请起用阎敬铭,但阎毫无作为,让他很愧疚。[1] 同时张之万(字子

---

〔1〕 赵凤昌:《联话》,《人文》月刊1932年第3卷第1期。

青)也在军机处,与阎敬铭(字丹初)一样,"亦无所建白,伴食而已";而尚书孙毓汶(字莱山)向多不谨、乌拉布(字绍云)不知节操,两人同奉命四川查案,沿途勒索,声名秽甚,于是京城有人为他们四人集唐诗成一联云:"丹青不知老将至,云山况自客中过",可谓天衣无缝,比"宰相合肥天下瘦,司农常熟世间荒"还要工整。

此外,赵凤昌谈徐有壬之死、论张佩纶意气用事、评李秉衡为误国忠臣,对冯子材、王孝祺事迹的挖掘等均可圈可点,有独到之处。总的说来,"惜阴堂笔记"很有特色,既有笔记体的共性,也有自己的个性。

前者主要体现在以下几方面:一是杂和散。刘叶秋认为笔记的特点,以"内容论,主要在于'杂':不拘类别,有闻即录;以形式论,主要在于'散':长长短短,记叙随宜"。[1]"惜阴堂笔记"涉及清末史事、同光朝局、晚清人物、名人轶事以及灵异神怪、对联书事等,不拘类别,包罗广泛,是为杂。20 篇笔记仅《书鲍春霆谋略及最著战事》《国学辜汤生传》《记宣统二年美国特组商团来游中国》《书合肥轶闻》《书石城冤杀冥报》《庚子传信录》等几篇是针对一人一事的,其余每篇中都涉及许多人和事,如《戊庚辛纪述》中就包括有戊戌政变、光绪大婚、己亥建储、义和团、甲申易枢、清帝逊位、庆宽其人等内容,而《庚子拳祸东南互保之纪实》在叙述策划东南互保过程后,所补记得有 11 条之多,可见其散,并且这些笔记篇幅长短不一,短的只有 200 字出头,长的达 5 000 多字,长长短短,记叙随宜。

二是材料来源包括亲身经历、所闻、所传闻三种。陈恭禄指出:"笔记记载亲身经历,是比较可信的参考资料;所闻次之;所传闻又次之。"所谓亲身经历当然是亲为亲见的事迹,属于直接材料;所闻"指闻于亲见事迹之人,属于间接史料",所传闻"谓闻之于闻知事迹之人,属于又间接的材料"。[2] 据此统计,"惜阴堂笔记"中大体亲身

---

〔1〕　刘叶秋:《历代笔记概述》,中华书局 1980 年版,第 5 页。
〔2〕　陈恭禄:《中国近代史资料概述》,中华书局 1982 年版,第 251、28 页。

经历的有 8 篇,所闻的有 10 篇,所传闻的 2 篇(详见下表),基本为直接和间接材料,史料价值较高。

"惜阴堂笔记"材料来源分类表

	亲 身 经 历	所　　　闻	所传闻
篇名	《国学辜汤生传》《经莲珊电请收回立大阿哥成命》《庚子拳祸东南互保之纪实》《中国欲预闻日俄泊资模斯议约》《记宣统二年美国特组商团来游中国》《庚子传信录》《同光纪述之一》《光宣纪述之三—五》	《书程学启诱降苏寇及攻嘉兴事》《书鲍春霆谋略及最著战事》《光绪甲申朝局之变更》《戊庚辛纪述》《纪甲申中法战事冯王关前谅山之捷》《联话》《书王小苹观察事》《书合肥轶闻》《书石城冤杀冥报》《光宣纪述之二》	《清末士大夫间诸征兆》《光宣纪述之一》
合计	8	10	2

三是笔记为私人的记载,往往带有自己的感情和价值判断。"惜阴堂笔记"也不例外,赵凤昌个人的倾向和感情色彩较浓。如他作幕广东时,一度在淮军中军唐子文幕府做文案工作,跟淮军将领经常来往,"晨夕共谈谯,故得淮军始末甚悉"。后虽然他跟湘军将帅也有接触,但更喜欢淮军将领,表现在"惜阴堂笔记"中写淮军人物较多,评价也正面。如他推荐淮军将领王孝祺参加中法之战,湘军主帅彭玉麟认为王徒有其表,"是看马",[1]他很不高兴,认为彭有湘淮之见。所以,当王孝祺取得镇南关、谅山之役胜利,捷报一到,他立即对张之洞说"看马今为战马矣",第一时间对彭表示不满。在写曾国荃弹劾官文案时,他明显偏向官文一边,说官文识大体,为人宽厚,只是驭下不严而已,因此面对朝廷查办,非常镇定坦然。而实际官文官声很差,时所公认,胡林翼本也想弹劾他,只是经人劝阻而改变做法。再比如赵凤昌地缘意识浓厚,有同乡情结,在《书王小苹观察事》一文着力描绘其乡党王开福有担当、讲义气、敢作敢为的一面,而把其上司曾国荃写得很猥琐:在阁门外小立,忽言:"小翁知各人自扫门前雪

---

〔1〕中法战争期间,彭玉麟写给张之洞的一封信中,有"王孝祺乃一匹看马,似不可恃"之句。该信为赵凤昌所收藏,见国家图书馆善本部编《赵凤昌藏札》第 8 册,第 455 页。

否?"其实曾国荃心高气傲,倜傥不群,他敢于弹劾官文,摸老虎屁股,说明他是一个有棱角、有骨气的汉子,并非寻常之辈。

四是笔记记载作者的见闻,固然具有较高价值,但也存在不足之处。"人们观察某种事迹,通过感觉,而成记忆,由记忆而成印象,然后据以作为记载",由于记忆有时效性、选择性,观察也不可能全面,因此记载的真实性、可靠性往往会打折扣。另外,"老人遗忘更甚,年老时追记往事,错误在所难免"。〔1〕"惜阴堂笔记"写于1928年前后,其时赵凤昌已年逾古稀,所以他所写的确有记忆不清造成的错误,加上他没有受过史学方面训练,不善于查阅、核对资料,所写也有与史实不符地方。鉴于此,在使用此笔记的时候应该谨慎,不能不加辨别,照单全收。

后者大致有如下几点表现:一是篇幅不大,只有20篇,3万多字,不像多数笔记洋洋洒洒,能够结集出书。二是不写当代史,都是晚清史事,而不涉民国,其实他在民初参与不少事件,颇多可记。三是就晚清时期而言,他亲历的活动很多,但所写有限,如他很少谈论幕主及幕府内幕,尤其他在张之洞幕府九年,两人密商很多要事,但只字未提。再比如辛亥革命时,他"独沉几而观变,以匡济为良图","萃群贤于一堂,揭片语为楷模。讽胜朝以揖让,俾希踪乎唐虞",〔2〕居功甚伟,有口皆碑,也丝毫没有写到。四是除辜鸿铭外,很少涉及自己及好友的经历,像张謇、熊希龄、唐绍仪、盛宣怀、郑孝胥、樊棻等都是他的好友,但基本未谈及。而他自己被参革职回籍,也没有借机申辩,还自己清白。据刘禺生透露,赵凤昌曾撰文自述被参经过,"谓参稿出于周伯晋",〔3〕但没有放入"惜阴堂笔记"中,《赵凤昌藏札》也未收。应该说这几个特点其实也是谜团。此外,赵凤昌为什么年逾古稀才写笔记,是什么契机促使他动笔的,他是什么时候开始写的,有无制定写作计划,又为什么戛然而止,也均未知。

但不管怎样,"惜阴堂笔记"体现了赵凤昌对晚清历史的认识和

〔1〕 陈恭禄:《中国近代史资料概述》,第28页。
〔2〕 沈恩孚著、薛冰整理《沈信卿先生文集》,第427页。
〔3〕 刘禺生:《世载堂杂忆》,第65页。

理解,书写了他心中的那段历史,内容非常丰富,基本为直接和间接材料,谬妄之说较少,确如黄炎培所言,"多外间不经见之事实",可补正史记述之不足,颇具史料价值。刘厚生说:"赵凤昌读书极少,文理平常。"[1]事实并非如此,本书第三章已论及赵凤昌修改过张謇所拟的立宪奏稿,文笔老辣,用字讲究,是公文写作高手。而从"惜阴堂笔记"来看,写人叙事有血有肉,言之有物,语言简练,条理清楚,显然训练有素,非文理平常者所能为。尤其他所记人物形象生动,活灵活现,很多细节和素材不为人所知,既有可读性,又具史料性,非常难得。

---

〔1〕 刘厚生:《张謇传记》,第93页。

第七章　人际网络

有学者认为，近代以来，随着城市社会的日益繁荣，士人"从乡村走向了都市，在现代都市空间中聚集在一起，以都市的公共空间和文化权力网络作为背景，展开自身的文化生产、社会交往和施加公共影响"，"都市的公共空间不是自然的、历史的，它们是人为营造的产物"，"主要指的是茶馆、咖啡馆、沙龙、书店、社团、同人刊物、公共媒体、出版社、大学和广场等等"。[1] 若就近代中国城居知识分子的总体而言，确实如此，但具体到赵凤昌身上，则不太适用。赵凤昌读书不多，没有取得科举功名，弱冠起就远离家乡，前往大城市作幕谋生，一开始经济资本、文化资本不足，也没任何社会资本，但他凭借讲信义、热心助人，同样建立了自己的交往圈。尤其成为张之洞的幕僚后，更是结交广泛，门庭若市。正因为此，他被罢官去职后，迁居上海，不仅能够发家致富，而且跻身上流社会，成为东南精英。都说上海居大不易，可对赵凤昌来说，犹如闲庭信步，他靠的不是上述都市公共空间资源，而是建立在幕缘基础上的庞大人际关系网络。

---

　　[1] 许纪霖等：《近代中国知识分子的公共交往(1895～1949)》总序，上海人民出版社 2008 年版，第 2、4、5 页。

一、幕 主

赵凤昌是幕僚出身，也以幕僚名世，他后来成为倾动东南的风云人物，亦主要凭借幕缘，因此幕主对他的一生影响很大，是其政治生命中的贵人。赵凤昌到底有几个幕主，暂不可考，但他经常提及的有两位，分别是姚觐元和张之洞，可见这二人对他多有提携、帮助，他受益匪浅，念念不忘。

姚觐元（1823—1890），字彦侍，又字裕万、念慈等，浙江归安（今湖州）人。其祖父姚文田系嘉庆四年状元，官至礼部尚书，博学多识，长于考据，著述甚多，是清代蜚声朝野的著名学者。姚觐元继承家学，精于声音训诂、目录之学，并雅好收藏流布古籍，不仅是学者，还是藏书家。道光二十三年，他应顺天乡试中举。咸丰十年，入江苏巡抚徐有壬幕府，参与镇压太平军，以军功保升员外郎，赏戴花翎。同治元年，签分户部云南司，加三品衔，十一年赴任川东分巡兵备道。[1] 光绪四年七月姚觐元擢授湖北按察使，年底抵武昌赴任，旋进京引见，次年闰三月回到武昌，署湖北布政使。[2] 此时赵凤昌还在湖北作幕，因为常州同乡汤氏和恽氏的关系，与姚觐元结识，并成为其幕僚。汤氏即汤纶清家族，恽氏为恽世临家族。据研究，姚觐元堂弟姚观元的女儿嫁给了汤纶清，汤纶清的叔父汤似瑄是洪亮吉的孙婿，也即赵凤昌岳父洪用懃的姑丈；汤纶清堂兄汤德清的女儿嫁给了洪用懃的儿子，与赵凤昌夫人是姑嫂关系。汤纶清另一个堂兄汤桂清则和恽世临的三子恽侲孙是连襟，而恽世临与姚觐元不仅是乡试同年，还是连襟，姚觐元的儿子姚慰祖又娶的是恽世临的女儿，亲上加亲。"正是这些复杂的姻亲关系将姚觐元和赵凤昌联系在了一起"，赵凤昌遂成为姚觐元的座上客。光绪五年十二月，姚觐元升任

---

〔1〕 赵红娟：《姚觐元、姚慰祖父子生平与藏书活动考述》，《中国典籍与文化》2012年第3期。

〔2〕 姚觐元：《弓斋日记》，上海图书馆藏稿本。叶舟、朱炳国《赵凤昌早年经历研究》一文，称姚觐元引见后，于"光绪五年五月到湖北就任，并署湖北布政使"，时间有误。

广东布政使,赵凤昌即以其幕僚身份随赴广州。[1] 由此可见,姚觐元的提携使赵凤昌告别了湖北五年乏善可陈的游幕生活,开始走进大吏幕府。

并且还不止于此。光绪八年姚觐元被革职回籍,赵凤昌有两年时间陷入了窘境,经常处于无差可就状态,谋生困难,直至光绪十年六月,他进入张之洞幕府,处境才得到改善,生活逐渐稳定下来。据说张之洞用人,"成见甚深,凡所甄录,一、门第;二、科甲;三、名士"。[2] 赵凤昌既无门第,也不是科举出身,更非名士,那他是如何进入张之洞幕府的,不排除有姚觐元推荐的可能。因为在姚觐元就任川东道的次年,张之洞简放四川学政,两人为同僚,且有共同的志趣爱好,即喜欢收藏古籍、古物,常常相互交流。光绪九年,潘祖荫在给吴大澂《说文古籀补》所做的"叙"中,曾说他"同治辛未、壬申间官农曹,以所得俸入尽以购彝器及书,彼时日相商榷者,则清卿姻丈、廉生太史、香涛中丞、周孟伯丈、胡石查大令,无日不以考订为事,得一器必相传观,致足乐也"。[3] 清卿即吴大澂,廉生为王懿荣,香涛就是张之洞。确实如此,同治末、光绪初,张之洞在四川督学之余,便四处寻访古迹、古物,并将所见、所闻、所得与潘祖荫、王懿荣等一起分享。在光绪二年闰五月十八日写给潘祖荫的一封信中,张之洞提到了姚觐元,说"姚砚士在此闻刻书□(按:原文如此)勇,大率皆小学家。闻清卿亦刻书,为之见也"。信末,他附言发现卢丰碑之事,并寄拓本请潘祖荫释惑:

> 再启者,卢丰碑已设法遣人往顺角坝访获,将元石辇致,撅而置之省城学署,拓本寄呈鉴定。全碑未见"江州□邑长卢丰"七字,然则别一建安碑耶?抑娄敬德误认第二行"感"字为"卢"耶?此石正方,营造尺尺五寸,薄处杀寸余,完好无缺,上下皆有

---

〔1〕 叶舟、朱炳国:《赵凤昌早年经历研究》,http://blog.sina.com.cn/s/blog_597df0930100sruj.html。

〔2〕 黄濬:《花随人圣庵摭忆》,第507页。

〔3〕 潘祖荫:《说文古籀补叙》,吴大澂辑《说文古籀补》,中华书局1988年版,第1页。

榫,明为安额、趺之用,则确是墓碣之证也。乞赐教为幸。[1]

而在一封给王懿荣的信中,张之洞也兴奋地说及他的访碑所得,并寄拓本:"今有一快事:汉上庸长司马君台神道,曾见系释,后遂无闻,顷为弟访得之,拓本一纸奉鉴。"[2]

这两封信张之洞所言的重大访获,在姚觐元的《弓斋日记》里都有记载:

> 黄昏,香涛来书云:"綦江吹角坝之汉碑已辇至,邀作赏碑之会。"丙夜始归。碑方广二尺余,上下有榫,似是墓碣。首行"建安六年八月乙丑"廿二字尚明显,余多模糊不可识。前人指为卢丰碑,不知何故。余尝三次使人求之而不得,香涛一索而获。盖此碑相传为遵义郑子尹取去,实则取至半途,为乡人所觉,弃之道左。子尹先生之子伯更在香涛幕中,言之甚详,故往即得之,前索者均未知其处耳。

> 汉上庸长残碑久隐而不见,光绪二年冬,南皮张太史之洞督学四川,访得之。碑在德阳县东北五十里黄畜镇(原名黄虎镇)之左村一小神祠神座后,嵌置壁中。碑为神座所蔽,人不可得见,地窄仅容一人施拓,故拓者极少,碑之获存未必不由于此。[3]

前一段记于光绪二年闰五月二十日,后一段记于光绪三年九月二十七日。可见,姚觐元对于张之洞的访获非常羡慕,自己求之不得,张之洞因缘际会,得来全不费工夫。但张之洞也没有藏着掖着,而是及时告知他,请他一起赏碑品鉴,可见二人志趣相投,关系不错。因而光绪十年张之洞任两广总督时,姚觐元很可能向他举荐赵凤昌当其幕僚。但不管姚觐元是否举荐,在其罢官后,赵凤昌仍与之保持密切

---

[1] 苑书义等主编《张之洞全集》第12册,河北人民出版社1998年版,第10108页。这封信中似有不少错误,查赵德馨主编《张之洞全集》未收,又查王树枏编《张文襄公全集》(文海出版社1970年版)也未收。另该信前一封张之洞致潘祖荫信,赵德馨主编《张之洞全集》和王树枏《张文襄公全集》亦未收。

[2] 赵德馨主编《张之洞全集》第12册,第12页。

[3] 姚觐元:《弓斋日记》,上海图书馆藏稿本。

往来,可谓主幕情深。表现在姚觐元曾致信友人,说赵凤昌绕道"视我荒居",他还请赵凤昌为他办事,如代向张之洞幕僚郑知同取回出借各书,帮他旧仆张怡谋职等。[1] 光绪十四年九月三十日,赵凤昌赴京引见南返,途经苏州,特地去看望寄居在此的姚觐元,姚"谆谆以谦退戒之"。[2] 次年三月,缪荃孙从广州回老家江阴,赵凤昌去送行,"交书一本、香一封、柑一篓"托带给姚觐元,结果因忙于诸事,等缪荃孙去苏州面交姚觐元时,"黄柑只留一半,余腐矣"。[3]

光绪十五年三月,朝廷下旨:如有被冤枉革职官员,允许督抚等奏明请旨录用,张之洞第一时间想到了姚觐元,决定为其申冤,促其重新出山。于是他请赵凤昌致函与姚觐元联系,了解其情况。姚觐元收信后,非常高兴和激动,回信说:"尚书知己殷殷之意,使人感激涕零,覆盆得见天日,正此时也。"并称自己身体不好,家里也尽是老弱,不方便再去广州就职,"中夜彷徨,莫能自决"。巧的是看到邸抄,有张之洞调补湖广总督之命,他觉得湖北是其曾经任职的地方,离他所住苏州较近,"且少波涛之险,当将家事赶紧清理,倘冬令以后病躯可以支持,定当买棹赴鄂,以为知己者用,不敢再有推诿"。[4] 赵凤昌将姚觐元的表态告诉张之洞后,张之洞即上《请录用姚觐元折》。折中,他毫不讳言自己跟姚觐元有交情,并给予对方高度肯定和评价:"查该革员以户部郎中蒙恩简授川东道,初膺外任,即有政声。时臣视学四川,按试所至,深知该革员操守廉谨,从不向所属州县苛索陋规,众论皆同,臣甚器其为人。"进而他批驳阎敬铭对姚贪劣指控之不实:"该革员历仕三省,臣考之舆论,按之所见所闻,实未见有贪劣之迹。"那为什么阎敬铭会冤枉他呢?"推求其故,缘同治年间,户部司官不免多遭物议。外人徒见该员同系部中出色、屡当要差之员,遂致一例讥弹,不加详考区别。阎敬铭嫉恶素严,其再入都门,离京已久,曹司近事,自难详知,不过采诸人言,遂致汇登白简。"鉴于姚觐元

〔1〕 国家图书馆善本部编《赵凤昌藏札》第3册,第380、376—378页。

〔2〕 姚觐元:《弓斋日记》,上海图书馆藏稿本。

〔3〕 《缪荃孙全集·日记》第1册,凤凰出版社2014年版,第59页;国家图书馆善本部编《赵凤昌藏札》第1册,第165页。

〔4〕 国家图书馆善本部编《赵凤昌藏札》第3册,第382—385页。

241

既无"病国妨民之实迹",又"操守谨饬,才干优长",张之洞认为他"实为今日切实有用之才",建议朝廷量加录用,如蒙俞允,希望将他发往湖北,交自己"差遣委用,以收指臂之助"。[1] 该折张之洞现身说法,为姚觐元鸣冤辩解,由此可见,两人关系非同一般。

当赵凤昌将该折抄寄姚觐元时,姚觐元很感动,因为张之洞不愧知己,一举排解压抑他多年的郁闷:"抄件拜到,读之使人感激涕零。一官何足重轻,所难堪者'贪劣'二字耳。今则如拨云雾而见青天矣。"表示自己"虽景迫桑榆,亦安敢不力图报称",但他因为有引见之案,须上述奏折"见有分晓,方能得效驰驱",所以请赵凤昌"奉到批旨",即寄示给他。[2] 后来,朝廷允准张之洞所奏,同意起用姚觐元,他也为此积极准备,如练习起跪,为引见筹措资金等,但因为年老多病,加上筹钱不易,终于未完成引见便去世了,其"自叹命涂多舛,既遇机缘,复多阻隔",可谓一语成谶。[3]

至于张之洞与赵凤昌的关系可谓亲密无间,前面各章中已多次详论,不过基本是作为幕僚的赵凤昌对张之洞的各种佐助和付出,那么张之洞是如何对待赵凤昌的呢,由于材料缺乏,只能就《赵凤昌藏札》中所收张之洞致赵凤昌函电窥其一斑。这些函电共 10 封,赵凤昌细心地将它们编在一起,可能就是为了集中展示张之洞对他的关心和厚爱。[4] 其中,第一封是这样的:"两书、叠电均悉,知已抵长安为慰。儿子同行,诸荷关照,感谢。仆以秋闱益加见迫,一切见闻望详晰函知,交去人带回,愈详愈佳。阁下事毕可从容料理南还,如欲回常州省亲,无妨一往,不必勉强赶回,切嘱。此间公事固繁,足下到江南亦不易,无不相谅也。尊寓屡遣人候问平安,勿念。即颂觐喜。竹君明府。洞再拜。"[5] 光绪十四年,赵凤昌赴京引见,这一年也是乡试年,张之洞儿子回原籍直隶参加乡试。乡试一般在八月初

〔1〕 赵德馨主编《张之洞全集》第 2 册,第 297 页。
〔2〕 国家图书馆善本部编《赵凤昌藏札》第 3 册,第 388—389 页。
〔3〕 国家图书馆善本部编《赵凤昌藏札》第 3 册,第 397 页。
〔4〕 这些函电笔者已经整理发布,见李志茗《幕僚与世变——〈赵凤昌藏札〉整理研究初编》,第 284—288 页。
〔5〕 国家图书馆善本部编《赵凤昌藏札》第 9 册,第 291—293 页。

举行,因此可推断该信写于六七月。赵凤昌与张之洞儿子共同北上,一路照顾,并不时向张之洞汇报,因此张之洞回复该信表示感谢,并请他详细了解即将举行的乡试有关情况。同时张之洞还很贴心,主动给赵凤昌探亲假,让他引见南还途中回老家常州省亲,而对赵凤昌在广州的家,张之洞则随时派人问安,请他不要挂念。可见,张之洞对赵凤昌也非常照顾,考虑周到。

其余9封无确切年份,与赵凤昌随张之洞赴鄂担任幕僚时所生一场大病有关。这场病,后来屠寄致赵凤昌的一封信中曾忆及:"阁下自往年在鄂得虚弱贵恙,积久始瘳。"〔1〕可见他得的是虚弱症。张之洞这些信写于光绪十七年至十八年间。〔2〕有一封说:

> 新居前临绿野,后枕平湖,清旷不嚣,于消暑养病极为相宜。阁下自住电局,事多不顺,万万不可久寓。本月十六日最吉,似可即定计速迁。一入新宅,贵体必然大健矣,兹遣梁委员往达意。手此,布候竹君大令愈祉。洞拜书。初十日。*移居可托亲友相助,不必自劳。*〔3〕

根据上述内容,该信应写于光绪十七年夏天。赵凤昌此时住在武昌电报局,但似乎风水不好,"自住电局,事多不顺",还患病。因此,张之洞建议他尽快搬到新居,并帮他选定了吉日,还提醒他搬家可请亲友帮忙,无需自己动手,以免加剧病情。紧随这封信之后的信仅寥寥数字,"东参一两一钱有奇,去冬谭文帅所赠"。〔4〕谭文帅,指陕甘总督谭忠麟。从文意看,似乎是张之洞将谭忠麟所赠东参转送赵凤昌滋补身体。

其余几封有关赵凤昌生病的函电,应写于光绪十八年初,赵凤昌久病将愈,张之洞嘘寒问暖,关怀备至,罗列如下:

---

〔1〕 国家图书馆善本部编《赵凤昌藏札》第4册,第559页。
〔2〕 《赵凤昌藏札》收有杨锐致赵凤昌信11封,其中5封与赵凤昌这次生病有关,而这5封正是杨锐光绪十七年至十八年间为张之洞湖广总督府幕僚时所写,可与张之洞的信相印证。
〔3〕 国家图书馆善本部编《赵凤昌藏札》第9册,第296—297页。
〔4〕 国家图书馆善本部编《赵凤昌藏札》第9册,第298页。

人回，并读来电，知清恙未愈，虚弱已极，系念之甚。闻尊体并不发烧，亦不畏寒，且有汗，但患心跳。果尔，似无外证，不如不服药，静养为妥。若误表，转不妥。柴胡桂枝，千万勿轻用。刻下情形若何，洪大使若在寓，可令洪复一电。正月十二日戌发。

闻尊体今日稍愈为慰。心气过虚，何不服桂元汤，此治心慌最有效。小水不利，乃心经震动所致，非邪热也。如虑桂元性热，可少饮数口，心内觉舒畅安定，即多饮；如觉滞腻不消，即止。此乃食品，当无大碍，何不姑试之。洪大使复。壶。

今日当更见好，睡安否，食增否，服何药，情形若何？洪大使即复。壶。正月十四日戌发。

大风寒甚，足下病体新愈，出门恐不相宜。明日暂不进署，俟晴暖再来，但作手札数行，以慰悬念可也。壶。[1]

据上可知，这次赵凤昌患病严重，张之洞像对待亲人般关心，不仅派人看望，而且连续几天每天都致电了解病情，提供各种建议和意见，希望他尽快康复，并且叮嘱他暂不急进署办事，等身体痊愈之后再说，体贴之情流露于字里行间。

细节反映一切。从张之洞日常生活中对待赵凤昌的态度和情感，不难看出张之洞并非只知索取、不知回报的幕主，他需要赵凤昌的辅佐，因而对待赵凤昌也不薄，他们之间互相关心，互相爱护，有来有往，投桃报李。正是基于这种知己般的关系，他们感情深厚而持久。在赵凤昌被革职回籍后，他们的主幕关系仍旧维系着，赵凤昌继续帮张之洞办事，张之洞也竭力为赵凤昌谋利益，除委派差事外，也给赵凤昌经商创造机会和条件。虽然赵凤昌的生意尚不可考，但从他为张之洞购买机器军械来看，显然他也是红顶商人，有一部分业务

---

[1] 国家图书馆善本部编《赵凤昌藏札》第9册，第302—305页。

是为地方政府采购做中介。正因为此,赵凤昌获利颇丰,投资各种实业,在上海南阳路购地建造惜阴堂即为明证。

二、实权人物

所谓狡兔三窟,以赵凤昌的精明,他知道仅凭张之洞的提携和扶持,要在上海这样的大都市里生存,是远远不够的。毕竟机会是有限的,况且张之洞也不可能时时刻刻都顾及着他、维护着他。所以他从移居上海开始,就利用张之洞幕僚的身份,积极经营着自己的交际圈、关系网。而他首要选择结交的都是一些在江浙地区有身份地位和潜在影响力的人物,如盛宣怀、张謇、唐绍仪、熊希龄、樊棻、宋炜臣等,官、绅、商皆有,难以归类,姑以"实权人物"称之。限于篇幅及受笔者所掌握资料,以及唐绍仪、熊希龄在之前各章已有论及,这里仅着重论述赵凤昌与盛宣怀、张謇的交往。

盛宣怀是中国近代史上的关键人物,被称为中国第一代实业家。有学者指出"他为农耕社会的中国作了开拓",一生的创业成就可用"十一个第一"来概括,诸如创办中国第一家民用航运企业(轮船招商局)、中国第一家电讯企业(天津电报局)、中国第一家内河小火轮公司、中国第一家银行(中国通商银行)、中国第一家钢铁联合企业(汉冶萍煤铁厂矿公司)、中国第一条铁路干线(卢汉铁路)、中国第一所工科大学(北洋大学堂)、中国第一所师范学堂(南洋公学师范班)、中国第一所民办图书馆("上海图书馆")等,[1]可谓"一只手捞十六颗夜明珠",独揽近代中国有关国计民生的新兴事业,不仅造福社会,造福百姓,而且在用人理财方面权势熏天,炙手可热。

赵凤昌与盛宣怀是常州同乡,从盛宣怀叔叔盛赓致信赵凤昌自称"世愚弟"来看,[2]似乎两家是世交,盛宣怀与赵凤昌应该很早便互相认识。由于资料缺乏,很难搞清他们是什么时候认识的,怎么认识的,具体的交往情况如何,只能就笔者掌握的一些他们的往来书信

〔1〕　夏东元:《盛宣怀传》,南开大学出版社1998年版,第502页。
〔2〕　国家图书馆善本部编《赵凤昌藏札》第5册,第78页。

稍作粗浅分析。根据这些书信,盛宣怀最先致函赵凤昌,时间是光绪
十年十一月二十五日,其时赵凤昌已入张之洞两广督幕,兼办电信事
宜,而盛宣怀在信中所谈就是两广地方的电报局用人和电线架设问
题,他希望赵凤昌禀告张之洞由他择人担任镇南关电局委员,如此
"操纵较灵",海南电线获批后也尽快通知他,以便年内赶办。信末则
言已托人寄上雨花石。[1]此后,两人的交往逐渐频繁和密切起来。
在一封信中,盛宣怀说他弟弟盛宙怀"频年管理电料,南北奔驰,其劳
苦实多",但因为兄弟关系,他不便予以保举,已托人求张之洞在广东
列入保案,请赵凤昌帮忙再在张之洞面前提及,"俾得保升一阶",同
时"附呈衣料四卷、沙腭四匣"聊表心意。[2]后来的一封信,则是盛
宣怀对"粤中电事"靠赵凤昌等"筹办尽善"表示感谢,铭佩久深,并说
张之洞已允许提高电线修理费,"使数年之间有备无患",也都仰赖他
的"敷陈之力"。[3]可见,在两广督幕时,赵凤昌为盛宣怀发展中国
的电线事业提供了不少帮助。

随张之洞赴湖北任湖广总督署幕僚后,赵凤昌继续为盛宣怀拓
展电讯业务提供支持和帮助,本书第二章已利用其他材料作了一些
论述,而在笔者掌握的盛宣怀、赵凤昌往来书信中仅一封述及,内容
是前者请后者为新设江夏电报局租赁房子。[4]光绪十九年,赵凤
昌被罢职回籍,次年移居上海。而盛宣怀早已安家上海,因此赵凤昌
主动前往拜访,但两次都未遇见。盛宣怀得知后,致函表示抱歉,并
约他面谈,函曰:"两蒙惠顾,感泐万分。弟因病藉差回沪调治,咳痰
畏风,日来服药尚未痊愈,致稽趋谒。然二十月结想之私无由自达,
殊增咫尺天涯之憾。侧闻台端常川驻沪,如暂不赴他处,三两日内可
否约订时刻,恭迓枉顾一谈,故跂望而不敢请耳。"[5]如果说之前赵
凤昌在张之洞幕府时,主要是盛宣怀依靠他办事,那么离幕后,基于
他与张之洞的关系,尽管盛宣怀还要仰赖他,但他也需要盛宣怀的帮

---

〔1〕 国家图书馆善本部编《赵凤昌藏札》第10册,第241—242页。
〔2〕 国家图书馆善本部编《赵凤昌藏札》第10册,第243页。
〔3〕 国家图书馆善本部编《赵凤昌藏札》第10册,第238—239页。
〔4〕 国家图书馆善本部编《赵凤昌藏札》第10册,第246—247页。
〔5〕 国家图书馆善本部编《赵凤昌藏札》第10册,第244—245页。

忙,一方面是因为盛宣怀的事业如日中天,经济权势很大,另一方面是因为他不在张之洞身边,手头资源有所减少,所以此时他们是互帮互助关系。具体表现为以下这些:

一是盛宣怀接办汉阳铁厂碰到问题,都要告诉赵凤昌,要么讨教办法,要么请他找张之洞解决。汉阳铁厂本是张之洞创办的钢铁工业,因为经营不善,难以为继,通过恽祖翼请盛宣怀接办。盛宣怀决定由官办改为商办,但当他拟好铁厂商办章程准备接手时,其家人力阻此举,"义正词严",盛宣怀也感觉没把握,决定"暂缓接办",并请赵凤昌来一谈。结果在赵凤昌的劝说下,他最终并没有放弃。不过接办后,"洋匠德培要挟多端",并且"尚有要事必须面谈",他又跟赵凤昌约订晤谈时间,商量办法。〔1〕光绪二十八年,因为轮船招商局和电报局被袁世凯夺取,汉阳铁厂失去原本两局的接济,"实非另借巨款不办",可借外债袁世凯又不愿以两局作担保,并且还想进一步染指汉阳铁厂。盛宣怀非常紧张,急忙找赵凤昌、郑孝胥商量,还托后者带着袁世凯的电报去南京向署理两江总督的张之洞请示。可后者"请示后仍无详复",他只好求赵凤昌"费神或亲往江宁一行,或函禀请示"。〔2〕赵凤昌"危难之中见血性",不仅指点盛宣怀写上张之洞说帖,还"惠允加函赴宁",果然端赖其鼎言,排难解纷,为盛宣怀解了燃眉之急。

二是盛宣怀在组建汉冶萍公司时,因为招股引起新老商人的矛盾,赵凤昌居中进行调停,使招股得以顺利进行。盛宣怀接办汉阳铁厂后,通过创办萍乡煤矿,解决了铁厂的用煤问题,终于能够造出钢轨,但因含磷太多,易脆裂,不能用于修铁路。可为什么会这样,始终不得其解。后铁厂总办李维格出国考察,请外国专家化验,"再四考

---

〔1〕 国家图书馆善本部编《赵凤昌藏札》第10册,第249—250、251页。

〔2〕《盛宣怀致赵竹君函》,陈旭麓等主编《汉冶萍公司(二)——盛宣怀档案资料选辑之四》,上海人民出版社1986年版,第263页;劳祖德整理《郑孝胥日记》第2册,第855页。《盛宣怀致赵竹君函》的时间,编者注为"光绪二十七年十二月初五日",误,应为光绪二十八年十二月初五日。据信末署"愚弟在苫盛宣怀稽首",可知盛宣怀在为父母守丧,他的父亲盛康是在光绪二十八年九月二十三日去世的;又信中提到"孝帅既回任",指光绪二十八年十一月初九日张之洞奉旨由署理两江总督仍回湖广总督本任,所以该信写于光绪二十八年十二月初五日。

求,始知张之洞原定机炉系用酸法,不能去磷,而冶矿含磷太多,适与相反"。〔1〕回国后,在盛宣怀的大力支持下,李维格购置新机,改造新炉,建立新厂,"凡商界之视线略,已私议此事之必有转机"。然而,铁厂旧亏太巨,商股很少,只能靠重息借款,非长久之计,而萍乡煤矿商股也不多,但因其已有盈余,投资者踊跃。因此盛宣怀决定将后者并入前者,成立汉冶萍公司,以"添招商股",做大做强。光绪三十三年七月初一日,他发布《汉阳制铁厂萍乡大冶煤矿总公司公启》,并奏请朝廷准予注册,"实行商办宗旨,永为华商实业"。〔2〕与此同时,招股章程也出台,拟招 2 000 万元,其中创始商股库平银 250 万两凑足银元 500 万元作为老股,新股 1 500 万元由新老股商招足。盛宣怀原计划"徐徐招股,先还急债,再图扩充",没想到招股方案公布后,商界反响强烈,"沪汉商人愿来一气担认","认招新股一千五百万元",结果"新商欲争入一千五百万元,老商亦要争入一千万元"。〔3〕出于维护老商利益考虑,盛宣怀拟了一个章程,提出"老股独自注册、总理不公举、老股必得优先"三个条件,请李维格到上海向新商代表郑孝胥、宋炜臣征求意见,引起了他们的不满与反对。李维格以赵凤昌"心思好,即往觅谈,尽情告之,并出示章程"。赵凤昌首先肯定商办对汉冶萍公司有利,其次指出能招新商足见盛宣怀有信用。随后谈盛宣怀所拟章程问题,他认为目前公司总理宜劝新商暂推举盛宣怀,等到招股完成再行公举;老股可以优先,但应该按照实在股银 250 万两给予一次酬报;余利内有"报效官家二成"之说,千万不可,"盖即有此项报效,将来仍有需索也";创始商及老、新股酬劳下注"子孙永远不得售卖与人"字样不雅观,宜删去等。李维格将他在上海办事经过函告盛宣怀,并说如果认为赵凤昌所言可行,赵愿意"担承调停"。〔4〕当时盛宣怀在北京办理汉冶萍公司注册问题,基本接受赵

〔1〕 柳和城编《叶景葵文集》(上),上海科学技术文献出版社 2016 年版,第 54 页。

〔2〕 陈旭麓等主编《汉冶萍公司(二)——盛宣怀档案资料选辑之四》,第 616—618、609、621 页。

〔3〕 陈旭麓等主编《汉冶萍公司(二)——盛宣怀档案资料选辑之四》,第 651、654 页。

〔4〕 陈旭麓等主编《汉冶萍公司(二)——盛宣怀档案资料选辑之四》,第 670 页。

凤昌的意见,乃写信给他说:"汉冶萍奏准商办,费尽心力。""新老商计较甚细,公肯调停,甚佩!督办改总理,股齐债清,再由新旧商公举,希转致苏翁。宣即回沪,统俟面商。"〔1〕信中苏翁即郑孝胥,字苏戡,与赵凤昌是朋友。最后在赵凤昌的调停下,汉冶萍公司招股成功,顺利成立。

三是赵凤昌奉张之洞之命,处理瑞记洋行纱机事,但他对此不太熟悉,请曾创建华盛纺织总厂的盛宣怀帮忙。瑞记洋行纱机本是张之洞从瑞记洋行订购的纺纱机器,准备用于创办湖北南纺纱厂,因他调署两江总督,南厂未能建成。而在他署理江督期间,恰值《马关条约》签订,规定苏州开放为通商口岸,允许外国在中国投资设厂等。为与洋商竞争,维护利权,张之洞奉旨在苏州设立商务局,拟将这套纱机"拨归苏州商务局",请苏州籍状元陆润庠设立纺纱厂。陆润庠先是答应了,但又后悔了,称自己"才短识浅","加以无人佐理,只手难办成事",请"另选能人,或改归官办,成此盛举"。当时张之洞已奉命回任湖广总督,但纱机无人接手,他"离江南后""不能放心",致电赵凤昌想办法解决。〔2〕赵凤昌遂找盛宣怀商量。盛告诉他自己奉李鸿章之命重建华盛纺织总厂,原购七万锭子,"两年以来,筹款鸠工,仅成五万锭,尚有二万锭力难举行"。华商对纱事犹如惊弓之鸟,不敢投资,"公在沪当必有所闻"。然而,张之洞"所交办之事必应切实代筹",所以盛宣怀代赵凤昌电禀张之洞:

> 今日盛道招集沪商筹议,均以新约准洋商制造,纱厂日多,纱利日薄,不愿领办。盛再三劝导,许以由官另存公款廿万,官本四十万,息可挪后,沪商亦不肯允。拟属沈道能虎与瑞记试商,或由瑞记洋人自行设厂,已付吴熙麟四十万作为存款,机器合同销毁,此亦推(按:疑为"退")出一法;或将纱机四万锭及官本四十万分作八分(份),由沪道、宁道以官力勒令沪、甬、苏、鄂八厂,各领一八分(份),其大引擎锅炉饬令制造局承买,此亦消

---

〔1〕　王尔敏、吴伦霓霞合编《盛宣怀实业函电稿》(下),香港中文大学中国文化研究所 1993 年版,第 843 页。

〔2〕　赵德馨主编《张之洞全集》第 9 册,第 82、97、80 页。

纳一法,但总不及拨归苏州商务局于事理最合。苏局虽系息借商款,究系官力办到,如同官款。且所订瑞生机器,该行主云,陆实尚未画押。以官本四十万合苏款六十万,适成一公厂,可否电吴清帅再切商陆祭酒,最为得体省事。[1]

据此可见,盛宣怀虽然向张之洞提出了处理瑞记洋行纱机的建议和办法,但认为最得体省事的还是请陆润庠接手,等于将皮球又踢回给张之洞,并未能解决问题,最终这套已经有些锈烂的纱机为张謇所购买,用于创办大生纱厂,[2]没有造成严重的浪费。

四是赵凤昌请盛宣怀帮忙为其熟人谋差或保举。在盛宣怀接办汉阳铁厂之后,赵凤昌即写信给他,推荐人选:"恭悉宪节驻厂整顿更始,需材必多,兹有湖北候补巡检张云翔诚实耐劳,朱文骏办事妥实,为昌所深知,敢为保荐,附呈名条二纸,听候传见,以供驱策,无任祷企。"盛宣怀复函说:"朱文骏因趋避开缺,照电章,弟不便复用,张云翔请即来晤。"[3]可见盛宣怀既讲人情,又有底线,没有因为赵凤昌是好友而一味顺从,不好意思拒绝。此外,赵凤昌还多次为候选同知经涤向盛宣怀谋求差使,为知县朱文学请盛宣怀改保知府。[4]

正因为相互帮忙,相互支持,赵凤昌和盛宣怀往来频繁,彼此有更深的了解和认识,关系非常密切。盛宣怀有事都找他商量,如有一次盛宣怀写信说:"刻有事亟盼与公一谈,明日午后三四钟可否敬祈拨冗惠临畅谈一切,何幸如之。"又有一次则言"可否敬请台从惠顾一谈,甚盼",还有一次是"现有要事面商,拟于廿二日上午十钟前后趋赴台端作片刻谈。专此奉订,敬请颐安"。[5]甚至盛宣怀身患重病,也是由赵凤昌照顾,盛宣怀曾致函表示感谢:"此次剧病极蒙照料,患难之交于斯可见。"[6]来而不往非礼也。盛宣怀待赵凤昌也

---

〔1〕 盛宣怀:《愚斋存稿》卷二十四,页九,《续修四库全书》第1571册,第602页。

〔2〕 章开沅:《开拓者的足迹——张謇传稿》,第57—58页。

〔3〕 王尔敏、吴伦霓霞合编《盛宣怀实业朋僚函稿》(上),"中研院"近代史研究所1997年版,第52页;国家图书馆善本部编《赵凤昌藏札》第10册,第252页。

〔4〕 王尔敏、吴伦霓霞合编《盛宣怀实业朋僚函稿》(上),第52—53页。

〔5〕 国家图书馆善本部编《赵凤昌藏札》第10册,第268—269、270—271、276页。

〔6〕 国家图书馆善本部编《赵凤昌藏札》第10册,第270页。

不错,一次他去杭州游玩,回来"带上土物八种"赠送赵凤昌。而赵凤昌生病时,盛宣怀极表关心,一次致信说"嗣闻公亦小有不适,系念同深";另有一次不仅予以安慰,还送卫生书供其参阅,"敬悉尊体愈后,精力稍不如前,深为垂念。公素讲求卫生,亦能摆脱俗务,年力亦非弟所比,颐养当可复元。近得门下士所著卫生书,颇有灵验,附呈"。〔1〕关系如此亲密,交情如此深厚,盛宣怀和赵凤昌当然是患难与共,无话不谈。这体现在他们所注重和关切的也从日常的个人私事逐渐扩展到国家大事。八国联军侵华时他们策划东南互保,日俄战争时他们未雨绸缪,向朝廷密陈大计,这些在本书第三章均已详论,不赘述,下面主要谈藏事和精琪事。

在日俄战争爆发之时,英国发动了侵略西藏的战争,光绪三十年三月十三日前后,盛宣怀致信赵凤昌,讯问"前日与菊生谈藏事,公有甚良法处之"。菊生就是张元济。十五日,赵凤昌回信提醒他:"筹藏之策,须从国势现情上着想,如自揣不能,实祈必应至再斟酌,窃以大臣建言,异乎词曹之可以意想上陈也。"〔2〕在赵凤昌看来,西藏事务非常复杂,必须慎重,拿出切实可行的办法,不能像言官那样闻风而动,奏事空洞,不着边际。对此,盛宣怀似表示接受,没有继续谈论藏事。这一年,清廷请美国金融学家精琪来华讨论币制改革问题。他提出的英文改革方案,中文译名为《美国会议银价大臣条议中国新圜法觉书》,主要内容为中国实行金本位制,聘请外国人主持币制改革等。〔3〕该方案出笼后,盛宣怀即"奉文饬议",二月初三日,他致信张元济,并"附呈《圜法条议》一本",请张和赵凤昌"代筹办法,并请酌办数条,俾有指迷之效"。第二天,张元济回信说:"顷奉手谕,并美使《圜法条陈》一册,仰见虚衷采纳,志切救时,曷胜钦佩。圜法为专门学术,浅陋如济,奚足以承明问。惟事关大局,苟有所见,自不敢不贡诸左右,以备采择。条陈于去岁已读一过,且觅得一分,惟译笔极滞,

〔1〕 国家图书馆善本部编《赵凤昌藏札》第 10 册,第 260、270、272—273 页。
〔2〕 国家图书馆善本部编《赵凤昌藏札》第 10 册,第 264 页;王尔敏、吴伦霓霞合编《盛宣怀实业朋僚函稿》(上),第 53 页。
〔3〕 崔志海:《精琪访华与清末币制改革》,《历史研究》2017 年第 6 期。"新圜法"崔文通篇作"新圆法",误。

有未能莹澈之处,容再详细研究。承赐一分,当代致赵竹翁,尊旨亦必转达。"〔1〕当日,张元济致函赵凤昌:"顷接毗陵侍郎来书,有属转致语,兹将原函呈览。精琪条陈,弟处原有一册,兹亦送去,乞留阅。此事理蕴至深,且素未研究,何敢妄参末议,惟有乞公应诏而已。"毗陵侍郎即盛宣怀,他是常州人,时任工部左侍郎。赵凤昌在研究精琪的《圜法条陈》后,认为侵犯了中国主权,表示反对,但"事由我起,与彼自倡议前来相逼者不同,若泛泛拒绝,岂非自相矛盾"? 因此,他主张集思广益,发动"沪上众商各抒所见",据实直陈,这样如果大家一致反对,"对上对外均得其道"。〔2〕后来,他又与盛宣怀反复商量,觉得既要赶走精琪,又要避免他有意见,"不如以全力搅散此局,自行派员讨论,志在必办"。于是,盛宣怀在向外务部汇报与精琪讨论币制改革情况时,一方面予以肯定,"精琪来沪已会议数次,逐条讨论,似尚透彻",另一方面则指出问题:"惟思改定国币,要使同行一律,无所阻碍,创办甚非易易,尤未便令外人干预,以尊主权而免攘利。"〔3〕最终,精琪的币制改革方案在中国朝野的一致反对下,未能付诸实施,他本人也黯然回国。

日俄战争之后,盛宣怀与赵凤昌在政治立场和看法上出现分歧,前者主张维持现状,后者则要求立宪。道不同不相为谋,自此开始,他们很少在一起讨论国事,发出共同声音。武昌起义爆发后,赵凤昌顺应时势,转向革命,而盛宣怀担心遭到镇压,逃往日本,结果家产遭到没收,其所经营的汉冶萍公司也被"没收作为公产"。为保护自己在该公司的投资,盛宣怀与南京临时政府就公司的中日合办问题展开博弈,因遭到国内舆论的普遍反对,不得不终止。中日合办取消后,鉴于汉冶萍公司成为各方争抢的对象,停产停工,损失严重,叶景葵提出收归国有的建议。盛宣怀认为收归国有可以保护股东利益,

〔1〕 国家图书馆善本部编《赵凤昌藏札》第8册,第272页;《张元济全集》第3卷,第206页。

〔2〕 国家图书馆善本部编《赵凤昌藏札》第8册,第270页;《张元济全集》第3卷,第207页。

〔3〕 王尔敏、吴伦霓霞合编《盛宣怀实业朋僚函稿》(上),第54页;盛宣怀:《愚斋存稿》卷六十四,页八,《续修四库全书》第1572册,第678页。

是继中日合办之后又一个可以保护其私产的好办法,对此深表赞同,因此急切地向亲信了解唐绍仪对此"有无议论",赵凤昌"以国有为然否"?[1] 因为他们二人都与南京临时政府关系密切。但由于当时袁世凯接任临时大总统,南京临时政府正忙于向袁世凯移交政权,根本无暇顾及汉冶萍公司未来的去向,而"此时停办一日,公司须赔借款利息五千两",盛宣怀身在国外,十分着急,又无能为力,所以授意汉冶萍公司举行股东大会,"重新组织办事机关","公举董事九人",尽快筹划"公司此后之进行办法"。1912 年 4 月 13 日,汉冶萍公司召开股东大会,经投票,9 个新当选董事中,作为南京临时政府股东代表的赵凤昌得票最多,盛宣怀次之。19 日,汉冶萍公司新董事会召开,赵凤昌被推举为会长,张謇为总经理,李维格、叶景葵为经理人。[2] 获知此结果后,盛宣怀很关心赵凤昌对汉冶萍公司的态度,于 6 月 8 日主动致信赵凤昌,联络感情:

> 竹君仁兄大人阁下:别来无恙,惟道德日高,声望聿著,颂甚慰甚! 汉冶萍事业虽宏,基础虽固,然非赖神画,何能雄长亚东? 曩年文裹过沪,以冶矿相贻,及后来仍还鄙人接办,皆公在座,亦必深知此中缔造艰难也。一琴君备述尊意,询及归期,甚承拳注,默感于衷。贱恙入夏痰咳未减,须磨医院专治肺疾,因是迟迟。遥瞻故国,能无怃然。手此布臆,敬请大安。愚弟宣怀顿启。[3]

信中除了祝贺赵凤昌声望日隆之外,盛宣怀还回顾汉冶萍公司筹办的历程,称赵凤昌不仅亲身见证,而且仰赖他的"神画",公司才"雄长亚东",恭维之意溢于言表。盛宣怀这么做,当然是为讨好赵凤昌,毕竟赵已是公司董事会会长,想保住这个自己曾经艰难缔造的企业,又不得不依靠他了。但赵凤昌似乎未回信,30 日,盛宣怀从东京

---

〔1〕 陈旭麓等主编《汉冶萍公司(三)——盛宣怀档案资料选辑之四》,上海人民出版社 2004 年版,第 220、235 页。

〔2〕 陈旭麓等主编《汉冶萍公司(三)——盛宣怀档案资料选辑之四》,第 239、243、246、248 页。

〔3〕 国家图书馆善本部编《赵凤昌藏札》第 5 册,第 204—205 页。

致电赵凤昌,仅六字:"乞助我,余函详。"那他求助的是什么呢? 是请赵凤昌代为买书,以便日后建图书馆之用。然信的开头是这样的:"前布寸缄,计登簶掌,近惟台候日佳为颂。弟因左足红肿两月不愈,想因山居为岚气所侵,昨乃就医青山博士,稍有效验。回忆当年公与鄙人患难相维系,疾病相扶持,情如昨也。"可见盛宣怀 8 日去信,未见赵凤昌回复,故又以昔日他们"患难相维系,疾病相扶持"套近乎,希望得势的赵凤昌能念旧情,照顾已经失势的他。随后才是说正事,拟在上海建一所图书馆,先托人带去两万日元,"代为留意收买""南中旧家藏书"。等收到赵凤昌的回信后,"再当设法续筹","总共拟以四万元为度"。[1] 该信给人的感觉是盛宣怀以买书为借口,逼赵凤昌回信,充满了心机。

不久,盛宣怀又给赵凤昌写了两封信,其中一封说:"汉口兵燹最重,闻燮厂亦被伤毁。昨闻日本火柴厂利益甚厚,研究所以然,略有心得,如尊处株主有恢复扩充之意,似宜派一熟手前来调查,倘有附股及一切修复章程,可否便中寄示一份。""燮厂"就是燮昌火柴厂,1915 年,屠寄写给赵凤昌的一封信中言及"武昌之役,君生计被累,损失之巨不言可知,今稍稍能取偿者仅燮昌之磷寸耳"。[2] 据此可知赵凤昌是燮昌火柴厂的股东,武昌起义时,火柴厂受损严重,盛宣怀得知此消息,第一时间致函赵凤昌,称日本火柴厂获利丰厚,如果燮昌想恢复并扩大生产,应该派人来考察学习,他也愿意提供自己的研究心得,并给予帮助。另一封信,盛宣怀谈及他参观日本一家啤酒厂的感受,指出啤酒以麦为原料,利息优厚,"将来世界必增广销路",此外还有三大好处:"皮酒不伤人,一利也;价轻而民易购饮,二利也;人情方日趋于西人之饮食,西餐必不宜于黄酒,则皮酒将成一大漏卮,三利也",建议赵凤昌劝导上海绅商办厂酿造,以实业救国。[3] 这看似吁请赵凤昌做创业导师,其实也是指点赵凤昌的新投资方向,希望他能尽快挽回因兵燹所造成的损失。凡此种种,说明盛宣怀主

---

〔1〕 国家图书馆善本部编《赵凤昌藏札》第 5 册,第 206,207—209 页。

〔2〕 国家图书馆善本部编《赵凤昌藏札》第 5 册,第 210 页;第 7 册,第 162 页。

〔3〕 国家图书馆善本部编《赵凤昌藏札》第 5 册,第 211—212 页。

动表示诚意,力图帮到赵凤昌,并藉此打动他,博取他对自己的关心和支持。但赵凤昌是否回应,如何回应暂不得而知,有待挖掘资料,进一步研究。

张謇是中国近代著名的状元实业家、教育家、社会活动家,与盛宣怀一样,为中国近代史上的关键人物。他比赵凤昌大三岁,两人是江苏同乡,但在甲午战争之前,他们一个去北方发展,一个在南方谋生,相互不认识。促成他们相互结识的是张之洞。甲午战争爆发这一年,被革职的赵凤昌最先迁居上海,接着新科状元张謇丁父忧回老家南通,而后张之洞奉命署理两江总督,驻节南京。他们三人先后齐聚江苏,最晚到来的张之洞不仅赋予赵凤昌、张謇人生的新起点,而且促成了他俩的相识相知。赵凤昌所迎来的人生变化前文多有述及,下面着重谈张謇。早在甲午战争前十余年,张之洞就注意到张謇了,曾三次欲聘请他入幕,一次是光绪八年山西巡抚任上,另两次是光绪十年担任两广总督时,但均遭到张謇的婉拒,缘悭一面。直至光绪二十一年,他们才接触较多,往来频繁。先是正月三十日,张謇接到通州知州汪树堂函,张之洞已奏派他总办通海团练,他欣然接受,致函张之洞谈具体的筹办计划,并提及此前张之洞对他的关爱,充满感激之情:"承服明公,夙问旧矣。山西之辟,粤东之招,虽以事会不获陪左右贤俊之列,公所勤勤于吴武壮旧人之义,每用三叹以为难能。"[1]

张謇深知"团练之不易措手",[2]付出了很大的努力。然不久,《马关条约》签订,甲午战争结束,通海团练撤防,并未起到实际作用。尽管如此,对张謇个人的影响巨大,他"既有状元身份,又是奉旨总办团防,并且和两江总督也有些往来,这样就大大提高了声望,俨然成为通海地区的头号绅士","把自己的影响辐射到更多的社会层面"。[3]这是张之洞给张謇带来的第一个新变化。第二个是张謇"实业救国"思想的形成。由于都对《马关条约》割地赔款切齿痛心,

〔1〕《张謇全集》第2册,第68页。
〔2〕《张謇全集》第8册,第387页。
〔3〕 章开沅:《开拓者的足迹——张謇传稿》,第47页。

张之洞和张謇有共同语言,多次见面长谈,商讨自强对策,形成了许多共识,充分体现在后者为前者起草的《条陈立国自强疏》中。"这篇奏稿既是两人合作的产物,又是两人的一次'心迹交流'",张之洞兴办洋务的"实践和思想启发了张謇走上实业救国之路"。不仅如此,他还"在具体行动上,将张謇推上了兴办实业的舞台"。[1] 此即张謇的第三个变化,成为状元实业家。光绪二十一年十二月,张之洞奏请在通海设立纱丝厂,推荐张謇担当此任。张謇赞赏张之洞设厂的主张,认为是"求实地进行之法",但对于自己奉命办厂是经过激烈的思想斗争才答应下来的:"余自审寒士,初未敢应,既念书生为世轻久矣……而秉政者既阂蔽不足与谋,拥资者又乖隔不能与合,然固不能与政府隔,不能不与拥资者谋,纳约自牖,责在我辈……跳踬累日,应焉。"[2]自此发端,张謇走上一条与以前完全不同的人生道路,成为近代中国践行实业救国的优秀典范。

甲午期间不仅张謇与张之洞往来密切,如本书第三章所述,赵凤昌也跟张之洞互动频繁。在此过程中,以张之洞为中心,他们两人应该相互知道和了解对方,但他俩究竟什么时候开始交往,何时碰面,目前暂无法得知。在张謇日记里,他们最早的见面记录是光绪二十九年六月初八日,仅简单提一句"晤菊生、时薰、竹君",这三人即张元济、樊棻、赵凤昌。而《赵凤昌藏札》所收张謇致赵凤昌最早的一封信是光绪二十七年四月初一日,信云:"讯至并《赵小山印谱》。叙承尊属。小山亦故人,率为短章,得弗嫌其寂寥耶? 寄去,幸正。"[3]从信的内容看,是赵凤昌先给张謇去信,并附上《赵小山印谱》,请张謇写序。赵小山即庆宽,为赵凤昌好友。该信没有客套话,开门见山,直接说事,表明两人关系非常熟络,非同一般,可见在光绪二十七年之前,他们即已相识相知。在这一年的随后日子里,张謇又给赵凤昌写了5封信。其中一封张謇说他所乘从南京至武汉的"江裕"号船中

---

〔1〕 冯祖贻:《张之洞与张謇》,《贵州社会科学》1997 年第 6 期。

〔2〕 赵德馨主编《张之洞全集》第 3 册,第 339 页;《张謇全集》第 8 册,第 1011 页。

〔3〕《张謇全集》第 8 册,第 567 页;国家图书馆善本部编《赵凤昌藏札》第 3 册,第 429 页。

的三日饮食起居,"皆承君赐,感戴无量"。〔1〕他去武汉是应张之洞之邀前往商量覆奏清末新政谕旨事,同行的还有沈曾植。赵凤昌能细心周到地置办他们船中的饮食起居,一方面是替张之洞照顾他们,另一方面也因为张謇、沈曾植都是其好友。

通过初步统计,《赵凤昌藏札》收藏的张謇材料,仅函电就有137封。其中张謇致赵凤昌108封,致他人14封,他人致张謇15封,含赵凤昌致张謇4封。〔2〕赵凤昌收藏如此多的张謇函电,说明他们两人往来密切,交情很深,很多事彼此通气,相互商量着办。重大事件尤其如此,前面相关章节已有详细论述,可参看。这些之外,他们还有很多日常交往,内容丰富,涉及很广,下面拟着重做些简单归类介绍,以见他们私谊之一斑:

1. 赵凤昌请张謇帮忙办事,据《赵凤昌藏札》,共5次。只有1次纯属个人私事,即1914年赵凤昌请张謇为自己大女婿潘一山谋军职,张謇答应帮忙,并也付诸行动,给主事者写信予以隆重推荐,但是否成功,暂不清楚。〔3〕其他的则主要是帮别人求序、求诗。除前述为庆宽向张謇索书序外,赵凤昌曾代樊棻请张謇撰《樊氏勤嫁别墅记》。张謇写完后,很得意,致信赵凤昌说:"《勤嫁别墅记》今午成之,差云不惰矣。寄公与世兄观之,可当《论语》讲义否?"〔4〕世兄指赵凤昌儿子赵尊岳。赵凤昌还为族人之母徐小娴80岁生日请张謇写寿诗。徐小娴是常州才女,其夫为清代大学者赵翼的玄孙,英年早逝,她不仅独立抚养儿女成人,而且修复了毁于太平军之手的祖宅约园,成为再造西盖赵氏的功臣。赵凤昌提供了赵母的相关材料,但为写好寿诗,张謇又几次与赵凤昌书信往来,了解他需要的信息。1922年11月24日,他致信赵凤昌说:"寿诗已属稿。愿闻于冈先生

---

〔1〕　国家图书馆善本部编《赵凤昌藏札》第9册,第203页。

〔2〕　张謇往来函电散见于国家图书馆善本部编《赵凤昌藏札》第1、3、9、10册中。目录有误,这些数字是根据正文内容统计的。因笔者未能全部将《赵凤昌藏札》整理一遍,统计难免有遗漏,因此只能说是初步统计。

〔3〕　国家图书馆善本部编《赵凤昌藏札》第10册,第107页;《张謇全集》第2册,第449页。

〔4〕　《张謇全集》第8册,第713页;国家图书馆善本部编《赵凤昌藏札》第3册,第231页。

有兄弟否,曾仕何官,约园在城何处?孟诗'古村构名园',村何名,于城中外何方?赵母想是发乱后来归,今其子孙几人?即盼复。"信中,于冈为徐小娴丈夫的祖父赵起,约园就是他购置的。孟诗指孟森所写的赵母寿诗。两天后,他又致函赵凤昌云:"贵族母寿诗已成,早晚可写。莼生诗先寄还。顷询仍希见答。"可似乎未等到赵凤昌作答,张謇就将寿诗寄给赵凤昌,在12月5日给赵凤昌的信中,他写道:"孟稿度已收到。寿诗兹写寄,薄劣不当盛意也。"〔1〕张謇所写寿诗名《寿赵母二十韵》,诗前有序,介绍赵母事迹,他写信向赵凤昌了解的几个问题就是为写序用的。最终该序未涉及这几个问题,可能是没有了解到而不写,或是动笔后发现不需要写这些,但无论如何,都表明张謇重视赵凤昌委托之事,态度非常认真,不是敷衍应付。

2. 张謇也请赵凤昌帮忙办事,据《赵凤昌藏札》全少有十几次,相对而言较多较杂。如仅托赵凤昌聘人一项,就有工程技术人员、英语老师、仆人、保姆等,还有的是请赵凤昌传话、出主意、印照片、描图片、讨回东西或转交物品等。比较值得一提的有两事:一是请赵凤昌代印书法教材。光绪二十九年三月十八日,张謇致函赵凤昌说自己办的通州师范学校定于四月初一日开学,因为国文中有书法一门,"兼真、行、草三者,若人人求精本临摹,断无是事,然即一人照备一分(份),书本亦不整齐"。因此他想出一个办法,"取真、行、草各三四种,用影照石印,装订成本,即为各处学校教字课本,费本轻而为用普","所采真、行、草书拟:真:颜、欧、苏、赵(《多宝塔》《皇甫碑》《常州谢表》《御服碑》),行:王、颜(《集书圣教》《大令帖》《三表》《座位帖》),草:怀素、孙、米(《千文》《书谱》《米临十七帖》)",并指出此事"作为澄衷学堂之版亦可,作为通州师范学校版或作为弟与兄两人私事亦可,听兄斟酌见复"。赵凤昌欣然照办,印制了这套教材。四月十四日,张謇又写信给他,说这套教材拟供中学校自修用,但小学校也需要,应缩减篇幅,"以合于几案为宜",请用《九成宫》《书谱》《洞庭

〔1〕 国家图书馆善本部编《赵凤昌藏札》第3册,第427、428、436页。

春色赋》诸帖另印一套小学书法教材。[1] 由此可见,张謇对赵凤昌所印制的中学校书法教材很满意,趁热打铁,再印小学校版。二是张謇请赵凤昌帮忙补充其自编年谱。1923 年 7 月 13 日,张謇致函赵凤昌,说上月在沪多有打扰,您"追述十余年前往事,如烛照而数计,使下走如读旧书,真可感幸"。今年我自编年谱,系有感于家国身世而作,与仅谈个人经历者不同。只是当时有不欲明言尽言者,日记所记甚略,现在多想不起来了。所幸要事"大都与公共计相商者,亦将二十年"。现将草稿奉览,希望按年写于页眉上,以便于我补入完善。赵凤昌答应了,不到一个月,张謇即催要其年谱初稿,说"承允校补下走年谱之遗失",不知"消夏之余已蒙增补否"? 近来我捡寻故纸,有可补充之处,"若公已阅订,幸便寄还"。[2] 从张謇的夫子自道可知,他与赵凤昌是至交,相知甚深,几乎没什么秘密,所以能请赵凤昌补其年谱之缺漏。

3. 创造条件修通家之好。张謇和赵凤昌都中年得子,巧的是两个孩子同年出生,且均为独子,因此他们不仅疼爱自己的儿子,也关心对方的儿子。宣统二年六月十一日,张謇致信赵凤昌,说十七日要带儿子张孝若去南京参观劝业博览会,回家时将从上海经过,"俾与世兄相识,得一胜己之友"。二十一日,张謇父子到上海,赵凤昌父子立即前往看望,令张謇很感动。第二天,他带儿子到赵凤昌家做客。二十三日,张謇致信赵凤昌,说昨天惜阴堂之聚丝毫不弱于历史上的荀陈会坐,"儿子颂公家庭之盛与身受之宠","感荷感荷"! 次日坐船回家途中,他又了解到赵凤昌夫人送东西给自己儿子,再写信赵凤昌表示"感谢不尽"。[3] 从张謇的信中,不难看出张孝若第一次去赵家便很受欢迎,得到热情款待。后来,赵尊岳回忆这段往事,说张謇携张孝若"观南京南洋劝业会,迁道海上,栖息惜阴堂,谓与余同岁,当缔奕叶之交。归即赋五古一章见贻,余亦有和章,则两为改定之,

---

〔1〕 国家图书馆善本部编《赵凤昌藏札》第 9 册,第 227—228、238 页。
〔2〕 国家图书馆善本部编《赵凤昌藏札》第 3 册,第 431—432、433—434 页。
〔3〕 国家图书馆善本部编《赵凤昌藏札》第 3 册,第 233、235、237 页。

自此两家世好,音问勿替"。〔1〕诚然如此,随后他们两家两代之间往来更密切、更亲近。张謇与赵凤昌的往来信函中,经常会提到两个孩子的学习和生活情况,而张孝若每次到上海,都会住在赵凤昌家,与赵尊岳切磋所学。张謇去世后,张孝若谢绝宾客,住在上海专心编撰张謇文集及传记,赵尊岳与他"辄共晨夕","追溯总角之乐"。在赵尊岳看来,张孝若非常优秀,"天分卓越,文彩清丽,酬酢世务,施设允当,不必尽名父之传,已足惊世而震俗"。〔2〕

刘厚生曾评论张謇"虽不做官,确有左右政治之潜势力"。的确是这样,虽然在与张謇的交往中,赵凤昌看似没有获得多少实际利益,反而是他帮助张謇多一些,但张謇的影响力无疑抬高了他的身价,提升他的名气,使得他们能共同"执东南牛耳矣"。〔3〕

三、幕府同僚

本书第二章已言及,张之洞尽管爱才,喜欢网罗通达体用之人,但他"用人不过亲信数人",凡为他所欣赏和信任的幕僚往往一人兼十数差,其他幕僚即使有一技之长,"固未许独当一面也"。〔4〕因此张之洞幕府里,幕僚有的恃宠而骄,收入丰厚;有的怀才不遇,薪资微薄,地位待遇相差悬殊,有如天渊之别。赵凤昌属于前者,但他谦逊随和,也乐于助人,所以与同僚相处和睦,关系融洽。其中比较要好的有杨锐、缪荃孙、屠寄、辜鸿铭等。

杨锐,字叔峤,四川绵竹人,是张之洞在四川当学政时所拔识的学生,非常欣赏。中法战争期间,张之洞将之招入幕府,与赵凤昌成为同僚。赵凤昌帮助他很多,两人私交不错。光绪十二年他离幕参加会试,名落孙山,郁郁寡欢,"旋里家居"。其间,曾给赵凤昌写信,一开头就说:"节府聚居,深叨麈教,隆情厚贶,感切五中。"对赵凤昌

---

〔1〕《赵尊岳集》(叁),第787页。
〔2〕《赵尊岳集》(叁),第787页。
〔3〕刘厚生:《张謇传记》,第189、177页。
〔4〕陈旭麓等主编《汉冶萍公司(一)——盛宣怀档案资料选辑之四》,上海人民出版社1984年版,第16页。

在幕中的关照表示感谢。随后他说自己随滇军获得军功的弟弟杨悦之前因赵凤昌的帮助，而得到张之洞的保举，以巡检留广东补用，他拟让其弟赴粤效力，但"舍弟学识粗疏，深虞不称"，"尚祈始终玉成，推情教诲"，"则感激者岂惟身受而已"。对于杨锐的求助，赵凤昌不仅应允，而且愿意为其弟代捐。于是杨锐写信给他，交代细节："敬恳执事赐信到京，托人代办。需费若干，统祈示下，或交尊处，或票庄汇寄，均即遵办。其行知及离营文书，日后乞费心，代为招呼一切。"〔1〕光绪十六年三月，杨锐的母亲病逝，赵凤昌撰挽联、送赙仪，杨锐致信表示感谢，说"奉到撰赐挽幛、厚颁赙布为营奠酹，仁慈曲被，泉壤均露"，并告诉赵凤昌今冬丧事毕，"即当顺流东下，前来鄂中"，再与他共事。〔2〕

　　第二年，杨锐果然未食言，回到张之洞湖广总督幕中。当时赵凤昌刚好患虚弱症，病情严重，一直在家中养病，他十分关心，经常致信询问病情。《赵凤昌藏札》共收有其6封来信：第一封挂念赵凤昌病情："连日不晤，尊恙想更轻减矣，念念。"第二封是请人给赵凤昌算命，因为赵本年运气不顺："尊造已由欧君推出，所言前事竟一一应验。据云此步运气须到后年交过以后不特终身顺利，且晚运尤佳，揆之天道，此言必不谬也。锐约其明早九点钟时到尊处，相面早起，且不必盥洗，并可先看气色。"第三封既关心病况，又送营养品："不晤又旬日矣，询诸琴荪诸君，金称尊恙已将复元。近日步履如何，何时可以入署，念念。送上洋蒲桃一瓶、川冬菜一笼，可佐服食，即乞哂收为荷。"第四封提醒赵凤昌注意休息，以恢复健康为重："不晤又旬日矣，体中何如，已渐复元否？春寒方盛，似宜多将息数日，再出为是。总以动履康健，不畏风寒，方可一切照常。"第五封与第三封相同，问病情，送食品："数日不晤，想尊恙又轻减矣，念甚念甚。兹有都中带来食物，似于服食相宜，敬以呈上，即乞哂收是荷。"第六封跟第一封相似，挂念病情："多日不晤，想尊恙更占勿药矣，念念。"〔3〕杨锐的这

---

〔1〕 国家图书馆善本部编《赵凤昌藏札》第5册，第269、270、268页。

〔2〕 国家图书馆善本部编《赵凤昌藏札》第5册，第271—273页。

〔3〕 国家图书馆善本部编《赵凤昌藏札》第5册，第274、275、276、277、278、280页。

些来信,用语朴实,而且基本相同,但对赵凤昌的关心之情溢于字里行间,可见他们坦诚相待,相互尊重,关系非常一般。

光绪二十四年戊戌政变期间,杨锐于八月初八日被捕,张之洞非常着急,迅速展开营救。[1] 而赵凤昌也利用上海信息来源广泛的便利条件向张之洞汇报各方面情况。杨锐被捕当天,他提供了朝廷政情以及外国将派兵干涉的消息。第二天,他转发盛宣怀北京来电,其中有一条涉及杨锐被捕:"本日旨:徐致靖、张荫桓、张元济、梁启超、王照及谭、刘、林、杨四章京等共十六人拿问。"十四日下午四点钟,六君子被杀害,杨锐在内。下午五至七点钟,赵凤昌致电张之洞,报告有六人遇害:"京电:昨将拿问康弟、谭子并两御史等六人已办。不知叔峤如何,惨急之至。"[2]据该电文,赵凤昌似尚不知已办六人中有杨锐。由于资料缺乏,不知赵凤昌何时得知杨锐遇难,作何反应?

缪荃孙,字小珊,江苏江阴人。与杨锐一样,他也是张之洞在四川当学政时所收的得意门生。从其父缪焕章致信赵凤昌自称"姻世愚弟"来看,[3]他家与赵凤昌家应该是世交,且有婚姻关系。因此,他们应该早就互相认识。收在《赵凤昌藏札》里的缪荃孙致赵凤昌信共 14 封,[4]基本是他们作为幕府同僚时的往来信件。光绪十二年三月初七日,张之洞下札广东盐运使开设书局,并择地建局,名曰广雅书局。[5]缪荃孙是藏书家,又精于版本目录学,张之洞第一时间给远在京师的他写信,告知书局拟刊书门类,请他提供建议,并推荐和联系稿源:

〔1〕 茅海建:《戊戌变法的另面:"张之洞档案"阅读笔记》,上海古籍出版社 2014 年版,第 174—181 页。
〔2〕 赵凤昌电报转引自茅海建《戊戌变法的另面:"张之洞档案"阅读笔记》,第 225、228 页。
〔3〕 国家图书馆善本部编《赵凤昌藏札》第 1 册,第 134、137 页。
〔4〕 根据国家图书馆善本部编《赵凤昌藏札》第 1 册目录,缪荃孙致赵凤昌信共 15 封,其多出的一封,是第 163 页的"再启者"云云,实际这是上封信的附言,两者应为同一信。
〔5〕 国家图书馆善本部编《赵凤昌藏札》第 9 册,第 381—384 页;第 7 册,第 311—315 页。

广州开局刊书拟分三类：一续学海堂经解，一补史考史注之属，一洋务，此须合近日外国纪述及中华人书关涉洋务边海各防者，择要纂成一书。事体太大，须思一收束法，仓卒不能定，望代思之。纂辑者亦殊不易得，并请筹之。此间已延粤中名宿数人为总校，然不知有讲求洋务者否？此外，如子、集两部有佳者亦可带刊。敢请先就经、史中将精博有用而无传本者访求数种，惠寄为幸。此间拟刊皇朝十三经注疏，尚阙两三种，闻吴县王枢部名颂蔚（字馥卿），方撰《周礼正义》，精博在贾疏之上，大约迩来已成书，不知已有写定本否？敢祈致书王君索稿见示（若止一稿本，此间当录副送还），当为刊入，成此巨观。〔1〕

可见张之洞只是基于师生之谊，请缪荃孙帮忙，但缪荃孙好友、时任书局提调的王秉恩认为书局本来就要博访通人任编校，既"远征异书"于缪荃孙，何不直接聘请他担任校勘之职呢，因为这个职位无需常川驻局，张之洞如醍醐灌顶，"欢然谓举得人"，"当具币聘"，"致脩羊"。〔2〕于是，缪荃孙成为张之洞幕僚，与赵凤昌共事。他即致函赵凤昌，联络感情，并请其提供帮助。该函第一句就是"一别七年，未通笺素，疏懒之咎万无可辞"，说明他们早就有来往；接着以钱坫辅佐毕沅传为艺林美谈来比拟张之洞和赵凤昌的主幕关系，恭维"名流际遇先后同符"；随即他说明入张之洞幕原因："弟薄宦长安，浮沉人海，一差未得，无以为生……南皮师闵其困穷，俾襄广雅书局。"正因为困穷，他很珍惜这个职位，所以请赵凤昌帮忙以尽快熟悉业务："一切未谙，全仗指示，如有刻本章程乞先寄阅。"除己事外，缪荃孙也托赵凤昌为自己的两位亲戚谋差缺，其一是侄子继辉，虽经赵凤昌安排一个职位，却还想调到优缺；其二是英德，求赵凤昌"吹嘘"在原缺年满后续约一年。〔3〕此后缪荃孙还为侄孙子占、侄子镕素有多次类

〔1〕　国家图书馆善本部编《赵凤昌藏札》第5册，第421—426页。
〔2〕　顾廷龙校阅《艺风堂友朋书札》下册，上海古籍出版社1981年版，第707页。
〔3〕　国家图书馆善本部编《赵凤昌藏札》第1册，第139—141页。

似请求,〔1〕这一方面是赵凤昌在幕府中有权势、能为人"营谋差缺"的具体体现,坐实上文刘坤一"其门如市,迹近招摇"的指控,另一方面也说明缪荃孙与赵凤昌关系确实非常亲近,能够一开口就求帮忙,并且一而再、再而三地麻烦他。

由此开始,缪荃孙恢复了与赵凤昌的书信往来。《赵凤昌藏札》所收缪荃孙书信集中于赵凤昌在张之洞广东和湖北督幕期间。广东时期,除了为亲人谋职外,缪荃孙致信赵凤昌主要包含以下内容:1. 广雅书局刻书事。当时缪荃孙虽应聘广雅书局,但人在北京,其任务是以访书、聚书为主。因"未知刻书之旨",广雅书局到底需要什么样的书,缪荃孙并不清楚,就多次询问赵凤昌"书局章程定否"?〔2〕后赵凤昌寄给他书局已刻未刻书目,又请张之洞"分门授以寻书踪迹",缪荃孙有章可循,将能买到的书寄到广州,有时请赵凤昌转交;买不到的书则"添募写官,昕夕钞校"再寄。上述以外,有关钞资及脩金,缪荃孙也会委托赵凤昌"转告早寄"。〔3〕可见,缪荃孙将赵凤昌当作他与广雅书局的联系人,与书局有关的都请他帮忙。2. 时局政治。一次,赵凤昌致函缪荃孙谈及官场情形,后者深有同感,并表明自己立场:"承示官场情形,中外皆然,言之可慨,亦因官途拥挤,遂致百弊丛生。弟委心任运,吾行吾素,既不能胁肩谄笑,昏夜乞怜,亦不为立异矜奇,人前遁迹,飘茵堕溷,听诸造物之安排而已。"另一次是缪荃孙致函赵凤昌表达对黄河水灾的忧虑:"黄流横决,直灌陈、颍、亳、寿,即淮扬亦岌岌可危,而宫廷土木未停,游观如故,司农仰屋,疆吏托钵,人心涣散,终无益于事也,顾瞻时事,殊切杞忧耳。"〔4〕在私下场合关心时事,表达不满,说明他们有忧国忧民情怀。3. 个人际遇。缪荃孙虽是翰林出身,也供职于翰林院,但官运不佳,几无得差机会,生活窘迫。在给赵凤昌的信中,经常会提及,甚至自暴自弃,悲

〔1〕 详见赵建民《赵凤昌的人际网络与活动(1856～1901)》,华中师范大学 2013 年硕士学位论文,第 22 页。

〔2〕 国家图书馆善本部编《赵凤昌藏札》第 1 册,第 160—161、149 页。

〔3〕 国家图书馆善本部编《赵凤昌藏札》第 1 册,第 161 页。

〔4〕 国家图书馆善本部编《赵凤昌藏札》第 1 册,第 152—153、157 页。

观绝望："弟浮沉人海，闭户自修，岁月如流，造诣罕进，上不能执耆荷戈，冀当途之一盼，退不能怀铅握椠，绍绝业于千秋，非狷非狂，如是而已。"但对于赵凤昌由候补县丞升为候补知县时，他则第一时间致函祝贺："兹闻荣擢专城，仍襄幕府，此固南皮师契倚独深，亦足征剑气珠光之不能掩也。"并不吝溢美之词，赞叹赵凤昌早有超凡脱俗的气质："执事清标雅才，本殊庸俗，前者屈在骖佐，大似鹤立鸡群。"当然，他也不免借机自嘲："弟谬膺史职，索米长安，尘甑釜鱼。"同时感谢广雅一席有赖赵凤昌的大力支持，他才得以纾困解忧。[1] 这一番对比，反映出赵凤昌虽没有功名，官职也不高，却在广东督幕脱颖而出，深受张之洞信任，境遇比身在清秘堂的缪荃孙好得多。

　　湖北时期，缪荃孙致函赵凤昌主要有三方面内容：1. 仍与书事有关。张之洞虽然离开广东到湖北，但仍请缪荃孙继续为他和广雅书局编书、搜书。在一封信中，缪荃孙说"《宋会要》本系长编，未曾撰次。荃孙今春翻阅，并辑成十四卷，稍有端倪，愿以一手编定，录出清本寄鄂"，至于"搜书业已四出探听，以多为贵，不敢负函丈培植之深心，吾兄吹嘘之雅意"。另一封信则言"委办书籍，新书每种可以两部，旧书甚难得"，他从"扬州新旧书共购七百七十七元，续购杭州旧书三百廿八元"，又在抱芳阁"亦购百十种"，"俟族弟保孙来鄂交书，开单呈览"。[2] 然缪荃孙购书也有疏虞之处，张之洞不满意，迟迟不点收付款，致使各书店纷纷向缪荃孙追讨。缪不堪其扰，又"贫病交迫"，无力垫款，只好购乾隆时宫扇二柄赠送赵凤昌，请他务必设法解决，"早早完结，免弟受抱芳、醉六之抱怨，则幸甚矣"。缪荃孙之窘态百出由此可见一斑。2. 辞经心书院教习。光绪十七年十一月，缪荃孙到武汉谒见张之洞，被聘请"主明年经心讲席"。但他似不感兴趣，写信给赵凤昌推荐钱保塘自代，说钱"才学胜荃孙十倍，足胜经心之任，且系长局"，"乞发电延订"。说来也巧，年底他得"怔忡不寐之症"，连治两月不愈，更有辞谢的理由。于是，他一方面上禀张之洞请

〔1〕 国家图书馆善本部编《赵凤昌藏札》第1册，第155—156、148页。
〔2〕 国家图书馆善本部编《赵凤昌藏札》第1册，第168、166、172页。

辞,另一方面致信赵凤昌告知生病详情,并托赵再跟张之洞解释:"弟自春初撄疾以来,日与药炉茗椀为缘,到沪就医,稍形瘥减。乃近因整理书籍,不过偶一劳动,而怔忡又复大作,夜不成寐。虚阳上升,精神十分困惫,奄忽固属可危,残废亦复可虑,非不欲恪遵师命勉力到馆,一觇江汉人文,而揆之目下,精力实有难堪。经心为楚才荟萃之所,何敢以病躯塞责。此弟不得不辞馆回京之实情也。兹又另禀辞谢,尚祈吾兄代达苦衷,必使听许,俾得回京一意静养,是所至祷。"缪荃孙进京养病半年后,身体痊愈,在写给赵凤昌的一封信中,再次提到"弟之不能来鄂,实因病重,出于无法,并非别有他图"。[1]应该说对于自己的爽约,缪荃孙颇为内疚,连连向赵凤昌说起。3.关心赵凤昌病情。上文已提及,光绪十七年至十八年间赵凤昌生了一场大病,自此以后就一直身体不好。对此,缪荃孙很关心,认为赵凤昌的病与他曾经患的病相似,但赵年纪比他小十余岁,气色又纯正,不难康复,因此他提供自己的养病之方供赵参考:"一、不必顾虑寒暑饥饱,慎之又慎,如遇风日晴朗,不妨坐马车出游,舒散筋骨,清新耳目,或寻友人长谈。局促一室,非计也。一、看新书,择不必用心之书或《通鉴》《通考》之类,阅之可以消遣。一、习起跪,我辈不能多走路,清晨拜佛,一起一跪,初亦不过十数,渐进至五十以为常课,实为有益。如觉身上微热将出汗即止,不可使乏(初学愈少愈好)。一、参释典,此中自有至理,阅之但觉喜悦,心气融合,自易安睡。"此外,"药宜少服,尤为至要"。[2]这些乃经验之谈,缪荃孙自称都是他试过有效的,大概赵凤昌觉得有道理,遂照着做,确实获益匪浅,如前所述,赵凤昌晚年社会活动频繁,且参禅学佛,得享高寿,活到八十三岁,在当时较为罕见。

屠寄,号敬山,江苏武进人。他不仅与赵凤昌同乡,还与赵凤昌三哥赵凤书是关系非常要好的同学。因为这层关系,加上他与赵凤

---

〔1〕缪荃孙:《艺风老人年谱》,载缪荃孙《艺风老人日记》第8册,北京大学出版社1986年版,第3395页;国家图书馆善本部编《赵凤昌藏札》第1册,第175、170—171、176页。

〔2〕国家图书馆善本部编《赵凤昌藏札》第1册,第179—180页。

昌同岁，所以两人从小相识，来往密切，"为总角之交"。屠寄幼时慧悟笃学，才思敏捷，文笔华丽，"出语惊其长老"。据赵尊岳称，光绪元年，其父赵凤昌离家去湖北当幕僚时，屠寄"送之舟次，待潮未发，即就微灯下，掣草纸为送别诗如干首"，其才情可见一斑。〔1〕此后，两人各自为生计奔波，联系较少，至光绪十四年年底，才又恢复密切往来。

这年秋，屠寄为弟弟成婚，又遭父丧，顿时手头非常拮据，时在广雅书局兼职的缪荃孙推荐他也来此任襄校。于是屠寄承其"揄扬之力"、张之洞"好士之诚"，"要经远征"，于十二月初抵达广州，入广雅书局，与赵凤昌成为幕府同僚。初来乍到，经赵凤昌安排，他暂与缪荃孙住莲塘街公馆同一个房间里。十七日，赵凤昌在菊坡精舍宴请他和缪荃孙等。〔2〕不久，赵凤昌推荐他为张之洞写书启，并亲临其住处，"备传尚书盛悎，命拟小笺"。屠寄乃写"启稿二件"，请赵凤昌转交。但他不擅长写此类公文，致信赵凤昌说自己"局量有限，符采无奇，虽敬礼小文颇尝留意"，可"道和尺牍窃匪擅长，重以零丁属衅，笔墨弃捐，丧者无文，此事殆废"，这两件启稿系"猥承奖诱，勿敢故违，勉竭愚思"而写成的，"未娴楷则"，以后如果张之洞还有类似的命令，请"善为我辞"。〔3〕尽管屠寄婉拒了张之洞"命拟小笺"的要求，但张之洞仍待他不薄，"出入礼接，款晏频仍"，让他"甚感且愧"，"诚非所安"，并且张之洞的"文章经术、德业闻望"也令他佩服，所以光绪十五年三月八日，他写信给赵凤昌请向张之洞转达拜师的愿望。按清代中叶以前的幕府惯例，主幕之间的关系是平等的，幕友且以宾师自处，幕主也要礼敬三分。屠寄担心张之洞慑于舆论和常规，不敢收他这个幕僚为徒，在信中提及乡贤洪亮吉、黄景仁曾拜幕主朱筠为师之事，说"朱先生通儒硕望，足以师表人伦，而二君才品亦不愧附骥，非苟且附会而已"，所以"当世不以为非"。

---

〔1〕《赵尊岳集》(叁)，第800、802页。
〔2〕顾廷龙校阅《艺风堂友朋书札》上册，第475页；《缪荃孙全集·日记》第1册，第48、49页。
〔3〕国家图书馆善本部编《赵凤昌藏札》第4册，第519—520页。

循此先例，他拜张之洞为师也并非不可能，所以"窃不自量，愿出大贤之门，朝夕承诲"。他还说自己不是看中张之洞位高势重，"藉此以为夤缘幸进之地"，因为自己"虽不肖，亦尝奉教于君子矣"，非籍籍无名之辈。口说无凭，他将先前所作诗古文辞订为一册，求赵凤昌"代呈为之先容"，如果张之洞觉得孺子可教，"他日公余之暇，祗即进业请谒"。〔1〕赵凤昌跟他是好友，自然会鼎力相助，而他果然也如愿以偿，很快成为抱冰堂弟子。

拜师之后，屠寄就难以违抗师命了。四月十八日，他致信缪荃孙，说张之洞准备将他调到身边，"执贽以来，欲令入署，顷已却扫一室，县榻相待，其意甚坚，恐不能复却矣"。入署后，屠寄的薪水与广雅书局一样，每月"仍支卅金"，此外张之洞又推荐一个书院干馆，每月有十金入账。这样屠寄与赵凤昌同署办公，见面的机会应该多一些。但没多久，张之洞奉命调任湖广总督，他决定带赵凤昌随同赴任，而将屠寄留在广州，仍就职于广雅书局。这一方面是"书局事羁绊"，另一方面"亦别有布置"，因为在张之洞看来，屠寄"尚能悉心雠校"，可赖以"支持局面"。对于这个安排，屠寄很满意，他致信缪荃孙说："寄但得就书多处，位置其间，成我述造，亦甚所愿。"尤其是"此间既有卅金，乐得自在……谅可牵引日月矣"。〔2〕光绪十七年初，应张之洞之召，屠寄离开广州，前往湖北，在两湖书院任文学门分教，又与赵凤昌为幕府同僚。次年春，他入京参加会试中式，入庶常馆学习。散馆后，签分工部主事，留京任职。在此期间，赵凤昌被参劾革职回籍，在上海定居。对自己遭受的这个重大打击，赵凤昌自以为冤屈，希望能够平反昭雪，因此他致信屠寄了解朝廷高层的看法。屠寄复信说："尊事不闻人论说，虽常熟、钱塘、贵筑皆雅知阁下者，见面之日亦未垂询，弟故不便发端，唯屺怀曾在季和处为君力辩，孙府尹在湖南馆音尊前唱言阁下冤抑。"〔3〕"尊事不闻人论说"，可见赵凤昌只是个小官，也没有特别的经世之才，所以被罢官根

〔1〕 国家图书馆善本部编《赵凤昌藏札》第4册，第521—522页。
〔2〕 顾廷龙校阅《艺风堂友朋书札》上册，第477、481、478、481、479页。
〔3〕 国家图书馆善本部编《赵凤昌藏札》第4册，第528页。

本没人在意和关注。〔1〕常熟、钱塘、贵筑分别指户部尚书翁同龢、工部左侍郎汪鸣銮、刑部左侍郎李端棻,虽然他们都听说过赵凤昌这个人,但对赵的事也毫不关心,从未问起过。应该说这些深深地刺激了赵凤昌,从此他放弃官场,绝意进取,转而走经商之路。

屠寄这封写于光绪二十年八、九月间的回信,内容丰富,信息量很大,除赵凤昌之事外,主要谈及的还有以下几事:

1. 自己散馆后的出路问题。清代庶吉士散馆都要考试,上等者授予翰林官,谓之留馆;中等者或留馆,或委以部属、知县;三等者或被除名,或留馆再教习三年。〔2〕屠寄散馆考试字写得不好,被李鸿藻列在二等之末,经翁同龢再三力争,"始移至二等之第六";等到拆封,名列江苏第7名,未能留馆,翁同龢、汪鸣銮等都觉得可惜。于是他以部属用,签分工部主事。由于京官"补缺费时日",他拟改知县。刚好"到部十日即奉派充庆典处帮办",他决定"拟援大婚、方略成案改捐同知过班知府,指省云南",因为彼处"道里极远,人皆裹足不前","缺多人少,补署为易",再加上他有不少好友在那里为官,"四处并有渊源,或者此行不至落寞"。〔3〕虽然他计划得很好,但并未付诸实施,最终没去云南为官。

2. 自己的京官生活。屠寄告诉赵凤昌,最近李文田署工部右侍郎,对他之优虽不如尚书孙家鼐、左侍郎汪鸣銮,但"既免堂署之礼",又"屡锡文酒之燕",是张之洞、谭均培之外他得到的又一知己。因此他觉得分部之后,日子过得舒坦,心情愉快,"一二不甚相知之人每以抱屈见慰,甚无谓也"。李文田还给他相面,预言他"将来官至巡抚而有风波,中间断弦"。屠寄自己也会相面,"自谓必做外官,风波亦自定有,内子多病,断弦亦在意中,官至巡抚即不敢必"。然后他

〔1〕这可以与左宗棠做比较,虽然有些牵强,但能够说明问题。左宗棠也是在当幕僚时遭到控告,被奏闻朝廷,咸丰皇帝派两位钦差查办。但因为他确实有干才,名动九重,咸丰皇帝事先也听说了,对他很感兴趣,并且又有很多地方、中央高层官员帮他说话,因而他不仅没有被罢职,反而升官了,由此扶摇直上,成为晚清中兴名臣。详见李志茗《戎幕坐啸八年——左宗棠幕僚生涯再研究》,《史林》2018年第4期。

〔2〕邸永君:《清代翰林院制度》,社会科学文献出版社2007年版,第109页。

〔3〕国家图书馆善本部编《赵凤昌藏札》第4册,第526—528页。

说刚接到湖北来信，得知妻子"肝风大发"，好像是李文田的话应验了，为此他很难过，眠食俱减，"比失却馆职为忧特甚"。然而，他已经纳宠，"在京亦有所眷"，只是害怕妻子伤心，"不忍竟纳"，没有公开而已。〔1〕

3. 翁同龢评张之洞。屠寄在翁同龢面前盛赞自己老师张之洞"任事之勇"，但翁同龢则说，只怕张之洞爱用"士大夫而左右无人，辅道多仰承意旨、唯唯诺诺之人"，并且极力诋毁张之洞的亲信幕僚蔡锡勇。屠辩解道："南皮左右颇皆谨慎奉公，蔡道经手事多，劳而受怨，外人言其操守不可信，恐非确论。"据说张之洞临死前都不肯原谅翁同龢，坚决不删他在赠送翁曾源一首诗的附注，该注说他跟翁氏本交谊不错，但后来翁同龢对他"一意倾陷，仅免于死，不亚奇章之于赞皇，此等孽缘不可解也"。〔2〕不知道屠寄所记翁同龢对张之洞的评论是否传到张之洞耳朵里，也成为翁氏"一意倾陷"的罪证之一？

4. 京官对甲午战事的反应。屠寄在信中说，中日甲午战争爆发后，"疆场之事论者纷然，各部司官多有条奏，同人劝弟仿效，一笑谢之。弟甘心藏拙，阁下以为何如"？但事实是屠寄并非不关心国事，据翁同龢光绪二十年七月初九日日记记载："屠静山来谈时事，激昂感慨，留饭而去。"〔3〕可见，屠寄对时事也有很多看法，他没有从众公开表达，私下则慷慨激昂，侃侃而谈。

上述以外，屠寄还在信中谈及他和赵凤昌共同好友缪荃孙、费念慈、刘可毅的近况等。从此信发端，屠寄基本上每封信都不惜笔墨，事无巨细地向赵凤昌讲述他的所见所闻、所思所想以及个人的生活工作情况等。因为当时他们都已不在张之洞幕府，这里不拟多述，只想谈谈屠寄对赵凤昌儿子的关心和指导。赵尊岳谱名汝乐，字叔雍，他未成年前，屠寄亲切地称他乐郎；成年后，则改成正式称呼"叔雍"。光绪二十九年，赵尊岳五岁时，屠寄在写给赵凤昌的一封信最后，加

〔1〕 国家图书馆善本部编《赵凤昌藏札》第4册，第529、530页。
〔2〕 国家图书馆善本部编《赵凤昌藏札》第4册，第528—529页；张达骧：《张之洞轶事》，《武汉文史资料》1986年第1期；赵德馨主编《张之洞全集》第12册，第445页。
〔3〕 国家图书馆善本部编《赵凤昌藏札》第4册，第529页；《翁同龢日记》第6卷，中西书局2012年版，第2761—2762页。

了一句"海上天气正否,乐郎入夏以来好否? 念念"。[1] 这是《赵凤昌藏札》所收屠寄致赵凤昌信中首次提及赵尊岳,此后,不仅在通信中时有表达类似思念之情,还关心其学习问题,如 1912 年 2 月 26 日的一封信中问道:"乐郎今年在何校读书,念甚。"1914 年赵尊岳被南洋公学退学,面临今后的择业问题。次年 4 月 22 日,屠寄在信中说:"乐郎文删改毕奉还,此子颇近文学。"他认为赵尊岳可从事政、法、商三学,因为三者"皆与文学近,不必徒为文人也"。但赵凤昌想让儿子从事实业,屠寄提醒他说:"若欲治实业必求精数学、算术,不知乐郎性质近否? 贤父母因势利导之,毋拂其性可也。"[2]

后来,赵尊岳走上从文道路,兼作翻译。赵凤昌将其译作寄给屠寄斧正,屠寄回信说:"承赠贤郎叔雍译著一,昔阅竟随笔窜改不满十字,不意别来数年,其文境骤进如此之速,为之一惊,公谓笔近林琴南,信然信然,此后当认为小友矣。犹忆往年阁下谓寄,望贤郎为实业家,寄当时不然尊恉,谓于文学实近。寄身膺教育事业前后几廿年,颇能体察儿童心理,观叔雍童年之活泼及其嗜书之情形,知之真确,当时心口相商,曾下断语,且劝公毋拂其本能,强之就实业(纵强之,亦必不行),想公尚能追忆寄言也。"屠寄惊讶于赵尊岳文字进境之快,对于自己建议赵尊岳从文颇为得意,同时他对赵尊岳如何选择翻译作品进行指导,认为"与其译小说,不如译西史,译西史不如译西文之东洋史"。原因是赵尊岳还是少年人,"少年人血气未定,当养以和平严正之理,不可多触其男女之感情,故即以小说论,宜多阅家庭小说、教育小说、神学小说、实业小说次之。社会小说若侦探小说易坏心术(三十以后可观),艳情小说易动男女之感(外国艳情小说发乎情止乎礼,较中国小说实胜,然毕少年人不宜观),悲惨小说易动摇落之思",所以不宜多接触。所谓东洋,除中国、日本外,还有波斯、土耳其、阿拉伯、印度、交趾支那、暹罗、缅甸、南洋群岛等,都与我国有直接间接之关系。从宋以来,中国历史中的东洋诸国传,"若明若昧,堕

---

〔1〕 国家图书馆善本部编《赵凤昌藏札》第 4 册,第 556 页。
〔2〕 国家图书馆善本部编《赵凤昌藏札》第 7 册,第 158、164 页。

重雾中",而西人亲临其地,他们的著作必有真知灼见。"今日世界交通,此等同洲列国之事实情态,泰西人知之,而我顾不知,亦士大夫之耻也",很有必要翻译介绍。屠寄建议赵凤昌应鼓励赵尊岳翻译东洋史,"与其为小说家,毋宁为历史家也",再说"史家与政治家尤近,尤为有用"。[1]

鉴于赵尊岳以从文为生,屠寄遂悉心进行指导,不仅写有《与乐郎论文杂言》《论寻常作文之法》二文供他参考,而且亲自示范,"钞旧诗数首示叔雍,间自加评语,以见作诗之法及本旨",屠寄自言"观此可悟诗文用典、用词总要律""不可空泛浮艳"等基本原则。[2]屠寄给予赵尊岳的点拨教育远不止这些,赵尊岳后来撰《人往风微录》,追忆曾经请益、承授的名家,其屠寄篇中深情地写道:"寄工诗,亦重法度,古文尤所名家。余髫龄时,尝为亲讲陈涉、信陵君两列传,声容音节,闻之鼓舞,于虚字婉转、笔法倒叙、前后映带之处,随为指授。余初秉笔学文,得其理解,遂通神悟,以视虚骛阴阳之说者,为益良多。数十年来,粗谙义例,实有以启牖之。……每有新作,辄以见寄,且于眉间提识脉落用字,纤悉勿遗,以为先导。"[3]可见,赵尊岳之所以走上文学道路,与屠寄的熏陶有关。屠寄对赵尊岳倾囊相授、着力调教,说明他跟赵凤昌交情很深,将其子也当自己儿子一样,无微不至地关心照顾,培养教育。

辜鸿铭,名汤生,祖籍福建,出生于马来西亚。据赵凤昌称,辜鸿铭是经他介绍进入张之洞幕府的:"光绪十一年张文襄公督两广,法越战事方殷,闽亦有警。文襄命知府杨玉书赴闽侦事回,由海舶抵香港,汤生适同舟,玉书邂逅与谈。回粤与督幕赵凤昌言,舟中遇一人,与德国人讲伦理学,其人兼善中文,问姓名为辜汤生云。时海警需才,署中德文译员颇谫陋,凤昌以所闻白文襄,就香港邀之,任以邦交诸务。"[4]这样,他俩成为幕府同僚。不过,他们的幕中交往不见记

〔1〕 国家图书馆善本部编《赵凤昌藏札》第7册,第166—169页。
〔2〕 国家图书馆善本部编《赵凤昌藏札》第7册,第170—172、172—173页;第8册,第283页。
〔3〕《赵尊岳集》(叁),第803页。
〔4〕 赵凤昌:《国学辜汤生传》,《人文》月刊1931年第2卷第4期。

载,无从得知。但作为推荐人,赵凤昌还是很关注辜鸿铭在张之洞幕中的表现,在所写《国学辜汤生传》中,他枚举了数事,如张之洞招聘洋员"令用中国顶戴军服,行拜跪、半跪诸礼",遭到拒绝,辜鸿铭"以理开导",洋员"帖然,就职时谢委进见如仪","客卿改章服礼节,此为创见";甲午战争期间,张之洞命辜鸿铭向德华银行借外债充军饷,并声明不付经手费,辜拿自己的名片,并在上写"我来议借款,成,不索回扣,以此刺为证,后有不信,持此控我",居然借成;八国联军侵华期间,辜鸿铭用英文著《尊王篇》,"根据西哲之言,及西史事实,抵各国之隙,斐然成帙。既印行,各国竞购读之,更数板不已"。[1] 对于这几件事,赵凤昌特予论述,说明他赞成辜鸿铭的所作所为,对其表现很满意。

当然,在《国学辜汤生传》中,赵凤昌也浓墨重彩描述辜鸿铭学贯中西、精通多国语言的惊人造诣,称他接待俄国皇储时,会说法语、俄语、希腊语等,令俄储很敬佩,临走前,"郑重握汤生手,约至彼国当敬待,并以镂皇冠之表赠焉"。后抵达上海,仍念念不忘,逢人就讲,在武汉会见张总督时,"有辜某所通语言至博,各国无此异才"。同时赵凤昌说辜鸿铭为人耿直,对他特立独行的个性有所揭示。光绪二十二、二十三年间,西方各国在中国掀起瓜分势力范围狂潮,赵凤昌有事到湖北,向张之洞建议说眼下"外交变幻,宜多务侦访,何不使鸿铭择译西报助闻见"。张之洞告诉他"前已嘱鸿铭,渠云西报造谣无凭,虽上谕来我亦不译,只可使他人为之"。对于幕主所派任务,幕僚拒不接受,这在赵凤昌看来很不可思议,但辜鸿铭是奇才,奇才总有其特别之处,因此他只能转而赞叹张之洞有雅量,"能容鸿铭矣"。

尽管辜鸿铭是绝特可异之士,却也并非不通人情,难于接近。他和赵凤昌就是好友,不仅"同幕府多历年所",而且在赵凤昌罢归后,复时时有来往,主要有这么几次:1. 共同接待德国皇储。一次,德国

---

[1] 赵凤昌:《国学辜汤生传》,《人文》月刊1931年第2卷第4期。关于辜鸿铭著《尊王篇》之事,赵凤昌表达得不是很清楚,可用汪凤瀛《辜鸿铭先生六十寿序》中的说法作补充,该文说:"君于庚子各国联军入京之际,尝著《尊王篇》,盛称孝钦皇后中兴与致治之德以告外人。厥后议和,各国但请惩祸首诸大臣,而不复深求者,君之文与有力焉。"见陈思和、王德威主编《史料与阐释》贰零壹贰卷合刊本,复旦大学出版社2014年版,第9页。

皇储游历东方，来到中国，朝廷"已在禁中备迎驻之所"。而德皇却致信辜鸿铭，托其照顾。于是，辜鸿铭找赵凤昌商量，共谋接待之策。赵凤昌说应该通知朝廷，"俾派同延宾，为国偻介，庶符两国情谊"，辜鸿铭不同意，只是借赵凤昌家宴请德国皇储，尽地主之谊。2. 讨论社会现象。一天，辜鸿铭与赵凤昌同行，见人力车夫吸纸烟，赵凤昌评论道："此乃不知节省。"辜鸿铭不敢苟同，说他们整天拉车辛苦，"见坐其车者，各手一支，意不能无羡，效以自乐，宁非人情"？3. 同访外国友人。辜鸿铭认为赵凤昌深居在家中寂寞，应该多出去走亲访友，乃带他一起拜访其德国朋友花之安。既相见，花之安"自述咸丰四年来华，任教会事，今教风已变，专事译著"。后他对赵凤昌说"中国孔孟连称，吾意孟子立论尤当"，赵"答以春秋、战国，时代不同，后之有激，更甚于前，孟子已自谓不得已，其道则一也"，花之安"欣然以为知言"。后他们又同访在海关任职的英籍某友，该友提出中国妇女应放足，赵凤昌回答说清初屡下诏放足，可惜积习难破。又有一次，他们同访《字林西报》主笔立德，时正值义和团运动期间，辜鸿铭与立德针对该事件展开激烈争论，"立德极意周旋，谓请著论，可代登报"。辜鸿铭说李提摩太因义和团事件污蔑我政府，"今我将诘责李提摩太，文来请发之"，立德云："李系好友，恕难从命。"结果双方就此闹得不愉快，这是后来《字林西报》不愿理睬辜鸿铭的原因之一。4. 题写书名。辜鸿铭《尊王篇》写成，请赵凤昌题签，赵以不工书为由婉言谢绝。辜鸿铭解释说："非为书也，见吾两人意耳。"赵凤昌乃题之，后又为其《中庸》英文译本题签。[1]

以上这些看似是小事，但赵凤昌都写进《国学辜汤生传》中，足见在他眼里很重要，由此也可看出他和辜鸿铭关系非同一般，后者甚至"属传其行事"。赵凤昌要好的幕府同僚不少，除前述几位外，还有梁敦彦等，但他仅为辜鸿铭一人作传，不单单是他们"相稔最早最习"，更与他们互相欣赏、彼此信任密切相关。后来赵尊岳在其父《国学辜

---

〔1〕 赵凤昌：《国学辜汤生传》，《人文》月刊1931年第2卷第4期。

汤生传》的基础上,又写了篇《辜汤生外传》,[1]补充了一些细节,但此文似未引起注意,没有被收入有关辜鸿铭的书中。

四、革命党人

南京临时政府成立不久,因江苏都督程德全生病,庄蕴宽被任命为代理江苏都督。消息传到常州,一位长者当众说:"你们以为他早就加入革命的吗? 他是参加了官再和革命通声气。他的声气,还要借重赵竹君(凤昌)哩。"[2]的确,赵凤昌不仅与清朝的朝野人士往来密切,而且与革命党人也有较多接触,因而他才能在辛亥以后的南北双方之间沟通声气,充当桥梁作用。与赵凤昌来往较多的革命党人主要有蔡元培、黄兴、汪精卫等。

蔡元培,字鹤卿,浙江绍兴人,是最早与赵凤昌接触的革命党人。光绪二十七年三月,应澄衷学堂校长刘葆良之邀,蔡元培到上海任该校代理校长。刘葆良与蔡元培是光绪十六年庚寅恩科会试同年,两人曾在翰林院共事过,彼此熟悉。而刘葆良又是赵凤昌常州同乡,与赵凤昌三哥赵凤书同学,其澄衷学堂校长之职即赵凤昌推荐的。于是,通过刘葆良,蔡元培结识了赵凤昌。四月十一日,蔡元培到访刘葆良家,并拜访赵凤昌。二十五日,他又去看望赵凤昌,"不遇"。次日,"复看赵竹君,遇于途"。[3]不久,刘葆良介绍蔡元培到南洋公学任教。公学时任校长沈曾植,进士出身,为蔡元培的浙江同乡。

南洋公学是盛宣怀创办的,"本分为上院、中院两部,上院拟设路、矿、电等专科,中院办中学,又附设小学。尔时还没有中学毕业生可以进专科的,所以上院尚未开办。中院自国文及本国地理、历史外,均用英文教科书,有英美教员数人"。鉴于上院尚未开办,沈曾植提议增设特班,目的是养成新式从政之才,以备将来经济特科之选,"而盛督办宣怀从之"。[4]特班由两位教员负责,蔡元培就是其中

---

〔1〕　原载《好文章》1948 年第 3 期,现收入《赵尊岳集》(叁),第 827—831 页。

〔2〕　程沧波:《沧波文存》,第 186 页。

〔3〕　王世儒编《蔡元培日记》上册,第 170、171 页。

〔4〕　高平叔编《蔡元培全集》第 7 卷,中华书局 1989 年版,第 291、65 页。

之一。八月初一日,南洋公学特班生开学,蔡元培正式到任。初四日,他去看望赵凤昌。[1] 正是在南洋公学任教期间,蔡元培思想逐渐激进,走上了革命的道路。南京临时政府成立后,他担任民国首任教育总长。1913年宋教仁被刺案发生后,南北双方对立严重,战争一触即发,赵凤昌和蔡元培均不主战,他们又频繁见面,力图调停南北,避免战争,但未能成功。这些于本书第五章已有详论,不赘述。自此之后,蔡元培与赵凤昌似乎很少接触,几乎没什么联系。

1931年,国民党内部发生分裂,形成南京蒋介石阵营和以广东籍国民党领袖为主的反蒋阵营的宁粤对峙。正当双方准备大动干戈之际,内忧外患接踵而来,"是年七八月间,长江大水灾,泛滥数省,灾情严重;不久就是'九一八',日人在沈阳制造事端,攻占东三省",在这种情况下,双方不得不从对抗转向合作,在上海举行宁粤和谈。赵凤昌的同乡程沧波追随蔡元培代表南京方面参加会谈,两者朝夕相处,程沧波有机会就三十年前的辛亥和谈的一些疑问请教蔡元培。程问两个问题:一是赵凤昌自诩南京临时政府是在他家里成立的,有没有这回事? 二是赵凤昌这个人究竟如何? 蔡元培回答说,赵所言"非全虚诞","我们党对不起他"。程忙问这话怎讲? 蔡说:"害得后来袁世凯要为难他呀。"[2] 由此可见,刘厚生称赵凤昌为民国的产婆,并非信口开河,是有事实依据的,赵凤昌确实为民国的成立做出较大贡献。

黄兴,字克强,湖南长沙人。他是两湖书院学生,光绪二十八年春夏之交派湖广总督选派赴日留学。赵凤昌从光绪二十年起定居上海,凡湖北派遣的留日学生,"往来沪上亦必照料行旅,并饯之"。因此,黄兴赴日留学时应与赵凤昌在上海相互认识。武昌起义爆发后,面对袁世凯抛出的停战议和的橄榄枝,黄兴和赵凤昌都做出积极回应,"即于役南北奔走其事"。他们"筹事缜密,服劳勤挚",最终促使清帝退位,实现南北统一。[3] 在此过程中,他们为着共同的目标一

〔1〕 王世儒编《蔡元培日记》上册,第181页。

〔2〕 程沧波:《沧波文存》,第279、259、281页。

〔3〕 赵尊岳:《惜阴堂辛亥革命记》,《常州文史资料》第1辑,第60、62页。

起努力,紧密合作,彼此加深了解,关系越来越好。南北统一后,孙中山辞去临时大总统职务,由袁世凯继任。在"临时政府行即交代"之际,张謇认为应将江苏都督从苏州移驻南京,"以资镇慑",解决江苏几个都督各自为政不相统属的局面,使江苏全省得到统一,恢复原有的社会秩序。为此,他一方面劝告其他都督取消自治,另一方面致电袁世凯派刘之洁南来主持江苏军务。江苏都督程德全对刘之洁十分倚重,拟委以重任,但担心时任南京留守的黄兴反对,请赵凤昌致信黄兴告知此事,寻求他的支持。黄兴回电说:"函悉。刘君之洁学问历练,素所钦佩。光复之时,勋劳卓著。前经委充陆军部高等顾问,正欲借重鸿才,密参机要,雪老拟以军事相托,可谓得人。已电致雪老赞同矣。谨复。"〔1〕雪老,即程德全,号雪楼。可见黄兴很给赵凤昌面子,不仅复电赞同,而且主动致电程德全表示支持。

随后,袁世凯政府财政总长熊希龄同四国银行团谈判借款问题,草签了垫款合同。如本书第五章所述,该合同披露后,引起南方革命党人的极力反对,黄兴尤其反应激烈,马上致电总统及参议院,责令废约。对此,熊希龄深感委屈,因为部库存款无几,而各地索要钱饷急如星火,他没有点金之术,只好忍辱负重举借外债,好不容易达成意向,没想到非但无功,反而有过,遭致众多非议,一怒之下,他公开声明辞职,并将借款不成归咎于黄兴的反对。赵凤昌协助熊希龄对外借款,深知其中的苦辛,因此他接连致函黄兴,为熊希龄辩解,并提出补救办法,企图让黄兴改变主意,接受垫款合同。黄兴回信非常客气,肯定了他的良苦用心,但依然反对垫款合同,并提出了自己的解决财政困难方案:

> 竹君先生大鉴:连奉手札,敬悉一切。先生深惧外债之速亡,又虑巨款一时难集,乃欲以取销末一条,权借此款为一时补救方法,用心至为委曲,殊极钦佩。惟垫款合同及监视章程各条,损失权力甚巨,外人诡计百端,倘我求之愈急,彼必要挟愈

〔1〕《张謇全集》第 2 册,第 328、333 页;国家图书馆善本部编《赵凤昌藏札》第 10 册,第 600 页。

甚。原约所订稽核时期,不过掩耳盗铃之计划,当事者已受其愚弄,将来再借巨款,彼援案迫胁,我更无法对付。兴所为极力主张毁约者,正以国权损失,实无短期、长期之区别,匪独末一条断难忍受也。各省分借小款办法,前数日已电达中央。来示所云,允为至论。兴以为此时国内欲聚积多数现金,虽非易易,然除分借小款外,仍可速发不兑换券,以资接济。一面劝募国民捐作为预备金,于经济上实无恐慌,并由各省筹设国民银行及银公司,以维持政府永久岁费,于完全筹划,亦甚稳固。况各省协助中央,湘、蜀已首先倡办,若由大总统下一命令,他省亦必不甘居人后,则现时过渡,更无危险矣。其他如整顿地契税,实行盐专卖,岁入益可增加,将来何至有破产之患。乃当事者绝不为徙薪曲突之谋,而专走饮鸩止渴之死路,殊可叹也。我公明达,素抱爱国热忱,辱承殷殷见教,聊布下悃,惟谅鉴是幸。敬请伟安,不备。黄兴顿首。[1]

由此可见,黄兴虽然与赵凤昌相知甚深,关系不错,但他还是有底线和原则的,不会轻易放弃自己的坚守和立场。然而,当时的革命党人却批评他"性素谨厚,而乏远大之识,又未尝治经济政治之学,骤与立宪派人遇,则歉然自以为不如",结果在赵凤昌、张謇等立宪派的影响下,政见"亦日以右倾","还视同党,尤觉暴烈"。[2] 这个批评是否符合事实,这里不讨论,但黄兴的确与立宪派保持较为密切的沟通和联系。1913 年 3 月 22 日,宋教仁被刺抢救无效身亡,黄兴第一时间致信赵凤昌告知这一噩耗。[3] 赵凤昌、张謇得知消息后,立刻介入,希望不要扩大事态。如本书第五章所述,他们做了很多调停工作,黄兴也主张法律解决,可几个月后南北之间还是发生了武装冲突,黄兴领导发动了二次革命,这令赵凤昌、张謇非常失望和愤怒,深感上当受骗,信用破产。其实黄兴出尔反尔是有原因的,据他写给孙中山的信中披露,二次革命是国民党中有人"激于感情"

〔1〕 国家图书馆善本部编《赵凤昌藏札》第 10 册,第 589—592 页。

〔2〕《胡汉民自传》,第 66 页。

〔3〕 国家图书馆善本部编《赵凤昌藏札》第 1 册,第 1 页。

而率先发难的,孙中山遂欲亲往南京指挥作战,黄兴认为孙"轻身陷阵"很危险,"故弟愿以身代先生赴南京,实重爱先生,愿留先生以任大事"。可见,黄兴是为了保护孙中山不得已去南京指挥讨袁战役的,他本不主战,一旦战争形势不利,就立即撤离,所以二次革命旋起旋灭,"开战即败"。〔1〕

黄兴留孙中山以任大事的结果是他总结武昌起义以来的失败教训,认为是"党员皆独断独行,各为其是,无复统一"的结果,所以他决定改弦更张,组织中华革命党,为卷土重来之计,"因鉴于前此之散漫不统一之病,此次立党,特主服从党魁命令,并须各具誓约,誓愿牺牲生命、自由权利,服从命令,尽忠职守,誓共生死"。但黄兴认为完全没有必要重组秘密政党,也不愿加入这种以服从党魁为要义的政党,孙中山无奈之下,授意陈其美致信黄兴加以劝导,但黄兴仍"不肯受",〔2〕于是双方就此闹翻,黄兴只身前往美国。不久,袁世凯帝制自为,黄兴没有与孙中山联系,而是两次致函赵凤昌、张謇、汤寿潜等原立宪派,希望他们这些耆宿能挺身而出反对帝制,保护国家。赵凤昌等也投桃报李,对他赞赏有加,鼓励他早日回国,有所作为。上述内容第五章已有详论,不赘言。值得一提的是,二次革命失败后,孙中山致信黄兴说,他组织中华革命党是为"再图第三次之革命",希望黄兴让出两年时间,"俾弟一试吾法","过此犹不成,兄可继续出而任事,弟当让兄独办"。然直至两年后袁世凯病死、黎元洪继任大总统,孙中山领导的中华革命党也没什么大作为,更遑论发动第三次革命,可此时的孙中山似忘记了两年前所说的话,不仅没有让贤的意思,还致函黄兴征求对其下一步计划的意见:"袁死,黎能复约法、召国会,当息纷争、事建设,以昭信义、固国本。兄见如何?"黄兴马上复电表示感谢和赞赏:"先生来电主张所以息纷争、事建设,无任感佩。"并表示"尚望主持,使国人晓然于吾人之无私无偏,尤所切望"。〔3〕可见黄兴的确是敦厚笃实之人,无意与孙中山斤斤计较,争夺领导权。当

---

〔1〕《黄兴集》,第357页;《孙中山全集》第3卷,第82页。

〔2〕《孙中山全集》第3卷,第82、81页;《黄兴集》,第358页。

〔3〕《黄兴集》,第360、359、442、441页。

然没过几个月,他也英年早逝,其复孙电颇有政治遗言的味道。

汪精卫,名兆铭,字季新,笔名精卫,出生于广东。赵凤昌与汪精卫结识源于辛亥南北议和。武昌起义后,清廷起用袁世凯,这时汪精卫刚刚被大赦出狱,双方为了各自倒清的目的一拍即合,来往频繁,据称袁"约汪到锡拉胡同谈论,汪每晚饭后七、八时谒袁,十一、二时辞出"。通过每天晤谈,汪精卫了解袁世凯的想法,"派人来汉密告南方同志,说袁世凯不是效忠清室的人,如南方革命党肯举他为第一任共和国总统,他是愿意同我们一致行动的。汪嘱南方同志从速表示态度,以促袁早下决心。武汉革命同志都赞同汪精卫的意见,并嘱汪在北方对袁世凯多做工夫,促成其事"。[1] 果然,他也不负党内同志所望,受到袁世凯信任,被任命为北方议和代表团参赞。与此同时,南方也推选他为议和代表团参赞,并代表南方出席正式的议和会议。[2] 这样,汪精卫以双重身份参加南北议和,扮演角色特殊,因而与赵凤昌有较多的接触机会。北方代表团参赞魏宸组曾对人说:"所有和议中主张及致北方电,俱是夜间在赵寓双方商洽,精卫与本人常到彼处。"这并非自我吹嘘,可信度较高。据冯耿光回忆,"在和议过程中,每星期当中总有一天或两天,程德全、汤寿潜、张謇、汪兆铭、陈其美等曾在赵家聚会"。[3] 正是在这个过程中,赵凤昌与汪精卫相互结识,并逐渐熟悉起来,成为忘年之交。

这不仅表现在随后的南北纷争中,赵凤昌多次联系汪精卫做国民党方面工作,前文已多有论及,不赘述,而且也表现在他们频繁的日常交往中。民初之际,汪精卫信奉无政府主义,不愿做官,经常赴法国长期居住休养。赵凤昌很关心他的海外生活,不时与他保持通信联系。一次,赵凤昌写信给他,告知自己"近状,且殷殷勤勤以增长学识为念",令他非常意外和感动,复信说:"先生硕德耆龄犹勤学如此,则驽下如铭者更不可不知所从事矣。"并告诉赵自己近两年在养

---

〔1〕 张国淦:《辛亥革命史料》,第115页;李书城:《辛亥前后黄克强先生的革命活动》,《辛亥革命回忆录》第1集,第191页。

〔2〕 张国淦:《辛亥革命史料》,第288、290页。

〔3〕 张国淦:《辛亥革命史料》,第292页;冯耿光:《荫昌督师南下与南北议和》,《辛亥革命回忆录》第6集,第362页。

病,"病中余暨亦稍稍治学,多涉猎法国最近关于社会组织等著作"。他还为自己之前数次去上海,但"皆营沪中斗兽之生活",未登门拜访赵凤昌而感到遗憾。此外,赵凤昌还做了一件让汪精卫感动的事,就是赠送他哥哥汪兆镛的著作给他。他回信说:"承惠赠家兄书籍多种,感甚感甚。"并称自己保存的"家兄所刻集尚有数部",请赵凤昌以赵的名义持赠朱祖谋、张謇等先生。[1] 自此发端,汪精卫与赵凤昌之间互动明显增强,来往越来越密切。体现在以下几方面:

1. 汪精卫在上海时,凡过年都会登门向赵凤昌拜年,如果有其他原因没去成,必致信说明原因。《赵凤昌藏札》中收有两封这样的信,足可说明问题。一封是这样的:"竹君先生执事:新年敬维起居纳福,即事多佳为慰为颂。铭于明后日拟回粤一行。行色匆匆,未获趋前领教,抱歉良深。此行约两旬可归,归时当走谒也。专此,敬候道安,并贺年禧百益。汪兆铭谨启。元旦。"另一封则云:"竹君先生惠鉴:除夕承贤乔梓枉驾敝寓,失迎罪甚。一月三日踵府贺年,适值驾出,不晤为怅。五日患流行性感冒(西名燕虎麟沙),遂致肺炎,势甚危迫,幸体气素健,尚能与病魔抵抗,至十五日始得脱险。现已痊愈,仍守医者戒,尚须十余日始能出门,容俟旧历新年,当可趋承教诲也。"[2] 据此可以看出,民国时期元旦是个很重要的节日,要贺新年,毕竟实行民主共和,与传统社会不一样了,但民间相沿已久的过年习俗根深蒂固,很难改变,所以旧历新年仍在过,也可贺新年。

2. 汪精卫离开上海时,都会想办法向赵凤昌辞行,如果实在没时间去,则会表示抱歉。有一次,他欲回广东探亲,"甚欲于十四日之夕即柬客谦聚",与友人告别。他致信赵凤昌请主持宴会,"铭虽急于回粤,十四日之夕定必追随杖履也"。又有一次,他坐的船突然要提前启航,他措手不及,但还是致函赵凤昌说:"本拟趋赴,船忽改期,明早启行,各事棼如,未能就理,请恕方命之罪为幸。傍晚如暇,当来走辞也。"另外有两次,他来不及辞别,则致信赵凤昌解释并道歉:其一,

---

〔1〕 国家图书馆善本部编《赵凤昌藏札》第10册,第209、210、201页。

〔2〕 国家图书馆善本部编《赵凤昌藏札》第10册,第199、203—204页。

"铭拟于明日回乡,一省视家人,小作逗留,再图西行。检点匆匆,未及告别,歉何如之"。其二,"铭漫游匝月,复自南而北,过沪只驻一日,未及走谒,一望颜色,至以为歉"。〔1〕

3. 当然,对于汪精卫,赵凤昌也非常关爱。除"赐馔","教言","观珍藏",使汪精卫"欢喜无量"外,还经常找汪精卫畅谈。一次汪精卫出远门刚到家,"闻家人述及先生曾以电话询铭自厦门归未,滋以为愧,滋以为疚",乃致函赵凤昌抱歉:"铭厦门之行改期五六次,已买船票而复退回亦三四次,所损失于船公司之折扣亦将数十元矣。以诸事牵率,未获来谒,致劳盼望,抱歉无似。日间有暇,再当趋前领教也。"〔2〕因为赵凤昌儿子赵尊岳成年后走上从文之路,拜师学作诗词,而汪精卫擅写诗词,所以赵凤昌常请他寄诗作来,供赵尊岳研习之用,他也每每听命,抄录旧作奉呈。 一次,他录呈两首《蝶恋花》,其一云:"雪偃苍松如画里。一寸山河,一寸伤心地。浪啮岩根危欲坠,海风飐水都成泪。白草茫茫迷故垒。月浸冰棱,万点寒光碎。荒冢老狐魂亦死,髑髅夜半风吹起。"另一云:"客里登楼惊信美。雪色连空,初日还相媚。玉水含晖清见底,缟峰一一生霞绮。山莽海苍仍一例。昔日荒丘,今日鲛人市。无限楼台朝霭里,风光不管人憔悴。"赵凤昌特请赵尊岳的老师、清代词学大家况周颐评点。对前者,况的评语是"前段笔情遒秀,雅近白石老仙,因其如画,重益伤心,融景入情,斯为妙骱。'飐'字、'浸'字是否尚宜稍酌。歇拍作奇特语,微嫌太过,词笔宜重,似乎不是如此重法。语欲惊人,在意境,不在字句";后者的评语是"笔淡而腴,于清真为近。写景尤有气象,'风光'句近率,'仍一例'与上四字不甚融洽。'市均'(疑有笔误)二句嫌太分明,太分明便不厚"。〔3〕可见,在况周颐看来,汪精卫的词尚有瑕疵,但赵凤昌是否将况的意见告诉汪,则不得而知。

正因为赵凤昌与汪精卫互动热络,交情很深,其子赵尊岳也与汪精卫很熟,加上他俩有共同的文学爱好,时有诗词唱和,增进感情交

---

〔1〕 国家图书馆善本部编《赵凤昌藏札》第10册,第197—198、375、376、378页。

〔2〕 国家图书馆善本部编《赵凤昌藏札》第10册,第376、197、380—381页。

〔3〕 国家图书馆善本部编《赵凤昌藏札》第10册,第378、207、208页。

流,关系更加紧密,这从《赵凤昌藏札》所收汪精卫致赵尊岳8封信可见一斑。[1] 这些信件均为日常交往和文学活动,虽与政治无关,但促成了后来赵尊岳追随汪精卫当汉奸的机缘。赵凤昌反对日本侵略,坚决主张抗日,但他儿子却在抗战期间叛国投敌,这可能是他想不到的,而更想不到的是其子落水与汪精卫有很大关系。遇人不淑,儿子堕落,不能不说是赵凤昌人生的最大败笔。

五、幕缘造就的人生

费孝通的"差序格局"理论认为,在传统社会,中国人的关系网络是以自己为中心,"像石子一般投入水中,和别人所联系成的社会关系……像水的波纹一般,一圈圈推出去,愈推愈远"。[2] 其中,血缘关系是最基本、重要的关系,而后是亲缘、地缘、学缘、业缘等。就此而言,赵凤昌的人际关系网络除了本书第一章所论血缘关系外,还应有亲缘、地缘、学缘等,因为资料不足等原因,本章主要讨论的是业缘,也就是幕缘。幕缘对他的影响最大,可谓成全了其一生。

为何这么说呢? 因为赵凤昌是读书不成走上了作幕的道路。二十岁时,他只身前往湖北游幕。虽然不知是谁推荐的,进的什么幕府,但很可能与亲缘或地缘有关。本书第二章提及的瞿廷韶时在湖北任知府,[3] 系缪荃孙的表哥,而缪荃孙家与赵凤昌家又有亲戚关系,所以赵凤昌去湖北可能与瞿廷韶有关。佐幕几年后,因亲缘关系,赵凤昌成为广东布政使姚觐元的幕僚。又经姚觐元推荐,他得以进入两广总督张之洞幕府,并取得张之洞的信任,凡有要事都参与谋划,得到多方面的历练,积累了学识和阅历,成就了其后来的人生高度。其间,他也利用幕僚身份和权势,热心帮助别人,使得其门如市,迹近招摇,结果被弹劾革职,迁居上海。

当"由幕而官"之门被关上后,赵凤昌又在上海打开了一扇窗,即

---

〔1〕国家图书馆善本部编《赵凤昌藏札》第8册,第59—74页。

〔2〕费孝通:《乡土中国　生育制度》,北京大学出版社1998年版,第27页。

〔3〕瞿廷韶"光绪元年代理郧阳府知府,二月到任,四月卸事。六月代理黄州府知府,是月到任,十月卸事"。见秦国经主编《清代官员履历档案全编》第3册,华东师范大学出版社1997年版,第645页。

依托张之洞,一边做生意,一边为其办事。由此他开拓一片新天地,与沪上各界精英建立联系,展开深入而广泛的交往,不仅积攒了丰厚的人脉,而且在商场上也取得了成功,赚得盆满钵满。他能够在上海公共租界购地10亩,建一座两层半英式楼房,取名"惜阴堂",[1]足见其经济实力。凭此经济实力,他也成为绅商,跻身东南精英行列。作为饶有资产阶级,他当然很在乎社会秩序的稳定和身家性命安全,因此每当东南地区遇到威胁时,他不甘坐以待毙,总是积极行动,联合其他绅商,并利用幕缘取得政府当局的帮助,解决危机,化险为夷。

有人评价赵凤昌在辛亥期间的表现,说"是其交结当路,推挽逢源,附趋时会,公私两得。兼以熟练世故,精娴吏事,虽不读书,其智术亦足以震耀一时。犹是两湖幕落之故智,橘逾淮而为枳者也"。[2]其实不仅辛亥时期,自离开张之洞幕府后,他都是用"两湖幕落之故智"行事,因而一直给人足智多谋的深刻印象,很多人跟他畅谈后,都不仅很有收获,而且佩服其宏论。就此而言,是幕缘造就了赵凤昌的人生。

晚清是个幕僚的时代,不少名臣大员都起家幕僚。赵凤昌虽未能成为名臣大员,但隐身幕后,纵横捭阖,影响东南大局,取得了另一种成功。不过由于他过于溺爱独子赵尊岳,将之培养成"吃喝嫖赌,样样来得"的"二世祖",[3]他家果真也"二代而亡"。因赵尊岳附逆当了汉奸,财产被没收,家人四散,赵凤昌苦心经营和守护的家业毁于一旦,这是他教子无方留下的后遗症,不得不说也是他人生有缺憾的地方。

---

〔1〕 杨小佛:《世事沧桑惜阴堂》,《世纪》2001 年第 5 期。

〔2〕 程沧波:《沧波文存》,第 259 页。

〔3〕 曹聚仁:《赵叔雍病逝南洋》,曹雷编《听涛室人物谭》,第 373 页。

附录　赵凤昌年谱简编

说明：1. 模糊漫漶、难以识别的字用□表示存疑暂阙，原文空缺用〇表示。

2. 有些条目下有按语，主要是考订所引用书信中的人名、写作时间及相关背景。

3. 民国元年元旦(1912 年 1 月 1 日)以前，纪年采用阴历；民国元年元旦以后采用阳历，但为统一体例起见，民国以后纪年数字也一律用汉字。

咸丰六年(1856)丙辰　一岁
四月初三日　辰时，赵凤昌生于江苏省武进县。
咸丰十年(1860)庚申　五岁
三月　江南大营被太平军击溃，赵凤昌随家人避难兴化县城。
四月初六日　太平军攻陷常州。
同治三年(1864)甲子　九岁
四月初六日　李鸿章所部淮军克复常州。
同治四年(1865)乙丑　十岁
本年　赵凤昌随家人归里。
赵凤昌父亲设家塾，请连襟——常州著名塾师父余伊臣教授赵凤昌兄弟五人读书。

同治五年(1866)丙寅　十一岁

赵凤昌在家塾,随余伊臣读书。

同治六年(1867)丁卯　十二岁

本年　因家道中落,请不起塾师,赵凤昌在家塾自学。

光绪元年(1875)乙亥　二十岁

本年　赵凤昌游幕湖北。

光绪五年(1879)己卯　二十四岁

五月　赵凤昌与湖北道员瞿廷韶护送饷项进京。

光绪六年(1880)庚辰　二十五岁

正月初七日　赵凤昌与瞿廷韶从京师南归。

五月十九日　在广州作幕的赵凤昌拜访金武祥。

本年　赵凤昌入广东布政使姚觐元幕府。

光绪八年(1882)壬午　二十七岁

十一月　姚觐元被革职,赵凤昌失去了广东藩署幕僚的职位。

光绪九年(1883)癸未　二十八岁

十月　赵凤昌受邀入淮军中军署做文案。

光绪十年(1884)甲申　二十九岁

六月二十四日　张之洞派委赵凤昌为两广督署文案处缮校委员。

光绪十二年(1886)丙戌　三十一岁

五月二十七日　以创办两广电报线出力,经直隶总督李鸿章、两广总督张之洞等奏保,赵凤昌以知县留省补用。

光绪十四年(1888)戊子　三十三岁

八月　赵凤昌入京引见。

九月三十日　赵凤昌引见后,回常州省亲。途经苏州,至姚觐元家留宿一晚,"谈粤事甚悉",姚觐元还"谆谆以谦退戒之"。

光绪十五年(1889)己丑　三十四岁

七月　张之洞在《候补知县赵凤昌甄别片》中奏称:"候补知县赵凤昌,年壮才优,办事稳细,业经详加考察,照章考试,堪以本班候补。"

十月二十二日 张之洞调任湖广总督,奏调赵凤昌等人赴鄂差委。在奏调片中,张之洞称"广东候补知县赵凤昌,志洁才敏,办事诚实,心精力果,通达时务,于电线事宜及外洋军火,最为考究精细"。

本年 赵凤昌结识经元善。

光绪十九年(1893)癸巳 三十八岁

四月十六日 赵凤昌因遭弹劾,被下谕革职回籍。

光绪二十年(1894)甲午 三十九岁

七月之前 赵凤昌移居上海养病。

按:赵凤昌自称"予自光绪甲午因养疴移至沪"(赵凤昌:《土山湾坟园记》,载《东方杂志》第15卷第12号)。这年七月初三日,张之洞致电赵凤昌,说收到他七月初二日从上海所发电报(虞和平主编《近代史所藏清代名人稿本抄本》第二辑《张之洞档》第9册,第616页),说明至迟在光绪二十年七月初二日赵凤昌已移居上海。

八月初四日 赵凤昌致电湖广督署。电文云:"请赐交蔡。讲电悉。车炮设法电商觅购,毛瑟二万,每八两五;弹一千万,每千十四两,请予准购实信,俟电商外洋,有货即定。此时非禀宪,虽用密马。昌禀。豪"。

按:电文中的蔡应为张之洞的洋务总管蔡锡勇,宪即指张之洞。"赐交蔡""非禀宪"说明这份电报并非发给张之洞,而是发给蔡锡勇的。"用密马"表明赵凤昌可用专门密码,与张之洞直接联系,诚如刘厚生所言,"凤昌与武昌总督衙门可直接发出不费一钱的一等密电"(刘厚生:《张謇传记》,第97页)。

十一月十五日 沈善登在致经元善信中,赞誉赵凤昌"沆爽明亮,的未易才"。

十一月十七日 赵凤昌致信经元善,支持其募义饷兴义兵计划。

十二月初二日 赵凤昌与经元善就其募义饷兴义兵计划笔谈。

光绪二十四年(1898)戊戌 四十三岁

八月初八日 赵凤昌致电张之洞,说京电云:太后训政后尚有大变。听说康有为初五日出京,上海道台奉旨严拿;张荫桓家被查抄。又听说英国来电,有派兵舰进大沽平乱之说,实为可忧。

八月初九日　赵凤昌致电张之洞,说盛宣怀接到两份京电:其一是初六日后,太后、皇上同见大臣,皇上并未生病。其二是本日奉旨:徐致靖、张荫桓、张元济、梁启超、王照及谭嗣同、刘光第、林旭、杨锐四章京等共十六人拿问。又上海道台接京电,令捉拿梁启超。又听说训政系杨崇伊密奉慈禧太后之旨告各大臣奏请。

张之洞致电赵凤昌,问听说梁启超在上海,现在是否已逃走。另外英国、俄国之间的战事如何,请尽快回复。

八月初十日　赵凤昌复电张之洞,说梁启超并未来沪,大概已与康有为同被英舰接走。英、俄之间无战事,但听说英国必干预我国之事。

赵凤昌致电张之洞,说轮船招商局郑观应昨晚急忙回广东,大概是想避祸。康有为已乘英国兵轮到香港。又听说英国已派兵到北京保护使馆,并逼迫慈禧太后还政于光绪皇帝。

八月十二日　赵凤昌致电张之洞,说:英国、俄国可能干涉中国内政,朝廷、国事危在旦夕,希望皇宫里不要再有进一步对光绪帝不利的举动,不知可否与两江总督刘坤一商量,将这种英、俄伺机而动的情形上报军机处与总理衙门。

八月十四日　赵凤昌致电张之洞,说据京电,昨天已将抓获的康有为弟弟、谭嗣同以及两位御史等六人处死,不知杨锐怎样。

八月十五日　赵凤昌致电张之洞,谈他所了解的戊戌政变经过。

按:茅海建先生认为赵凤昌关于戊戌政变的传闻,大多不可信(详见茅海建《戊戌变法的另面:"张之洞档案"阅读笔记》,第224—229页)。

八月十九日　赵凤昌儿子赵尊岳出生。

八月二十五日　赵凤昌致电张之洞,说据北京发来的洋电云,复八股,停农局,禁报馆,办主笔;又所有力陈维新的都革职。

光绪二十五年(1899)己亥　四十四岁

一月初六日　赵凤昌致函汪康年,说经探询,德真是英国人,在华行医有年,能说中国话,相貌英俊,应对敏捷。但上海的西人多说其不可靠,更有甚者竟说不认识其人,真是咄咄怪事。

光绪二十六年(1900)庚子　四十五岁

五月　义和团运动在京津等地爆发,为避免波及上海,赵凤昌找老友何嗣焜,提出东南互保之议。

六月三日　赵凤昌致函梁敦彦,论及他正在参与的东南互保之事。

光绪二十七年(1901)辛丑　四十六岁

四月初一日　张謇致函赵凤昌,说信及赵小山印谱收到,遵嘱为印谱写序。

按:赵小山,即庆宽,字筱珊,号松月居士。赵小山印谱为庆宽所辑从元至明、清的70余家印作,名《松月居士集印》。

四月十一日　蔡元培前往拜望赵凤昌。这是他第一次与赵结识交往。

六月初十日　张謇致函赵凤昌,谈武汉之行及垦牧公司集股事等。

按:五月中旬,张之洞邀请沈曾植、张謇到武汉商量覆奏新政谕旨之事。是月二十五日,沈、张在南京会齐,搭"江裕"轮赴武汉,二十七日抵汉口。

八月初六日　缪荃孙来拜见赵凤昌,并长谈。

十月初二日　张謇致函赵凤昌,请教通海垦牧公司招股办法。

光绪二十八年(1902)壬寅　四十七岁

本年　上海道台袁树勋致函赵凤昌,请说服汤寿潜来当其幕僚。

按:此信只有日期,无年月。因袁树勋于光绪二十六年末、二十七年初开始任上海道台,何嗣焜于光绪二十七年初去世,所以推断此信当写于本年。

袁树勋致函赵凤昌,请他去北洋务局参加座谈。

按:此信只有日期,无年月。从内容上也很难判断时间。据上信,暂系于此。

光绪二十九年(1903)癸卯　四十八岁

三月十八日　张謇致函赵凤昌,问荣禄去世,张之洞北上,不知朝廷有无变局。

六月初八日　张謇在上海与赵凤昌等会面。

光绪三十年(1904)甲辰　四十九岁

四月二十九日　张謇请赵凤昌、汤寿潜一起修改他代张之洞、魏光焘所拟的请立宪奏稿。

按：此奏稿的修改稿及誊抄件俱见《赵凤昌藏札》第 3 册第 547—577 页。根据修改稿，共改动 13 处，除 1 处未注明外，其余赵凤昌改 5 处，汤寿潜 4 处，张謇 3 处。

五月初六日　赵凤昌考定日本国会借债八百兆之数，又加入上述张謇的请立宪奏稿，至此已十易其稿。

五月二十九日　张謇致函赵凤昌，问《日本宪法义解》是否印成，对推动宪政有何看法。

本月　印好《日本宪法义解》，赵凤昌寄给庆宽十二册，请他呈请太后、诸军机参阅。慈禧太后看后召见军机大臣说："日本有宪法，于国家甚好。"不久，军机大臣瞿鸿禨即派其七弟到上海，托赵凤昌选购宪法各书，而不知赵凤昌实为主持刊行宪法各书之人。

十月二十二日　张謇致函赵凤昌，说铁良愿意研求宪法，很难得。

十二月初三日　两江总督端方借道上海乘船赴北京，张謇、赵凤昌、王清穆、刘葆良等八人共同在辛园设宴，为他饯行。

光绪三十一年(1905)乙巳　五十岁

十月二十六日　张謇与郑孝胥、赵凤昌等同往吴淞视察渔业公所。

十一月二十日　出洋考察政治的端方、戴鸿慈两大臣乘坐"海容"舰回到上海，张謇同赵凤昌前往舰上拜访。

十一月二十一日　戈忠等人因"大闹会审公廨案"发传单罢市，袁树勋令袁思亮和赵凤昌拟劝勿罢市传单，连夜印万张发送。

光绪三十二年(1906)丙午　五十一岁

五月初七日　张謇致函赵凤昌，谈江苏全省铁路公司的人事问题。对赵凤昌所言"苏路工程必须速办出大概"等语，张謇极为赞同，表示"必须如此办去"。

六月初二日　张謇致函赵凤昌,谈铁路人才培养及铁路学校补助问题。

六月二十日　张謇致函赵凤昌,谈筹办江苏所修铁路地价款。

九月二十四日　新到任两江总督端方致函赵凤昌,请出山相助。

按:端方于光绪三十二年七月十四日被任命为两江总督,九月十一日抵达南京接篆。仅过十多天,就函请赵凤昌当其幕僚,可见他对赵凤昌才干之仰慕。

十一月十一日　赵凤昌致电张之洞,请不要将他列入京汉路工保奖案内。

按:该电仅注明"冬月十一日发",没有年份。查光绪三十二年十二月,盛宣怀会同袁世凯、张之洞、张人骏合奏《请奖京汉路工人员折》,可知该电发于光绪三十二年十一月十一日。

张之洞复电赵凤昌,表示尊重其意见,不列入京汉路工保案内,但拟将之列入商约案内,请不必推辞。

十一月十三日　赵凤昌致电张之洞,表示绝意进取,不愿列入任何保案内。

光绪三十三年(1907)丁未　五十二岁

八月二十二日　郑孝胥到南洋路看所买地块,拟建洋式楼房。同时他看到赵凤昌新宅将竣工。

按:赵凤昌所造之屋即其后来鼎鼎有名的私宅惜阴堂。据称,赵凤昌孙女赵文漪回忆说,惜阴堂建于1908年(钱听涛:《"民国的产婆":辛亥革命的幕后人物赵凤昌》,《纵横》2001年第10期),不确,惜阴堂1907年即应建成,1908年已搬进去住了。

光绪三十四年(1908)戊申　五十三岁

二月十一日　郑孝胥到赵凤昌南洋路新宅参观,认为"前后二楼,共由一梯,甚失造屋之法"。

按:赵凤昌外孙杨小佛对惜阴堂的记忆是"英式楼房,前后五间,二层半","房间的面积都很大","都很阴深"(《世事沧桑惜阴堂》,《世纪》2001年第5期)。

十月二十四日　光绪、慈禧去世,应两江总督端方之要求,赵凤昌与江苏诸绅电奏朝廷表示哀悼。

宣统元年(1909)己酉　五十四岁

宣统二年(1910)庚戌　五十五岁

二月初九日　张謇与赵凤昌见面。赵凤昌当面向张謇索取照片,拟赠给美国传教士李佳白和组织美国商团来华访问的商人大来。

按:大来,张謇《柳西草堂日记》《啬翁自订年谱》均作"达"(见李明勋、尤世玮主编《张謇全集》第8册,第698、708、1026页),有关该人情况及其商团访华事见本书第六章。

四月二十三日　方还致函赵凤昌,请捐款创办《国民公报》,支持鼓吹立宪。

按:此信未写年份,仅注明"四月廿三日"。根据文中国会请愿、创办《国民公报》等内容,可断定写于宣统二年四月二十三日。

六月十一日　张謇致函赵凤昌,称赵所筹划的接待以大来为首的美国商团事甚妥。

按:美国商团指来华参观南洋劝业会的美国商人团体。四月二十八日,南洋劝业会在南京开幕,历时半年。

六月二十一日　张謇、张孝若父子到上海,晚上赵凤昌与其子赵尊岳前往看望。这是张孝若、赵尊岳订交之始。

八月初九日　张謇致函赵凤昌,谈与美国商团商谈之事。

九月十五日　赵凤昌致电张謇,请劝阻两江总督不要与外人商谈如何应付源丰润倒闭所引发的危机。

按:江督为张人骏。该电仅注明"九月十五下午十一点发",没有年份。查源丰润银号于宣统二年九月初六日倒闭,可知此电发于宣统二年九月十五日。

十月初六日　张謇与赵凤昌会面,说与美商大来恳谈事。

十月初八日　赵凤昌夫妇宴请美商大来、华尔特两夫妇,叶景葵夫妇、张謇、熊希龄、严饴庭、杨仲达和刘厚生陪同。

十月初九日　赵凤昌宴请张謇、熊希龄、叶景葵、严饴庭、杨仲达与英国泰晤士报考察东方时事人勃兰门。

十月　赵凤昌、熊希龄约大来、华尔特在上海谈中美商会共营银行、航业、商品陈列所、设商品调查员四事。

十一月十九日　晚,张謇、赵凤昌、唐文治召集雷奋、杨廷栋、熊希龄、叶景葵于立宪公会共谈。

十一月二十日　晚,熊希龄设酒宴,招集张謇、赵凤昌、叶景葵、狄楚青谈东三省事。

宣统三年(1911)辛亥　五十六岁

四月初五日　在上海的张謇移住赵凤昌家。

四月初九日　张謇又在赵凤昌家住。

新任东三省总督赵尔巽致电赵凤昌,欲礼聘他为幕僚。

按:该电无日期,仅署电报韵目代日"青"。青为初九日,根据《赵凤昌藏札》第10册所藏《时事新报》剪报及赵凤昌与叶景葵的往来电报,可知此电发于宣统三年四月初九日,详见下文。

四月初十日　赵凤昌致电赵尔巽,婉拒其礼聘。同时致电叶景葵,抱怨其明知自己不能出山,却不劝阻赵尔巽。

四月十一日　赵凤昌又致电叶景葵,强调因身体不好,无法应幕僚之命。

四月二十三日　陈作霖、贝仁元致函赵凤昌,称根据上海商务总会章程,已选举他为名望会员。

按:此函日期仅写四月二十三日,没有年份。上海商务总会于宣统三年二月届期改选,陈作霖当选总理,贝仁元当选协理,故断定此信写于宣统三年四月二十三日。

四月二十四日　张謇到上海,与赵凤昌商定报聘美团及中美商会共营银行、航业事宜。

按:上年美国商团来华参观南洋劝业会时,曾对华商发出赴美游历之邀请。报聘美团即指组织华商赴美访问之事。

五月初九日　《时事新报》报道赵凤昌开复原官之事。

闰六月二十日　张謇与赵凤昌等人在商会设立报聘美团事务所。

八月二十四日　晚,赵凤昌约黄炎培吃饭,并商量应对十九日爆发的武昌起义办法。

八月二十六日　张謇到上海，住赵凤昌家，商讨时局。

九月初六日　赵凤昌致电唐绍仪，劝其不要就任邮传部大臣。并做好安抚各国公使工作；又致电梁敦彦，劝其不要回国，设法阻止外国派军队来华干涉。

九月初九日　黄炎培等在赵凤昌家集议。

九月初十日　胡元倓致函赵凤昌，谈武昌起义后情况。

九月二十一日　熊希龄致函赵凤昌，指出目前必须组织临时政府，才能得到外交团承认，否则面临外交上的危险。

九月二十三日　赵凤昌与张謇、唐文治、庄蕴宽、黄炎培、沈恩孚、雷奋、杨廷栋、伍廷芳等在上海江苏教育总会开会讨论组织临时议会问题。

赵凤昌与张謇、汤寿潜、熊希龄合电张家口商会转内外蒙古，请赞成共和，对方复电照允。

赵凤昌与唐文治、庄蕴宽、黄炎培、沈恩孚、雷奋、杨廷栋等十二人联名上书沪军都督府，要求把上海的行政权交给江苏都督程德全统一管理。

庄蕴宽致函赵凤昌，并录寄马相伯政见。

按：此信无月份，只有日期二十三日。据李书城《辛亥前后黄克强先生的革命活动》："上海光复以后，当地名流如张謇、汤寿潜、赵凤昌等推庄蕴宽来鄂，为组织统一革命机构事向黄先生和黎元洪征询意见。"上海九月十四日光复，二十一日庄蕴宽与张謇等商量组织临时议会事，而黄兴十月十一日从武汉回到上海，可知庄蕴宽此信当写于九月二十三日。

十月初一日　洪述祖致函赵凤昌，说上月初在唐绍仪处读到赵的密电。次日他即草拟一份停战议宪诏书，托人转说王大臣，毫无成效。直至袁世凯入京，方在唐绍仪的帮助下将此稿送到他手上。袁甚为赞成，拟派唐绍仪到上海议和，不知南方是否愿意接受。

十月十二日　赵凤昌与章太炎、黄兴、张謇等电贺诸军光复南京。

十月十四日　赵凤昌出席各省都督府代表联合会驻沪代表会

议,议决:暂定南京为临时政府所在地,并选举黄兴、黎元洪分任大元帅、副元帅。

十月十八日　唐绍仪致电赵凤昌,请代邀张謇、汤寿潜赴汉口参加南北和议。

十月二十日　赵凤昌复电唐绍仪,说张謇、汤寿潜二人均不能远赴汉口,请他来上海参与南北和谈。

十月二十一日　张謇致电唐绍仪,说赵凤昌转示尊电,愧不敢当。伍廷芳不能赴鄂讨论大局,应以来沪为宜。

十月二十四日　中华民国联合会颁布章程,赵凤昌列十八名创办员之中。

十月二十七日　伍廷芳致函赵凤昌,说已与唐绍仪约在次日下午2时于上海公共租界小菜场议事厅开南北和谈会,请赐全权文凭。

十一月初三日　赵凤昌与伍廷芳、张謇、唐文治、温宗尧、陈其美、钮永建、胡瑛、汪精卫、马君武、王宠惠、于右任等组织共和统一会,发表《共和统一会意见书》,针对当时局势,呼吁国内统一。

十一月初七日　黄兴、陈其美在哈同花园公宴昨天抵达上海的孙中山,并邀在沪各省代表作陪,赵凤昌作为江苏代表出席。其间,商量组织临时政府方案,孙中山和宋教仁因采取总统还是内阁制问题争执不下。

本月　赵凤昌与张謇、程德全、章炳麟商议创建统一党。

民国元年(1912)壬子　五十七岁

一月　章炳麟、程德全致函赵凤昌,说中华民国联合会参议会推选其担任特务干事。

按:此函无日期。据1912年1月20日《共和日报》刊登张謇致章太炎函,询问"承公推任特务干事,不知以何种为特务,愿闻其例"(李明勋、尤世玮主编《张謇全集》第2册,第310页),故将该函置于此。

二月九日　孙中山致函赵凤昌,聘其为南京临时政府枢密顾问。

二月十日　赵凤昌致函孙中山,婉辞枢密顾问一职。

二月十三日　章太炎致函孙中山,反对与日本合办汉冶萍公司,并说汉冶萍合资一案，与赵风昌、熊希龄商量，均认为不妥。

三月五日　统一党理事致函赵风昌，推选其任基金监一职。

按：据《统一党章程》，基金监仅设二人，负责管理该党基本财产。

三月六日　统一党本部致函赵风昌，推选其任参事一职。

三月二十七日　《申报》第七版刊登毛安甫、陆吟生致函程德全、张謇、汤寿潜、伍廷芳、赵风昌等公开信，在肯定他们倡导共和、居功甚伟的同时，也批评他们在南京临时政府面临困难时，纷纷引退，不管不顾，希望他们能出而任事，拯救同胞。

四月初九日　袁世凯致电赵风昌、汤寿潜，聘他们为北洋政府顾问。

赵风昌电复袁世凯，婉辞顾问一职。

四月十五日　袁世凯电复赵风昌，对他不就顾问一职表示理解，请他继续支持。

五月七日至十七日间　时财政总长熊希龄致电赵风昌，说北京临时政府借款被四国银行团垄断，难以抵制。

按：此电无具体日期，周秋光所编《熊希龄集》判定发于 1912 年6 月（第 2 册，第 716 页）。查熊希龄从 5 月 7 日起与四国银行团谈判借款事，5 月 17 日就签订了垫款章程，可见他与赵风昌商量尝试其他借款渠道，免受四国银行团一家操控，是在 5 月 7 日至 17 日之间，否则货比三家，他根本不需要急急忙忙与四国银行团签订垫款合同及监视开支暂时垫款章程，而遭受非议，成为众矢之的。

五月二十二日　熊希龄致电赵风昌，说他同四国银行团谈判借款，将来争论必多，万一决裂，不得不宣布公道于东西各国，因此拟请赵在上海速为其聘请律师一名，来京相助。

五月二十八日　熊希龄致电赵风昌，并转各都督、各报馆，公布黄兴催款至急的密电，辩称自己与四国银行团签订垫款合同及监视开支暂时垫款章程，实出于无奈，并且也经国务院通过，参议院默许，共和党人多数赞成。不料引起国人反对，尤其黄兴二十四日的敬电为"最激之电，集矢于龄，将以甘心"，自己深为愧疚，决定引咎辞职，

"律师事可缓定"。

按：此电无具体日期，周秋光所编《熊希龄集》判定发于1912年6月。但根据电文中"克强今日忽有最激之电，集矢于龄，将以甘心"，可知该电报起草于24日黄兴发出敬电的那天，当然还有"明日以后，可卸责任"，与27日熊希龄公开提出要辞职有关。最重要的是电文末"律师事可缓定"，表明熊希龄之前请赵凤昌聘请的律师已可能不需要了。5月29日，赵凤昌致电熊希龄，说到"有、宥、感、俭电悉"，"俭电当照达律师，如订望查"（《赵凤昌藏札》第10册，第132页），可见他把熊希龄"律师事可缓定"之事照达他所联系的律师。综上，断定此电为"俭电"。"俭"的韵目代日是28日，所以此电发于5月28日。

五月二十九日　赵凤昌复电安慰熊希龄，说：办理借款暂时受攻击是意料中事，日后必大白于天下，请镇定，不要影响大局。如还想聘请律师，望回复二十四日"敬电所议一切"。

熊希龄致电赵凤昌等，说承蒙以勿萌退志见责，但国民既反对借债条款，就是自己外交失败之过，理应主动让贤，以谢天下。目前已上书辞职，停止办公，一切事件，均交总理代签。

六月一日　熊希龄致电赵凤昌，说对外借款事因黄兴坚决反对，各省多响应，自己不敢违背舆论，已再辞职，专等国民解决。律师系财政部聘请，照五月二十四日敬电，专办此次订定借款合同及继续前清合同之事。其来京日期等借款问题解决后电告。

六月十三日　熊希龄致电赵凤昌，望速请律师于十七日前到京。

六月十六日　熊希龄致电赵凤昌，说垫款问题，四国银行团借机把持，不肯尽快拨付。拟请赵约集上海各社会团体，迅速联名分电英、美、德、法、俄、日各政府及海牙和平会，予以揭露。熊希龄认为"如此电去，必大有益，务望速行"。

六月十七日　熊希龄致电赵凤昌，说内阁唐绍仪总理因王芝祥督直问题，与袁世凯总统意见两歧，已于十五日早晨不辞而别，到天津居住。总统特派梁士诒、段祺瑞前往劝驾，坚不肯回。现因人心摇动，秩序不可保，此事非黄兴迅速入都解决不可。请赵一定设法敦劝黄兴入都。

六月十八日　赵凤昌致电熊希龄,说十六日铣电收到,即集会商议,决定先由上海总商会致电英、法、美、德政府揭露银行团的要挟行为,措辞极妥,已译成英文发出。

六月二十日　赵凤昌致电熊希龄,说黄兴已电劝唐绍仪回京。但听说唐之离京是与熊有矛盾所致。

六月二十二日　熊希龄致公开电给赵凤昌以及各报馆、各省都督,称自己与唐绍仪并无矛盾,愿公之于众,并向唐绍仪求证。

六月二十六日　赵凤昌与张謇致电熊希龄,就其因与四国银行团签订垫款合同遭致反对,而屡发电文发泄,敦劝他应有所收敛。并说程德全并非反对借款,但他也锋芒相对,徒启恶感。赵凤昌并附言,刚刚与孙中山、黄兴等人见面,他们都主张责任政党内阁。

六月三十日　熊希龄致电江苏都督程德全,说之前致他的电文,赵凤昌说"有锋芒",大概是误会了。并自称与程是道义之交,契合之深,断无丝毫内外之见。

九月十九日　章太炎在《却与黄陈同宴书》中批评赵凤昌,称"赵凤昌者,本南皮弄儿也。去岁观其行状,庶几稍盖前愆,亦欲引与为善,而便辟善柔,天性不改,其于黄兴,若有固结不解者,则尤别于吴中群士之肺肠。诸君子饵其甘言,虚与结纳,其始不过饮食酬酢之微,既而妄者相矜,以为利用之善,笼络之敏,且以国利民福,消融党见为美谈。不悟蛟鼍之不可驯豢,而乌贼之足以自污,吾恐末流溃烂而不可收拾也"。

十二月三十一日　袁世凯授予赵凤昌二等嘉禾章。

民国二年(1913)癸丑　五十八岁

三月二十二日　黄兴致函赵凤昌,说宋教仁被刺,想已详悉,令人悲痛的是今晨四时四十七分他不治身亡,特此飞闻。

赵凤昌、熊希龄致电孙中山,说汉冶萍公司今天开会,股东到会者441人,投票议决,全体反对中日合办,已由股东电达盛宣怀迅速取消。

三月二十四日　张謇致函赵凤昌,对宋教仁无端被害表示愤慨,并讯问为宋所撰挽联"何人忍贼来君叔，举世谁为鲁仲连"当寄何处。

三月二十五日　赵凤昌与孙中山、黄复生、洪承点、陈贻范、陈锦涛、陈其美和于右任以及江苏都督程德全聚至黄兴住处商谈宋教仁被刺案。

三月三十日　程德全、应德闳、张謇均至南阳路 10 号赵凤昌家秘密会议，商办宋案。

五月七日　内阁总理赵秉钧致函《民立报》，详述自己与宋教仁、应夔丞、洪述祖之关系，以自证清白。其中洪述祖部分涉及赵凤昌："洪述祖者，与鄙人素不相识，闻其与赵凤昌至亲。赵君在沪，与起义诸巨子踪迹甚密，故洪述祖颇预闻革命之事。辛亥年春，唐绍仪请开邮传部尚书缺，即系接赵之电报。唐寓天津，外间传说是事。"

六月五日　赵凤昌致电陈陶遗，说胡瑛来言，汪精卫已与国民党要人孙中山、黄兴等研究时局，一致认为南北应和平，袁世凯的地位须保持稳定。希望中央不要相信谣言，不要突然有政策变动，俾便汪精卫做工作。请与程德全、张謇二公商量，迅速密电中央，免生阻碍。

六月六日　赵凤昌致电程德全、陈陶遗，并请转张謇，说前电想已收到，汪精卫所谈南北调和问题切实可行，应该加以贯彻，务必坚请张謇与陈陶遗马上来上海，并盼回电。

六月七日　张謇致函赵凤昌，说已"专函劝北方勿过逼迫，致碍民生"。

六月十二日　张謇致函袁世凯，说据赵凤昌来信，国民党汪精卫、蔡元培同时回国，开导其党甚力。

六月十七日　张謇致函赵凤昌，说今天午后得袁世凯回复的铣电，请转交汪精卫、蔡元培等人。并询问近来孙中山、黄兴之动态。

赵凤昌致函张謇，说汪精卫已离沪至粤，自己两约蔡元培、胡瑛来谈，出示袁世凯铣电，二人都说电内最关键的在"佯谋下台、实则猛进"一语，但实无此事，无须担心。现在这里仍主前议，不因为江西、广东两都督被免职而改变。因此请张謇先酌情回复，让袁世凯知道国民党方面并无异常举动，免生枝节。

按：此信没有日期，但根据六月十七日张謇致赵凤昌函及二十二日张謇复袁世凯电,可知此信当写于十七日至二十二日之间。

六月二十二日　张謇复电袁世凯,转告其赵凤昌上述来信内容。

六月二十七日　张謇致函赵凤昌,说刚刚得到袁世凯来电,语意颇平。现在是南方拿出实际行动的时候,祈即与孙中山接洽见复为盼。

七月二日　赵凤昌致函张謇,说收到所录示的袁世凯宥电,即约蔡元培、胡瑛共阅,并密达孙中山。今两君来谈,孙中山也深以电语开诚布公为幸,随时电粤催汪精卫回沪,商量办法。

七月十七日　张謇致函赵凤昌,气愤地说他们两人被人利用,失去信用了。现在中国实业生计大受损害,外交也恐生危阻,非常让人痛心。

按:张謇为什么对赵凤昌说我们两个被利用了,是因为他们正为南北调停作努力,眼见有成功的希望,可国民党发动了"二次革命"。继江西独立后,7月15日,南京也宣布独立。而南京独立,张謇事先一无所知,听说以后既怀疑又奇怪。

七月三十日　南京第八师军官陈裕时、张厚琬致函赵凤昌,说现在南京发动战争诸人,如黄兴、章梓、洪承点、冷遹等都远走高飞。已奉江苏都督程德全命令,取消南京独立,由陈之骥暂管,该如何善后,拟拜见先生面陈一切,尚乞不拒为祷。

按:此信没有日期。黄兴于二十九日离开南京,则该信应写于三十日前后。

七月三十一日　陈裕时致函赵凤昌,说务乞都督程德全、民政长应德闳火速赶往南京,以维持秩序。万一不能即时赴宁,亦恳求速电各军稍安勿躁。另要设法提供给养,以安其心,庶不至有溃散殃民之虞。

赵凤昌致函应德闳,请其出面主持南京取消独立善后之事,并告知从南京来的八师军官陈裕时、张厚琬暂住棋盘街经武公司,急须面陈一切。

八月七日　陈裕时致函赵凤昌,再次请求赵设法解决南京取消独立善后问题。

九月十九日　张謇致函赵凤昌,说孟森来电劝他赴京任农商部总长一职,他已决定前往就任。

十二月七日　熊希龄致电赵凤昌,说因各省水旱,中央无法筹款赈灾。现据江苏、直隶两省长呈请仿照湖北籤捐,特开义赈奖券,由中央派人办理赈务,已呈请总统任命樊棻为总办、潘睦先为会办,请他代为劝驾,并电复。

十二月八日　赵凤昌电复熊希龄,反对开办湖北籤捐,并说明理由。

十二月九日　赵凤昌致函张謇,请想办法阻止熊希龄开办赈务籤捐。

十二月二十五日　张謇致函赵凤昌,请推荐办理水利工程人才。

民国三年(1914)甲寅　五十九岁

九月十五日　张謇致函赵凤昌,对世事政局表示失望。

十月十六日　张謇致函赵凤昌,说欧事未定,一切无可言。自己准备请假回南方,暂离烦恼,但能否脱身,还不可知。他拟辞去农商部长,只任全国水利局长一职。

十一月二十五日,张一麐致函已请假回老家的张謇,说传言郑孝胥、赵凤昌等一百多人联名致电某国借兵,并牵连到张謇本人,请设法调查,以堵谗慝之口。

十一月三十日　张謇致函赵凤昌,请探听张一麐所说的传言情况,随时见示。

十二月四日　张謇致函赵凤昌,说今早汤寿潜、丁宝铨来谈,于张函中之传言亦无所闻。昨见十二月二日《新闻报》"复辟论之过去谈",内有近日京中更有上海绅商电请某国推翻□□择贤立君之谣传一节,即往询周金箴。他说既无所闻,商界也断无其事,可见大抵出之造谣诬罔。因此,无须登报声明,以免为造谣者利用传播。

民国四年(1915)乙卯　六十岁

十月二十六日　张謇致函赵凤昌,说令子尊岳不入学校就学,也极好,世界知识所得越少,受世界流毒侵蚀当越少。另附言已上呈引退之文。

本月　张謇致函赵凤昌,称抄录重阳日所写诗数首,供其一粲,聊当面谈。

十二月二十八日　张謇致函赵凤昌,说我已辞职四次,至今未被批准,当看时势以为进退,否则无安宁之日。儿子婚事蒙赠厚仪,感愧滋甚。

民国五年(1916)丙辰　六十一岁

一月六日　张謇致函赵凤昌,说终于辞掉职务,摆脱尘网,将仍致力于村落主义,求自治之进步。目前卖掉《申报》股份,投资泰属富安垦业。

三月三日　张謇致函赵凤昌,对赵凤昌卖去信用公司股票,以5 000元抚恤黄远生遗孤,1万元捐赠南通慈善业表示欣赏。张謇说南通育婴堂最需要钱,"拟以资之以广德意",并寄去收条请其填写。

三月二十五日　张謇致函赵凤昌,说南通新婴堂收据已重写,请转交史君,再由史君交给大生厂的吴季诚收储。新婴堂产业第一步须十万元,但极力筹措只可五六万,颇为踌躇。

六月十五日　张謇致函黄兴,说收到赵凤昌转交黄的两封亲笔信,俱见其爱国之诚、进德之猛,反复展诵,不胜敬仰。

按:这里所说黄兴的两封亲笔信指黄兴分别于1915年12月21日和1916年5月17日致赵凤昌等的信。分见《赵凤昌藏札》第7册,第176—178、179—181页。又见《黄兴集》第414—415、428页。

八月七日　张謇致函赵凤昌,问前为其儿子访聘一能教英文及他学科之教员,不知是否能就职,此人外尚有其他学行优美可请者否?

八月十六日　张謇致函赵凤昌,发表时评:东邻的逼迫越来越厉害,而昏昏者犹各自鸣得意,遗祸种于世而不顾,奈之何哉!

十月七日　张謇致函赵凤昌,对其出售《申报》股份表示赞同,认为此款应用于公益事业,"似以经营垦业后取息助公益为尤长耳",拟请刘厚生为赵详细说明解释。

十一月二十三日　张謇致函赵凤昌,说令子尊岳结婚,现特令南通贫民工场制挂屏、帐衔二种,用作新房装饰。

十二月十七日　张謇写贺赵凤昌儿子婚联："仲锐和国新姻对，松雪(赵)山樵(王黄鹤)旧世家。"

按：赵凤昌儿子娶的是曾任江苏提学使的王仁东的女儿。仲锐指的是宋宗室赵仲锐，和国为赵仲锐妻子王氏，封和国夫人。

民国六年(1917)丁巳　六十二岁

七月一日　熊希龄致电赵凤昌，说康有为、张勋阴谋复辟，昨晚已成事实。伪诏已布，总统黎元洪被逼退位，段祺瑞即起反对，战争将起。

七月四日　熊希龄致电赵凤昌，说段祺瑞已视师马厂，即日出兵讨贼。惟后防关系重要，请设法运动海军六艘，开赴大沽，并载攻城巨炮，接济前敌。此电望转达南京冯国璋副总统。

七月五日　赵凤昌复电熊希龄，说段祺瑞誓灭狂寇，力保共和，无任钦服。尊电即转达冯副总统。海军已派三舰去大沽，所需可就近商之。只是担心攻城会遭外国人阻挠，因为这次复辟无疑得到某国暗助。

七月九日　张謇致函赵凤昌，说刘厚生来，略知丁巳复辟之事。辩孽张勋之除，当在旦夕间。段祺瑞殊可人意。

十月二十四日　张謇致函赵凤昌，说承十三日手书，语重心长，忧深虑远，具见贤人君子不能忘世之慨。表示自己也不忘情于世，但环视世人好自杀者，前仆后继，如出一辙，虽欲用世而不能。并建议他趁身体尚好，作山水之游。自己秋冬间想去虞山、锡山吊拜翁同龢、赵彭渊两师之墓，不知他能否同去？

民国七年(1918)戊午　六十三岁

二月十九日　张謇致函赵凤昌，说收到其手告，所论都切中肯綮，但自己久与北洋政府没有联系，难以告之。并称二十年来，自己专意在亡国后如何复活想办法，对于救亡则束手无策。

十月二十七日　上午，杨杏佛雇马车送妻子赵志道回其位于上海南阳路10号的惜阴堂，第一次见到赵凤昌，其彼时的印象是"竹君先生已七十余而精神谈笑乃如五十余人，言论极正大透彻，老辈中不多见也"。惜阴堂客厅墙上挂有一张盖有袁世凯国玺的纸，赵凤昌说这是唐绍仪所赠,国玺已被外国人花十六万元买走。中午,杨杏佛受邀再往赵凤昌家吃午饭。

按:一九一八年十月,杨杏佛在美国学成归国,年初与他秘密结婚的妻子赵志道偕行。十月二十六日晚,他们抵达上海,仍住船上,次日上午杨杏佛送赵志道回家,见到了赵凤昌。此后一段时间里,他们翁婿经常见面,其间还共同筹办杨与赵志道的订婚、结婚事宜。

十月二十九日 下午,杨杏佛、任鸿隽应招去赵凤昌家,赵凤昌大谈袁世凯谋帝位与张勋复辟事,并出示当时各重要印刷品如《君宪记实》、《洪宪缙绅》、皇历和攻击蔡锷小册,以及洪宪朝的象牙朝笏。杨杏佛认为这些"皆共和战史中,希世之宝也"。

十一月四日 下午,杨杏佛应约去赵凤昌家,见到赵凤昌、赵志道和赵尊岳。赵凤昌谈民国元年组织统一党之历史,以及与章太炎的交谊,说他在张之洞幕府时就已认识章氏。赵凤昌还论及杨杏佛与赵志道订婚事,表示首肯无异辞,并要杨杏佛请任鸿隽、黄炎培为介绍人。

十一月九日 杨杏佛约胡敦复至赵凤昌家,与赵凤昌商量他和赵志道订婚、结婚办法。他觉得所议如其意。

十一月十日 杨杏佛到赵凤昌家,与赵凤昌商量他和赵志道结婚日期。赵凤昌定在本月十七日。

十一月十七日 杨杏佛与赵志道结婚。下午二时三十分,赵凤昌主持婚礼,三十分钟后礼毕,即摄影留念。

十二月十五日 赵凤昌在《东方杂志》第15卷第12号上发表《土山湾坟园记》一文。

民国八年(1919)己未 六十四岁

二月十日 张謇致函赵凤昌,内云:"昨、今日知日本横暴遇我,行为殊可骇愤。设无内讧,何至如此,此已成东逝之水。若及此南北一致挽救,迅了内讧,并力御外,则失马塞翁又焉知无意外之福。似宜为唐、朱言之,国将不国矣,宁有可以供我内讧几日"?

按:"日本横暴遇我"是指日本在巴黎和会上不顾中国战胜国的身份,要求继承第一次世界大战前德国在山东的一切权益。唐、朱分别指当时南北议和的南方、北方总代表唐绍仪、朱启钤。

熊希龄致电赵凤昌,告知巴黎和会青岛问题由来。

二月十二日 熊希龄致电赵凤昌,请他将前商由上海、广东的民意机关、南北代表通电巴黎和会一节,迅速照办,否则来不及了。并称如果外交失败,南北议和有什么用。

二月十七日 熊希龄为收回山东主权致电赵凤昌。他认为要在巴黎和会取得外交胜利,主要在我国之坚持,希望赵凤昌想办法号召国民一致反抗,此乃我国生死关键,不达到目的,不足图存也。

二月十九日 张謇致函赵凤昌,说得到其十七日手告,快如面晤。您答熊希龄函所言南北不可分用私借款、不可以开会为抵制、不可运动新国会,深表赞同。并指出熊希龄主意多,往往近扰,等见到他时,劝他不要过于急进。像您说的段祺瑞、徐世昌、曹锟等每月借款二百万,二十年为期,以江西、安徽、河南、直隶矿产作抵押,简直是断送中国,这些人食其肉,尚嫌不足!

二月二十日 熊希龄致函赵凤昌,对他有关日本某项借款问题看法表示不满意,请他再斟酌。

三月二十日 张謇致函赵凤昌,说熊希龄告知,南北和局将为陕西兵事所破坏,想商量一起致电政府抵制。他的意见是直接致电劝谕段祺瑞,不知赵凤昌是何看法,此举是否可行。

四月二十六日 熊希龄致电赵凤昌,评点巴黎和会新进展及中国时局。

五月二十日 张謇致函赵凤昌,说黄炎培、沈恩孚二君来,具承近论。三月二十一日,他曾据报上消息,给中央政府致一密电,再三忠告不要意气用事,以战促和,并得到钱能训总理的复电。

按:三月二十一日,张謇致中央政府密电及钱能训复电,见《赵凤昌藏札》第10册,第129—130页。

民国九年(1920)庚申 六十五岁

二月十七日 熊希龄致函赵凤昌,请帮忙在浙江农村为其已故母亲找一块墓地。

四月二十三日 晚,赵凤昌在惜阴堂家中宴请来上海演戏的梅兰芳、王凤卿、姜妙香、姚玉芙及何维朴、吴昌硕、王秉恩、况周颐、郑孝胥等上海名流。事后,吴昌硕等绘香南雅集图纪念,是为"香南雅集"初集。

五月十三日　晚,吴昌硕、王秉恩、况周颐、朱祖谋借赵凤昌家惜阴堂宴请陈三立、沈曾植、郑孝胥、梅兰芳等,是为"香南雅集"二集。

民国十年(1921)辛酉　六十六岁

一月十四日前后　赵凤昌致电熊希龄,对其发来快函,提出先办冬赈救急,非常赞同,并建议向盛宣怀家族募款。他提出两条劝募途径:一是直接致电盛宣怀夫人及其儿子,请求捐款;二是就近恳求孙宝琦,请他致电亲家母盛宣怀夫人,"乘此大灾,自捐百万"。

十二月二日　张謇与张绍曾、张一麐、沈恩孚、黄炎培、史量才、刘厚生同聚在赵凤昌家,讨论召开国是会议问题。

民国十一年(1922)壬戌　六十七岁

六月二十八日　晚,赵凤昌在惜阴堂家中举办"香南雅集"三集,宴请梅兰芳、妙玉以及上海诸名流,但沈曾植、朱祖谋因病未来,郑孝胥谢不往。

民国十二年(1923)癸亥　六十八岁

七月十三日　张謇致函赵凤昌,说他正自编年谱,系有感于家国身世而作,与仅谈个人经历者不同。现将草稿奉览,希望赵予以补充,按年写于页眉上,供其进一步修改完善。

八月三日　张謇致函赵凤昌,问其自编年谱是否已蒙增补,若已完成,请将草稿寄还。

八月十六日　张謇致函赵凤昌,催问其自编年谱草稿事。

十一月　本月起,赵凤昌发愿抄经,经过两个月的努力,用楷书抄成《维摩诘经》三卷。

民国十三年(1924)甲子　六十九岁

三月二十一日　赵凤昌原配夫人洪元珍去世。

六月三日　赵凤昌葬原配夫人于上海县二十八保十八图恶字圩土山湾赵氏坟园。

民国十四年(1925)乙丑　七十岁

一月十四日　王清穆致函赵凤昌,说:齐燮元与孙传芳联军突起,苏州、常州均当其冲,江苏人必须图谋自救,"断不能听其再演战祸"。他已致函马相伯,请电招冯玉祥南来解决争端,如果赵"别有奇策足以遏此乱端,更为桑梓之福"。

一月二十八日　赵凤昌致函王清穆,告知董康和孟森在报纸上发表说贴,提议"改国军为省军,藉省军以自卫"。

民国十五年(1926)丙寅　七十一岁

四月十三日　赵凤昌撰写《原配洪夫人墓碑》。

八月七日　熊希龄致函赵尊岳,说作百字令一首吟咏其父赵凤昌。自言该令"殆为尊人写真,惜未能尽其一二,但亦民国史中不可少之作"。并表示如果寄赠其父照片,"当为敬题其一,以为纪念耳"。熊希龄所作百字令全文如下:

> 奉答叔雍世兄和词并赠呈惜阴主人,仍叠百字令前韵
>
> 共和初幕,有运筹帷幄,无名豪士。苦口调和诸领袖,独尽其心而已。视国如家,为而不有,高洁其如此。滔滔天下,算惟有使君耳。　无奈愿与心违,东扶西倒,溃似洪流水。赖有佳儿能继志,大隐之居朝市。出岫看云,灌园种菊,不问尘劳事。乐天知命,殆将终老于是。

民国十七年(1928)戊辰　七十三岁

十一月二十四日　黄炎培与沈恩孚一起拜访赵凤昌,赵拿出所撰《清末遗事》诸篇给他们看,黄炎培认为很有价值,"多外间不经见之事实"。

按:赵凤昌"《清末遗事》诸篇"即后来在《人文》月刊连续刊载的"惜阴堂笔记"。

民国二十年(1931)辛未　七十六岁

二月十五日　赵凤昌在《人文》月刊第 2 卷第 1 期上发表《书程学启诱降苏寇及攻嘉兴事》一文。

三月一日　赵凤昌继配夫人周南去世。

三月十五日　赵凤昌在《人文》月刊第 2 卷第 2 期上发表《书鲍春霆谋略及最著战事》一文。

五月十五日　赵凤昌在《人文》月刊第 2 卷第 4 期上发表《国学辜汤生传》一文。

六月一日　赵凤昌撰写《继配周夫人墓碑》。

六月十五日　赵凤昌在《人文》月刊第 2 卷第 5 期上发表《光绪甲申朝局之变更》《戊庚辛纪述》二文。

八月十五日　赵凤昌在《人文》月刊第 2 卷第 6 期上发表《经莲珊电请收回立大阿哥成命》一文。

九月十五日　赵凤昌在《人文》月刊第 2 卷第 7 期上发表《庚子拳祸东南互保之纪实》一文。

九月十八日以后　赵凤昌与马相伯等领衔通电,要求政府马上抗日。

十月十五日　赵凤昌在《人文》月刊第 2 卷第 8 期上发表《中国欲预闻日俄泊资模斯议约》一文。

十一月初　在上海参加宁粤和谈的南京代表胡汉民要离沪赴粤,时任南京代表团秘书的程沧波得知确切消息后,特致电告诉常州乡前辈赵凤昌。赵在电话中叹息说:"他怎么在事情没有段落的时候离去。"

十一月十五日　赵凤昌在《人文》月刊第 2 卷第 9 期上发表《纪甲申中法战事冯王关前谅山之捷》一文。

十一月二十四日　下午,黄炎培、张一麐和李根源等到赵凤昌家商量时局,准备组织江苏省国难救济会。

十二月十五日　赵凤昌在《人文》月刊第 2 卷第 10 期上发表《清末士大夫间诸征兆》一文。

惜玄在《晶报》第二版发表《记耆绅赵竹君先生》一文,称马相伯发起组织江苏省国难救济会,"其组织之动机,闻以赵竹君之力为多"。

十二月二十五日　马相伯召集江苏省国难救济会全体理事,举行招待会,并发表抗日自救演说,赵凤昌派儿子赵尊岳代为出席。

本年底　程沧波向蔡元培了解赵凤昌为人。他问蔡元培:南京临时政府是在赵凤昌家里成立,此人究竟如何?蔡回答说:"我们党对不起他。"程问："这话怎讲？"蔡说："害得后来袁世凯要为难他呀。"

民国二十一年（1932）壬申　七十七岁

二月十五日　赵凤昌在《人文》月刊第 3 卷第 1 期上发表《联话》四则。

三月十五日　赵凤昌在《人文》月刊第 3 卷第 2 期上发表《记宣统二年美国特组商团来游中国》一文。

四月十五日　赵凤昌在《人文》月刊第 3 卷第 3 期上发表《书王小苹观察事》一文。

六月十五日　赵凤昌在《人文》月刊第 3 卷第 5 期上发表《庚子传信录》一文。

九月十五日　赵凤昌在《人文》月刊第 3 卷第 7 期上发表《书合肥轶闻》一文。

十月十五日　赵凤昌在《人文》月刊第 3 卷第 8 期上发表《书石城冤杀冥报》一文。

十一月十五日　赵凤昌在《人文》月刊第 3 卷第 9 期上发表《光宣纪述之一》《同光纪述之一》二文。

十二月十五日　赵凤昌在《人文》月刊第 3 卷第 10 期上发表《光宣纪述之二》一文。

本年　赵凤昌致函熊希龄，提出办法，希望他呼吁政府当局积极抗日。

熊希龄复函赵凤昌，介绍当前的抗日形势，指出"现在与庚子不同"，像他们这样的人"既无势力地位，发言无足轻重"，只能"尽其在我而已"。

民国二十二年（1933）癸酉　七十八岁

二月十五日　赵凤昌在《人文》月刊第 4 卷第 1 期上发表《光宣纪述之三——五》三则。

民国二十三年（1934）甲戌　七十九岁

十月十日　中午，黄炎培受赵尊岳之邀到其家吃饭，并与赵凤昌谈辛亥故事。

十一月七日　中午，黄炎培、张謇、张定之、金侯城、李宣龚、沈恩孚、陈陶遗、林诒书、徐静仁、张孝若、吴寄尘、沈燕谋、刘厚生、赵尊岳、张敬礼等在赵凤昌家惜阴堂公祝赵凤昌八十、马士杰七十、李锡纯六十、江问渔五十寿。黄炎培为赵凤昌做祝寿诗云："惜阴清闷隐人海，真灵相业山中在。溯从庚子迄辛亥，兴亡梦觉惊风采。"

民国二十五年（1936）丙子　八十一岁

八月三十日　黄炎培拜访赵凤昌，"示清末史料"。

十月十日　赵凤昌在《大公报廿五年国庆特刊》第十四版发表《廿五年前今日之回忆》一文。

民国二十六年（1937）丁丑　八十二岁

本年　本年出版的上海治中女子中学校刊《治中年刊》扉页上有赵凤昌题写的校训。共分三列，第一列为"校训"二字，第二列为"勤敬潔樸"四个稍大的字，第三列为"八十一叟趙鳳昌"七字。

民国二十七年（1938）戊寅　八十三岁

四月十四日　赵凤昌去世。在报纸上刊登他事先拟就的遗嘱："今与知交亲故长别矣，后事概从简约，嘱吾子不发讣，不受吊，不收一切赙仪礼物及赐挽文字，省诸公烦费。幸共鉴之。民国廿七年四月十四日。赵凤昌留启。"

沈恩孚撰挽赵凤昌诗云："共和建国佐群贤，功在清廷逊位前。岂料沧桑经老眼，海滨未睹再兴年。"

按：该挽诗没有具体日期，暂置于此。

四月二十七日　黄炎培撰挽赵凤昌联："闳识布成妙算，一堂系天下安危，平生荦荦大端，溯庚子以迄辛亥；高龄雅具深心，百箧尽阳秋纪录，抵死倦倦忠爱，付佳儿遍告亲朋。"

四月二十八日　黄炎培致函赵尊岳，对其父去世表示哀悼，并附寄上述挽联。

五月三日　《申报》第二版刊登《追悼赵公竹君启事》："武进赵公竹君齿德俱崇，颐养海溇，不幸于四月十四日归赴道山。令嗣叔雍先生恪遵遗命，恳辞赙吊，同人则以公邦国重望，天不慭遗，苟无桂椒之荐，曷申烝蒿之思，爰订期在太平寺举行追悼，凡与公生平有雅故者亦请于是日枉临行礼，共致哀敬。此启。日期：国历五月十五日星期一。地点：上海南阳路一五四号。李锡纯、汤涤、江导岷、刘树森、沈恩孚、庄清华、徐国安、刘垣、冯诵青、许超同启。"该启事四、五日也在《申报》第二版刊出，连续三天。

　　五月十五日　赵凤昌公祭仪式在上海南阳路 154 号太平寺举行，公祭文为沈恩孚起草。

　　五月十六日　参加赵凤昌公祭的西阶在《晶报》第二版发表《吊赵竹君归来》一文，称昨日往祭者都受赠一册影印的赵凤昌手抄《维摩诘经》。并指出辛亥南北议和，赵氏"实综其枢纽，翊赞共和，厥功甚伟"。

主要参考文献

一、档案、史料汇编、报刊

陈旭麓、顾廷龙、汪熙主编《汉冶萍公司（一）——盛宣怀档案资料选辑之四》，上海人民出版社 1984 年版

陈旭麓、顾廷龙、汪熙主编《汉冶萍公司（二）——盛宣怀档案资料选辑之四》，上海人民出版社 1986 年版

陈旭麓、顾廷龙、汪熙主编《汉冶萍公司（三）——盛宣怀档案资料选辑之四》，上海人民出版社 2004 年版

陈旭麓、顾廷龙、汪熙主编《辛亥革命前后——盛宣怀档案资料选辑之一》，上海人民出版社 1979 年版

陈旭麓、顾廷龙、汪熙主编《义和团运动——盛宣怀档案资料选辑之七》，上海人民出版社 2001 年版

杜春和、林斌生、丘权政编《北洋军阀史料选辑》，中国社会科学出版社 1981 年版

故宫博物院明清档案部编《义和团档案史料》，中华书局 1979 年版

国家图书馆善本部编《赵凤昌藏札》，国家图书馆出版社 2009 年版

胡滨译《英国蓝皮书有关义和团运动资料选译》，中华书局

1980 年版

黄彦、李伯新编著《孙中山藏档选编（辛亥革命前后）》，中华书局 1986 年版

来新夏主编《北洋军阀》，上海人民出版社 1988 年版

罗家伦主编《革命文献》第 1 辑，中国国民党中央委员会党史史料编辑委员会 1984 年版

丘权政、杜春和选编《辛亥革命史料选辑》，湖南人民出版社 1981 年版

上海社会科学院历史研究所编《辛亥革命在上海史料选辑》，上海人民出版社 1966 年版

上海市档案馆编《辛亥革命与上海——上海公共租界工部局档案选译》，中西书局 2011 年版

王尔敏、吴伦霓霞合编《清季外交因应函电资料》，香港中文大学中国文化研究所 1993 年版

王尔敏、吴伦霓霞合编《盛宣怀实业函电稿》，香港中文大学中国文化研究所 1993 年版

王尔敏、吴伦霓霞合编《盛宣怀实业朋僚函稿》，台湾地区中研院近代史研究所 1997 年版

西阶：《吊赵竹君归来》，《晶报》1938 年 5 月 16 日第 2 版

惜玄：《记耆绅赵竹君先生》，《晶报》1931 年 12 月 15 日第 2 版。

张国淦：《辛亥革命史料》，龙门联合书局 1958 年版

章伯锋、李宗一主编《北洋军阀》，武汉出版社 1990 年版

章开沅等主编《辛亥革命史资料新编》，湖北人民出版社 2006 年版

赵凤昌编《周南遗爱》，国家图书馆藏稿本

中国第二历史档案馆、云南省档案馆编《护国运动》，江苏古籍出版社 1988 年版

中国科学院近代史研究所史料编译组编辑《辛亥革命资料》，中华书局 1961 年版

中国史学会主编《戊戌变法》，上海人民出版社、上海书店出版社

2000 年版

中国史学会主编《辛亥革命》，上海人民出版社 1957 年版

中国史学会主编《洋务运动》，上海人民出版社、上海书店出版社 2000 年版

中国史学会主编《义和团》，上海人民出版社、上海书店出版社 2000 年版

中国史学会主编《中法战争》，上海人民出版社、上海书店出版社 2000 年版

朱宗震、杨光辉编《民初政争与二次革命》，上海人民出版社 1983 年版

《辛亥革命史丛刊》第 2 辑，中华书局 1980 年版

《辛亥革命史丛刊》第 9 辑，中华书局 1997 年版

《民立报》《申报》《东方杂志》《人文月刊》《近代史资料》等

二、家谱、文集、年谱、书信、日记、笔记、回忆录等

陈巨来：《安持人物琐议》，上海书画出版社 2011 年版

丁文江、赵丰田编《梁启超年谱长编》，上海人民出版社 2009 年版

顾廷龙、戴逸主编《李鸿章全集》，安徽教育出版社 2008 年版

顾廷龙校阅《艺风堂友朋书札》，上海古籍出版社 1981 年版

胡思敬：《国闻备乘》，上海书店出版社 1997 年版

黄濬：《花随人圣庵摭忆》，中华书局 2013 年版

黄炎培：《八十年来——黄炎培自述》，文汇出版社 2000 年版

黄远庸：《远生遗著》，商务印书馆 1984 年版

金武祥：《金洀生日记》，上海图书馆藏稿本

劳祖德整理《郑孝胥日记》，中华书局 1993 年版

李明勋、尤世玮主编《张謇全集》，上海辞书出版社 2012 年版

刘禺生：《世载堂杂忆》，中华书局 1960 年版

柳和城编《叶景葵文集》，上海科学技术文献出版社 2016 年版

吕海寰：《吕海寰奏稿》，文海出版社 1985 年版

罗福惠、萧怡编《居正文集》，华中师范大学出版社 1989 年版

骆宝善、刘路生主编《袁世凯全集》，河南大学出版社 2013 年版

骆惠敏编、刘桂梁等译《清末民初政情内幕——〈泰晤士报〉驻北京记者、袁世凯政治顾问乔·厄·莫理循书信集》，知识出版社 1986 年版

马勇编《章太炎书信集》，河北人民出版社 2003 年版

缪荃孙：《艺风老人日记》，北京大学出版社 1986 年版

上海图书馆编《汪康年师友书札》，上海古籍出版社 1986 年版

沈恩孚著、薛冰整理《沈信卿先生文集》，凤凰出版社 2015 年版

盛宣怀：《愚斋存稿》，《续修四库全书》本，上海古籍出版社 2002 年版

宋庆龄陵园管理处编《啼痕——杨杏佛遗迹录》，上海辞书出版社 2008 年版

汤志钧编《章太炎年谱长编（增订本）》，中华书局 2013 年版

王世儒编《蔡元培日记》，北京大学出版社 2010 年版

夏东元编著《盛宣怀年谱长编》，上海交通大学出版社 2004 年版

杨小佛口述、朱玖琳撰稿《杨小佛口述历史》，上海书店出版社 2015 年版

姚觐元：《弓斋日记》，上海图书馆藏手稿本

虞和平编《经元善集》，华中师范大学出版社 2011 年版

虞和平主编《近代史所藏清代名人稿本抄本》第 1 辑，大象出版社 2011 年版

虞和平主编《近代史所藏清代名人稿本抄本》第 2 辑，大象出版社 2014 年版

赵德馨主编《张之洞全集》，武汉出版社 2008 年版

赵凤昌：《惜阴堂笔记》，《人文》1931 年第 2 卷第 1 期至 1933 年第 4 卷第 1 期

赵尊岳：《惜阴堂辛亥革命记》，《常州文史资料》第 1 辑，1981 年印行

赵尊岳著，陈水云、黎晓莲整理《赵尊岳集》，凤凰出版社 2016

年版

郑炜明：《况周颐年谱》，上海古籍出版社 2009 年版

中国社会科学院近代史研究所整理《黄炎培日记》，华文出版社 2008 年版

周秋光编《熊希龄集》，湖南人民出版社 2008 年版

［日］宗方小太郎著、甘慧杰译《宗方小太郎日记（未刊稿）》，上海人民出版社 2016 年版

《胡汉民自传》，传记文学出版社 1982 年版

《黄兴集》，中华书局 2011 年版

《梁启超全集》，北京出版社 1999 年版

《缪荃孙全集·日记》，凤凰出版社 2014 年版

《施肇基早年回忆录》，传记文学出版社 1985 年版

《孙中山全集》，中华书局 1982 年版

《武进青山门赵氏支谱》，民国十七年崇礼堂刻本

《辛亥革命回忆录》第 1 集，中华书局 1961 年版

《辛亥革命回忆录》第 4 集，中华书局 1963 年版

《辛亥革命回忆录》第 6 集，中华书局 1963 年版

《辛亥革命回忆录》第 8 集，文史资料出版社 1982 年版

《张元济全集》，商务印书馆 2007 年版

三、研究著作

白蕉：《袁世凯与中华民国》，中华书局 2007 年版

曹聚仁著、曹雷编《听涛室人物谭》，上海人民出版社 1998 年版

曹亚伯：《革命真史》，中国长安出版社 2011 年版

陈恭禄：《中国近代史资料概述》，中华书局 1982 年版

程沧波：《沧波文存》，传记文学出版社 1983 年版

侯宜杰：《二十世纪初中国政治改革风潮》，人民出版社 1993 年版

胡坚：《屠寄评传》，江苏人民出版社 2012 年版

胡绳武、金冲及：《辛亥革命史稿》，上海人民出版社 1991 年版

雷鸣:《汪精卫先生传》,上海书店 1996 年影印本

李剑农:《戊戌以后三十年中国政治史》,中华书局 1965 年版

李细珠:《地方督抚与清末新政》,社会科学文献出版社 2012 年版

李志茗:《幕僚与世变——〈赵凤昌藏札〉整理研究初编》,上海人民出版社 2017 年版

李志茗:《晚清幕府:变动社会中的非正式制度》,上海社会科学院出版社 2018 年版

刘厚生:《张謇传记》,上海书店 1985 年版

马忠文:《荣禄与晚清政局》,社会科学文献出版社 2016 年版

茅海建:《戊戌变法的另面:"张之洞档案"阅读笔记》,上海古籍出版社 2014 年版

潘崇:《清末五大臣出洋考察研究》,中国社会科学出版社 2014 年版

夏东元:《盛宣怀传》,南开大学出版社 1998 年版

张孝若:《南通张季直先生传记》,中华书局 1930 年版

章开沅:《开拓者的足迹——张謇传稿》,中华书局 1986 年版

章开沅:《实斋笔记》,陕西人民出版社 2008 年版

中华文化复兴运动推行委员会主编《中国近代现代史论文集 13·庚子拳乱》,台湾商务印书馆 1986 年版

四、相关论文

陈时伟:《赵凤昌述论》,夏良才、曾景忠主编《近代中国人物》第 3 辑,重庆出版社 1986 年版

方平:《惜阴堂:私宅与政治集议》,《历史教学问题》2006 年第 6 期

孔祥吉:《评一代奇人赵凤昌及其藏札》,《学术研究》2007 年第 7 期

李小文:《〈赵凤昌藏札〉的来龙去脉暨整理说明》,《藏书家》第 15 辑,齐鲁书社 2009 年版

李志茗：《戎幕坐啸八年——左宗棠幕僚生涯再研究》，《史林》2018 年第 4 期

李志茗：《赵凤昌何以名动东南》，《史林》2017 年第 1 期

李志茗：《赵凤昌身世及其幕僚生涯》，《复旦学报》2017 年第 2 期

马铭德：《辛亥革命与赵凤昌》，《历史教学》2003 年第 7 期

彭淑庆：《国家、地方与社会——区域史视角下的"东南互保"研究》，山东大学 2009 年博士学位论文

彭淑庆、孟英莲：《再论庚子"东南互保"的首倡问题》，《东岳论丛》2011 年第 11 期

钱听涛：《"民国的产婆"——辛亥革命时期的幕后人物赵凤昌》，《纵横》2001 年第 10 期

钱听涛：《赵凤昌赵尊岳父子二三事》，《常州教育学院学报》1996 年第 1 期

沈妽：《论辛亥革命前后的赵凤昌》，扬州大学 2005 年硕士学位论文

唐振常：《读史札记三则》，《上海大学学报》1996 年第 6 期

徐怀民：《"惜阴堂"与辛亥革命》，《安庆师范学院学报》2005 年第 6 期

杨小佛：《世事沧桑惜阴堂》，《世纪》2001 年第 5 期

杨小佛：《惜阴堂赵凤昌藏札的来龙去脉》，《档案春秋》2006 年第 5 期

姚崧龄：《记赵凤昌》，《大成》第 22 期

叶舟、朱炳国：《赵凤昌早年经历研究》，常州家谱网的博客（http://blog.sina.com.cn/s/blog_597df0930100sruj.html）。

赵凤昌：《土山湾坟园记》，《东方杂志》第 15 卷第 12 号

赵建民：《赵凤昌的人际网络与活动（1856—1901）》，华中师范大学 2013 年硕士学位论文

后　记

　　常州市辛亥革命研究课题组策划出版《赵凤昌评传》，找到我撰写此书，首先要感谢上海古籍出版社吕健总编的推荐，其次要感谢以原副市长薛锋为组长的课题组的信任。

　　课题组之前组过多部稿，出过不少书，对相关流程非常熟悉，很有经验。在我着手写作前，他们几次召我去常州，当面讨论书的提纲问题，提出了很多中肯的建议。书稿完成之后，薛锋市长组织课题组成员池银合和陈吉龙、汤祚永第一时间审读，写出详细的、有针对性的审稿意见，同时委托陈吉龙先生到上海当面与我交流，谈具体的修改方案。我修改后，他们再次验收，依然认真地写审稿意见，要求我进一步修改。而我自己也不敢怠慢，在书稿交到出版社后，又多次进行修改，即以《引论》为例，便两易其稿。本书能够以这个面目出现，有他们的智慧和辛劳在，感谢他们的指点和赐教！当然，书中之不足，责任全在我。

　　一位知名学者曾感慨地说："一项认真的研究，虽然能有许多次的计划，但其进度总是不能按照其计划刻板地前进。"本书就是如此，多次约定交稿时间，我总是不能如期拿出书稿，给课题组造成很大困扰和麻烦。尽管如此，他们还是大度地对我表示理解和宽容。池主席每每来电询问书稿进展时，最后总要提醒我注意身体，劳逸结合，让我既愧疚，又感动。此情此景，我都铭记在心，难以忘怀。

人物传记，看似容易，想写好很难。除了对该人物"应具了解之同情"外，还要广泛占有资料。然而中国近代史的资料浩如烟海，且散处各地，绝不是可以竭泽而渔的。具体到某一个人，也不会有现成的全部资料摆在你面前，必须动手动脚找东西。对于赵凤昌，在研究之前，说实在话，我了解不多，也没有积累材料。因而写作的过程，我始终是忙乱的、慌张的，只顾埋头往前拉车，没有余力光顾两旁的风景，致使本书对赵凤昌纵向历史时段的研究动态掌握不够，横向的人际交往互动也所知有限，尚存在诸多缺陷和薄弱环节。这些，我在书中相关章节都提到了，此不赘述，希望读者多多批评指正，以便我进一步修改完善。

我写过几本小册子，均为独自完成、直接交到出版社。但本书是特别的，自始至终得到常州市辛亥革命研究课题组的指导和帮助，不仅为本书增色不少，而且让我受教良多。这是一种前所未有的体验和感受，值得我珍惜和记取。

最后要感谢上海市文史馆原馆长沈祖炜先生、上海市孙中山宋庆龄文物管理委员会业务处朱玖琳处长以及华东师范大学图书馆古籍部周保明主任提供宝贵的材料支持，本所叶斌、叶舟等同仁热心为我识读了《赵凤昌藏札》中一些难认的字，研究生孙光耀帮我整理《赵凤昌藏札》中屠寄的相关信件。还要感谢上海古籍出版社编辑王赫的精心编校，使本书能够顺利问世。